CORRESPONDANCE
DE
BENJAMIN FRANKLIN

IMPRIMERIE GÉNÉRALE DE CH. LAHURE
Rue de Fleurus, 9, à Paris

CORRESPONDANCE

DE

BENJAMIN FRANKLIN

TRADUITE DE L'ANGLAIS ET ANNOTÉE

PAR

ÉDOUARD LABOULAYE

de l'Institut de France
et des Sociétés historiques de New-York et de Massachusetts

Eripuit cœlo fulmen sceptrumque tyrannis.

TOME PREMIER

1757 — 1775

PARIS

LIBRAIRIE DE L. HACHETTE ET Cⁱᵉ

BOULEVARD SAINT-GERMAIN, N° 77

1866

Tous droits réservés

PRÉFACE.

Les *Mémoires* de Franklin, que nous avons publiés récemment, s'arrêtent au mois de juillet 1757, au moment où Franklin vient d'arriver à Londres comme agent de l'Assemblée de Pensylvanie. C'est à cette date que commence la *Correspondance* contenue dans ce volume. Elle s'étend de l'année 1757 à l'année 1775. Si l'on excepte un retour de deux ans en Amérique (novembre 1762 à décembre 1764), Franklin passa tout ce temps en Angleterre. Son rôle y fut d'abord assez obscur; l'agent d'une petite plantation n'était pas un personnage considérable, mais lorsqu'en 1765, le ministre Granville essaya d'imposer sans leur aveu les colonies d'Amérique, Franklin défendit les droits de son pays avec tant de courage et de talent, que l'Europe eut bientôt les yeux fixés sur ce représentant d'un monde inconnu. Ce fut lui, on peut le dire, qui apprit à nos pères ce qu'était l'Amérique, et qui sut les intéresser aux destinées de cet Empire qui naissait de l'autre côté de l'Océan.

Durant dix années, Franklin fut en Europe l'avocat de la liberté. Son *Examen* devant la Chambre des communes, ses pamphlets ingénieux et mordants, traduits et répandus sur le continent, conquéraient l'opinion charmée, et habituaient l'Europe à l'idée d'une séparation entre l'Angleterre et ses colonies, séparation qui profiterait à la liberté du commerce et des mers. Pour être juste avec Franklin, il faut dire que cette séparation, il ne la voulait pas. Sans se faire d'illusion sur l'avenir, il croyait que dans l'intérêt de l'Angleterre et de l'Amérique, il fallait éviter un brusque déchirement. Il comparait l'Empire britannique à un vase de porcelaine, brillant mais fragile, et qu'on ne peut réparer s'il vient par hasard à se briser. En Angleterre, le parti ministériel le considéra toujours comme un ennemi, qui ne rêvait que révolte et sédition ; sa correspondance prouve combien ce soupçon était injuste. Franklin voulait sincèrement l'union des deux pays, mais il la voulait à des conditions égales, il préférait la commune liberté à la séparation, et la séparation à la servitude. Son opinion était alors celle de toute l'Amérique ; mais, par malheur pour l'Angleterre, ce que le roi Georges et ses ministres comprenaient le moins, c'était l'obéissance raisonnée d'un pays libre. Un peuple qui défend ses droits, était à leurs yeux un peuple de rebelles ; il leur fallait non pas des citoyens, mais des contribuables et des valets. Furieux de rencontrer toujours Franklin devant eux, ils l'insultèrent et résolurent d'écraser les colonies : ils ne firent qu'assurer la gloire de l'homme et l'indépendance de l'Amérique.

Aujourd'hui que les États-Unis prennent une si grande place dans le monde, l'histoire de leur origine a peut-être plus d'intérêt pour nous qu'elle n'en avait il y a un siècle. En lisant les lettres de Franklin on y trouvera les plus curieux renseignements, et on y apprendra en même temps que ce nouvel Empire doit sa grandeur non pas à la fortune, mais à la sagesse, au talent et au courage de ses premiers fondateurs. C'est une leçon morale qui seule suffirait pour recommander la correspondance de Franklin.

A côté de ces lettres politiques dont je n'ai pas besoin de faire ressortir plus longtemps l'importance historique, il en est d'autres qu'on ne lira pas avec moins de plaisir. Ce sont les lettres privées, où Franklin, causant avec ses amis, épanche les trésors de son bon sens et de son esprit ; je ne connais pas de lecture plus amusante et plus morale que ces pages écrites sans prétention, au jour le jour, par un homme qui a beaucoup vu et beaucoup retenu. Franklin est un vrai sage, la vie lui enseigne à vivre, et volontiers il fait part de son expérience à ses compagnons de route, jeunes ou vieux. Il a l'indulgence d'un vieillard, et la vivacité d'un jeune homme ; il ne connaît ni l'ennui ni le dégoût. Toujours prêt à accepter la lutte avec les hommes ou avec les choses, il a l'âme aussi saine que le corps. Il y a en lui je ne sais quoi de viril et de gai qui donne du courage aux plus timides et de l'énergie aux plus indolents.

Franklin avait tant d'esprit qu'on lui a souvent refusé de la sensibilité. Nous avons des idées toutes faites, qui ne nous permettent pas de croire qu'esprit et bonté marchent de compagnie. Et Dieu sait cependant si la bonté est l'apanage des sots !

La correspondance de Franklin nous corrigera de ce préjugé. Qu'on lise les lettres qu'il écrit à ses vieux amis de la *junte*, à sa sœur Jane Mecom, à sa femme et à sa fille, qu'on lise surtout les lettres adressées à Miss Mary Stevenson, plus tard Mistriss Hewson, on verra si le malicieux bonhomme avait le cœur aussi dur qu'on l'imagine, ou s'il n'y avait pas en lui une veine de tendresse qui n'a jamais tari. Croit-on d'ailleurs que l'amour de la patrie n'ait pas la même source que tout autre amour, et qui jamais aima sa patrie plus vivement que ne l'a fait Franklin? Il est vrai que, en toute occasion, dans ses plaisirs comme dans ses peines, la raison ne l'abandonne jamais, mais pour qui ne prend pas la faiblesse pour la force, y a t-il là une preuve de sécheresse, et jamais la raison l'a-t-elle empêché de s'oublier pour les autres, ou de se sacrifier pour son pays?

Ce qui manque à Franklin, ce qu'on lui reprochera peut-être, c'est son peu de goût pour l'antiquité et les arts. L'homme qui avoue franchement que si, dans un voyage en Italie, il pouvait trouver la recette du fromage parmesan, cela lui ferait plus de plaisir que la copie de la plus belle inscription prise de la plus vieille pierre[1], cet homme-là n'est pas fait assurément pour plaire aux amis de la Grèce et de Rome. Peut-être même, malgré ses découvertes sur la foudre, et la curiosité de son esprit chercheur, ne plaira-t-il pas davantage aux savants, celui qui, interrogé sur la découverte qui serait la plus utile aux hommes, répond simplement : *ce serait de filer deux fils à la fois*[2], et prophétise ainsi l'invention d'Arkwright ; mais, ce qu'il ne faut jamais oublier, c'est que si Franklin ne voit en toutes choses que l'utilité, il entend par là, non pas ce qui lui est personnellement commode ou agréable, mais ce qui peut servir à tous les hommes et les affranchir du besoin. Ce qu'il poursuit, c'est le bien-être universel, ce qu'il désire, c'est du travail et du pain pour tous. S'il ne comprend pas le luxe de la civilisation, c'est que pour lui le nécessaire manque encore ; il court au plus pressé.

Au reste, il n'est guère besoin de cette apologie. On ne peut pas demander à un homme de réunir en lui toutes les qualités, tous les talents, tous les goûts ; ce qu'on peut demander à chacun de nous

---

[1]. *Infra*, p. 225.
[2]. Parton, *Life of Franklin*, I, p. 547.

c'est de tirer le meilleur parti des facultés que Dieu lui a données, et de les faire servir à son bien propre et au bien commun. Jugé à cette mesure, Franklin n'a rien à craindre. Sur ce théâtre du monde où l'on ne choisit pas les rôles, il a toujours ac- cepté résolûment ceux que la fortune lui a donnés, et personne ne les a joués avec plus de bon sens, de finesse et d'énergie. Aussi, plus on connaît Franklin, plus on se plaît dans son commerce. Auprès de lui on apprend à chérir le travail et l'économie, à se respecter soi-même, à aimer les hommes, à les aider, à défendre la liberté, à servir la patrie, toutes choses qui font le prix de la vie et la substance même des enseignements de l'antiquité. Si Franklin n'a pas assez lu les Grecs, du moins ressemble-t-il à Socrate par sa finesse et son ironie, et peut-on le placer, sans trop de défaveur, parmi les maîtres de la vie humaine. Personne n'a été plus sensé avec plus d'esprit, ni plus habile avec plus de patriotisme et d'honnêteté.

Ed. Laboulaye.

Glatigny-Versailles, 1er juin 1866.

CORRESPONDANCE

DE

BENJAMIN FRANKLIN.

CHAPITRE PREMIER.

Arrivée à Londres. — Ses amis, Collinson, Strahan, Shirley, Musschenbroek, miss Stevenson. — Maladie de Franklin. — Lettres à sa femme.

Franklin, débarqué à Falmouth après la traversée dont il nous a conté les dangers, se mit en route pour Londres, où il arriva le 26 juillet 1757. Il y fut reçu par son excellent ami et correspondant Pierre Collinson, membre de la Société royale; ce fut chez lui qu'il descendit.

Une des premières visites de Franklin fut pour la vieille imprimerie de Lincoln's Inn Fields, où il avait travaillé autrefois. Il s'approcha d'une presse et dit aux deux ouvriers qui la servaient : « Mes amis, buvons ensemble; il y a près de quarante ans que je travaillais à cette place, ouvrier comme vous. » Il fit apporter un gallon de bière et porta un toast : *A la prospérité de l'Imprimerie!*[1]. Il avait oublié qu'autrefois il proscrivait la bière et ceux qui la buvaient.

Quelques jours plus tard, il se logea chez mistriss Stevenson, au n° 7 de Craven-street, à quelques pas du Strand. La maison de mistriss Marguerite Stevenson lui avait été recommandée par des amis de Pensylvanie qui y avaient logé, et il se trouva si bien des soins et des prévenances de mistriss Stevenson et de sa fille Marie, plus tard mistriss Hewson, qu'il ne quitta point cette demeure pendant sa résidence à Londres, résidence qui ne dura pas moins de quinze ans. Miss Mary Stevenson était une jeune personne de dix-huit ans, qui à un esprit très-fin joignait un grand amour pour l'étude. Franklin se prit pour elle d'une affection paternelle, et se plut à diriger les études et les lectures de cette fille d'adoption. Le nom de Mary Stevenson reviendra souvent dans la correspondance ; c'est pour répondre aux questions qu'elle lui adressait que Franklin a écrit quelques-uns de ses meilleurs morceaux.

Franklin arrivait à Londres comme agent de la Pensylvanie, pour défendre les droits de la colonie contre les prétentions des lords propriétaires ; mais sa réputation comme physicien et comme écrivain l'avait précédé en Angleterre. Il y avait déjà dix ans que ses brillantes découvertes sur l'électricité l'avaient fait connaître au monde. La France, la première, avait rendu justice à son mérite ; la Société royale de Londres se l'était associé ; ce n'était donc pas un étranger et il eut bientôt de nombreux amis en Angleterre et sur le conti-

---

[1]. Mémoires de Franklin par son petit-fils.

nent[1]. Parmi ces amis, il faut citer au premier rang le fidèle Collinson, Strahan qui fut plus tard imprimeur du Roi et membre du Parlement, et Shirley, ex-gouverneur du Massachussetts, avec qui Franklin avait été lié en Amérique. On voit que ses principaux amis étaient des savants; les études naturelles étaient sa passion véritable; il était politique par devoir et physicien par vocation.

A peine arrivé à Londres, il fut pris d'une maladie violente qui le tint au lit près de deux mois.

---

1. Une lettre du célèbre Musschenbroek nous montre en quelle estime on tenait Franklin sur le continent.

VIRO NOBILISSIMO AMPLISSIMOQUE BENJAMINI FRANKLIN
S. P. D. P. V. MUSSCHENBROEK.

Vir reverendus, qui se ministerio evangelico fungi profitebatur, me tuo nomine rogavit, ut indicarem auctores qui de Electricitate scripserunt, mihi que erant cogniti. Votis tuis libenter annui; ita addisces quid alii in Europa præstiterunt eruditi, *sed simul videbis neminem magis recondita mysteria Electricitatis detexisse Franklino.*

Utinam modo pergas proprio Marte capere experimenta, et aliâ incedere viâ quam Europæi incesserunt, nam tum plura et alia deteges, quæ seculorum spatio laterent philosophos. Aer Pensylvanicus videtur esse electricitatis plenissimus; sed attende an per totum anni curriculum, an interdum pauperior sit; quibus anni diebus, quo flante vento, qua cœli constitutione; distingue nubes electricitatis plenas aut expertes, uti volante in altum serico incepisti detegere, *omnium primus.*

Opto similia perpulcra inventa legere Pensylvanica, ac scripsisti in litteris ad expertissimum virum Collinsonum; si que mecum quædam communicare digneris, tecum alia communicabo, nam meus scopus est scientiam physicam et naturalem promovere, quamdiu vivam.

Tu sis amicissime salutatus a tui benevolentissimo cultore, et vale.

Leydæ 16° *Aprilis,* 1759.

A MISTRISS DEBORAH FRANKLIN.

Longue maladie de Franklin.

Londres, 22 novembre 1757.

Ma chère enfant,

Pendant ma maladie, qui a duré près de huit semaines, je vous ai écrit quelques petites lettres, autant que mes forces me le permettaient. La dernière est partie avec le paquebot de Falmouth, il y a environ huit jours. Je vous y disais que la fièvre intermittente, qui m'a harassé par de fréquentes rechutes, avait enfin disparu ; depuis lors, je ne cesse pas de reprendre des forces et de l'embonpoint. Fothergill, mon docteur, qui m'avait défendu l'usage de la plume et de l'encre, me permet maintenant d'écrire autant que je pourrai le faire sans trop me fatiguer ; je vais donc vous écrire avec plus de détail que je n'ai pu le faire jusqu'à présent.

Le 2 septembre, je vous ai écrit que j'avais eu un rhume violent, et un peu de fièvre, mais que j'en étais délivré. Mais bientôt j'ai eu un second rhume, qui a duré plus longtemps que le premier, et qui a été accompagné d'une grande douleur à la tête. Le sommet du crâne était brûlant, et quand la douleur était passée, il était douloureux et sensible. Les accès étaient inégaux, ils ont duré rarement moins de douze heures, et il en est un qui n'a pas duré moins de trente-six heures. Cela m'a donné par moment un peu de délire ; on m'a mis des ventouses derrière la tête, ce qui semblait me soulager sur l'instant. J'ai pris une grande quantité de quinquina, en poudre et en infusion ; me croyant trop tôt rétabli, j'ai par deux fois essayé de m'occuper un peu, et de faire le service pour lequel on m'envoie ici ; deux fois j'ai été repris par la toux et je suis retombé malade.

Mon bon docteur s'est mis fort en colère après moi, à cause de ma désobéissance, et m'a fait promettre plus de docilité pour l'avenir. Il m'a soigné avec une véritable affection, et la bonne dame de la maison [1] m'a gardé avec une grande bonté. Billy [2] m'a été fort utile en allant de place en place, et Pierre a été très-actif et très-attentif.

J'avais pris tant de quinquina, sous diverses formes, que je commençais à l'avoir en horreur. Je n'osais pas prendre un vomitif par peur de ma tête, mais, un matin, je fus saisi d'un vomissement et d'une purgation qui dura la plus grande partie du jour ; ce fut, je crois, une crise qui emporta la maladie, car depuis lors je me sens plus léger, et je reprends des forces chaque jour. J'espère donc que me voici acclimaté et que j'aurai meilleure santé durant le reste de mon séjour en Angleterre.

.... Les affaires du gouverneur Shirley sont encore dans un état incertain ; il essaie d'obtenir une enquête sur sa conduite, mais la confusion des affaires publiques fait tout ajourner. Nous nous faisons de fréquentes visites. Je ne doute pas que mes ennemis ne répandent des bruits à mon désavantage ; ne vous en laissez pas troubler. Si je vois que je ne puis faire aucun bien à mon pays, j'aurai soin du moins de ne lui faire aucun mal ; je ne demande ni ne veux rien pour moi ; et s'il ne m'est pas donné d'obtenir ce que veut et désire le peuple, aucun intérêt ne m'engagera à trahir la confiance qu'on a mise en moi ; ainsi donc, tranquillisez-vous sur ce point.

.... M. Ralph m'a remis vos lettres fort obligeamment ; il est ici fort respecté des gens comme il faut. Je vous remercie de m'avoir envoyé le journal de mon frère Johnny ; j'espère qu'il se porte bien, ainsi que la sœur Read et les

---

1. Mistriss Stevenson.
2. William, son fils.

enfants. J'amuserai M. Collinson et le docteur Fothergill avec votre récit de la visite de Teedyuskung [1].

J'aurais lu avec plus de plaisir la lettre française de Sally, si je n'avais trouvé le français un peu trop bon pour être de sa composition. Je suppose que son maître a corrigé la lettre. Mais je suis charmé d'apprendre qu'elle fait des progrès en français et en musique. Je lui envoie un chapeau français à la Paméla.

3 *décembre*. J'écris petit à petit, selon que j'en trouve le temps. J'ai relu toutes vos aimables lettres, qui me donnent un nouveau plaisir chaque fois que je les lis. Hier soir, j'en ai reçu une nouvelle, datée du 16 octobre, qui m'apporte la bonne nouvelle que vous et Sally vous êtes heureusement revenues au logis; la dernière, du 9, était datée d'Elisabethtown.

Je suis heureux d'apprendre que Miss Ray va bien et que vous êtes en correspondance. Il ne faut pas trop s'avancer quand on donne un avis en pareil cas [2]. Elle est assez prudente pour juger par elle-même, et j'espère qu'elle jugera et agira au mieux.

On me dit qu'un peintre en miniature, un parent de John Reynolds, est parti pour Philadelphie. Si le portrait de Sally n'est pas à votre goût, et si ce nouveau venu a du talent, que ne lui faites-vous peindre Sally, et que ne m'envoyez-vous ce portrait avec votre miniature, afin que j'aie toute ma petite famille dans mon salon. Je suis affligé d'apprendre qu'il y a tant de maladies; j'espère que maintenant tout est fini, et que le petit Franky est guéri.

J'ai été aussi contrarié de ne pouvoir écrire par le paquebot que vous l'avez été de ne pas recevoir de lettre, et, depuis, cela m'a causé beaucoup d'ennui. Je vous ai écrit, par voie de New-York, le lendemain de mon ar-

---

1. Un chef sauvage sans doute.
2. Il s'agit probablement d'un mariage.

rivée à Londres; je ne vois pas que cette lettre vous soit parvenue.

Je ne suis pas un correspondant paresseux, quoique ma maladie m'ait arriéré avec mes amis. Si j'avais été bien portant, j'aurais couru les boutiques et j'aurais acheté quelques jolies choses pour vous et ma chère bonne Sally (dont les petites mains, dites-vous, soulageaient votre migraine); il me faut attendre le prochain paquebot. J'ai seulement acheté un manteau de soie cramoisie pour vous, c'est la nouvelle mode; la soie noire est pour Sally. Billy lui envoie une plume écarlate, avec manchon et palatine, et une boîte de linge à la mode pour sa toilette. Dans la boîte est un thermomètre pour M. Taylor, et un autre pour M. Schlatter; vous les leur remettrez soigneusement. Il y a aussi une montre pour M. Schlatter; j'écrirai à ces messieurs. C'est M. Neates qui envoie la soie noire; il l'a mise dans un paquet à lui.

Voici douze jours que j'ai commencé à écrire cette lettre et, quoique je continue d'aller bien, je n'ai pas encore recouvré mes forces, mon embonpoint et ma vivacité. Chaque jour, par mesure de précaution, je bois une infusion de quinquina dans du vin, et j'espère que ma fièvre ne reviendra pas. Quand le jour est beau, ce qui est rare, je sors vers midi. L'agréable conversation que je trouve parmi les savants, et l'attention que me témoignent des personnes de distinction, sont les principales choses qu m'adoucissent une absence pénible, loin de ma famille et de mes amis. Mais tout cela ne me retiendrait pas ici une semaine, si je n'avais d'autres raisons de rester, mon devoir envers mon pays et l'espoir de lui rendre service.

Rappelez-moi affectueusement, je vous prie, à tous ceux qui nous aiment, et à tous ceux que nous aimons. Je n'en finirais pas de les nommer. Je suis, ma chère enfant, votre mari qui vous aime, B. F.

A LA MÊME.

Détails sur Londres. — Cadeaux.

Londres, 19 février 1758.

Ma chère enfant,

Je vous ai écrit dernièrement, plusieurs fois, et longuement. Hier soir j'ai reçu vos lettres du 1er et du 6 janvier ; elles m'ont donné le grand plaisir d'apprendre que vous vous portez bien, vous et ma petite famille. J'espère que vous continuez d'être en bonne santé, et que c'est ainsi que j'aurai le bonheur de vous retrouver. La lettre que vous dites m'avoir envoyée par le capitaine Robinson ne m'est point parvenue ; j'ai reçu celle dont M. Hunt était chargé, et j'y ai répondu.

Je regrette la perte de mon ami Parsons. La mort commence à faire brèche dans notre petite *junte* de vieux amis, qu'elle avait longtemps épargnée ; il faut nous attendre qu'elle nous prendra bientôt, l'un après l'autre.

J'avais déjà suivi, sans le connaître, le bon conseil que vous me donnez d'avoir une voiture. Chaque fois que je sortais, je m'enrhumais ; mais dans ce quartier de la ville où beaucoup de gens ont leurs voitures à eux, les voitures de louage sont les plus mauvaises de Londres ; on ne peut imaginer rien de plus misérable, de plus sale, de plus délabré ; on n'y peut monter quand on est proprement vêtu, et on rougirait d'en descendre à la porte d'une honnête maison. Quant à brûler du bois, cela ne servirait à rien, à moins d'en fournir les voisins et la cité tout entière. La ville n'est rien qu'une grande maison enfumée, chaque rue est une cheminée, l'air est rempli de suie de charbon de terre et, pour respirer un peu d'air pur, il faut s'éloigner de plusieurs milles et gagner les champs.

Faites mes remerciments au docteur Bond pour le soin qu'il prend de vous. Je lui ai écrit par ce vaisseau.

M. Hunter et Polly parlent de retourner ce printemps. M. Hunter est merveilleusement revenu à la santé. Tous deux désirent se rappeler à votre souvenir. Polly a reçu votre lettre et y a répondu; j'ai mis sa réponse dans une des mes lettres. Sa fille Rachel, qui joue du clavecin et qui chante agréablement, envoie à Sally une de ses chansons qui m'a plu.

Je vous envoie par le capitaine Budden une grande caisse et une petite boîte. Dans la grande caisse est une autre petite boîte qui contient de la porcelaine anglaise : ce sont des melons et des feuilles pour un dessert de fruit et de crème ou chose semblable. Il y a aussi un bol, fait à Bow, près d'ici, et qui est remarquable par la netteté des figures, quelques tasses à café de même fabrique, et un bol commun qui vient de Worcester. Pour montrer la différence du travail, j'y ai mis un échantillon de toutes les porcelaines d'Angleterre, et un vieux bassin, vrai chine, qui est racommodé, et d'une couleur bizarre.

La même boîte contient quatre salières d'argent, fort laides, mais à la dernière mode, un petit outil pour éplucher les pommes, un autre pour faire de petits navets avec de grands, six nappes à déjeuner, en toile écrue et ouvrée. On les met sur la table à thé, car personne ici ne déjeune sur une table nue et on place sur la nappe un grand plateau à thé avec les tasses. Il y a aussi un petit panier; c'est un cadeau que mistriss Stevenson fait à Sally; et pour vous une paire de jarretières, qui ont été tricotées par une jeune demoiselle, miss Mary Stevenson. Elle a eu la bonté de m'en faire une paire de pareilles; ce sont les seules que j'ai pu porter, parce qu'elles n'ont pas besoin de serrer à la jambe : les côtes les empêchent de glisser. On vous les envoie comme une curiosité, à cause de la forme, beaucoup plus que pour leur valeur. Goody Smith [1] pourra,

---

1. C'est la servante de la maison.

si elle veut, m'en tricoter de pareilles. Faites-lui mes amitiés.

Dans la grande caisse, vous trouverez, outre la petite boîte, un tapis de salon. Il y a assez d'étoffe pour faire un grand tapis, ou pour en faire deux petits. Il faut coudre les lais ensemble, en ayant soin d'abattre les lisières de façon à ce que les figures se joignent exactement. Il y a aussi une bordure pour ce tapis. Ceci est de mon goût. Vous trouverez également deux grands couvre-pieds en fine toile de Flandres, quatre couvertures superfines, deux belles nappes damassées avec leurs napperons et quarante-huit aunes de toile de Hollande. Cela, vous l'aviez commandé.

Il y a encore cinquante-six *yards* de coton, curieusement imprimé avec des planches de cuivre (c'est une nouvelle invention), pour faire des rideaux, et sept *yards* pour couvrir des chaises, imprimés de la même façon et très-jolis. Ceci est de mon goût, mais mistriss Strevenson me dit que j'ai eu tort de ne pas prendre les deux articles de la même couleur. Vous trouverez aussi sept *yards* d'indienne fond bleu pour vous faire une robe. J'ai acheté l'étoffe à la lumière, et elle me plaisait; elle me plait moins au jour. Si elle n'est pas de votre goût, faites-en cadeau à sœur Jenny. Il y a pour vous une plus belle robe, seize *yards* de tissu à fleurs, du goût de mistriss Stevenson; cela coûte neuf guinées, et je pense que c'est une merveille. Il n'y en avait pas davantage, autrement vous en auriez eu de quoi vous faire un négligé.

Il y a aussi des mouchettes, avec leur plateau et l'éteignoir, le tout en acier; je vous les envoie pour la beauté du travail. L'éteignoir ne convient qu'aux bougies de *spermaceti*, c'est une nouvelle invention qui garde la mouchure sur la bougie. Vous trouverez aussi un peu de musique que Billy a acheté pour sa sœur, et quelques pamphlets pour notre président et pour Susy Wright. Une boîte d'acajou et une autre en chagrin, avec des microscopes et autres instruments d'optique, sont pour M. Alison, s'ils lui conviennent ; sinon mettez-les dans ma chambre jusqu'à mon retour. J'y joins la facture, j'ai déjà écrit à M. Alison pour lui dire pourquoi j'ai dépassé ses ordres. Il y a encore deux collections de livres, *le Monde* et *le Connaisseur* ; c'est un cadeau que je fais à Sally. Faites-lui toutes mes tendresses.

J'oublie de vous parler d'une autre de mes fantaisies : ce sont deux couvertures de soie très-fines. C'est une invention nouvelle ; on les a prises sur un vaisseau français ; auparavant, on n'en avait jamais vu de pareilles en Angleterre. On appelle cela des couvertures, mais je pense qu'elles feraient fort bien comme courte-pointes. Je n'avais pas le choix ; vous m'excuserez donc s'il y a quelques taches sur les plis ; votre voisin Foster les fera passer.

En vous parlant de la porcelaine j'ai oublié de mentionner une grande cruche à bière, pour mettre à rafraichir. A première vue, j'en suis tombé amoureux ; elle ressemblait à une bonne petite mère, propre et pimpante dans sa robe de calicot bleu et blanc, bonne, aimable ; bref, elle m'a rappelé à l'esprit.... quelqu'un. J'y ai mis les tasses à café emballées dans le meilleur sel gemme, sel qui a un goût particulier et excellent ; c'est pour la table, et on ne l'écrase pas.

J'espère que Sally s'applique à son français et à sa musique, et que je trouverai qu'elle a fait de grands progrès. Je voulais acheter un clavecin, qui m'aurait coûté quarante guinées, M. Stanley m'en a detourné ; nous en cherchons un autre, qui ait servi et qu'on ait trouvé bon. On ne peut pas compter sur un instrument neuf, même sortant des meilleures mains.

La dernière lettre que Sally a adressée à son frère est la meilleure qu'elle ait écrite depuis longtemps. Je voudrais seulement qu'elle fît un peu plus d'attention à son orthographe. J'espère qu'elle continue d'aimer à aller au temple, et qu'elle a lu et relu : *Le complet devoir de l'homme* et la *Bibliothèque des Dames*.

Mettez vos lunettes pour regarder les figures du bol de porcelaine et des tasses à café, elles méritent l'examen.

J'ai fait vos compliments à mistriss Stevenson. Elle est vraiment très-obligeante, elle prend grand soin de ma santé et est pleine d'attention quand je suis indisposé ; mais je vous ai désirée mille fois auprès de moi, vous, et ma petite Sally, avec ses mains et ses pieds toujours prêts à aller, à venir, et à me donner ce que je désirerais.

Quand on est malade, il y a une grande différence entre être soigné avec cette tendre attention qui vient d'un sincère amour et . . . .

(La fin de la lettre est perdue).

A LA MÊME.

Londres, 10 juin 1756.

Ma chère enfant,

J'étais à Cambridge avec Billy, quand Snead a mis à la voile ; je ne vous ai donc pas écrit par lui, comme j'en avais l'intention. Je ne m'attendais pas à un départ si prompt ; je suis un peu loin des vaisseaux, et M. Partridge m'avait écrit par erreur que Snead ne partirait pas cette semaine, de sorte que, nous trouvant fort bien accueillis ici, dans les colléges[1], nous ne nous sommes pas pressés de revenir au logis, comme nous l'aurions pu faire. Peut-être ce vaisseau vous arrivera-t-il presque en même temps.

Je pense que personne n'a jamais eu de correspondants

1. Les universités d'Oxford et de Cambridge sont composées d'un certain nombre de colléges ou fondations particulières.

plus exacts que je n'en ai eu M. Hughes et en vous. Il m'est impossible de m'acquitter ou de me tenir au courant. J'ai reçu la lettre de change que vous aviez eue de M. Nelson; elle est payée. J'ai vu aussi le compte du lord Propriétaire. C'est un vif chagrin pour moi que d'apprendre que vous êtes aussi souvent indisposée, mais tous deux nous devenons vieux et quoique nos constitutions ne soient pas trop mauvaises, il faut nous attendre qu'elles céderont par degrés aux infirmités de l'âge.

Dans une caisse à l'adresse de la Bibliothèque, j'ai mis quelques mains du meilleur papier à lettres, d'excellentes plumes, de bonne cire, le tout pour mistriss Moore. Je la prie d'accepter ce petit présent; j'ai reçu tant de politesses de sa sœur et de son frère Scott que je ne pourrai jamais m'acquitter. A la première occasion je ferai le même cadeau à Sally.

Par le capitaine Lutwidge j'ai envoyé à ma chère fille un chapeau blanc, à la dernière mode, un manteau, et quelques autres petites choses qui, je l'espère, arriveront en bon état. Aujourd'hui je lui envoie une paire de boucles, faites en pierre de composition française, et qui brillent presqu'autant que des diamants. Elles coûtent trois guinées et on dit qu'à ce prix elles ne sont pas chères. J'imagine que je trouve son portrait plus ressemblant qu'à première vue; je le regarde souvent avec plaisir, car tout au moins il me rappelle Sally. Votre portrait est chez le peintre qui m'en fait une copie, et me peindra ensuite de même grandeur. Mais quant aux portraits de famille, on dit qu'ils ne sont jamais bien, et qu'ils ne sont plus à la mode; je vois que le peintre ne veut rien faire de cette façon. Malgré cela, quand j'aurai le portrait de Franky et celui de Sally par le jeune Hesselius, je verrai ce qu'on pourra faire. Je voudrais bien savoir comment Ben Lay a réussi dans votre l'ortrait.

C'est faire sagement que de ne pas vous engager dans les

querelles politiques. Des femmes ne devraient jamais s'en mêler, sinon pour rapprocher leurs maris, leurs frères, leurs parents, quand ils sont de parti contraire. Quand votre sexe reste froid, il sert à refroidir le nôtre, et à rétablir plus promptement l'harmonie entre concitoyens, chose si désirable après de longues et d'amères dissensions.

Le cousin Dunlap[1] m'a écrit qu'il avait acheté l'imprimerie de Chattin. Je souhaite que cela lui soit avantageux, sans faire de tort à M. Hall[2]. Pour encourager Dunlap comme imprimeur à Philadelphie, je ne puis rien faire de contraire aux anciens engagements que j'ai pris avec mon fidèle associé. Je compte que vous aurez bien soin de ne rien faire qui prête à dire que je fais sous main et par vous, ce que je n'oserais faire ouvertement. J'espère que M. Dunlap vivra en bonne intelligence avec M. Hall, et je suis charmé d'apprendre qu'il lui a demandé ses conseils et son amitié, mais j'ai pensé qu'il était juste et nécessaire de défendre à M. Dunlap de se servir de mes lettres, sans le consentement de M. Hall. Si cela vous est agréable, on peut mettre le bureau de poste dans la maison de M. Dunlap; notre bon ami M. Hughes l'a proposé.

Je vous ai écrit de dire à Ambruster[3] qu'il ne se serve plus de mon nom dans son journal; je n'y ai pas d'intérêt particulier, sinon comme étant un des commanditaires. Je n'ai aucun espoir de revenir avant le printemps prochain, ainsi ne m'attendez pas. Mais rendez-moi aussi heureux que vous pourrez, en m'envoyant des pommes pour moi et mes amis, et quelques-uns de vos petits jambons.

1. C'était un Irlandais qui venait d'épouser une parente de mistriss Franklin.
2. M. David Hall avait été l'associé et était le successeur de Franklin.
3. C'était un Allemand qui imprimait des livres allemands à Philadelphie, et qui, pendant quelque temps, publia un journal en allemand.

Billy fait partie de Middletemple, et sera appelé au barreau à ce terme-ci ou au suivant[1]. Je vous écris ceci pour répondre à votre demande particulière. Je suis heureux que vous aimiez le manteau que je vous ai envoyé. C'est M. Collinson, notre ami, qui a expédié la soie noire, je ne l'ai jamais vue. Votre réponse à M. Strahan est justement ce qu'elle devait être[2]. Elle m'a beaucoup plu. Il s'imaginait que sa rhétorique et son éloquence vous feraient certainement traverser les mers.

J'ai fait relier tout exprès pour vous et pour Goody Smith deux exemplaires du livre de *Common prayer*, imprimés en gros caractère, et pour que la grosseur du texte ne rendît pas le volume trop épais, j'ai dit qu'on retirât les prières du baptême, du mariage et autres cérémonies où vous n'avez pas occasion journalière d'assister. Cela vous permettra à toutes deux d'attendre encore quelque temps avant de porter des lunettes à l'église.

Si le tintement des sonnettes vous effraie, attachez un fil d'archal d'une sonnette à l'autre; cela conduira l'étincelle sans tintement ni bruit. Je pense pourtant qu'il vaudrait mieux laisser les sonnettes libres de tinter, pour que vous puissiez savoir quand elles sont électrisées, et que vous soyez à même de vous tenir à distance, si cela vous fait peur[3].

L'hiver dernier, j'ai écrit à Josey Crocker de venir passer un an ici, et de travailler dans les meilleures boutiques pour le perfectionner dans son état. Voilà pourquoi

---

1. Les avocats anglais sont partagés en différentes corporations, Lincoln's, Middletemple, etc.; les *termes* sont les divisions de l'année judiciaire.

2. M. Strahan avait écrit à mistriss Franklin pour la décider à venir s'établir en Angleterre.

3. En 1753 Franklin avait élevé sur son toit une tige de fer pour attirer l'électricité de l'air. Il avait placé deux sonnettes de façon à ce qu'elles tintassent, quand la tige était électrisée.

je ne lui ai pas envoyé d'outils ; mais s'il doit se marier je ne lui conseille pas de venir. Je lui enverrai les outils immédiatement. Vous avez très-bien disposé des pommiers ; je regrette avec vous la perte de vos noix.

Je vois que la façon dont le Gouverneur traite sa femme met de mauvaise humeur toutes les dames. Si c'est à cause du mauvais exemple, ce sera bientôt fini, car les lords Propriétaires cherchent un autre gouverneur ; ils sont décidés à se défaire de celui-ci, et on offre sa place. Un de ceux à qui on en a parlé a envoyé un ami pour me demander quelques renseignements. Les Propriétaires lui ont dit qu'ils avaient là-bas une maison de ville et une maison de campagne, dont il pourrait se servir sans payer de loyer ; que tout était là-bas si bon marché qu'avec cinq cents livres sterling par an, il vivrait aisément avec une bonne table, voiture, etc., et que son revenu serait au moins de neuf cents livres. S'il était moins élevé, les Propriétaires s'engageaient à le parfaire jusqu'à ce chiffre. Pour assurer cette personne qu'avec cinq cent livres sterling elle vivrait en gentilhomme, et qu'elle aurait une voiture, les Propriétaires l'ont adressée à M. Hamilton, qui, ce semble, lui a fait la même histoire ; mais M. Morris, que cette personne a consulté, lui a fait un tout autre récit, et elle ne sait plus que croire. Cette personne est un M. Graves, avocat du Temple. Il a hésité longtemps, on me dit qu'il refuse. Je désire que ce ne soit pas la vérité, car il a la réputation d'être une bonne pâte d'homme, quoique à vrai dire, tant que les instructions[1] continueront, il importe peu qui sera notre gouverneur. On voulait me cacher que les Propriétaires cherchassent un nouveau gouverneur, parce qu'ils désirent que M. Denny ne sache rien, jusqu'à ce que la no-

---

1. C'est-à-dire tant que les propriétaires donnent au gouverneur des instructions dont il ne lui est pas permis de s'écarter, quel que soit le vote de l'assemblée coloniale.

mination soit faite, et son remplaçant près de s'embarquer. Cachez donc aussi la nouvelle, si cela vous amuse, et régalez-en tous vos amis.

Je n'ai pas besoin de vous dire d'assister la marraine dans ses embarras ; je sais quelles sont vos bonnes dispositions, et vous penserez combien cela m'est agréable. Je n'ai pas trouvé le peloton de fil que vous m'annonciez, comme filé de votre propre main. Peut-être était-il trop fin pour qu'on le vît. Je suis charmé que le petit Franky commence à parler. Cela vous amusera de l'avoir souvent avec vous.

Je pense que j'ai maintenant répondu à toutes vos lettres ; les recevoir et les lire me donne toujours un grand plaisir, puisque je ne puis être avec vous en personne. Mes compliments, mes respects, mes amitiés à tous mes amis, et croyez-moi toujours, ma chère Debby, votre mari affectionné,
B. F.

P. S. Mistriss Stevenson et sa fille me prient de présenter leurs compliments, et d'offrir leurs services à vous et à Sally. Je pense partir bientôt pour la campagne, je passerai une grande partie de l'été en différents comtés d'Angleterre. Je compte sur ces voyages pour rétablir ma santé.

AU PRÉSIDENT ET AU COMITÉ DE L'ASSEMBLÉE DE PENSYLVANIE.

Londres, 10 juin 1758.

Messieurs,

.... A ma demande M. Charles [1] a fait un exposé de l'affaire afin d'obtenir l'opinion des jurisconsultes éminents sur la

1. Robert Charles, jurisconsulte distingué, avait été, durant

question de savoir jusqu'à quel point nos priviléges seraient affectés en cas d'un changement de gouvernement, qui nous mettrait sous l'autorité immédiate de la couronne. Je vous envoie une copie de cet exposé, avec l'opinion de notre avocat; il passe pour l'homme qui connaît le mieux nos affaires et nos constitutions d'Amérique, aussi bien que les lois qui règlent toutes ces questions de gouvernement. Comme il connaît à fond les vues du *Bureau de Commerce*[2], les idées et les liaisons des membres qui le composent, il m'a donné en ami quelques conseils de prudence et les a consignés sur une feuille séparée, ne voulant pas que ces conseils fussent vus là où ira nécessairement son opinion légale. Je vous envoie aussi une copie de cet avis particulier, et serai charmé d'avoir vos sentiments à ce sujet.

Il est une chose qu'il nous recommande de faire, avant de pousser notre pointe devant le Parlement, c'est *de dissiper les préjugés que l'artifice et le hasard ont répandus parmi le peuple contre nous ; c'est de gagner l'opinion du dehors.* Cela, je pense que nous pouvons le faire, au moyen d'un ouvrage qui sera bientôt prêt à imprimer, et qui est calculé pour attirer l'attention des lecteurs, et effacer les mauvaises impressions qu'on lui a données à notre endroit, mais on croit qu'il vaut mieux en retarder la publication jusque vers l'ouverture de la prochaine session du Parlement.

Le livre dont parle Franklin est la *Revue historique de la constitution et du gouvernement de Pensylvanie*,

---

plusieurs années, agent en Angleterre de l'assemblée de Pensylvanie.

1. C'est ce bureau qui avait l'administration des affaires coloniales.

pamphlet anonyme qui fit grand bruit à son apparition, au commencement de l'année 1759. C'était une attaque des plus vives contre William Penn, le fondateur de la colonie, et contre ses descendants. On les accusait de s'être fait une trop large part, et de s'être attribué des terres et des priviléges au préjudice des planteurs. Le livre portait pour épigraphe les mots suivants : « Ceux qui, pour acheter un moment de sécurité, sont disposés à abandonner la liberté, ne méritent ni liberté ni sécurité. »

Quel était l'auteur de ce pamphlet? L'opinion désigna Franklin, et, suivant l'usage, les Propriétaires le firent déchirer dans tous les journaux dont ils disposaient. Cela était plus facile que de le réfuter. Franklin ne fit rien pour désavouer cette paternité. Il n'est pas douteux qu'il avait fourni une grande partie des matériaux, et que le pamphlet avait été écrit, imprimé et publié sous sa direction. Mais nous savons aujourd'hui, par son aveu même, qu'il n'en était pas le rédacteur[1]. On suppose que ce fut Ralph, son ancien ami, qui écrivit sous son inspiration. La question a, du reste, peu d'importance, et c'est avec raison qu'on a compris ce pamphlet dans les œuvres complètes de Franklin.

L'année 1758 n'amena aucun changement dans les affaires qui avaient conduit Franklin à Londres; il passa une grande partie de l'été à voyager en Angleterre, et se plut à visiter le lieu où son père était né, où ses ancêtres avaient vécu. Il retrouva une grande partie de sa famille; la plupart de ses parents étaient

1. Voy. *Inf.* Lettre à David Hume du 27 décembre 1760.

de simples ouvriers ; Franklin se plut à les voir, à causer avec eux, à les obliger au besoin. Ce qu'il en dit dans ses *Mémoires*[1] nous dispense d'insister sur ce point.

1. *Mémoires*, p. 21, et la lettre que nous avons donnée en note.

CHAPITRE II.

Franklin conseille la conquête du Canada. — Voyage en Écosse. — Lord Kames, Robertson, Hume. — Sa mission se termine heureusement. — Son fils est nommé gouverneur de New-Jersey. — Retour en Amérique.

1759-1762.

Parmi les idées qui occupaient l'esprit de Franklin, il n'en était pas de plus arrêtée que la grandeur future de l'Amérique. Son âme était pleine d'espérance; pour lui, il n'était pas douteux que ce vaste continent serait un jour le siége d'un grand empire, et son plus vif désir était que cet empire appartînt à la race anglaise.

Dès son arrivée en Angleterre, il avait essayé de voir M. Pitt, alors premier ministre; mais Pitt était *inaccessible* pour un homme alors aussi peu connu en politique que l'agent de Pensylvanie. Franklin fut cependant mis en rapport avec les secrétaires du ministre; on pense que c'est d'après ses conseils que Pitt porta la guerre en Amérique, et envoya le général Wolfe au Canada. Chasser les Français du continent où ils étaient entrés les premiers, et dont ils possédaient nominalement la plus grande partie, c'était la politique de Franklin. Il ne réussit que trop à convaincre de son excellence un ministre qui avait au cœur la haine du nom français. Il est singulier que Franklin ait donné l'idée d'annexer le Canada aux possessions anglaises, que cette annexion ait été en réalité le premier acte d'un drame qui eut pour dénoûment l'indépendance américaine, et que dans ce drame, au début comme à la fin, Franklin ait joué un des premiers rôles. En 1753, il ne prévoyait guère un pareil avenir et était tout aussi anglais que M. Pitt[1].

Franklin passa l'été de 1753 à visiter l'Écosse, en compagnie de son fils. Sa réputation de savant l'avait précédé dans ce pays, amoureux de la science et des lettres, l'université de Saint-Andrew venait de le nommer docteur en droit. Un peu plus tard, les universités d'Édimbourg et d'Oxford lui firent le même honneur; et ce ne fut pas sans un peu de vanité, bien naturelle, que l'ancien imprimeur se laissa dès lors appeler le docteur Franklin[2].

1. Jared Sparks, *Life of Franklin*, p. 257.
2. Franklin était loin d'être insensible à ces distinctions; il en plaisantait volontiers, mais au fond de l'âme il en était charmé : témoin la lettre suivante qu'il écrivit lors de ses premiers succès.

A JARED ELLIOT.

Philadelphie, 12 avril 1753.

Le *Babillard*[1] nous parle d'une fille qui devint fière tout à coup, sans que personne pût en deviner la raison. On sut enfin qu'elle avait une paire de jarretières de soie toutes neuves. Pour

1. *The Tatler*, journal de Steele.

En Écosse, Franklin fit la connaissance des hommes distingués qui illustraient alors ce pays, Hume, le docteur Robertson, et lord Kames, avec lequel il se lia d'une étroite amitié. Lord Kames est oublié aujourd'hui ; mais au dernier siècle ce n'était pas seulement un magistrat estimé, c'était un écrivain célèbre. Ses *Éléments de critique*, publiés en 1772, son *Esquisse d'une histoire de l'homme*, publiée en 1773, ont été plusieurs fois réimprimés. C'est dans ce dernier ouvrage que parut pour la première fois la *Parabole de l'amour fraternel* que, suivant toute apparence, Franklin em-

---

que vous ne vous étonniez pas trop, quand vous remarquerez en moi quelque chose de pareil, je crois que je ne cacherai pas mes jarretières neuves sous mon jupon, et je prendrai la liberté de vous les montrer sous la forme d'un paragraphe contenu dans la dernière lettre de notre ami Collinson. C'est que.... Je devrais mortifier ma vanité au lieu d'y céder, et ne pas transcrire ce paragraphe, mais je n'y tiens pas.

« Si l'un de tes amis, m'écrit Collinson, remarque que tu portes la tête un peu plus haut que par le passé, qu'il sache qu'après tout il est bien permis de dresser un peu la crête quand le grand monarque de France ordonne à l'abbé Mazas d'écrire dans les termes les plus polis à la Société Royale, afin qu'elle transmette expressément les remercîments et les compliments du roi à M. Franklin de Pensylvanie, pour ses utiles découvertes en électricité, et l'invention des tiges pointues qui préviennent les terribles effets du tonnere. Maintenant que j'ai mis une plume à ton bonnet, je puis finir en te souhaitant de la porter longtemps. Tout à toi, Pierre Collinson. »

En relisant ce paragraphe, j'ai peur de n'avoir pas autant de raison d'être fier que ma jeune fille ; une plume au bonnet n'est pas chose aussi utile, ni aussi profitable au porteur qu'une paire de bonnes jarretières. Mais l'orgueil de chacun a ses satisfactions particulières, et si Sa Majesté m'avait envoyé un bâton de maréchal, j'en serais moins fier que de votre estime et de l'honneur de me dire sincèrement, cher monsieur, votre ami dévoué et votre humble serviteur,

B F.

prunta de Jeremy Taylor, qui l'avait lui-même empruntée du Bostan de Sadi.

En juin 1760, après trois années de démarches, l'affaire de Pensylvanie fut enfin décidée par le Bureau de commerce, et les lords Propriétaires soumis, pour leurs terres, à payer l'impôt commun. Lord Mansfield avait contribué à cette décision, moins par faveur pour la colonie que par esprit de légiste. Les légistes ont toujours été grands partisans de l'égalité par amour de l'uniformité d'obéissance beaucoup plus que par tendresse pour la liberté. Lord Mansfield n'était pas fâché d'étendre la prérogative royale aux dépens des Propriétaires et des colons.

De nouvelles affaires, où la colonie était intéressée, retinrent Franklin en Angleterre durant l'année 1761. Suivant sa coutume, il employa l'été à faire un voyage, et, cette année-là, il visita le continent et revint pour assister au couronnement de George III.

Au commencement de 1762, Franklin songea sérieusement à retourner en Amérique. M. Strahan, son ami, essaya plus d'une fois de le décider à s'établir en Angleterre, et il écrivit même à mistriss Franklin pour tâcher de la faire consentir à ce projet.

« Il a insisté plusieurs fois, écrivait Franklin à sa femme[1], pour que je restasse en Angleterre et pour que je vous engageasse à venir ici avec Sally. Il m'a fait plusieurs propositions avantageuses, et qui sont fondées en raison. Sa famille est fort agréable ; mistriss Strahan est une femme bonne et sensible, les enfants sont d'un aimable caractère, surtout le jeune homme,

1. Londres, 5 mars 1760.

qui est sensé, ingénieux, laborieux, et qui ferait un parti désirable. De ce côté, nulle objection. M. Strahan est dans une situation à mettre de côté chaque année mille livres sterling, tous frais de maison et toutes dépenses payés. Néanmoins, je lui ai donné deux raisons qui m'empêchent de m'établir ici : l'une, c'est mon amour pour la Pensylvanie, les vieilles amitiés et les liaisons que j'ai là-bas ; l'autre est votre invincible aversion à passer les mers. Et si vous ne venez ici, puis-je penser à mettre une pareille distance entre ma fille et moi? Je l'ai donc remercié de son aimable proposition, mais je ne lui ai pas donné l'espoir que je vous enverrais ses lettres. Vous êtes donc libre de lui répondre ou non, suivant que vous le jugerez convenable. Faites-moi toutefois connaître votre opinion. Ne montrez la lettre à Sally que si vous le jugez à propos. »

Il n'est pas douteux qu'au point de vue de la fortune, Franklin eût gagné à suivre l'avis de M. Strahan, mais il avait des motifs plus élevés, et l'événement prouva qu'il avait pris le meilleur parti[1]. La Providence lui destinait un plus grand rôle que celui d'imprimeur à Londres : elle lui réservait l'honneur d'affranchir son pays.

Revenons en arrière. Voici les principales lettres écrites dans les années 1760-1762 :

1. Jared Sparks, *Life of Franklin*, p. 267.

A LORD KAMES.

*Remarques politiques et prédictions sur l'Amérique.
Le portrait de William Penn. — Souvenirs d'Écosse.*

Londres, 3 janvier 1760.

Mon cher lord,

Vous avez eu la bonté de désirer avoir toutes mes publications. J'espérais en obtenir quelques-unes d'un ami à qui je les avais envoyées d'Amérique, et je tardais à vous écrire jusque-là. Mais enfin cet ami me fait dire qu'il ne peut pas les retrouver. Il est mortifiant pour un auteur que ses œuvres soient aussitôt perdues! Je ne puis donc vous envoyer que mes *Observations sur la colonisation*, qui ont été réimprimées ici, la *Description de la cheminée pensylvanienne*, machine de mon invention, et quelques petits essais qui ont été imprimés dans le *Grand Magasin*. Je n'oserais pas les avouer, si je ne savais que votre amicale partialité vous les rendra supportables.

Qu'il est malheureux pour moi que je ne vous aie pas pressé davantage, vous et lady Kames, de nous faire l'honneur de nous accompagner un peu plus loin! Combien notre voyage aurait-il été plus agréable, si nous avions joui de votre société jusqu'à York! Nous aurions trompé l'ennui du chemin en causant de mille choses que peut-être nous n'aurons plus jamais occasion de considérer ensemble, car la conversation échauffe l'esprit, vivifie l'imagination, et fait à chaque instant lever un nouveau gibier, qu'on poursuit et qu'on prend aussitôt; tout cela ne se rencontre jamais dans la monotonie d'une correspondance. Aussi chaque fois que je réfléchis au plaisir et au profit que je retirais de cette franche communication de vos sentiments, dans nos causeries à Kames, ou dans nos agréables promenades le long de la Tweed, je me mets à regretter notre trop prompte séparation.

Personne ne peut se réjouir plus sincèrement que moi de la réduction du Canada. Ce n'est pas seulement comme colon que je me rejouis, c'est encore comme Breton. Mon opinion est depuis longtemps que *les fondements de la grandeur future et de la solidité de l'empire britannique, sont en Amérique.* Comme toutes les autres fondations, elles sont maintenant basses et petites, mais néammoins elles sont assez larges et assez fortes pour supporter le plus grand édifice politique que la sagesse humaine ait jamais élevé. Mon avis est donc qu'à aucun prix on ne doit rendre le Canada. Si nous le gardons, tout le pays qui s'étend du Saint-Laurent au Mississipi sera rempli de Bretons d'ici à un siècle. L'Angleterre elle-même deviendra beaucoup plus populeuse par l'immense accroissement de son commerce ; l'Atlantique sera couvert de ses vaisseaux marchands, et votre puissance navale, dans un progrès continuel, étendra votre influence autour du globe entier et tiendra le monde en crainte. Si les Français restent au Canada, ils harasseront sans cesse nos colonies en y lançant les Indiens ; s'ils ne peuvent en prévenir la croissance, au moins la retarderont-ils ; vos progrès seront lents, et laisseront place à des accidents qui peuvent tout empêcher. Mais je m'arrête, car je vois que vous commencez à trouver mes idées extravagantes, et que vous me regardez comme un prophète en délire[1].

L'offre que Votre Seigneurie me fait du portrait de Penn est fort obligeante. Si c'était vraiment son portrait, ce

---

1. L'avenir a plus que justifié les prédictions de Franklin. De deux millions et demi d'hommes, les États-Unis sont passés à trente et un millions, et leur marine en fait déjà une des premières puissances du globe. Un siècle encore (et, à moins qu'ils ne se partagent), c'est l'Europe entière qu'ils contre-balanceront.

serait une curiosité trop précieuse pour que je songeasse à l'accepter. Je demanderais seulement la faveur de le faire copier. Je désirerais connaître l'histoire de ce portrait avant qu'il vînt en vos mains, et les motifs qui vous font croire qu'il est bien l'image de Penn. J'ai quelques doutes en ce point : d'abord parce que les premiers quakers condamnaient les portraits comme une dépense vaine ; se faire peindre, c'était de l'orgueil; et je crois qu'aujourd'hui encore il y a fort peu de quakers qui fassent faire leur portrait. Ensuite, ce tableau est sur bois, et je ne crois pas que l'usage de peindre sur bois se soit maintenu jusqu'au temps de Penn, mais de ceci je ne suis point certain.

Mon autre raison est l'anecdote suivante que j'ai entendu conter. Quand le vieux lord Cobham ornait ses jardins de Stow avec des bustes de grands hommes, il demanda à la famille de Penn un portrait pour en tirer un buste, mais on ne put rien trouver. Ce fut alors qu'en apprenant le désir de lord Cobham, un vieil apothicaire quaker, Sylvanus Bevan, qui est célèbre pour sa facilité à saisir les ressemblances et le talent de sculpter en ivoire la figure des gens qu'il n'a vus qu'une seule fois, se mit à se remémorer le visage de Penn, qu'il avait bien connu, et tailla un petit buste en ivoire qu'il envoya à lord Cobham, sans y joindre ni lettre ni indication qui désignât le personnage. Mais mylord, qui avait connu Penn, s'écria aussitôt qu'il eut vu le buste : « D'où vient ceci? C'est William Penn en personne. » Et c'est d'après ce petit buste, dit-on, qu'a été fait le grand qu'on voit dans les jardins.

Je doute enfin si, à l'âge que Penn paraît avoir dans ce portrait, on portait encore des favoris. Malgré tout, j'ai quelque espérance que ce portrait peut être vrai, parce que je sais que des quakers éminents ont fait faire secrètement leur portrait et l'ont déposé chez des amis sûrs, et je sais aussi qu'il y a à Philadelphie un très-bon portrait de mistriss Penn, la dernière femme de William. J'avoue enfin que j'ai un grand désir d'avoir le cœur net à ce sujet, et comme Bevan vit encore à Londres, avec quelques vieux quakers qui se souviennent de Penn, lequel n'est mort qu'en 1718, je désirerais avoir leur opinion, et je vous prierais de m'envoyer par voie de terre ce portrait, soigneusement empaqueté; je ne voudrais pas le confier à la mer. Je payerai bien volontiers tous les frais, et si ce portrait est celui de Penn, je serai fort reconnaissant à Votre Seigneurie si elle me permet d'en prendre copie; j'aurai grand soin de lui retourner l'original.

Mon fils se joint à moi pour offrir ses plus respectueux compliments à vous et à lady Kames. Jusqu'à York, nous n'avons parlé d'autre chose que de ce que nous avions vu et appris en Écosse, de nos plaisirs, de vos bontés, et combien ce pays avait dépassé notre attente. Je puis dire que le temps que j'ai passé en Écosse forme les six semaines du bonheur *le plus dense* que j'aie goûté dans ma vie. La société agréable et instruite que nous y avons rencontrée m'a fait une impression si agréable, que si de puissants liens ne me tiraient ailleurs, l'Écosse serait, je crois, le pays que je choisirais pour y passer le reste de mes jours.

J'ai l'honneur d'être, avec l'estime et l'affection la plus sincère, mon cher lord, etc. B. F.

A MISS MARY STEVENSON.

Craven Street, 1ᵉʳ mai 1760.

J'accepte avec joie la proposition que me fait ma chère amie de choisir un sujet pour notre future correspondance. Ce ne sera pas seulement une occasion d'avoir plus souvent de ses nouvelles, cela m'obligera à perfectionner mon avoir afin d'être plus en état de l'aider elle-même à se perfectionner. Je crains seulement que mes affaires, mes voyages et l'indolence d'un vieillard ne fassent de moi un correspondant trop peu ponctuel. En ce point, je réclame l'indulgence. Mais pourquoi, en cultivant votre esprit, vous rendre encore plus aimable et faire de vous une plus désirable compagne pour un homme intelligent, quand vous êtes résolue, dit-on, à vivre célibataire? Si, comme vous le proposez, nous parlons philosophie *morale* aussi bien que philosophie naturelle [1], j'imagine que, lorsque j'aurai établi mon autorité comme professeur, je prendrai sur moi de vous faire un peu la leçon sur le chapitre du devoir.

Parlons sérieusement. Ce qui, je crois, sera la meilleure méthode, c'est que vous lisiez les livres que je vous recommanderai. Ce que vous ne saisirez pas bien dans vos lectures, ou ce que vous concevrez clairement et ce que vous lirez avec plaisir, vous fournira l'occasion de m'adresser des questions, ou amènera de votre part des observations qui me montreront jusqu'à quel point vous êtes satisfaite de l'auteur; autant de sujets pour vos lettres et pour mes réponses.

Dites-moi donc quels livres vous avez déjà lus sur le sujet que vous avez choisi, afin que je puisse vous donner un bon conseil sur vos prochaines lectures. Et croyez-moi toujours, ma chère bonne fille, votre ami et serviteur affectionné,   B. F.

1. *Natural philosophy* est le nom qu'on donne aux sciences en anglais.

A LORD KAMES.

Projet d'un traité sur l'Art de la vertu.

Londres, 3 mai 1760.

Mon cher lord,

J'ai essayé de vous obéir en écrivant quelque chose sur la situation présente de nos affaires en Amérique, afin de donner, sur l'intérêt anglais engagé dans les colonies, des idées plus justes que celles que je trouve chez beaucoup d'hommes intelligents. Vous trouverez ci-inclus cette brochure[1]; je désire qu'elle puisse servir au public. J'espère au moins que vous voudrez bien la considérer comme une lettre écrite pour vous, et que sa longueur sera mon excuse pour son long retard.

Je lis en ce moment avec grand plaisir et profit votre excellent ouvrage sur *les Principes d'équité*[2]. Il sera de la plus grande utilité pour les juges de nos colonies, non-seulement là où il y a des cours de chancellerie, mais là aussi où ces cours n'existant pas, le juge est obligé de mêler l'*équité* et la *common law*. Il rendra d'autant plus de services aux juges coloniaux, que peu d'entre eux ont reçu une éducation légale. J'en ai envoyé un exemplaire à un de mes amis, un des juges de la cour suprême en Pensylvanie.

Je vous enverrai prochainement une copie du *Chapitre*[3]

---

1. C'est probablement le pamphlet intitulé : *L'Intérêt de la Grande-Bretagne considéré*, pamphlet imprimé en 1760.

2. Les Anglais ont deux sources de droit, la coutume, ou *common law*, et l'équité qui repose sur les précédents et la jurisprudence.

3. Sous ce nom de Chapitre (de la Bible), Franklin entend sa *Parabole de l'amour fraternel* qu'on trouvera dans les *Essais de morale et de politique*.

dont vous me parlez de façon si obligeante ; je vous serai fort reconnaissant de me faire parvenir un exemplaire de la collection des *Maximes pour la conduite de la vie* que vous préparez pour l'usage de vos enfants. Je me propose aussi de faire un petit livre pour la jeunesse; il s'appellera l'*Art de la vertu*[1]. Je ne crois pas que sur le titre vous puissiez deviner ce que sera ce livre ; je veux donc vous l'expliquer un peu.

Il est beaucoup de gens qui mènent une vie mauvaise et qui volontiers en mèneraient une bonne, mais qui ne savent pas *comment* faire ce changement. Ils ont souvent *résolu* et *essayé* de se bien conduire, mais en vain, parce que leurs efforts n'ont pas été dirigés comme il faut. Vouloir qu'un homme soit bon, juste, tempérant, etc., sans lui *montrer comment* il pourra le *devenir*, cela ressemble à la charité morte dont parle l'apôtre, et qui consiste à dire à ceux qui ont faim, qui ont froid, qui sont nus : « Soyez rassasiés, ayez chaud, soyez vêtus. » Et cela sans leur montrer où ils auront des aliments, du feu ou des vêtements.

Beaucoup de gens ont naturellement *quelques* vertus, mais personne ne possède naturellement *toutes* les vertus. *Acquérir* celles qui manquent, assurer ce qu'on a acquis, aussi bien que ce qu'on possède naturellement, c'est l'objet d'un *art*. C'est aussi bien un art que la peinture, la navigation ou l'architecture. Quand un homme veut se faire peintre, marin ou architecte, il ne suffit pas qu'on lui *conseille* de l'être ; il ne suffit pas que les raisonnements de son conseiller le *convainquent* que ce sera pour lui un avantage, il ne suffit pas même qu'il se décide, il faut encore qu'on lui enseigne les principes de l'art, qu'on lui montre les méthodes de travail, qu'on l'habitue à user

---

1. Ce livre n'a jamais été fait. Voyez à ce sujet les *Mémoires* pages 159 et suiv.

comme il faut de tous les outils du métier. C'est ainsi que, régulièrement et par degrés, on arrive, par la pratique, à quelque perfection dans l'art. Si l'on ne procède pas ainsi, on rencontre des difficultés qui découragent et font abandonner la profession.

Mon *Art de la vertu* a aussi ses outils et enseigne la manière de s'en servir. On enseigne aux chrétiens à avoir la foi en Christ, comme le moyen effectif d'obtenir la conversion qu'ils désirent. Quand la foi est forte, ce moyen peut réussir à beaucoup de gens. La conviction qu'un maître est infiniment sage, bon et puissant, qu'il récompensera certainement l'obéissance, qu'il punira sûrement la désobéissance, cette conviction doit donner un grand poids aux préceptes du maître et y attacher des disciples. Mais il en est plus d'un qui a cette foi à un degré si faible qu'elle ne produit point d'effet. Notre *Art de la vertu* sera donc d'une grande utilité à ceux dont malheureusement la foi n'est pas assez forte; il viendra en aide à leur faiblesse. Ceux qui ont de bonnes dispositions naturelles et qui ont été si soigneusement élevés que de bonne heure ils ont pris de bonnes habitudes, et qu'ils n'en ont point contracté de mauvaises, ont moins besoin de cet art; mais tous pourront en profiter plus ou moins. Bref, il se prêtera à l'usage universel.

J'imagine que ce que j'écris vous paraîtra d'une grande présomption. Je dois donc me hâter de finir ce petit morceau, afin de vous communiquer le manuscrit, pour que vous puissiez juger si mes prétentions sont justifiables. J'espère en même temps que vous aurez la bonté de me faire profiter de vos corrections.

Je suis, etc. B. F.

A MISS MARY STEVENSON.

Manière de lire.

Craven Street, 16 mai 1760.

J'envoie à ma bonne fille les livres dont je lui ai parlé hier soir. Je la prie de les accepter comme une faible marque de mon estime et de mon amitié. Ils sont écrits de ce style familier et aisé pour lequel les Français sont si remarquables; ils renferment un bon nombre de vérités philosophiques et morales, sans avoir cette sécheresse mathématique qu'affectent des logiciens plus exacts, mais qui ne peut que décourager de jeunes commençants.

Je vous conseille de lire la plume à la main, et d'inscrire sur un petit livre l'indication de ce que vous trouverez de curieux ou d'utile. C'est la meilleure manière de graver ces détails dans votre mémoire, où vous les retrouverez, soit pour vous guider dans votre conduite, si ce sont des vérités utiles, soit pour servir d'ornement à votre conversation, si ce sont des objets de pure curiosité. Comme il y a des termes scientifiques que vous n'avez point encore rencontrés dans vos lectures habituelles, et qui par conséquent sont nouveaux pour vous, je pense qu'il vous serait utile d'avoir sous la main un bon dictionnaire que vous consulterez chaque fois que vous rencontrerez un mot dont le sens précis vous échappe. Cette recherche vous paraîtra peut-être ennuyeuse et fatigante, mais c'est un ennui qui diminuera chaque jour, parce que chaque jour vous aurez de moins en moins besoin de votre dictionnaire, à mesure que les termes vous deviendront plus familiers, et en même temps vos lectures vous offriront plus d'agrément, parce que vous les entendrez mieux.

S'il se présente quelque point sur lequel vous désiriez de plus amples éclaircissements que ceux que vous fournit votre livre, ne craignez pas de m'importuner en me soumettant vos doutes. Vous répondre sera pour moi un plaisir et non un ennui. Si mon petit fonds de science ne me permet pas de vous satisfaire, il me sera toujours facile de vous indiquer les livres où vous pourrez trouver ce que vous cherchez. Adieu, croyez-moi toujours, ma chère amie, votre affectionné, B. F.

A MISTRISS DEBORAH FRANKLIN.

Dédain de la calomnie. — Écoles pour les nègres. David Edwards.

Londres, 27 juin 1760.

Ma chère enfant,

Je vous ai écrit une ligne par le paquebot pour vous faire savoir que nous allions bien; je vous ai promis de vous écrire longuement par le capitaine Budden, et de répondre à toutes vos lettres; c'est ce que je fais en ce moment. Je suis fâché que les vains rapports qu'on fait sur mon compte vous aient causé autant d'ennui. Soyez sûre, ma chère, que tant que je serai en vie, et que Dieu m'octroiera sa protection, je ne ferai rien qui soit indigne du caractère d'un homme honnête et qui aime sa famille [1].

Je n'ai pas encore vu M. Batty, et ne sais où lui écrire;

---

1. Plus tard, dans une situation semblable, il écrivait à sa femme : « Ne vous laissez pas affecter par leurs vains ou malicieux griffonnages, ayez le cœur léger et jouissez de vous-même, de vos amis, et du bien-être que Dieu vous a donné. Je suis charmé que leurs pamphlets vous inquiètent si peu. Quant à présent, je ne leur fais pas d'autre réponse que la devise de ce cachet. » La lettre porte pour cachet une colombe placée sur un serpent tourné sur lui-même, qui lève la tête et darde sa langue. Autour des figures est la devise française : *Innocence surmonte tout.*

c'est d'Irlande qu'il m'a envoyé votre lettre. Le paragraphe de celle-ci, qu'on a inséré dans les journaux, concernait les écoles nègres. Je l'avais communiquée aux gens qu'elle intéressait, puisque c'était un témoignage en faveur de leur pieux dessein. Mais je ne m'attendais pas à ce qu'on l'imprimât avec votre nom. Depuis ils m'ont mis dans leur société, et je suis président de la présente année. Je vous envoie ci-inclus un de leurs comptes rendus [1].

Je n'ai pas reçu la *Vue de Quebec* que vous annoncez m'avoir envoyée. Pierre [2] est toujours avec moi, et se conduit aussi bien qu'on peut l'espérer en un pays où il y a mainte occasion de gâter les domestiques, s'ils valent quelque chose. Il a aussi peu de défauts que la plupart de ses confrères ; je ne vois que d'un œil, je n'entends que d'une oreille, et de cette façon nous n'allons pas trop mal ensemble. King [3], dont vous me demandez des nouvelles, n'est plus avec nous. Il s'est enfui de la maison, il y a près de deux ans, alors que nous étions absents de la ville; on l'a bientôt retrouvé dans le Suffolk, au service d'une dame qui tenait à se donner le mérite d'en faire un chrétien et de contribuer à son éducation. Comme il ne nous servait guère et qu'il nous faisait de mauvais tours, Billy a consenti à ce que la dame le gardât durant notre séjour en Angleterre. La dame l'a envoyé à l'école, lui a fait apprendre à lire, à écrire, à jouer du violon et du cor, avec quelques autres talents plus utiles chez un domestique. Se décidera-t-elle à s'en séparer, ou persuadera-t-elle à Billy

---

1. Il s'agissait d'une œuvre de charité, ayant pour objet la conversion des nègres. Le docteur Thomas Bray était le fondateur de l'association, les ressources de la société venaient surtout d'un legs laissé par M. d'Allone à la Haye. De Bray était mort en 1730, mais l'œuvre continuait sous le titre de : *Les Associés du docteur Bray*.
2. C'est un domestique.
3. C'est un petit nègre.

de le lui vendre, c'est ce que j'ignore. En attendant, ce n'est pas une dépense pour nous.

Les récits que vous me faites des mariages de nos amis me plaisent fort. J'aime tout ce qui tend à augmenter le nombre des braves gens. Vous ne pouvez pas vous imaginer à quel honteux degré il est ici de mode de vivre célibataire. Sur une société de douze personnes de naissance et de fortune, on peut parier qu'il y en a onze qui ne sont pas mariées. La plainte générale, c'est l'excessive dépense des femmes anglaises.

Comme vous, je suis très-affecté du malheur de notre ami M. Griffith. Comment cela a-t-il pu arriver? Il est terrible, cet incendie de Boston; je souscrirai ici pour les victimes. Je crois qu'en général nos parents n'ont pas été atteints, mais quelques-uns de mes amis doivent avoir beaucoup souffert.

J'espère que cette année vous ne vous plaindrez pas comme l'an dernier d'être si longtemps sans lettre. Je vous ai écrit très-souvent, et je ne serai pas gêné pour écrire cet été, autant que je l'ai été l'an dernier. J'espère que notre ami Bartram [1] est rentré sain et sauf dans sa famille. Rappelez-moi à son souvenir de la façon la plus amicale.

Le pauvre David Edwards est mort de consomption cette semaine. Un de ses amis m'avait écrit que le pauvre homme était depuis longtemps malade, incapable de faire ses affaires, et logé en garni à la campagne. Je craignais qu'il ne fût gêné, car il n'a jamais eu la prudence de rien économiser. Aussi je lui écrivis immédiatement que, s'il avait besoin d'argent, il pouvait tirer sur moi pour cinq guinées. Mais il est mort avant d'avoir reçu ma lettre. On me dit que son hôtesse l'a fait enterrer et a pris ce qu'il a laissé ; ce ne peut pas être grand'chose, et il reste quelques petites dettes. A Bury, où il a vécu quelques années, il avait bonne répu-

---

[1]. Célèbre voyageur et naturaliste américain.

tation, et, à ma connaissance, il était estimé par quelques personnes considérables. Je vous ai déjà écrit que nous l'avions vu à Bury, il y a deux ans, en traversant le comté de Suffolk. J'espère que son bon père, mon vieil ami, continue de se bien porter.

Mes devoirs à ma mère [1], mes tendresses à ma chère Sally. Rappelez-moi au bon souvenir de tous les amis qui demandent de mes nouvelles, et croyez-moi toujours, ma très-chère Debby, votre mari qui vous aime,   B. F.

A DAVID HUME.

La Revue Historique de la Constitution de Pensylvanie. — L'expédition du Canada. — L'Essai sur la jalousie du commerce. — De l'emploi de nouveaux mots.

Coventry, 27 septembre 1760.

Cher monsieur,

J'ai tardé trop longtemps à répondre à votre aimable lettre; c'est une faute que je n'essaierai pas d'excuser, j'aime mieux compter sur votre bonté et votre indulgence si je suis plus exact à l'avenir.

Je vous suis obligé des sentiments favorables que vous exprimez sur les écrits que je vous ai envoyés, quoique le volume qui concerne nos affaires de Pensylvanie n'ait pas été écrit par moi. Je n'y ai eu d'autre part que de fournir les remarques sur la valeur que le Propriétaire attribue à ses domaines, et quelques rapports et messages de l'assemblée que j'ai rédigés là-bas, comme membre du comité chargé de ce service par la Chambre. Le reste est d'une autre main.

Ce que vous dites me prouve que le duc de Bedford était

---

2. Mme Read, sa belle-mère.

de tout cœur dans ce projet d'expédition [1]; mais je ne vois pas, aussi clairement, que les autres membres de l'administration s'y soient engagés sérieusement. Le duc de Newcastle donna l'ordre de lever des troupes dans les colonies, et promit d'envoyer des brevets pour les officiers, des armes et des uniformes pour les soldats, mais, cet ordre donné, il est certain que nous n'eûmes pas un mot du duc dans les dix-huit mois qui suivirent. Durant tout ce temps, l'armée resta à Albany sans rien faire, faute d'ordres et de munitions. On finit par penser que si jamais il y avait eu un projet d'expédition, la multitude des affaires en Angleterre avait fait oublier le premier dessein et les ordres donnés.

Je ne suis pas peu charmé d'apprendre le changement de vos sentiments sur quelques points qui touchent l'Amérique. Je pense qu'il est d'une grande importance pour nous que le peuple anglais ait des idées justes à notre endroit, et je ne connais personne qui soit plus à même que M. Hume de rectifier ces idées. J'ai lu dernièrement avec grand plaisir, comme je fais toujours de ce que vous écrivez, l'excellent essai sur *la jalousie du commerce*. Il ne peut produire qu'un bon effet en favorisant un certain intérêt auquel les égoïstes ne pensent guère, et dont ils parlent encore moins, aussi à peine a-t-il un nom, je veux dire *l'intérêt de l'humanité*, ou le bien commun de tous les hommes. J'espère que cet Essai affaiblira, dans les limites de la raison, la jalousie qui règne ici, au sujet du commerce que font les colonies.

Je vous remercie des avis amicaux que vous me donnez sur certains mots employés dans le pamphlet et qui ne sont pas de l'usage ordinaire. Ces avis me seront utiles. J'abandonne, comme étant mauvais, le *pejorate* (empirer) et le *colonize* (coloniser), puisque ces mots ne sont point reçus ici. Quand on écrit pour persuader et pour instruire, on ne

---

1. Une expédition projetée contre le Canada en 1746.

saurait être trop clair; toute expression peu obscure est une faute. J'abandonne encore l'*unshakeable* (inébranlable). Le mot est clair, mais il est bas. Introduire des termes nouveaux, quand on en a d'anciens qui sont suffisamment expressifs, c'est d'ordinaire un tort, je l'avoue, car cela tend à changer la langue ; mais d'un autre côté je ne puis m'empêcher de souhaiter que l'usage nous permît de former de nouveaux mots, quand nous en avons besoin, en combinant les anciens dont le sens est bien connu. Les Allemands le permettent, c'est un usage commun chez leurs écrivains. Beaucoup de nos mots anglais, beaucoup de mots latins ont été faits de cette façon. Pour la clarté, ces mots ainsi composés auraient l'avantage sur tous ceux que nous pouvons emprunter à une langue morte ou étrangère. Par exemple le mot *inaccessible*, depuis longtemps usité chez nous, n'est pas encore aussi universellement compris que le serait du premier coup, j'ose le dire, le mot *uncomeatable* qu'il ne nous est pas permis d'écrire.

Mais comme vous, j'espère qu'en Amérique nous prendrons pour modèle le plus pur anglais de cette île, et je crois qu'il en sera ainsi. Je vous assure que j'ai souvent plaisir à penser combien l'*auditoire* (si je puis l'appeler ainsi) d'un bon écrivain anglais sera accru dans un siècle ou deux par l'augmentation du peuple anglais dans nos colonies[1].

Mon fils présente ses respects, avec les miens, à vous et au docteur Monro. Nous avons reçu la circulaire que vous adressez aux membres de la Société[2], et nous nous propo-

---

1. Hume fut tellement frappé de cette réflexion qu'il s'en servit pour décider Gibbon à écrire en anglais plutôt qu'en français son *Histoire de la Décadence Romaine*. Cette lettre, tout imprégnée de l'esprit prophétique de Franklin, se trouve dans les *mémoires* de Gibbon.

2. C'était une *Société Philosophique* qu'on venait d'établir à Édimbourg.

sons de vous envoyer chacun un petit essai philosophique dans le courant de l'hiver prochain. Je me dis, avec la plus grande estime, cher monsieur, votre très-obéissant et très-humble serviteur,   B. F.

A JOHN BASKERVILLE [1].

Craven Street, 1760.

Cher monsieur,

Laissez-moi vous citer un plaisant exemple du préjugé que quelques personnes ont conçu à l'endroit des caractères que vous avez gravés. Peu après mon retour, causant de Birmingham et de ses artistes avec un gentleman, il dit que vous finiriez par rendre aveugles tous les lecteurs d'Angleterre, parce que les traits de vos lettres étaient si minces et si serrés qu'ils blessaient l'œil. Il ajouta qu'il ne pouvait lire sans fatigue une seule ligne de votre impression.

Je pensais, lui dis-je, que vous alliez vous plaindre du satinage du papier, dont quelques personnes ne sont pas satisfaites.

« Non, non, dit-il, on en a parlé; mais ce n'est pas de cela que je me plains, c'est de la forme et de la gravure des lettres elles-mêmes. Elles n'ont pas cette épaisseur de trait, cet œil plein qui rend l'impression ordinaire plus douce à la vue. »

Vous voyez que ce monsieur était un *connaisseur*. En vain je m'efforçai de vous défendre contre cette inculpa-

---

1. John Baskerville, célèbre imprimeur anglais, était né en 1706; il mourut en 1775. Il est connu par les caractères qu'il a gravés et fondus, caractères qui ont servi à Beaumarchais pour donner les fameuses éditions de Voltaire et de Rousseau, dites éditions de Kehl. du lieu où on les imprimait.

tion. Ce monsieur savait bien ce qu'il voulait dire ; il pouvait au besoin m'administrer des preuves ; d'ailleurs plusieurs gentilshommes de ses amis avaient déjà fait la même remarque, etc.

Hier, il vint me rendre visite : je m'avisai malicieusement, pour mettre son jugement à l'épreuve, de passer dans mon cabinet, je déchirai quelques pages du spécimen de M. Caslon, en ôtant le nom du fondeur, et je les lui présentai comme des feuilles de vos épreuves que je venais d'apporter de Birmingham. Je lui dis que depuis notre entrevue je les avais examinées sans avoir pu découvrir le défaut de proportion qu'il m'avait signalé : j'ajoutai que je désirais qu'il me le fît apercevoir. Il se mit aussitôt à l'œuvre, et, parcourant l'une après l'autre les épreuves des divers caractères, il me montra partout des exemples de cette disproportion ; il m'assura qu'en ce moment même il ne pouvait lire ce spécimen, sans éprouver la fatigue excessive dont il m'avait parlé.

Pour cette fois, je lui épargnai la confusion de s'entendre dire que ces caractères étaient ceux-là mêmes qu'il avait lus toute sa vie avec tant de facilité, les caractères avec lesquels son cher Newton avait été imprimé, les seuls caractères enfin qui avaient servi à l'impression de son propre ouvrage (car vous saurez que ce monsieur est lui-même un auteur), et cependant il n'a découvert leur défaut de proportion que le jour où il a pensé que ces caractères étaient les vôtres. Je suis, etc.   B. F.

A L'IMPRIMEUR DU *London Chronicle*.

Sur la manière de disposer un ennemi à faire la paix; chapitre extrait d'un vieux livre [1].

Monsieur,

J'ai trouvé dernièrement dans un étalage un vieux livre *in-quarto*, auquel manquent le titre et le nom de l'auteur. Il contient des discours adressés à un roi d'Espagne, et fait l'éloge de la monarchie. C'est une traduction anglaise, imprimée, dit la dernière page, à Londres par Bonham Norton et John Bill, *imprimeurs de Sa Très-Excellente Majesté le Roy*, MDCXXIX. Il paraît que l'auteur était Jésuite, car en deux endroits où il parle de l'Ordre, il l'appelle *nostre Société*. Permettez-moi de communiquer au public un chapitre de ce livre ; il vient si *à propos* dans notre situation présente [2] (en lisant *France* partout où il y a écrit *Espagne*) que je le crois digne de l'attention générale ; il découvre les artifices de nos ennemis et peut jusqu'à un certain point servir à nous mettre en garde contre eux.

Quel effet eurent dans le temps les artifices recommandés par notre auteur, je ne saurais le dire ; mais je crois que dans un siècle éclairé, tel que le nôtre, et chez un peuple qui connaît mieux son véritable intérêt, ces ruses ne peuvent avoir le même succès. Nous pouvons observer avec plaisir, et à l'honneur du peuple anglais, que si dans ces derniers temps il n'a manqué ni d'écrits, ni de discours semblables à ceux de notre auteur, cependant aucune des

---

1. Il n'est pas besoin de dire que le chapitre et le livre sont une invention de Franklin. Ces fictions, mises à la mode par Addison, ont été souvent employées par Voltaire et Franklin.
2. La question était de savoir si l'on poursuivrait activement la guerre contre la France. On sait que la paix ne fut faite qu'en 1763.

classes qu'il désigne n'en paraît affectée. Dans tous les rangs, à tous les degrés, on préfère l'énergique poursuite de la guerre à une paix fourrée, désavantageuse, déshonorante. Mais comme un petit changement de fortune peut ramener l'attention sur des écrits de cette espèce et leur donner plus de poids, je crois que la publication de cette pièce peut être d'intérêt général, en découvrant la source où tous ces écrivassiers puisent leurs eaux empoisonnées.

UN BRETON.

CHAPITRE XXXIV.

Des moyens d'incliner l'ennemy à la paix.

Sy grande que soit la prudence à les entreprendre et à les conduire, les guerres ne réussissent pas toujours. Bien des choses qui sont en dehors du pouvoir de l'homme, telles que disettes, tempestes, pestilences et le reste, peuvent ruyner quelquefois les meilleurs desseins, de telle sorte que ces ennemys de nostre Monarchie (l'Angleterre et la Hollande), quoique les plus foibles au commencement, peuvent devenir les plus forts, par le désastreux événement de la guerre. Et quoiqu'ils ne soient pas forts jusquelà de mettre en danger le corps de ce grand royaume, cependant par le plus grand nombre de leurs vaisseaux et par leur aptitude des choses de la mer, ils peuvent être en état de couper (si je puis dire) quelques-uns de nos plus petits membres qui sont loin et non pas aisés à défendre, c'est à sçavoir nos isles et colonies des Indes. C'est ainsi que privant le corps de sa nourriture accoustumée ils le feront languir et l'affaibliront, si ces parties ne sont pas recouvrées; or, la guerre, en continuant, peut empescher cette recouvrance. Et l'ennemy, gonflé de ses succès et en espérant davantage, pourrait n'être pas enclin à conclure la paix, en acceptant des termes favorables à l'honneur de Vostre Majesté, et au bien-être de vostre État et de vos subjects. En ce cas, les moyens suivants peuvent avoir de bons effets.

C'est chose bien cogneue que ces peuples du Nord, quoique hardis de corps et fiers dans le combat sont cependant lents d'esprit, et lourds d'entendement, comme gros mangeurs et grands buveurs; si bien qu'il est souvent plus aysé de les gouverner et de les retourner par l'habileté que par la force. Il y a donc toujours espoir de recouvrer avec honneur, par sage conseil, et dextre ménagement les avantages qui ont été perdus par les fascheux accidents de la guerre. En ce lieu je ne diray rien du pouvoir de l'argent, secretement distribué parmi les Grands, leurs amis ou leurs maistresses, cette méthode ayant été cogneue et practiquée de tout temps. Si l'on pouvait *changer l'esprit* de l'Ennemy, on auroit pour rien ce qu'autrement on auroit grand peine à obtenir avec beaucoup d'or. Toutesfois comme pour procurer ce changement il faut de bons instruments il ne seroit pas inutile que Votre Majesté distribuât quelques doublons. Je dirai en bref de quelle façon.

Chez ces peuples, et particulièrement en Engleterre, il ne manque pas d'hommes de sçavoir, de parleurs et d'écrivains ingénieux qui, nonobstant, sont en bas estat, et mal traictés de la fortune. En les gagnant en secret par de bons moyens on peut les instruire à traicter et inculquer les points suivants dans leurs Sermons, Discours, Escrits, Poëmes et Chansons. Qu'ils magnifient les bénédictions de la Paix, qu'ils s'y étendent largement comme il convient à de graves Théologiens et autres bons Chrestiens. Qu'ils discourent longuement sur les misères de la guerre, la perte du sang chrestien, la rareté des laboureurs et manœuvres, la cherté de toutes les marchandises étrangères, l'interruption du commerce, les prises de vaisseaux, l'accroissement et le grand fardeau des Taxes. Qu'ils représentent la guerre comme estant un immense advantage pour certaines personnes, mais pour certaines personnes seulement (ce qui excitera l'envie contre ceux qui dirigent la guerre), tandis qu'elle cause de grands dommages à la République et au peuple en général. Qu'ils représentent les advantages remportés sur nous comme insignifiants et de peu d'importance, les Places qu'on nous a prises comme de peu de profit et de peu de commerce, mal situées, mal saines par l'air et le climat, inutiles au pays, lourdes à garder, et tirant à la Mère-patrie beaucoup d'hommes et d'argent.

Qu'ils disent encore que si la Paix nous est imposée, et si l'Ennemy retient les places qu'il a prises, cela nourrira un secret ressentiment chez le Roy et les Grands d'Espagne, que cette malice éclatera bientôt en une guerre nouvelle et que ces places seront reprises sans que l'Angloys ait le mérite et la bonne grâce de les restituer volontairement pour le plaisir de faire la Paix. Qu'ils ajoutent que faire ou continuer la guerre, dans une vue de gain, est chose basse, indigne d'un peuple brave, et que la faire par ambition est chose folle et méchante. Qu'ils insinuent que la continuation de la guerre présente par les Angloys a en soy ces ingrédients. Après cela qu'ils magnifient le grand Pouvoir de Vostre Majesté, la force de vostre Royaume l'inépuisable richesse de vos mines, la grandeur de vos revenus et par consequent vos ressources pour continuer la guerre, qu'ils indiquent les alliances que vous pourriez faire, en même temps qu'ils disent la sincère disposition que vous avez pour la paix, en ajoutant que c'est seulement l'interest de votre honneur, et l'honneur de votre Royaume qui vous fait insister pour la restitution des places qu'on vous a prises.

Si, avec tout cela, ils ont l'adresse d'insinuer par des

paroles artificieuses et de faire croire que leur Prince est au fond du cœur pour la paix que propose Vostre Majesté et qu'il souffre de l'obstination et de la perversité de ceux de ses sujets qui veulent continuer la guerre, ces discours et escrits produiront un effet merveilleux. Vostre Majesté fera naître parmi ses ennemis un parti des plus forts en faveur de la paix qu'elle désire, si bien que les chefs et les plus sages conseillers des Angloys seront forcés de céder. Car dans cette guerre de mots, l'Avarice et l'Ambition, l'Espérance et la Peur, et toute la foule des passions humaines sera évoquée et mise en bataille pour combattre en faveur de vostre Intérest contre le vrai et substantiel intérest de leur propre pays. La multitude qui est simple et sans finesse, sera emportée par l'apparente raison de ces discours, et dès que l'opinion deviendra populaire, tous les Riches qui ont de grands domaines, craignant la continuation des Taxes, et espèrant que la paix allégera l'impost, se trouveront enhardis à crier : *la Paix, la Paix*. Ceux qui dépendent des riches, et il y en a beaucoup, feront la même chose.

Tous les marchands qui craignent la perte de leurs vaisseaux, la mise de nouvelles charges sur le commerce par de nouveaux droits et subsides, et qui espèrent de plus grands profits par la fin de la guerre se joindront aux riches pour crier après la paix. Tous les Usuriers, tous ceux qui prestent de l'argent à l'Estat, espérant que la paix leur donnera grand profit, et craignant qu'en continuant, la guerre n'amène la banqueroute publique, tous ces gens là, et ce n'est pas peu de chose, se joindront au cri de paix. Tous ceux qui jalousent les hardis conducteurs de la guerre, et qui envient la gloire que ces chefs ont obtenue, tous ceux là crieront bien fort après la paix, espérant qu'après la guerre ces hommes devenus moins nécessaires seront moins chèrement estimés tandis qu'eux mêmes on les recherchera davantage. Tous les officiers de l'armée et de la flotte qui désirent le repos pour jouir tranquillement de leur solde et de leurs récompenses, tous ceux-là, avec leurs amis et leurs familles qui désirent les voir hors de danger et jouir de leur société, crieront après la paix.

Tous ceux qui sont timides de nature, parmi lesquels il faut compter les hommes de science qui mènent une vie sédentaire, faisant peu d'exercice de corps, et n'ayant ainsi qu'un sang pauvre et sans vertu, les grands hommes d'Estat dont l'énergie naturelle est épuisée par trop de pensées ou abattue par trop de plaisirs, puis enfin les femmes, dont le pouvoir, toutes foibles qu'elles sont, n'est pas mince parmi les hommes, tous ceux-là parleront sans cesse en faveur de la paix. Enfin tous les courtisans qui croiront se conformer à l'inclination du prince (*Regis ad exemplar*, etc.), tous ceux qui ont une place, qui craignent de la perdre, ou qui en espèrent une meilleure; tous ceux qui sont sans place et qui espèrent en gagner une, tout le clergé mondain qui court après les bénéfices, tous ceux-là, avec tout le poids de leur caractère et de leur influence, se joindront au cri de Paix, jusqu'à ce que ce cri devienne une clameur universelle, et que par tout le Royaume on n'entende d'autre bruit que celui de *la Paix, la Paix, la Paix*.

Alors on escoutera avec faveur les conditions de paix que propose Vostre Majesté, on restituera volontiers les places qu'on lui aura prises, vostre Royaume recouvrera sa force, il n'aura besoin que de quelques années pour rencontrer une occasion favorable, et s'il a une meilleure fortune, il obtiendra enfin tous les avantages que vous vous estiez proposés en commençant la guerre, et que vous aviez perdus par son mauvais succès. Un Breton.

A HUGH ROBERTS.

La vieille Junte.

Londres, 26 février 1761.

Cher ami,

Je crois que je vous ai déjà accusé réception de votre honorée du 15 du 5e mois 1760. (Je me sers de votre notation, parce que je ne saurais vous dire quel est ce mois, sans compter.) Je vous en remercie une fois encore. J'ai reçu votre lettre par la main de votre fils, et j'ai eu par conséquent le plaisir de voir qu'il était devenu un jeune homme solide et intelligent. Vous en aurez beaucoup de satisfaction, et je vous en félicite cordialement.

Je suis charmé d'apprendre que l'Hôpital est toujours maintenu [1] ; j'écris aux administrateurs, par ce paquebot. Dans mes voyages en Angleterre et en Écosse j'en ai visité plusieurs du même genre et qui étaient tous en bon chemin. Je vous envoie quelques-uns de leurs comptes et de leurs règlements qu'on m'a donnés. Peut-être y trouverons-nous une ou deux bonnes idées ; je crois que nous pourrons faire ici une petite collection de ces pièces, mais je ne puis promettre qu'elle sera fort considérable.

Vous me dites que vous visitez quelquefois notre vieille Junte ; je voudrais que vous le fissiez plus souvent. Je sais que tous ses membres vous aiment, vous respectent, et regrettent de ne pas vous y voir plus souvent. Quand on ne se voit que rarement, on devient étranger l'un à l'autre, et l'on ne s'entend plus si bien. Puisque nous avons été fidèles à ce club, jusqu'à ce que nous ayons blanchi ensemble, restons-y fidèles jusqu'à la fin. Pour moi je trouve que j'aime la société, une causerie, un verre, et même une

---

1. Par souscriptions volontaires.

chanson tout autant qu'autrefois; et en même temps je goûte mieux qu'autrefois les graves observations et les sages sentences qu'on rencontre dans la conversation des vieilles gens; je suis donc sûr que la Junte me sera aussi agréable que jamais. J'espère qu'on ne l'abandonnera pas, aussi longtemps que nous pourrons nous y traîner ensemble.

Je vous remercie des fréquentes visites que vous avez la bonté de faire à ma petite famille. Dans peu de temps, je l'espère, j'aurai le plaisir de la voir et de remercier mes amis, en personne.

Je suis, cher ami, avec la plus sincère estime, votre affectionné, B. F.

A MISS MARY STEVENSON.

Craven Street, 20 octobre 1761.

La bonne maman de ma chère Polly me charge d'écrire deux ou trois lignes pour s'excuser d'avoir si longtemps oublié d'écrire. Elle reconnaît avoir reçu deux agréables lettres de sa fille bien aimée, avec une autre lettre pour Sally Franklin qui a été fort approuvée (hormis un seul mot), et envoyée à son adresse.

Les raisons que la maman donne pour ne pas écrire, c'est que durant le jour son temps est entièrement pris par les soins de sa maison et par le plaisir de rester au lit le matin. Et ses yeux sont si mauvais que le soir elle ne voit pas assez pour écrire, étant d'ailleurs occupée à jouer aux cartes. Elle espère donc qu'une personne qui est la bonté même, lui pardonnera certainement, en face d'excuses aussi sérieuses.

Quant au secrétaire, qui est un aussi grand coupable, il n'a pas un mot à dire pour sa défense, il demande grâce, n'ayant pour lui que d'être avec une grande estime et une sincère considération, le constant ami de sa chère Polly,

B. F.

A LORD KAMES.

L'art de penser. — L'éducation. — L'art de la vertu.

Londres, novembre 1761.

Mon cher lord,

Il y a longtemps que je ne me suis donné le plaisir de vous écrire. En avançant en âge, je trouve que je deviens plus indolent, et plus enclin à remettre les choses au lendemain. En vérité je suis un mauvais correspondant; mais à quoi sert la confession, si l'on ne se corrige pas?

En venant si tard vous offrir mes remerciments pour votre précieuse *Introduction à l'Art de penser*, puis-je avoir le droit de vous demander où en sont vos *Éléments de critique?* Ce sera pour moi une grande satisfaction que de lire cette œuvre, quand elle paraîtra. Avec votre premier livre, vous semez largement dans les jeunes âmes les germes du bon sens moral. En grandissant, en étant transplantés dans la vie, ces germes orneront le caractère et feront le bonheur des individus. Laissez-moi dire que je n'ai jamais vu plus de choses solides et utiles comprises dans un aussi petit volume, et cependant la méthode et l'expression sont si claires que la brièveté n'occasionne aucune obscurité. Dans votre prochain livre, en attirant la jeunesse à la pratique de la science, vous lui fortifierez le jugement, vous lui élargirez l'entendement, vous la rendrez plus capable d'être utile.

Pour obtenir le nombre d'hommes intelligents qui est nécessaire à la prospérité d'une nation, il y a beaucoup plus à attendre d'un plan d'*éducation de la jeunesse* que d'un plan de *réforme*. Dans certaines situations, un seul homme a souvent le pouvoir de rendre à son pays un immense service ; un écrivain ne peut pas concevoir le bien qu'il peut faire, quand il entreprend des œuvres de ce genre. Je désire donc beaucoup que ce livre soit publié aussitôt que vos grandes occupations vous permettront d'y mettre la dernière main.

Avec ces sentiments, vous ne douterez pas que je n'aie la sérieuse intention de terminer mon *Art de la vertu.* Ce n'est pas une œuvre imaginaire. J'en ai fait le plan dès 1732. Depuis lors j'ai essayé et j'ai fait essayer plusieurs fois de ma méthode, avec succès. Les matériaux ont grossi ; il ne reste plus qu'à donner la forme ; je me propose d'y employer mes premiers loisirs après mon retour dans mon *autre* patrie.

.... Je suis honteux d'avoir été un membre aussi inutile de votre *Société philosophique*, depuis qu'elle m'a fait l'honneur de me nommer. Mais je pense qu'il ne se passera pas longtemps sans qu'elle entende parler de moi. Je serais charmé de voir l'essai sur le *feu* qu'a lu le docteur Cullen. Quand pouvons-nous en espérer la publication ? Vous savez que pour moi je suis plongé dans la *fumée*, et je crois qu'il n'est pas difficile de la conduire, quand on est familier avec les principes. Mais comme les causes sont diverses, il faut aussi divers remèdes, et à la distance où nous sommes, on ne peut envoyer une prescription au malade, sans avoir un clair exposé de son état. Si quelque jour vous preniez la peine de m'envoyer une description détaillée de vos cheminées qui fument, peut-être pourrai-je vous offrir quelque chose de propre à les guérir. Mais sans doute vous avez des docteurs aussi habiles, et moins loin de chez vous.

Oserai-je prendre la liberté de recommander à la bienveillance de Votre Seigneurie le porteur de cette lettre, M. Morgan. Il se propose de résider quelque temps à Édimbourg pour se perfectionner dans l'étude de la médecine; je crois qu'un jour il fera bonne figure dans sa profession, et fera honneur à l'école où il étudiera, si du moins beaucoup de travail et d'application, joints à une intelligence et une sagacité naturelle, permettent de faire un tel présage. C'est le fils d'un de mes amis et voisins de Philadelphie, je l'ai suivi dès son enfance, et je suis sûr que les excellentes qualités, les bons sentiments, la prudente conduite qui lui ont valu l'estime et l'affection de tous ceux qui l'ont connu dans son pays, ne le rendent pas indigne des égards, des avis et de la faveur que Votre Seigneurie aurait la bonté de lui témoigner.

Mon fils (avec qui je viens de faire un tour en Hollande et dans les Flandres) se joint à moi pour offrir ses meilleurs vœux à vous, à lady Kames et à vos aimables enfants. Si loin que nous soyons de vous, nous espérons avoir souvent des nouvelles de votre santé et du bonheur de votre famille. Avec la plus sincère estime et la plus parfaite considération, je me dis, mon cher ami, votre bien affectionné,   B. F.

A MISS MARY STEVENSON.

Lundi matin, 8 mars 1762.

Chère Polly,

Votre bonne maman vient de me dire qu'elle s'étonne de n'avoir pas reçu une ligne de vous depuis si longtemps. Elle en demande la raison; je n'ai rien dit, sachant au fond de l'âme que, faute de vous avoir écrit, j'ai perdu tout droit à une telle faveur, et cependant aucunes lettres ne me donnent plus de plaisir que les vôtres, et je désire souvent avoir de vos nouvelles; mais l'indolence me gagne avec les années; écrire est de plus en plus un ennui pour moi.

Avez-vous fini votre cours de philosophie? Plus de doutes

à résoudre? Plus de questions à faire? S'il en est ainsi, vous aurez maintenant tout le loisir de vous perfectionner aux cartes. Adieu, ma chère enfant, croyez-moi toujours votre ami.

B. F.

P. S. Maman me charge de vous dire qu'elle est fort souffrante, et à moitié percluse de rhumatismes. Je vous envoie deux ou trois *Gazettes de médecine* françaises, que je viens de recevoir de Paris; il y a une traduction de la lettre que vous avez copiée pour moi. Quand vous les aurez lues, vous me les renverrez avec mes lettres françaises sur l'Électricité.

A MISTRISS DEBORAH FRANKLIN.

Sur la mort de sa belle-mère.

Londres, 24 mars 1762.

Ma chère enfant,

Je m'afflige bien sincèrement avec vous de la mort de notre bonne mère; je sens trop en quelle détresse et quelle affliction cette perte vous a jetée. Votre consolation sera de vous dire que vos soins ne lui ont jamais manqué, et qu'elle a vécu aussi longtemps que cette vie pouvait lui donner quelque jouissance raisonnable. C'est pour moi une satisfaction de pouvoir me dire que, pendant la longue suite d'années où elle m'a appelé son fils, je n'ai jamais manqué, ni au respect que je lui devais, ni à mes devoirs envers elle. Les circonstances de sa mort sont malheureuses il est vrai; mais tous, tant que nous sommes, il faut toujours que quelque chose nous amène à notre fin, et peu d'entre nous verront d'aussi longs jours. Mes amitiés au frère John Read, à la sœur et à la cousine Debby, et au jeune cousin Johnny Read, dites leur bien toute ma sympathie et mon affection.

Je vous écris ceci à la hâte, M. Beatty sort de chez moi ; il est venu me dire qu'il partait pour Portsmouth, en route pour l'Amérique. Je termine toutes mes affaires pour préparer mon retour ; je reviendrai ou avec la flotte de Virginie, ou avec le paquebot du mois de mai prochain, je ne suis point encore décidé. Je prie Dieu qu'il nous accorde une heureuse réunion.

Nous sommes tous en bonne santé : Billy vous présente ses devoirs. M. Strahan a reçu votre lettre ; il s'étonne de n'avoir pu vous persuader de passer les mers. Mistriss Stevenson me charge de ses compliments ; elle comptait que Sally répondrait à la lettre de sa fille, lettre qui était partie avec l'aiguille d'or. J'ai reçu par le dernier paquebot une lettre de vous, ainsi qu'une lettre de notre ami M. Hughes. Si j'en ai le temps, j'essaierai de lui écrire une ligne ; si je ne le fais pas, ayez la bonté de lui dire que je ferai tout mon possible pour le servir en cette affaire. Dites à M. Charles Norris que je lui envoie un jardinier par le navire de Bolitho ; je vous répondrai en détail par ce même vaisseau. Je ne puis maintenant ajouter qu'une seule chose, c'est que je suis, comme toujours, ma chère Debby, votre époux affectionné, B. F.

Au moment de partir, Franklin reçut de David Hume une lettre où il était question de l'ingénieuse invention des paratonnerres, que l'on devait à Franklin ; la lettre se terminait ainsi :

« Je suis très-fâché que vous songiez à quitter déjà notre hémisphère. L'Amérique nous a envoyé beaucoup de bonnes choses, de l'or, de l'argent, le sucre, le tabac, l'indigo, etc., mais vous êtes le premier philosophe, et à vrai dire, le premier grand homme de lettres dont nous lui ayons l'obligation. C'est notre faute si nous ne l'avons pas gardé ; il paraît que nous ne nous entendons pas avec Salomon, suivant lequel *la sagesse est plus précieuse que l'or;* car nous avons grand soin de ne jamais renvoyer une once de ce dernier, quand une fois nous le tenons en nos doigts. »

A DAVID HUME.

Le lord maréchal. L'or et la sagesse.

Londres, 19 mai 1762.

Cher monsieur,

... Ce doit être un grand amusement pour le lord maréchal[1] que de présider à une dispute aussi ridicule que celle dont vous parlez[2]. Dans leurs décisions les juges aiment à suivre des *précédents*. J'en ai rencontré un, qui est ce que les légistes appellent un *cas en point*[3]. Dans une ville de province les anglicans et les puritains avaient une fois une querelle des plus vives, à l'occasion d'un *Mai*[4] ; les premiers voulaient qu'on en fît planter un, les autres s'y opposaient. Chaque parti essayait de se fortifier en obtenant l'appui du maire, qui pouvait autoriser ou défendre la plantation du *Mai*. Il écouta leur querelle avec grande patience, et la jugea gravement en ces termes : « Vous qui ne voulez point avoir de *Mai*, vous n'aurez point de *Mai*, et vous, qui voulez avoir un *Mai*, vous aurez un *Mai*. Allez à vos affaires, et qu'on ne me parle plus de cette querelle. »

---

1. Le lord Maréchal, gouverneur de Neufchâtel pour Frédéric II, est connu de tous les lecteurs de Voltaire et de Rousseau.
2. Dans une lettre précédente sans doute. La querelle est probablement une querelle religieuse.
3. C'est-à-dire un arrêt ancien qui s'applique exactement à l'espèce dont on s'occupe.
4. C'est ce que nous appelons un *mât de cocagne*.

Votre compliment de l'or et de la *sagesse* est très-obligeant pour moi, mais peu aimable pour votre pays. Vous savez qu'en toute partie du monde la valeur de chaque chose est en proportion de l'offre et de la demande. On nous dit qu'au temps de Salomon il y avait une telle abondance d'or et d'argent, qu'ils n'avaient pas plus de valeur en Judée que les pavés des rues. Aujourd'hui vous avez justement cette abondance de sagesse. Il ne faut donc pas blâmer votre peuple s'il n'en désire pas plus qu'il n'en a; et si j'en ai, par hasard, je le porterai en un pays, où sa rareté lui fera trouver sans doute un marché plus avantageux.

Néanmoins je regrette beaucoup de quitter un pays, où j'ai reçu tant d'amitiés, et des amis dont la conversation m'a été si agréable et si instructive. Demeurer désormais si loin d'eux, ce n'est pas, mon cher ami, un faible chagrin pour votre affectionné, B. F.

A MISS MARY STEVENSON.

Londres, 7 juin 1762.

Chère Polly,

J'ai reçu votre lettre du 27 passé, et, depuis lors, j'attends l'épître philosophique que vous m'annoncez. Mais vous n'avez pas eu le temps de l'écrire !

... Nos vaisseaux ne partent pas pour l'Amérique aussitôt que je croyais ; il se passera encore cinq ou six semaines, avant de nous embarquer, et de quitter le vieux monde pour le nouveau. J'imagine que je suis un peu comme les saints qui vont mourir. En quittant ceux qu'ils aiment en ce monde, leur consolation est d'espérer un plus parfait bonheur dans l'autre. En Amérique, j'ai les biens les plus chers ; et si heureux que j'aie été dans les amitiés que j'ai contractées ici, *celles de là bas* me promettent une plus grande et une plus durable félicité. Mais Dieu seul sait si ces promesses seront remplies. Adieu, ma chère bonne fille, croyez-moi toujours votre ami, B. F.

A LA MÊME.

Portsmouth, 11 août 1762.

Ma chère Polly,

Voici le meilleur papier que j'aie pu trouver dans cette misérable auberge, mais il portera ce qui lui est confié aussi bien que le plus beau vélin. Il dira à ma Polly combien son ami est affligé en pensant que, peut-être, il ne reverra jamais celle pour qui il a une affection si sincère jointe à une si parfaite estime, celle qu'un jour il s'est flatté de pouvoir appeler sa fille, doux espoir qui n'est plus permis[1]. Ce papier vous dira-t-il *combien* votre ami est affligé? Non, il ne le peut pas.

Adieu, mon enfant bien aimé. Je veux vous appeler ainsi. Pourquoi ne le ferais-je pas puisque je vous aime avec toute la tendresse d'un père? Adieu. Puisse le Dieu de toute bonté verser sur vous ses plus chères bénédictions, et vous rendre infiniment plus heureuse que cet événement ne pouvait le faire. Et partout où je serai, ma chère Polly, croyez-moi avec une inaltérable affection, votre sincère ami, B. F.

1. Franklin aurait voulu marier son fils William avec miss Stevenson; mais ce projet ne réussit pas. Le 2 septembre 1762, William Franklin, nommé gouverneur de New-Jersey par la faveur de lord Bute, épousa miss Élisabeth Downes. Parton, *Vie de Franklin*, p. 431.

A LORD KAMES.

Portsmouth, 17 août 1762.

Mon cher lord,

Je n'attends plus qu'un vent qui me porte en Amérique ; mais je ne puis quitter sans un extrême regret, cette île heureuse, et les amis que j'y ai, encore bien que j'aille vers un pays et un peuple que j'aime. Je m'en vais du vieux monde dans le nouveau, et j'imagine que je ressens ce qu'éprouvent ceux qui quittent ce monde pour l'autre : chagrin au départ, crainte du passage, espoir en l'avenir. Toutes ces différentes émotions affectent l'âme en même temps : elles m'ont excessivement *attendri*.

Les mourants ont l'habitude de demander pardon aux survivants, s'ils les ont jamais offensés. Pourrez-vous, milord, me pardonner mon long silence, et le retard que j'ai mis à vous remercier de l'honneur que vous m'avez fait en m'envoyant votre excellent livre? Pouvez-vous être indulgent pour un défaut que vous n'avez jamais connu chez vous, je veux dire la mauvaise habitude de remettre de jour en jour, ce que chaque jour on se promet de faire le lendemain. C'est une habitude qui nous gagne avec les années, notre seule excuse est de ne pas savoir comment nous en corriger.

Si vous êtes disposé à me pardonner, vous considérerez combien l'esprit est pris et distrait par les mille petites affaires qu'il faut régler, avant d'entreprendre un si long voyage, après un si long séjour, et combien dans une pareille situation l'esprit est incapable d'une lecture sérieuse et attentive. C'est ainsi que je voulais lire les *Éléments de critique* avant de vous écrire ; je ne puis maintenant que confesser ma faute et essayer de la réparer. En emballant mes livres j'ai gardé les vôtres pour les lire durant le passage. J'espère donc que je pourrai vous en écrire aussitôt après mon arrivée. Aujourd'hui je ne puis que vous remercier, et vous dire que ce que j'en ai lu m'a tout à fait charmé et instruit, que je suis convaincu de la vérité de votre thèse, quoiqu'elle soit nouvelle pour moi, à savoir que le bon goût dans les arts contribue aux progrès de la morale, et qu'enfin j'ai la joie d'entendre recommander le livre par tous ceux qui l'ont lu.

Et maintenant, mon cher Monsieur, acceptez mes sincères remercîments pour la bonté que vous m'avez montrée, et recevez mes meilleurs vœux pour votre bonheur et celui des vôtres. Partout où je serai, j'estimerai, comme un des bonheurs de ma vie, l'amitié dont vous m'honorez; j'essayerai de la cultiver par une correspondance plus ponctuelle, et j'espère avoir souvent des nouvelles de votre santé et de votre prospérité.

Adieu, mon cher ami, et croyez-moi toujours avec une vive affection, votre   B. F.

CHAPITRE III.

Retour de Franklin en Amérique. — Voyage dans les colonies du Centre et de l'Est. — Massacre des Indiens dans le comté de Lancastre. — Brochure de Franklin. — Nouvelles disputes entre le gouverneur et l'assemblée. — Franklin choisi comme agent de la Pensylvanie auprès de la cour d'Angleterre. Il retourne à Londres.

1763-1765.

Franklin s'embarqua presque aussitôt après avoir écrit la lettre à lord Kames; il arriva à Philadelphie le 1er novembre 1762, après avoir touché à l'île de Madère. Son absence avait duré plus de cinq ans. Aussitôt qu'il eut débarqué, l'Assemblée lui vota des remercîments pour les services qu'il avait rendus non-seulement à la province de Pensylvanie, mais à l'Amérique, et lui accorda comme indemnité une somme de trois mille livres sterling.

Le rôle considérable qu'il avait joué dans cette querelle entre la colonie et les Propriétaires lui valut des ennemis tenaces qui le poursuivirent de leurs calomnies, mais il lui valut aussi la confiance de la Pensylvanie et le désigna à l'Amérique entière comme un habile et courageux défenseur de la liberté.

La patrie ne lui faisait pas oublier les amis qu'il avait laissés en Angleterre. On en peut juger par la lettre suivante :

44. — A MISS MARY STEVENSON.

Philadelphie, 25 mars 1763.

Ma chère Polly,

J'ai sous les yeux votre bonne lettre du 11 novembre dernier. Comme vous le supposez, elle m'a trouvé heureux d'être avec mes amis et au milieu de ma famille, mais elle m'a rendu plus heureux en me montrant que les chers amis que j'ai laissés en Angleterre ne m'ont pas encore oublié. Et, de fait, pourquoi craindrais-je qu'ils m'oublient quand je sens si fortement que je m'en souviendrai toujours.

Rappelez-moi au souvenir de mon bon docteur Hawkesworth et de sa femme. Vous me dites que vous avez eu le plaisir de passer trois jours avec eux chez madame Stanley. C'est une douce société ; moi aussi j'ai partagé naguère ce même plaisir, et je ressens ce que vous avez ressenti. Rappelez-moi à M. et à Mme Stanley, et à miss Arlond.

De toutes les choses enviables que possède l'Angleterre, ce que je lui envie le plus, c'est son peuple. D'où vient que cette petite île, qui, en comparaison de l'Amérique, n'est qu'une pierre dans un ruisseau, juste assez au-dessus de l'eau pour qu'on ne se mouille pas les pieds, d'où vient, dis-je, que cette petite île possède, presqu'en chaque village, plus d'hommes intelligents, vertueux, distingués qu'on en rassemblerait chez nous, à courir cent lieues de nos vastes forêts ? Mais on dit que les arts aiment à marcher à l'Ouest. Vous nous avez efficacement défendus dans cette glorieuse guerre, et avec le temps vous nous améliorerez. Quand nous en aurons fini avec les nécessités de la vie, nous songerons à ce qui l'embellit. Déjà quelques-uns de nos jeunes talents commencent à bégayer en peinture, en poésie, en musique. Nous avons en ce moment un jeune peintre qui étudie à Rome. Je vous envoie quelques échantillons de notre poésie ; si le goût délicat du docteur Hawkesworth ne peut les approuver, son bon cœur les excusera. La pièce manuscrite est d'un de mes jeunes amis, et elle a été faite à l'occasion de la mort d'un de ses amis. Je vous l'envoie parce que l'auteur est un grand admirateur des compositions musicales de M. Stanley[1], et qu'il a adopté ses vers à un air du sixième *concerto*, air dont le mouvement doux et solennel le transporte. Il a essayé de composer un *récitatif*, mais il n'est pas capable d'écrire l'accompagnement, et voudrait qu'on lui rendît ce service. Si M. Stanley avait cette bonté, mon jeune ami regarderait cela comme le plus grand honneur, et en serait fort heureux. Vous direz qu'un *récitatif* n'est qu'un pauvre échantillon de notre musique. C'est le meilleur et le seul que je possède quant à présent; plus tard vous verrez peut-être quelque chose de mieux.

J'espère que les affaires de M. Ralph se sont améliorées, depuis que vous m'avez écrit. Je sais qu'à mon départ, il espérait qu'une main secourable viendrait à lui. Il a du mérite, il semble qu'il ne devrait pas être si malheureux.

Je ne m'étonne pas de la conduite du docteur S. envers moi, car il y a longtemps que je le connais à fond. J'ai fait de cet homme mon ennemi, en étant trop bon pour

---

1. Stanley, qui eut une certaine vogue en Angleterre, était un musicien et compositeur qui était devenu aveugle à l'âge de deux ans.

lui. C'est le plus honnête moyen d'acquérir un ennemi, et puisqu'il est bon d'en avoir au moins un qui, par sa promptitude à nous injurier en toute occasion, nous tienne en éveil sur notre propre conduite, je garderai le docteur pour cet emploi, et je suivrai l'avis que me donnait votre bonne mère de ne plus jamais le recevoir comme un ami. Votre mère admirait un jour l'esprit de bienveillance que respiraient les sermons de cet homme.

Ile verra maintenant la justesse des vers que votre poëte lauréat Whitehead adressait à ses confrères et que je lui adresse aujourd'hui.

« Plus d'un gnome hargneux, envieux, calomniateur, est dans ses écrits la bienveillance en personne. Son cœur bat pour toute l'humanité, qu'il ne connaît pas ; il injurie seulement ceux près desquels il vit. Lisez-moi donc l'homme lui-même : La *vérité* guide-t-elle ses actions ? Est-il exempt de *pétulance*, exempt d'*orgueil* ? Son cœur est-il fidèle aux devoirs de société ? Est-ce un fils, un père, un mari, un frère, *un ami* ? *Ceux qui le connaissent, l'aiment-ils* ? S'il en est ainsi, vous avez *ma* permission, vous pouvez l'aimer aussi. »

Rien ne peut me faire plus de plaisir que de voir vos progrès philosophiques, quand vous aurez le temps de me les faire connaître. Sur ce sujet je vous dois une longue lettre, et je m'acquitterai. Je suis contrarié que M. James ait autant tardé avec l'*armonica*[1] de M. Madison. J'ai été malheureux dans le choix des deux personnes à qui j'ai

---

1. Franklin avait vu à Londres un instrument composé de morceaux de verre, sur lequel on pouvait jouer des airs en passant un doigt mouillé sur les bords. La douceur des sons l'avait séduit ; Franklin perfectionna l'invention en plaçant sur une tige de fer des hémisphères de verre qui allaient en diminuant progressivement et donnaient ainsi les sons de la gamme. Une roue faisait tourner la tige et les verres, que le musicien tou-

permis de faire ces instruments. Le premier était un rêveur et ne pouvait rien faire de bien, parce qu'il avait toujours en tête quelque nouveau et inutile perfectionnement. Quant au second, je crois qu'il ne fait absolument rien. Je lui en ai commandé d'ici un certain nombre ; mais il faut que je m'arrête.

Adieu, ma chère Polly, etc.   B. F.

P. S. — Mes amitiés à mistriss Tickell et à mistriss Rooke, et à Pitty quand vous lui écrirez. Mistriss Franklin et Sally désirent que je les rappelle affectueusement à votre souvenir. Je vois que la poésie imprimée que je comptais enfermer dans cette lettre forme un trop gros volume ; je vous l'enverrai par un vaisseau qui partira d'ici prochainement.

Après une si longue absence, Franklin avait à s'occuper de ses affaires. En outre, il lui fallait reprendre

chait au passage avec un doigt mouillé. Franklin appela ce nouvel instrument l'*armonica* en l'honneur du langage musical des Italiens, comme il l'explique à Beccaria.

L'armonica eut un moment de vogue. Une miss Davies le promena dans toute l'Europe, et eut l'honneur d'en jouer en présence de la cour de Vienne, lors du mariage du duc de Parme et de l'archiduchesse d'Autriche. A cette occasion Métastase composa une cantate qui fut mise en musique par Hasse, surnommé le Saxon, chantée par une des sœurs Davies dite l'*Inglesina* ou l'*Anglaise*, et accompagnée par l'autre sœur, *sonatrice del nuovo instrumento di musica, chiamato l'*ARMONICA, INVENTATO DAL CELEBRE DOTTORE FRANKLIN.

> Ardir germana ; a'tuoi sonori adatta
>   Volubili cristalli
> L'esperta mano ; e ne risveglia il raro
> Concento seduttor. Col canto anch'io
>   Tentero d'imitarne
>   L'amoroso tenor.

ses fonctions de maître-général des postes, un des grands intérêts de sa vie. Dans l'année 1763, il passa cinq mois à inspecter les bureaux de poste dans les colonies du Nord. Ce fut un voyage de près de seize cents milles. Sa fille l'accompagnait. Ils étaient tous deux dans une voiture légère que Franklin conduisait lui-même. Un cheval de selle faisait partie de l'équipage ; il était destiné à Sally, qui fit ainsi presque toute la route de Rhode-Island à Philadelphie. A Boston, à Rhode-Island, à New-York, Franklin trouva de vieux amis et un accueil cordial. A New-York, le général Amherst, commandant en chef des forces britanniques, le reçut avec une politesse dont Franklin fut vivement touché.

Il était obligé de voyager lentement ; il avait été pris de vives douleurs dans la poitrine, et il fit deux chutes, dans l'une desquelles il eut l'épaule démise[1]. Mais ni maladies ni accident n'affaiblirent sa vivacité et sa gaieté.

Revenu à Philadelphie, il écrit à Jeanne Mecom, sa sœur, le 5 novembre 1763 :

« Je suis à peu près débarrassé de mes souffrances, aussi ai-je enfin cessé les bains froids. Il me reste un peu de faiblesse dans l'épaule, mais je suis beaucoup plus fort qu'à mon départ de Boston, et je vais de mieux en mieux. Je suis fort heureux de me trouver à la maison ; on me permet de savoir quand j'ai assez mangé, ou assez bu, quand j'ai assez chaud, si je suis assis à mon aise, etc., et personne ne prétend savoir mieux que moi ce que je sens. N'imaginez pas que j'en sois moins sensible à toutes les

---

1. Jared Sparks. T. I, p. 271.

bontés que j'ai reçues de mes amis dans la nouvelle Angleterre, j'en suis fort reconnaissant, et j'en garderai toujours la mémoire. »

Au mois de décembre eut lieu un événement terrible connu dans les annales de la Pensylvanie sous le nom de *massacres du comté de Lancastre*. Au manoir de Conestogo vivaient une vingtaine d'Indiens, hommes, femmes et enfants ; ce reste d'une ancienne tribu avait pour chef un vieil Indien qui, soixante ans plus tôt, avait assisté au second traité fait avec William Penn, ce traité, où l'on se promettait de part et d'autre une amitié qui devait durer « aussi longtemps que le soleil luira et que les eaux couleront dans leur lit. » Ces pauvres gens ne pouvaient inquiéter personne ; mais il n'en était pas de même des Indiens des frontières, ennemis constants des colons. Dans un moment de fureur, les planteurs des frontières voulurent en finir avec les Indiens, et ils commencèrent par attaquer des innocents. Une cinquantaine de colons à cheval entourèrent le manoir de Conestogo pour en égorger les habitants. Le hasard voulut qu'il n'y eut que six Indiens au logis ; ils furent massacrés de sang-froid. Le vieux Sachem fut tué dans son lit. Quatorze sauvages, prévenus à temps, se réfugièrent dans la ville de Lancastre, on les enferma dans la prison comme lieu de sûreté, mais rien ne les protégea contre leurs ennemis. La prison fut forcée et les Indiens tués en présence des magistrats et du peuple, sans que personne osât défendre l'humanité et les lois outragées.

Outré de cette lâcheté, Franklin publia un pamphlet intitulé : *Récit des derniers massacres dans le comté de*

Lancastre. Il appela tous les habitants de la province à punir ce crime abominable.

« Levons-nous, y disait-il, rachetons l'honneur de notre province exposée au mépris de nos voisins. Que tous les hommes de bien s'unissent cordialement pour soutenir les lois, pour fortifier les mains du gouvernement. Que justice soit faite, que le méchant soit puni, et l'innocent protégé! Autrement, que notre peuple ne s'attende plus aux bénédictions du ciel. Il n'y aura plus désormais de sécurité pour nos personnes et pour nos biens; l'anarchie et la confusion l'emporteront; la violence seule régnera au mépris des lois. »

On n'est pas habitué à voir Franklin tenir un langage aussi véhément; mais quand le cœur est révolté, il n'y a plus de place pour les finesses de l'esprit. L'honnête homme indigné ne se possédait plus.

Chose triste à dire, ce fut l'émeute et le crime qui eurent raison. Dans toute la province, on menaça les sauvages, et une petite colonie d'Indiens convertis par les Moraves s'étant réfugiés au nombre de cent quarante près de Philadelphie, une bande d'insurgés marcha contre la ville pour égorger ces prétendus ennemis.

Franklin, toujours prêt à tous les rôles, reprit son ancien métier de soldat. Il n'y avait pas de milice régulière; Franklin forma une association militaire, ou enrôla un millier de citoyens en neuf compagnies, et on résolut de recevoir l'émeute à coups de fusil.

Les insurgés s'arrêtèrent à Germantown, à six milles de Philadelphie. En apprenant l'accueil qu'on leur préparait, ils jugèrent prudent de ne pas aller plus loin. Néanmoins, leur nombre était assez grand pour qu'on jugeât à propos de ne pas entamer une guerre civile ; le gouverneur et le conseil chargèrent Franklin et trois autres personnes d'aller au devant des insurgés et de leur faire entendre raison. Franklin accepta cette mission délicate, et il y réussit[1]. Sa popularité pouvait en souffrir, mais il était de ces hommes qui ne transigent jamais avec la justice, et qui méprisent cette popularité mensongère qu'on n'obtient un moment qu'en servant les passions de la foule.

Il est peu d'hommes qui aient su aussi bien que Franklin, et en toute circonstance, ce qu'il devait et ce qu'il voulait faire. Aussi en est-il peu qui, en toutes choses, se soient exprimés avec la même fermeté. On peut juger de sa décision par la lettre suivante écrite à George Whitefield :

A GEORGE WHITEFIELD.

Confiance dans la divine Bonté.

Philadelphie, 19 juin 1764.

Cher ami,

'ai reçu vos lettres du 21 dernier et du 3 courant, et j'ai aussitôt envoyé l'incluse à son adresse.

Les vœux répétés que vous m'adressez pour mon bonheur éternel aussi bien que temporel sont fort obligeants; je ne puis que vous remercier, et vous offrir mes vœux en retour. Quant à moi je n'ai aucun doute que j'aurai de ces deux bonheurs la part qui me convient. L'Être qui m'a donné l'existence, qui depuis près de soixante ans a

---

[1]. Jared Sparks. 1, p. 275.

continuellement répandu sur moi ses faveurs, et dont les châtiments même ont été pour moi des bienfaits, puis-je douter qu'il m'aime? Et s'il m'aime, puis-je douter qu'il continuera à prendre soin de moi, non-seulement ici-bas, mais ailleurs. Que ceci paraisse de la présomption à certaines personnes, pour moi cela me paraît l'espérance la mieux fondée; c'est le passé qui me répond de l'avenir.

Ce que je sais de vos derniers travaux me fait croire que le voyage vous a rendu la santé; cela me fait plaisir. Mistriss Franklin vous présente son respect cordial, recevez-en autant de votre affectionné et humble serviteur,

B. F.

P. S. Nous espérons que les *cancans* qu'on fait à Boston sur la prétendue insalubrité de Philadelphie ne vous détourneront pas de venir visiter les amis que vous avez en ce pays.

Le bon accord entre la famille Penn et la colonie ne fut pas de longue durée. Les désordres qui avaient suivi le massacre des Indiens de Lancastre avaient convaincu le gouverneur (c'était alors John Penn) et l'assemblée de la nécessité d'organiser une milice qui protégeât les personnes et les biens contre une émeute imprévue. Franklin fut membre du comité chargé de préparer la loi sur la milice. On prit pour modèle la loi que Franklin avait proposée et fait passer au moment de la guerre contre le Canada. Les compagnies proposaient au gouverneur trois candidats pour chaque place de capitaine, lieutenant et enseigne. Et de même façon, les officiers des compagnies proposaient trois candidats pour chacun des grades supérieurs. Il y avait des amendes pour punir les délits militaires, et les délinquants étaient justiciables des juges et jurés ; en d'autres termes, la juridiction était civile.

Le gouverneur John Penn refusa d'accepter cette loi. Il voulait avoir seul la nomination des officiers ; il élevait le taux des amendes, demandait des cours martiales et punissait de mort certains délits.

L'Assemblée ne voulut pas même écouter des prétentions aussi dangereuses pour la liberté. Mettre entre les mains du gouverneur la fortune et la vie des officiers, c'était changer toute la nature du gouvernement. Le bill ne fut donc pas amendé, et John Penn le rejeta. Franklin écrivit à ce sujet des *Remarques sur le bill de la milice, adressées aux citoyens de Pensylvanie* Elle parurent au mois de septembre 1764, avec la signature VERITAS. Elles ne contiennent rien de plus que l'exposé des faits ; mais la façon dont l'auteur insistait sur le privilége des Anglais de n'être jugés que par un jury indigna les amis du gouvernement et valut à l'Assemblée des calomnies *que la bassesse seule ose inventer*, disait Franklin, *et que la faiblesse et l'ignorance seules peuvent croire*. C'est encore là, par malheur, une trop belle majorité en tout pays.

Après la question des milices vint la question d'argent. Nous avons vu que Franklin avait fait décider en Angleterre que les terres des Propriétaires seraient soumises à l'impôt commun. Mais il y avait une clause assez obscure en ce qui touchait les terres non encore cultivées, et, sur ce point, les héritiers de Penn équivoquèrent pour rejeter autant que possible le fardeau des taxes sur la colonie. Ces vexations épuisèrent la patience de l'Assemblée. Convaincue qu'il faudrait toujours lutter contre les intérêts particuliers des lordspropriétaires, l'Assemblée déclara que « la province ne pourrait jamais avoir de paix ni de bonheur, si le gouvernement n'était placé entre les mains du roi[1]. »

Après cette déclaration solennelle, l'Assemblée s'ajourna avec l'intention avouée de consulter les électeurs sur l'opportunité d'adresser une pétition au roi pour le prier de se charger lui-même du gouvernement de la colonie, en indemnisant toutefois les Propriétaires.

Pendant cet ajournement, Franklin écrivit un pamphlet intitulé : *Froides réflexions sur la situation des affaires publiques*. Il s'y prononçait contre le gouvernement des Propriétaires et contre *cet insolent veto* qui intervient à chaque vote de l'Assemblée pour déclarer que *si l'on ne satisfait pas un intérêt particulier, rien ne sera fait*. Les pouvoirs des Propriétaires sont pour lui *des ressorts et des mouvements inutiles qui ne peuvent produire que des désordres dans la machine*. Ce pamphlet éclaira et échauffa l'opinion. Quand l'Assemblée se réunit, elle reçut des pétitions signées de plus de trois mille habitants de la province. Toutes ces pétitions demandaient le gouvernement du roi.

Encouragée et soutenue par cette démonstration populaire, l'Assemblée résolut de s'adresser au roi. Ce fut Franklin qui rédigea la pétition. Les débats furent animés, mais le vote n'était pas douteux. Aussi le président, M. Norris, craignant de se compromettre, donna-t-il sa démission ; il fut remplacé par Franklin, qui signa, comme président, la pétition qu'il avait rédigée comme député.

---

1. Jared Sparks. p. 280.

Parmi ceux qui, sans être partisans des Propriétaires, s'effrayaient d'un changement radical, se trouvait un homme d'un grand talent, mais d'un esprit timide, et qui plus tard, après avoir joué un rôle important au début de la révolution, devait aussi refuser de signer la déclaration d'indépendance : c'était le quaker John Dickinson. Il avait prononcé un discours véhément qui fut publié avec une préface, écrite par une main étrangère. Dans cette préface, on ménageait peu Franklin. Un des chefs du parti populaire, Galloway[1], publia à son tour le discours qu'il avait prononcé en réponse à celui de Dickinson. Franklin y mit une longue préface. C'est une des choses les plus piquantes et les plus fortes qu'il ait écrites. On en jugera par quelques extraits.

A propos du singulier abus que les Propriétaires faisaient de leur droit souverain pour obtenir que l'Assemblée leur votât de l'argent, Franklin s'écrie :

« Bon lecteur, ne va pas te fâcher contre notre Constitution à cause de ce système de ventes et marchés législatifs. Heureux pays que celui où l'on peut avoir, moyennant argent comptant, la justice, et même ce qui nous appartient déjà! C'est une addition nouvelle à la valeur de l'argent, et naturellement un nouvel aiguillon pour le travail. Tout pays n'a pas le même bonheur. Il est des contrées où le prince se dit propriétaire de toutes les terres, où quand on vous prend ce qui vous appartient, on garde du même coup l'argent que vous avez payé pour qu'on vous rende votre bien, où l'offre même que vous faites, étant un signe de richesse, on vous pille ce qui vous reste. Nous n'en sommes

---

1. C'est le seul membre du Congrès qui, à la révolution, abandonna le parti de la liberté et passa à l'Angleterre.

pas encore là. Nos propriétaires ont toujours été assez raisonnables pour nous demander seulement de combattre en faveur de *leur* propriété, et de payer les frais de la guerre par-dessus le marché, ou, si leurs propriétés *doivent* être taxées (*doivent*, hélas!), tout ce qu'ils demandent c'est que leurs *meilleures* terres ne soient pas taxées plus haut que nos plus *mauvaises*[1]. »

Franklin prend ensuite la défense des pétitionnaires et se moque de son adversaire avec une ironie que Pascal n'eût pas désavouée.

« L'homme à la Préface nous dit que ces pétionnaires, qui demandent un changement, sont « une foule téméraire, « ignorante, sans réflexion » et, en général, de basse condition. Certes, ce ne sont pas les agents des Propriétaires, ceux qui en tiennent ou qui en attendent quelque chose; voilà les grands personnages, chez nous! mais, du reste, ces pétitionnaires sont en général les plus riches propriétaires de la province, et des gens de bonne renommée. L'Assemblée leur a rendu ce témoignage, et on peut croire que des députés venus de toutes les parties du pays connaissent les pétitionnaires au moins autant que peut le faire l'homme à la Préface. Mais qu'est-ce que le témoignage de l'Assemblée qui n'est ni moins téméraire, ni moins ignorante, ni moins inconsidérée que les pétitionnaires, toujours suivant l'homme à la Préface! Et s'il a raison, combien les *trois cent mille* électeurs[2] de Pensylvanie ont-ils agi avec imprudence depuis vingt ans, et que de fois ils ont violé la charte qui leur ordonne de choisir

---

1. *Works of* Franklin. T. IV, p. 106.
2. Les *trois cent mille* électeurs que la Préface opposait aux *trois mille* pétitionnaires sont un bien gros chiffre pour la Pensylvanie en 1764; il y a ici un peu d'exagération.

les hommes les plus connus par leur vertu, leur sagesse et leur talent!

« Mais il semble que toutes ces qualités ont été accaparées par le parti des Propriétaires. Car ces messieurs disent : « La partie la plus *sage* et la *meilleure* de la province se fait « une toute autre idée de la mesure proposée ; elle consi- « dère que signer cette pétition ce serait renoncer à ses « droits héréditaires. » Je les félicite de l'honneur qu'ils se font à eux-mêmes, des sincères compliments qu'ils se donnent et qu'ils acceptent ; j'admire la noble liberté avec laquelle ils foulent aux pieds ce vieux semblant de modestie et de formule usée : « *Nous le disons, nous qui ne devrions « pas le dire.* » Mais ce qui me surprend, c'est que durant les sept semaines d'un ajournement, calculé pour consulter les électeurs, et durant les quinze jours où l'Assemblée a siégé, Leurs Sagesses et Leurs Perfections n'aient jamais eu la bonté d'offrir le moindre petit morceau de leur prudence, de leur science ou de leurs conseils à ces représentants téméraires, ignorants, inconsidérés? Sagesse dans la tête n'est point comme argent dans la bourse ; en donner à autrui n'appauvrit point. Pour nous éclairer, ces messieurs auraient pu allumer nos chandelles d'un sou sans diminuer l'éclat de leurs propres flambeaux. Mais ils ont laissé nos représentants marcher dans la nuit jusqu'à ce que l'acte fatal fût accompli, et une pétition envoyée au roi pour le prier de prendre en ses mains le gouvernement de la province. Si cette pétition est accueillie, « c'en est fait de notre « glorieuse liberté, de notre charte et de nos priviléges ; » nous voici esclaves à jamais. Cruelle économie ! Nous refuser l'aumône d'un peu d'intelligence quand Dieu vous en a tant donné, et quand l'Assemblée vous tendait la main ! »

Je finirai par un passage qui n'a vieilli ni en Amérique, ni ailleurs.

« On a depuis longtemps observé qu'avec les partis politiques on est ange ou démon, suivant qu'on approuve leurs mesures ou qu'on les combat. Je dis cela pour consoler les *vieux pécheurs*. En politique comme en religion, le repentir et la conversion, si tardifs qu'ils soient, obtiennent le pardon et procurent la grâce. Témoin le dernier président, M. Norris. Depuis trente ans solide et constant adversaire des empiétements des Propriétaires, depuis trente ans on l'a continuellement insulté; on ne lui a accordé ni une vertu, ni une bonne qualité. Aujourd'hui, qu'il hésite à s'adresser à la couronne, il est devenu tout d'un coup *un fidèle serviteur*. Mais voyons le texte pour éviter toute méprise. Bon, je me suis trompé, je croyais qu'il y avait *fidèle serviteur du public*, mais je lis seulement: *fidèle serviteur de la Chambre*. Expression prudemment choisie et scrupuleusement pesée de la part d'une plume *propriétaire*. C'était trop d'éloge pour une personne qui de la mesure proposée ne désapprouve que le moment où elle est prise. Homme respectable, si vous pouviez faire un pas de plus, dire que le gouvernement des Propriétaires est bon et doit être continué, tous vos crimes politiques seraient effacés, et vos péchés écarlates deviendraient aussi blancs que la neige et la laine; vous finiriez votre vie avec honneur, je veux dire avec les honneurs des Propriétaires. P.... prêcherait votre oraison funèbre, et S...., cet empoisonneur des réputations, embaumerait votre mémoire. Mais ces honneurs, vous ne les recevrez jamais. Votre santé et votre force revenues, on vous trouvera à votre ancien poste, ferme défenseur de la patrie.

« Il y a aussi de quoi encourager les *jeunes pécheurs*. M. Dickinson, que l'homme à la Préface introduit dans le monde, a été longtemps haï des uns et dédaigné des autres dans la faction; mais aujourd'hui, et par la même raison que M. Norris, il est devenu un sage docteur ès-lois, un oracle constitutionnel. Je ne voudrais pas ôter une feuille à la couronne de ce jeune gentleman. Je lui conseille de

garder soigneusement les panégyriques dont on le comble;
un jour ils serviront à le consoler, en balançant les calomnies dont la faction l'accablera, quand il ne la suivra pas
dans toutes ses mesures. Probablement il ne voudra pas
la suivre, mais assurément la faction ne l'épargnera pas.
Il y a des bouches qui soufflent le chaud aussi bien que le
froid, et qui flétrissent sur votre front les lauriers que
leurs mains y ont placés. *Experto crede Roberto.* Que la
faveur du Propriétaire vous laisse un moment dans l'oubli,
et ce « grand nombre des principaux personnages de Philadelphie, » qui est venu vous demander votre discours,
vous méprisera sur-le-champ et vous abandonnera [1]. »

En cette année 1764, les élections se firent à l'automne et furent vivement disputées. Le gouvernement
était en jeu, et les Propriétaires ne négligeaient rien
pour se défendre. A Philadelphie, ils l'emportèrent;
Franklin, toujours réélu depuis quatorze ans, fut battu
par une majorité de vingt-cinq voix sur quatre mille
votants. Mais ce fut une victoire trompeuse. Quand
l'Assemblée se réunit, les deux tiers des membres
étaient décidés à demander le rappel de la Charte.
Pour réussir à Londres, il fallait un homme éprouvé;
ce fut Franklin qu'on choisit. On le nomma agent auprès de la Cour britannique pour conduire les affaires
de la province et soutenir la pétition qui demandait un
changement de gouvernement.

Ce fut un coup de foudre pour les Propriétaires. Ils
se croyaient débarrassés d'un adversaire actif et redoutable ; ils allaient se retrouver face à face avec lui sur
un théâtre où il serait plus libre et plus dangereux.

1. W. T. IV, p. 127.

Dans l'Assemblée, John Dickinson attaqua vivement cette nomination. Tout en rendant à Franklin la justice qu'un honnête homme ne pouvait lui refuser, Dickinson déclama avec chaleur contre les principes et la conduite politique de son adversaire. Avec une éloquence un peu boursouflée, il témoigna une terreur qui aujourd'hui nous semblerait ridicule, si l'habitude des débats parlementaires n'enseignait l'indulgence. Les partis ne voient rien qu'avec des verres grossissants, et ils signalent une montagne là où la postérité cherchera une taupinière et ne la trouvera pas.

Après avoir cité Aristide, Caton et Épaminondas, Dickinson termina par la phrase suivante :

« La personne qu'on nous propose a été appelée aujourd'hui *une des grandes lumières du monde savant*. Loin de moi la pensée d'affaiblir un mérite que j'admire. Qu'il brille, mais qu'il n'enveloppe pas sa patrie dans les flammes. Que dans une condition privée, dans une sphère moins haute, il répande une lumière bienfaisante; mais qu'on ne le laisse point courir et flambloyer comme une comète qui traîne après soi la terreur et la misère[1]. »

Malgré cette belle métaphore, la majorité de l'Assemblée élut Franklin ; la minorité protesta et imprima cette *Protestation*. Cela était contraire à tous les usages de l'Amérique. Dans un pays libre, la minorité se soumet en attendant une revanche. Si, à chaque défaite, le parti vaincu fait appel à l'opinion contre la majorité, il fausse les ressorts même du gouvernement et finit par rendre odieux le régime de discussion, c'est-à-dire le régime même de la liberté.

---

1. W. T. VII, p. 269.

Franklin répondit à cette protestation par des *Remarques* datées de Philadelphie, 5 novembre 1764, et qui se terminent par ces nobles paroles :

« Je suis sur le point de dire adieu (un dernier adieu peut-être) à la terre que j'aime, et où j'ai passé la plus grande part de ma vie. *Esto perpetua*, je souhaite toute espèce de prospérité à mes amis, et je pardonne à mes ennemis. »

Dans le trésor colonial, il n'y avait pas d'argent disponible pour défrayer les dépenses du nouvel agent. L'Assemblée décida que la somme nécessaire serait votée avec le prochain bill financier. Sur cette assurance, les marchands de Philadelphie souscrivirent en deux heures une somme de onze cents livres sterling, qu'ils mirent à la disposition de Franklin, comme une avance dont l'Assemblée les rembourserait plus tard.

Le 7 novembre 1764, onze jours seulement après sa nomination, Franklin quitta Philadelphie, accompagné d'une cavalcade de trois cents concitoyens qui le menèrent jusqu'à Chester, où il devait s'embarquer. Il mit à la voile le lendemain ; mais, retenu le soir à Reedy-Island, dans la Delaware, il profita de ce retard pour écrire une dernière fois à sa chère Sally.

A SARAH FRANKLIN.

Conseils paternels.

Reedy-Island, 7 heures du soir, 8 novembre 1764.

Ma chère Sally,

Nous nous sommes arrêtés ici au coucher du soleil, ayant pris du bétail à Newcastle avec d'autres provisions qui nous manquaient. Nos bons amis M. Galloway, M. Wharton et M. James sont venus avec moi sur le vaisseau, depuis Chester jusqu'à Newcastle où ils ont débarqué. C'était bien à eux de m'honorer de leur bonne compagnie, aussi loin qu'ils ont pu le faire. Les tendres adieux que tant d'amis m'ont faits à Chester m'ont bien touché. Dieu les bénisse, eux et toute la Pensylvanie.

Ma chère enfant, la prudence naturelle et la bonté de cœur dont Dieu vous a douée rendent moins nécessaires que je vous donne des avis détaillés. Je vous dirai seulement que plus vous serez attentive, obéissante et tendre avec votre bonne mère, et plus vous me serez chère. Mais pourquoi parler de *moi;* vous avez une récompense bien plus précieuse dans les commandements, ils vous disent que cette conduite vous recommandera à la faveur de Dieu. Vous savez que j'ai beaucoup d'ennemis, tous il est vrai à cause de la politique (car je ne crois pas avoir blessé personne, en ma qualité de simple particulier). Ce n'en sont pas moins des ennemis, et de très-cruels; vous devez vous attendre à ce que leur inimitié s'étende jusqu'à vous. De la plus légère indiscrétion ils feront un crime énorme pour me blesser et m'affliger plus sensiblement. Il est donc bien nécessaire que vous soyez extrêmement circonspecte dans toute votre conduite, afin de ne point donner prise à leur malveillance.

Allez toujours à l'église, quelque soit celui qui prêche. La lecture du *Common prayer Book* est votre principale affaire, et, si vous la faites avec attention, elle vous touchera le cœur beaucoup mieux que la plupart des sermons. Car ces méditations ont été composées par des hommes qui avaient beaucoup plus de piété et de sagesse que ne peuvent s'en attribuer nos faiseurs ordinaires de sermons; ne manquez donc jamais aux jours de prière. Je ne dis pas néanmoins qu'il faille dédaigner les sermons, non! pas même ceux des prédicateurs qui ne vous plaisent pas. Le discours vaut souvent mieux que l'homme, de même que des eaux douces et claires sortent d'une terre fangeuse. J'insiste sur ce point, parce que, peu de temps avant mon départ, vous avez exprimé quelque désir de quitter notre église, ce que je ne voudrais pas que vous fissiez[1].

Pour le reste, je vous recommande seulement d'acquérir, durant mon absence, ces deux connaissances utiles : l'arithmétique et la tenue des livres. Cela vous sera facile, si vous vous résignez à ne recevoir personne dans les heures que vous consacrerez à cette étude.

Demain, si le vent se soutient, nous serons en mer, je n'aurai plus l'occasion de vous écrire jusqu'à mon arrivée en Angleterre (s'il plaît à Dieu que j'arrive). Je le prie pour que sa bénédiction vous couvre; elle vaut plus que mille des miennes, quoique celles-là ne vous manquent jamais. Faites mes amitiés à votre frère et à votre sœur[2], je ne peux pas leur écrire; rappelez-moi affectueusement aux jeunes dames de vos amies, et à nos bons voisins. Je suis, ma chère enfant, votre père affectionné, B. F.

A MISTRISS DEBORAH FRANKLIN.

Arrivée en Angleterre.

Saint-Helen's-Road. Ile de Wight,
5 heures du soir, 9 décembre 1764.

Ma chère Debby,

Je vous écris ces lignes pour vous dire que nous jetons l'ancre ici, que je vais débarquer à Portsmouth, et que

---

1. Le 16 juin 1763, il avait écrit également à sa femme : « Vous avez tous bien employé votre dimanche, mais je pense que vous devriez aller plus souvent à l'église. »

2. William Franklin, qui avait été nommé gouverneur de la nouvelle Jersey, et sa femme.

j'espère être à Londres mardi matin. Un père n'aurait pas été plus tendre pour son enfant, que le capitaine Robinson l'a été pour moi ; j'en suis bien obligé à MM. James et Drinker ; mais nous avons eu un temps terrible, et j'ai souvent remercié Dieu que notre chère Sally ne soit pas venue avec moi. Dites à nos amis, qui ont partagé notre soupe à la tortue, que la prière qu'ils ont faite pour que j'eusse un bon vent de trente jours a été favorablement entendue, et qu'elle a été exaucée ; nous avons été juste trente jours d'un continent à l'autre.

Grâce à Dieu, je suis bien portant et dispos. John s'est bien conduit avec moi, de même que toutes les personnes à bord. Je remercie tous mes amis de leur bienveillance, qui a tant contribué à l'agrément de mon voyage ; je n'ai pas le temps d'écrire les noms. Vous savez qui j'aime et qui j'honore. Dites à chacun ce qui convient. Tendresses à nos enfants et à mes chers frère et sœur. Je suis, chère Debby, votre mari qui vous aime toujours,   B. F.

Franklin arriva à Londres le 10 décembre et descendit de suite à son ancien logement. « Une fois encore, écrit-il à miss Mary Stevenson, j'ai le plaisir d'écrire à ma chère Polly une lettre datée de Craven-street ; j'y suis arrivé lundi soir, étant venu de Philadelphie en trente jours. Votre chère maman n'était pas à la maison, et la servante ne savait où la trouver ; je me suis assis en l'attendant. Elle n'a pas été peu surprise de me trouver dans son parloir. »

La nouvelle de l'heureux débarquement de Franklin fut reçue à Philadelphie avec grande joie, si l'on en croit une lettre adressée à Franklin par Cadwallader Evans, le 15 mars 1765 :

Un vaisseau, frété d'Irlande pour New-York, nous a apporté la très-agréable nouvelle de votre arrivée à Londres, ce qui a causé une grande joie à Philadelphie parmi ceux dont l'estime est la plus précieuse à un honnête homme. Les cloches ont sonné jusqu'à minuit, et on a bu à votre santé, à votre succès, à votre bonheur. Votre vieil ami Hugh Roberts est resté avec nous jusqu'à onze heures, ce qui, vous le savez, n'est pas dans ses habitudes; il nous a conté une foule d'anecdotes curieuses qui se rattachent à votre commune amitié depuis quarante ans[1].

A LORD KAMÉS.

Journal de sa vie (1763-1765).

Londres, 2 juin 1765.

Mon cher lord,

J'ai eu grand plaisir à recevoir, par M. Alexander, votre bonne lettre; j'y aurais répondu plus tôt par une autre voie, si j'avais su que son séjour à Londres dût être aussi long. Je vous suis bien reconnaissant de la continuation de vos bontés, j'espère les mieux mériter en répondant avec plus d'exactitude aux lettres dont vous m'honorez.

Vous me demandez mon histoire depuis le moment où j'ai mis à la voile pour l'Amérique. Je quittai l'Angleterre, vers la fin d'août 1762, en compagnie de dix bâtiments marchands, convoyés par un vaisseau de guerre[2]. Nous eûmes un passage favorable, jusqu'à Madère, où on nous reçut et on nous traita fort aimablement; notre peuple était alors en grande faveur auprès des Portugais, que nous protégions contre l'invasion des Français et des Espagnols réunis. Madère est une île fertile; la différence

1. W. T. VII, p. 283.
2. On était en guerre avec la France.

d'altitude et d'exposition qu'offrent ses montagnes, y donne tous les climats, de sorte qu'on y produit tous les fruits du nord et du midi, blés, raisin, pommes, pêches, oranges, citrons, bananes, etc. Nous nous y fournîmes de provisions fraîches et de rafraîchissements de toute espèce. Après quelques jours, nous continuâmes notre voyage, courant au sud jusqu'à ce que nous eussions rencontré les vents alisés, et alors nous nous laissâmes porter à l'ouest jusque vers les côtes d'Amérique. Le temps était si favorable que presque tous les jours on pouvait se faire visite d'un navire à l'autre, et y dîner ensemble, ou dîner à bord du vaisseau de guerre. Les heures passaient ainsi bien plus agréablement que dans un vaisseau solitaire ; c'était comme si l'on voyageait dans un village mobile, avec tous ses voisins autour de soi.

Le 1er novembre (1762), j'arrivai sain et sauf à ma maison, après une absence de près de six années ; je trouvai ma femme et ma fille en bonne santé, ma fille devenue presque une femme, avec beaucoup d'aimables talents acquis en mon absence, mes amis aussi tendres et aussi affectueux que jamais ; ma maison en fut remplie durant plusieurs jours ; tous voulaient me féliciter de mon retour. Durant mon absence, j'avais été élu chaque année par la cité de Philadelphie pour la représenter dans notre Assemblée provinciale et, à mon entrée dans la Chambre, on me vota trois mille livres sterling pour mes services en Angleterre ; le président y joignit les remerciments de l'Assemblée.

En février suivant, mon fils arriva avec ma nouvelle fille ; car, de mon consentement et avec mon approbation, il a épousé, peu après mon départ, une très-agréable créole des Antilles, avec laquelle il est fort heureux. Je l'ai accompagné dans son gouvernement de la Nouvelle-Jersey. Il a été reçu de la façon la plus aimable par les personnes de tous les rangs, et depuis lors il vit avec son peuple dans la plus grande harmonie. Entre cette province et la nôtre il n'y a qu'une rivière, et la résidence de mon fils n'est qu'à dix-sept milles de chez moi; aussi nous voyons-nous souvent.

Au printemps de 1763, j'ai fait une tournée dans les provinces du Nord, afin d'inspecter et de régler le service des postes dans les différentes provinces. J'ai passé tout l'été à faire ce voyage, j'ai parcouru près de seize cents milles, et ne suis rentré à la maison qu'au commencement de novembre. L'Assemblée a été en séance durant cet hiver; elle a eu de chaudes querelles avec le gouverneur, et je me suis trouvé tout à fait engagé dans les affaires publiques. Outre mes devoirs de député, j'ai eu une autre fonction à remplir. J'ai été un des commissaires établis par la loi pour disposer de l'argent que le pays consacrait à la levée et à la solde d'une armée destinée à agir contre les Indiens et à défendre les frontières.

En décembre, nous avons eu deux insurrections parmi les habitants de nos frontières. Ils ont massacré vingt pauvres Indiens, qui, depuis le premier établissement de la colonie, vivaient parmi nous sous la protection de notre gouvernement. Cet événement m'a donné fort à faire; les émeutiers nous menaçaient de nouvelles violences, et leurs actes semblaient approuvés par un parti qui ne se lasse jamais; c'est alors que j'ai écrit un pamphlet intitulé *Récit des derniers massacres*, etc. (Je crois vous l'avoir envoyé.) Je voulais fortifier la main de notre faible gouvernement en rendant impopulaire et odieuse la conduite des agitateurs. Ce pamphlet a eu un bon effet; et plus tard, quand un gros d'insurgés a marché en armes sur Philadelphie, au mépris du gouvernement, avec l'intention avouée de mettre à mort cent quarante Indiens convertis, qui étaient sous la protection de l'État, j'ai formé une association militaire, à la demande du gouverneur, pour le défendre lui et les Indiens, car nous n'avions pas de milice. Près de mille citoyens ont pris les armes ; le gouverneur Penn a fait de ma maison son quartier général, et, durant quelque temps, n'a agi que sur mes conseils. Pendant quarante-huit heures, j'ai été un grand homme, ce qui m'était déjà arrivé quelques années plus tôt, dans un moment de danger public [1].

Mais notre aspect guerrier et nos raisonnements (le gouverneur et le conseil m'envoyèrent avec trois autres personnes pour parler aux insurgés) ayant fait reculer l'émeute et rendu le calme à la cité, je devins un plus pauvre sire que jamais, car cette transaction m'avait fait des ennemis dans la populace ; et quant au gouverneur, sans parler des disputes avec sa famille qui me plaçaient sous un jour peu favorable, le service que je venais de lui rendre n'était pas de ceux qui font aimer un homme. Il crut l'occasion favorable pour m'évincer de l'Assemblée, fit agir tous ses partisans et l'emporta sur moi à la dernière élection, par une majorité de vingt-cinq voix sur quatre mille votants.

Quand la Chambre se réunit, en octobre (1764), elle approuva les résolutions prises sous ma présidence, afin de demander à la couronne un changement de gouvernement, et elle me pria de retourner en Angleterre pour suivre cette pétition. J'acceptai cette charge et, au commencement de novembre dernier, je m'embarquai, accompagné jusqu'au vaisseau, durant seize milles, par une cavalcade de trois cents de mes amis. Leurs souhaits de bonheur ont enflé nos voiles, et je suis arrivé à Londres en trente jours.

Depuis lors je suis engagé dans cette affaire et quelques autres qui concernent l'Amérique ; il est probable qu'elles pèseront sur moi quelque temps encore ; mais je vous promets qu'une fois quitte je ne m'engage plus. Aussitôt que

---

1. Lors de la défaite du général Braddock par les Français, à la bataille de Monongahela. Voyez les mémoires, p. 260 et suiv.

j'aurai reconquis le loisir et le repos après quoi je soupire, je me rends à votre désir, et je termine mon *Art de la vertu*.

En attendant, je vous prie de m'excuser en songeant que tous les hommes n'ont pas la même force d'esprit, et que tout le monde ne peut pas, comme lord Kames, entremêler les lettres et les affaires sans nuire ni aux unes ni aux autres.

Je joins à ma lettre deux ou trois autres pamphlets sur les affaires publiques, que j'ai écrits durant mon court séjour en Amérique [1]; mais je ne vous prie pas de les lire, je sais que vous n'employez jamais votre temps inutilement. B. F.

P. S. Avant de retourner en Amérique, je me promets le plaisir de vous voir, ainsi que mes autres amis d'Écosse.

A MISTRISS DEBORAH FRANKLIN.

Londres, 4 juin 1765.

Ma chère enfant,

J'ai sous les yeux vos lettres; non pas autant de lettres que de dates, car il y en a quelques-unes qui en ont deux ou trois.

J'aurais désiré être là pour voir finir la cuisine, car c'est une vraie machine, et comme elle est nouvelle pour vous, je pense que vous ne saurez comment la manœuvrer; on ne vous a pas suffisamment expliqué les différents moyens de vous débarrasser de la vapeur, de l'odeur et de la fumée. Je suppose que le four a été fait suivant les indica-

---

1. Ce sont sans doute les pamphlets dont nous avons parlé plus haut : *Froides réflexions*, etc., *Préface au discours de M. Galloway*, *Remarques sur la protestation*, etc.

tions de ma lettre. Vous ne me dites rien du fourneau. Si on n'a pas mis celui de fer, laissez-le jusqu'à mon retour, j'en apporterai un en cuivre, qui vaudra mieux.

Vous vous étonnez qu'à mon débarquement en Angleterre j'ai pu faire soixante-dix milles dans une courte journée d'hiver, et vous pensez que j'ai pris la diligence. Mais les routes sont si bonnes en ce pays, qu'avec une chaise de poste et des chevaux qu'on change tous les dix ou douze milles, un pareil voyage n'a rien de difficile. Une dame que je connais est venue d'Édimbourg à Londres en trois jours et demi ; il y a quatre cents milles.

J'ai reçu les deux lettres des postes ; mais ce n'est pas seulement de cette sorte de lettres que j'ai besoin, il faut m'envoyer toutes celles qu'on m'adressera.

J'en suis réduit à maudire de loin M. Smith, qui n'a pas mis la maison en état de vous recevoir, qui n'a pas fait placer les haies, ni su rien finir. Le puits aurait dû être creusé cet hiver ou de bonne heure au printemps ; vous ne m'en dites rien. Il aurait fallu travailler au jardin longtemps avant la date de votre dernière lettre, mais peut-être les décombres n'étaient-ils pas enlevés. Je suis fort obligé à mes bons vieux amis qui m'ont fait l'honneur de se souvenir de moi dans une cuisine qui n'est pas finie. J'espère boire bientôt avec eux dans le parloir.

Je suis bien reconnaissant aux bonnes dames qui m'envoient leurs souhaits. Présentez tous mes respects à toutes celles que vous m'avez nommées. Je suis heureux d'apprendre que vous êtes moins souvent prise de votre migraine et de cette douleur dans le côté. Quant à moi, je suis aussi en parfaite santé. Dieu est vraiment bon pour nous deux, à bien des égards. Jouissons de ses faveurs avec un cœur reconnaissant et joyeux, et, puisque nous ne pouvons rien faire pour lui directement, montrons-lui combien nous sentons sa bonté en continuant de faire du bien à nos frères, sans égard à la façon dont ils nous payeront.

soit en bien, soit en mal. Qu'ils soient ou non nos ennemis, tous les hommes n'en sont pas moins les enfants de Dieu. Les amitiés de ce monde sont chose changeante, incertaine, passagère, mais la grâce de Dieu, si nous pouvons l'obtenir, est un héritage éternel.

Je suis, ma chère Debby, votre mari qui vous aime toujours, B. F.

CHAPITRE IV.

Jalousie du commerce anglais. — Origine de l'*Acte du Timbre.* — Opposition de Franklin. — Effet de l'acte du timbre en Amérique. — Examen de Franklin devant le Parlement d'Angleterre. —Rappel de l'acte du timbre. — Voyage en Allemagne et en France.

1765-1767.

Nous voici arrivés à une époque qui date dans la vie de Franklin. A cinquante-neuf ans, à l'âge où tant d'hommes se reposent, il allait entrer dans une nouvelle carrière politique sur un plus grand théâtre d'action. Ce n'est plus l'obscur agent d'une petite colonie que nous allons voir, mais le représentant de l'Amérique ; et ce rôle, Franklin le jouera pendant vingt ans, aux applaudissements de tous les amis de la liberté.

En faisant sortir la France du Canada, en laissant les Anglais seuls maîtres de l'Amérique, la paix de 1763 avait à la fois rendu les colons plus difficiles à gouverner et l'Angleterre plus exigeante. Longtemps maintenus dans l'obéissance par la crainte qu'ils avaient des Français et le besoin d'être soutenus par la métropole, les colons s'étaient soumis patiemment au monopole commercial de l'Angleterre, et, de son côté, l'Angleterre avait ménagé les libertés intérieures des colonies, car sans parler du marché avantageux que lui offrait l'Amérique, les milices coloniales étaient sa meilleure défense contre les Français. Mais après 1763, les fabricants et armateurs anglais commencèrent à se plaindre de la prétendue concurrence que leur faisait l'Amérique. Sur ce point, l'égoïsme acceptait les contes les plus ridicules. De son côté, le gouvernement anglais songeait à tirer un revenu des colonies et à réduire leur indépendance politique. Dès son arrivée à Londres, Franklin eut à lutter contre cet esprit de vertige qui devait amener l'indépendance des colonies et l'humiliation de l'Angleterre.

A L'ÉDITEUR D'UN JOURNAL.

Sur les nouvelles que donnent les journaux.

Lundi, 20 mai 1765.

Monsieur,

Dans votre numéro de mercredi dernier, un ingénieux correspondant, qui s'intitule le *Spectateur* et qui date de Pimlico[1], témoigne en apparence son bon vouloir aux journalistes, qu'il appelle *un corps utile de cette grande cité;* mais, suivant moi, c'est un artifice pour les rendre ridicules, eux et leurs écrits; et s'il parvenait à ses fins il en résulterait un grand dommage pour le public aussi bien que pour ces bonnes gens.

1. C'est un quartier de Londres.

Supposons que leur : *Nous apprenons que*.... dont ils se servent pour nous annoncer le prochain voyage de tel ou tel grand personnage, soit une pure invention. Encore est-ce un plaisir innocent qu'ils nous offrent quand nous lisons, et un utile sujet de conservation quand nous sommes en train de causer.

Les Anglais, monsieur, sont trop disposés à se taire quand ils n'ont rien à dire, trop disposés à s'ennuyer quand ils se taisent, et trop disposés à se pendre quand ils s'ennuient. Par ces mots : *Nous apprenons que*.... on nous fournit d'abondantes ressources pour causer. Nous discutons le motif de ces voyages, la chance qu'ils ont d'être entrepris, la possibilité de leur exécution. Là nous déployons notre jugement politique, notre connaissance des intérêts des princes, notre science géographique, et (quand nous en avons) notre dextérité dans l'argumentation. Cependant on tue les heures d'ennui, nous rentrons à la maison charmés des applaudissements que nous avons reçus, ou tout au moins de ceux que nous nous sommes donnés à nous-mêmes; nous dormons solidement, et nous continuons de vivre au grand profit de nos familles.

Mais, monsieur, j'ose dire que toutes les nouvelles qui paraissent improbables ne sont pas de pures inventions. Quelques-unes sont de sérieuses vérités, je l'affirme, foi de voyageur. Et à ce propos, laissons M. le Spectateur de Pimlico, et permettez-moi de vous citer les différents récits que, dans leur zèle méritoire pour le bien-être de la *pauvre vieille Angleterre*, messieurs les journalistes nous ont fait des manufactures qui s'établissent dans les colonies au préjudice de celles du royaume. Des lecteurs superficiels, qui ont le front de prétendre qu'ils connaissent ces pays, nous disent que l'établissement de ces manufactures n'est pas seulement improbable, mais qu'il est impossible, parce que leurs moutons ont si peu de laine qu'on n'y ferait pas à l'année une paire de bas pour chaque habitant; ils ajoutent que la main-d'œuvre est si chère, qu'à l'exception de quelques produits grossiers, on n'y peut travailler avec avantage ni le fer ni tout autre matière première.

Cher monsieur, ne nous laissons pas amuser par ces puériles objections. La queue seule des moutons américains est tellement chargée de laine, qu'on est obligé de la faire porter sur un petit chariot ou wagon à quatre petites roues, afin qu'elle ne traîne point par terre. Si la laine n'était pas si abondante et à bas prix, est-ce qu'on en ferait de l'étoupe à calfater les navires, ou de la litière pour les chevaux? Et que signifie la cherté du travail lorsqu'un shilling anglais y est reçu pour vingt-cinq? Quand on a annoncé qu'en une seule semaine on avait engagé ici trois cents tordeurs de soie pour New-York, cela a été traité de fable, parce que là-bas *il n'y a pas de soie à tordre*. Ceux qui font cette objection ignorent peut-être qu'au même moment les agents du roi d'Espagne traitaient à Québec de la fourniture de mille pièces de canon, destinées aux fortifications de Mexico, qu'en même temps ils achetaient à New-York tous les tapis de laine dont ils ont besoin pour leurs maisons des Antilles, et qu'enfin des agents de l'empereur de Chine négociaient un échange de soie brute contre de la laine que les pirogues chinoises doivent emporter par le détroit de Magellan.

Et cependant tout cela est aussi certainement vrai que la nouvelle de Québec, que j'ai lue dans les journaux de la semaine derrière. On nous y apprend que les habitants du Canada se préparent à pêcher la morue et la baleine, *cet été, dans les grands lacs*. Des ignorants viendront nous dire que les grands lacs sont de l'eau douce, tandis que la morue et la baleine sont des poissons d'eau salée; apprenez-leur, monsieur, que la morue, comme tout autre poisson attaqué par l'ennemi, se sauve où elle peut, que les baleines, quand elles ont dans l'esprit de manger de la morue, la poursuivent partout où elle fuit, et que dans cette chasse, le grand saut de la baleine par-dessus les chutes du Niagara, est regardé, par tous ceux qui l'ont vu, comme un des plus beaux spectacles de la nature.

Vraiment, Monsieur, le monde est devenu trop incrédule. Il est, comme le pendule, oscillant toujours d'un extrême à l'autre. Naguères on croyait tout ce qui était imprimé, parce que *c'était imprimé*. Aujourd'hui on n'y croit plus, et par la même raison. Les sages s'étonnent des progrès que fait l'infidélité. Quand ils ont appris au peuple à douter de l'autorité des journaux et de la vérité des almanachs, ils auraient dû réfléchir qu'on en arriverait bientôt à ne plus croire aux récits authentiques des spectres et des sorcières, et à douter même des vérités du *Credo*.

Voilà ce que j'ai cru nécessaire de dire en faveur d'une honnête classe d'écrivains, qui ne peut vivre à l'aise qu'en fournissant aux imprimeurs des nouvelles au bas prix de six pences la pièce, et qui témoigne toujours son respect pour la vérité, en contredisant dans un autre article ce qu'elle a dit d'erroné, toujours au prix de six pences, à la grande joie et instruction de nous autres qui étudions au café l'histoire et la politique, ainsi que de tous les futurs Tite-Lives, Rapins, Robertsons, Humes et Macaulay[1] qui auraient l'intention sérieuse de fournir au monde ce *rara avis*, une histoire véritable.

Je suis, monsieur, votre humble serviteur,

UN VOYAGEUR.

On peut trouver la plaisanterie un peu lourde. Franklin y met ordinairement plus de finesse, mais il ne faut pas oublier qu'à cette époque l'Angleterre avait la folie de la prohibition. Pitt, qui défendait courageu-

---

1. L'histoire d'Angleterre de mistriss Macaulay était assez célèbre pour que Mirabeau en donnât la traduction.

sement la liberté politique des colonies, déclarait de sa voix la plus solennelle que, si l'Amérique osait fabriquer *un fer de cheval*, il lui ferait sentir tout le poids de la puissance britannique. Quand on voit un si grand politique soutenir de pareilles énormités, on se prend à admirer doublement Franklin, ce bonhomme ingénieux et malin qui rend l'erreur ridicule pour mettre la vanité et l'intérêt au service de la vérité.

Si l'on avait contre soi les marchands anglais, on avait à craindre, et plus encore, les idées fiscales du gouvernement. Tirer un revenu des colonies, c'était alors le projet favori des politiques, et, par malheur pour les colonies, M. Grenville, le chef du ministère, était un de ces esprits inquiets qui croient qu'un gouvernement est fait, non pas tant pour maintenir la justice et la paix que pour remuer les hommes et les choses. *Quieta non movere* était la devise de Robert Walpole; c'était aussi celle des marchands français, qui répondaient à un ministre trop bienveillant: « Si vous voulez faire quelque chose pour nous, monseigneur, laissez-nous tranquilles. » Sage parole qui devrait servir de leçon aux hommes d'État.

L'histoire de M. Grenville et de ses projets malencontreux nous est racontée par Franklin, dans une lettre que nous placerons ici avant sa date, parce qu'elle a trait aux événements des années 1763-1766.

A M. WILLIAM ALEXANDER.

Passy, 12 mars 1778 [1].

Dans le pamphlet que vous avez eu la bonté de m'envoyer, il y a un fait important qui est travesti ; l'auteur n'a pas eu sans doute des renseignements exacts. Je veux parler de ce qui se passa entre M. Grenville et les colonies. L'auteur du pamphlet nous dit que M. Grenville demanda une certaine somme, que les colonies refusèrent de rien accorder, et que c'est après ce refus seulement que le ministre proposa la loi du timbre. Aucun de ces détails n'est vrai. Voici le fait.

Dans l'hiver de 1763-64, M. Grenville réunit les agents des colonies, et leur dit qu'il se proposait de tirer un revenu d'Amérique. Son intention était de lever dans les colonies un droit de timbre, qu'il ferait voter par acte du Parlement dans la prochaine session. Il avait voulu en informer les agents des colonies pour leur laisser le temps de la réflexion. S'ils préféraient un autre impôt également productif, ils pouvaient lui en parler. Les agents furent donc chargés d'écrire chacun à son Assemblée, et de communiquer au ministre les réponses qu'ils recevraient. Ils écrivirent ce qu'on leur avait dit.

Quand cette nouvelle arriva, j'étais membre de l'Assemblée de Pensylvanie. On fit observer que l'usage ancien, établi, régulier pour demander des aides aux colonies, était celui-ci : L'opportunité était d'abord examinée par le souverain dans son conseil privé ; après avoir pris ce sage avis, il chargeait son secrétaire d'État d'écrire des lettres aux différents gouverneurs, en leur enjoignant de les soumettre aux assemblées. Dans ces lettres on exposait la cause de l'aide demandé ; on y joignait des paroles

---

1. Publiée par M. Sparks dans la vie de Franklin, pag. 291.

gracieuses exprimant la confiance de Sa Majesté qui comptait sur le devoir et l'affection de ses colonies pour en obtenir de l'argent dans la mesure de leurs ressources, de leur loyauté et de leur zèle.

Les colonies, ajoutait-on, avaient toujours libéralement répondu à ces réquisitions, si libéralement dans la dernière guerre, que le roi, sachant qu'elles avaient accordé beaucoup plus que leur part, avait recommandé au Parlement, cinq ans de suite, de leur allouer quelque indemnité; et en conséquence, le Parlement leur avait rendu deux cent mille livres par an, à partager entre elles.

La proposition de taxer les colonies dans le Parlement était donc cruelle et injuste. En vertu de la Constitution, les colonies n'avaient affaire qu'au *roi* seul, en matière d'impôts; elles n'avaient rien à démêler avec aucun *financier*, ni aucun financier avec elle. Les agents n'étaient pas le canal convenable pour faire des réquisitions; ils ne pouvaient s'entendre avec M. Grenville, ni lui faire aucune proposition au sujet des taxes à mettre par le Parlement sur leurs constituants, car le Parlement n'avait réellement aucun droit de taxer les colonies, et la note qu'avait envoyée le ministre n'avait pas le caractère d'un ordre du roi, peut-être même avait-elle été faite à son insu. Enfin quand le roi voulait obtenir quelque chose des colonies, il accompagnait toujours de bonnes paroles sa réquisition; mais, au lieu de leur faire une demande convenable, on leur avait envoyé cette fois une menace, en leur disant qu'elles seraient certainement taxées, et en ne leur laissant que le choix de l'impôt.

Malgré cela, ajoutait-on, l'Assemblée de Pensylvanie était si loin de refuser de l'argent, qu'elle avait pris la résolution suivante :

« Que la colonie avait toujours considéré et considérerait toujours comme étant de son devoir d'accorder une aide à la couronne, dans la mesure de ses ressources, et quand

1 — 7

la demande lui en serait faite dans la forme ordinaire et constitutionnelle. »

Je partis bientôt après pour l'Angleterre, et je pris avec moi une copie authentique de cette résolution. Je la remis à M. Grenville avant qu'il présentât l'acte du timbre. Dans la chambre des communes, en présence de M. Grenville, j'affirmai ce fait, M. Grenville ne me démentit pas. D'autres colonies prirent des résolutions semblables. Si, au lieu de présenter sa loi, M. Grenville s'était adressé au roi en son conseil pour en obtenir ces réquisitions qu'expédiait aux colonies le secrétaire d'État, je suis sûr qu'il aurait obtenu de la bonne volonté des colonies plus d'argent qu'il n'en attendait de ses timbres. Mais il préféra la contrainte à la persuasion, et ne voulut pas recevoir de notre bonne volonté ce qu'il croyait pouvoir obtenir sans cela. C'est de cette façon qu'on tendit aux Américains ce *pont d'or* que, suivant l'ingénieux auteur du pamphlet, ils refusèrent de tendre au ministre et au Parlement; mais les Américains refusèrent de passer.

Telle est la véritable histoire de cette affaire, et comme il est probable que cet excellent pamphlet aura une nouvelle édition, je désire que vous communiquiez ma lettre à son honnête auteur, qui, je n'en doute pas, corrigera son erreur.   B. F.

La proposition faite par M. Grenville aux colonies ressemblait beaucoup à celle que, vingt ans plus tard, M. de Calonne adressait en France à l'assemblée des notables, et qu'une piquante caricature représentait ainsi : un orateur, un ministre haranguant un troupeau de dindons leur disait : « Messieurs, je vous ai réunis pour vous demander à quelle sauce vous désirez être mangés? — Mais nous ne voulons pas être mangés, répondaient les honorables volatiles. — Messieurs, vous sortez de la question, » reprenait le ministre. Et combien de ministres ont raisonné de la même façon?

En France, le droit des citoyens était depuis si longtemps tombé en désuétude, qu'on pouvait soutenir qu'il appartenait au roi d'établir l'impôt suivant les besoins du royaume; tout au plus pouvait-on réserver le contrôle des Parlements. Mais, en Angleterre, c'était un principe incontesté que les élus de la nation avaient seuls le droit de stipuler pour leurs commettants et de consentir l'impôt en leur nom. *Point de représentation, point d'impôt*, est une des maximes les plus certaines de la Constitution et de la liberté anglaises.

Les colonies étaient-elles représentées par le Parlement d'Angleterre? — Oui, disaient les partisans de la souveraineté métropolitaine; le Parlement représente tout l'empire. — Non, disaient les colons; le Parlement ne représente que ceux qui l'ont élu. Notre Parlement, à nous, ce sont nos assemblées coloniales; c'est à nos mandataires qu'il appartient de voter l'impôt que nous payons.

C'est sur cette question que porta la querelle qui finit par la séparation des deux pays.

Les colonies avaient pour elles l'usage constant, les précédents de l'Irlande et du pays de Galles, et ce fait important qu'elles dépendaient du roi et non du Parlement ; mais le ministère avait pour lui l'opinion des Anglais, la volonté du roi et l'intérêt fiscal. L'acte du timbre fut voté malgré les remontrances des colonies et les efforts de leurs agents.

Peu de temps après cet événement, Franklin écrivit ce qui suit à Charles Thomson:

A CHARLES THOMSON.

Londres, 11 juillet 1765.

Comptez, mon bon voisin, que j'ai fait tout ce qui était en mon pouvoir pour empêcher l'adoption de l'acte du timbre. Personne n'était plus intéressé que moi à s'y opposer sincèrement et de tout cœur. Mais le courant était trop fort pour nous. La nation était irritée par nos réclamations d'indépendance, tous les partis se sont réunis pour résoudre la question contre nous. Il nous eût été moins difficile d'empêcher le soleil de se coucher. Résister, était chose impossible. Maintenant que le soleil est couché, et qu'il se passera longtemps peut-être avant qu'il se lève, tirons de la nuit le meilleur parti. Nous pouvons encore allumer des chandelles. L'économie et le travail nous indemniseront. L'oisiveté et l'orgueil nous taxent plus lourdement que les rois et le Parlement[1]. Débarrassons-nous des deux premiers, il nous sera facile de nous débarrasser des autres.

Franklin se résignait; il ne croyait pas à la possibilité d'une résistance. L'Amérique avait trop peu d'habitants. C'était de l'avenir qu'il attendait l'indépendance de sa patrie, ou plutôt l'égalité des droits entre la métropole et les colonies.

En Amérique, on était moins patient; la réponse de Charles Thomson donne un tableau fidèle de l'opinion d'outre-mer :

« Il est vrai que dans les colonies d'Amérique le soleil

---

1. On reconnaît ici les maximes du bonhomme Richard. V. les *Essais de morale*.

de la liberté décline rapidement, s'il n'est déjà couché. Mais je crains qu'au lieu de chandelles que vous nous dites d'allumer, nous n'ayons bientôt que des œuvres de ténèbres. Les planteurs sont alarmés au dernier degré. Les colonies entendent, et avec raison, qu'on ait égard à leurs libertés et à leurs priviléges, aussi bien qu'à leur commerce. Les colons ont bravé l'horreur du désert, ils ont soutenu l'attaque des sauvages ; c'est au grand avantage de l'Angleterre, qu'ils ont planté le pays au prix de leur sang et de leur argent, et après cela l'Angleterre voudrait qu'ils se résignassent à perdre tout ce qu'un Anglais est instruit à chérir? Est-ce raisonnable, est-ce juste? Les colons ne peuvent le croire. Ce n'est pas seulement nos biens que nous défendons. Nos libertés, nos priviléges les plus essentiels sont atteints du même coup. »

Peu de temps après le vote de l'acte du timbre, M. Grenville, qui désirait adoucir autant que possible l'exécution de la loi, fit appeler les agents des colonies et, par l'intermédiaire de son secrétaire, M. William Whately, leur demanda de désigner comme directeur du timbre en chaque colonie la personne qui leur semblerait la plus agréable aux habitants. Puisque les colons payaient la taxe, c'était bien le moins qu'ils en eussent le profit. Chaque agent colonial nomma un candidat pour sa province. Franklin désigna pour la Pensylvanie M. John Hughes, un de ses vieux amis, ancien négociant, et alors membre de l'Assemblée de Pensylvanie ; ce dernier fut choisi par le ministère.

« Aucun de nous, dit Franklin, ne prévoyait ou n'imaginait que notre réponse au ministre pût être interprétée comme une approbation de l'acte, autrement peu d'entre nous auraient désigné un agent, et, pour ma part, je ne l'aurais pas fait[1]. »

Cette complaisance de Franklin fut dénaturée par ses ennemis. On imprima qu'il avait approuvé la mesure ministérielle, et qu'il avait sollicité pour lui-même une place de directeur du timbre. Le docteur Tucker, doyen de Gloucester, reprit cette accusation fâcheuse en 1774, quand la querelle s'envenima de nouveau entre l'Angleterre et les colonies. Tucker n'était pas un homme sans mérite, quoiqu'il eût le tort, pour un ecclésiastique, de s'occuper beaucoup plus d'économie politique que des choses sacrées; ce qui faisait dire malicieusement à Warburton, son évêque : « Le métier du doyen, c'est sa religion, et sa religion est un métier. » Franklin repoussa vivement cette imputation calomnieuse; mais il faut avouer qu'il y avait eu un peu de légèreté dans son fait. Il eût mieux valu qu'aucun agent des colonies n'eût pris une part directe ni indirecte à l'exécution d'une loi qui inquiétait l'Amérique.

Quand on apprit aux colonies le vote de la loi du timbre, l'émotion fut universelle. Dans tous les Parlements coloniaux (les Assemblées n'étaient pas autre chose), on prit des *résolutions*, en d'autres termes on protesta contre une mesure inique, oppressive, sans précédent dans le droit britannique. En même temps, on envoya aux agents coloniaux des pétitions qui demandaient au roi et au Parlement le rappel de cette injuste loi.

Tandis que les Assemblées, tout en protestant, gar-

---

1. Lettre au docteur Tucker, *Works of Franklin*. IV, p. 522.

daient les formes légales, le peuple menaçait les directeurs de timbre et les forçait à résigner leur commission. Le papier timbré était repoussé comme un poison ; on ne voulait pas que le sol américain fût souillé par cette marque de servitude, et en plusieurs ports il fut impossible de le débarquer ; il fallut le renvoyer en Angleterre sur les vaisseaux mêmes qui l'avaient apporté.

Franklin ne fut pas épargné par ses commettants. Tandis que M. John Hughes était obligé de se faire garder jour et nuit dans sa maison, victime de l'intérêt que lui avait porté un vieil ami, on affichait à Philadelphie une caricature qui représentait le diable soufflant à l'oreille de Franklin les mots suivants : « *Ben, tu seras mon agent dans tous mes domaines,* » et au bas quatre vers qui disaient : « Il n'a pensé qu'à bâtir des châteaux et amasser des écus. Vendre à beaux deniers le public, c'est l'esprit de celui qui n'a jamais pu vivre de son bien [1]. »

Il y eut même un moment où la maison de Franklin fut menacée. William, le gouverneur de New-Jersey, accourut au secours de sa famille ; mais la vaillante Deborah ne voulut pas quitter son foyer, et se contenta d'envoyer sa fille à Burlington.

« Pendant neuf jours, écrivait-elle à son mari, tout le monde m'a pressée de partir, et on a conseillé à Sally d'aller à Burlington pour être en sûreté. Le cousin Davenport est venu et m'a dit que plus de vingt personnes lui avaient répété que son devoir était de rester avec moi. Je

1. Parton, *Vie de Franklin*, t. I, p. 464.

lui ai répondu que j'étais toujours charmée des politesses qu'on pouvait me faire, et il est resté quelque temps avec moi ; vers le soir je lui ai dit qu'il ferait bien d'avoir un fusil ou deux, parce que nous n'en avions pas. J'ai fait également prier mon frère de venir et d'apporter son fusil, de telle sorte que nous avons fait d'une chambre un arsenal ; j'ai établi en haut de la maison une espèce de rempart, du mieux que j'ai pu. Quand on m'a conseillé de m'éloigner, j'ai répondu que j'étais sûre que vous n'aviez rien fait pour blesser personne, que je n'avais offensé personne, et que je n'avais rien contre personne, mais que si on venait me troubler, je saurais me défendre. On m'a dit qu'il y avait huit cents hommes prêts à aider quiconque serait insulté. »

Telle était la situation en Amérique, lorsqu'au commencement de 1766, l'affaire revint devant le Parlement. Le ministère avait changé. M. Grenville était remplacé par le marquis de Rockingham ; le général Conway était le *leader* des Communes. On commençait à comprendre qu'on faisait fausse route ; la nouvelle administration cherchait un biais qui, tout en réservant théoriquement les droits du Parlement, fît disparaître cet impôt malencontreux et rassurât les colonies.

Au mois de février 1766, le Parlement ouvrit une enquête sur la situation. Par son caractère d'agent des colonies, Franklin était naturellement désigné pour y figurer. Il est probable que l'idée de l'appeler avait été suggérée par le ministère, qui voulait le rappel de la loi. On voit dans l'examen de Franklin plus d'une question qui n'a pu être faite que par un ami ; mais il y en a beaucoup d'autres qui ont été brusquement adressées par des adversaires. Les réponses de Franklin, sa parfaite connaissance d'un sujet difficile, son calme, sa dignité, son à-propos, sa hardiesse, sa franchise étonnèrent l'auditoire et eurent au dehors un immense retentissement. Dans la vie de ce sage politique, il n'y a peut-être point d'acte qui honore plus son talent et son caractère. « Ce sera, dit avec raison M. Jared Sparks, l'éternel monument de sa sagesse, de sa fermeté, de sa sagacité et de son patriotisme[1]. »

Voici cet examen; nous le donnons tout entier malgré sa longueur, car rien ne peut expliquer plus clairement la condition de l'Amérique et les causes qui amenèrent cette révolution où Franklin devait jouer un grand rôle jusqu'à la fin de sa vie :

EXAMEN DU DOCTEUR BENJAMIN FRANKLIN DEVANT LA CHAMBRE DES COMMUNES, SUR LE RAPPEL DE L'ACTE DU TIMBRE, EN 1766.

1) *Demande.* Votre nom et votre domicile?
Réponse. Franklin, de Philadelphie.

2) D. Les Américains payent-ils chez eux des taxes de quelque importance?
R. Ils en payent beaucoup et de très-lourdes.

3) D. Quelles sont les taxes actuellement établies en Pensylvanie par les lois de la colonie?
R. Il y a des impôts sur toutes les propriétés immobilières ou mobilières, un impôt personnel, un droit sur les offices, professions, commerce et affaires, droit proportionnel aux bénéfices. Il y a une *excise* (ou impôt indirect) sur le vin, le rhum, les esprits, un droit de dix livres ster-

---

1. T. I, p. 299.

ling par tête de nègre importé, et encore quelques autres droits.

4) D. A quoi servent ces impôts?

R. A l'entretien de l'administration civile et militaire du pays, et au payement de la lourde dette contractée durant la dernière guerre.

5) D. Combien de temps ces taxes doivent-elles durer?

R. Celles qui sont destinées au remboursement de la dette doivent être continuées jusqu'en 1772, et plus longtemps si à cette époque la dette n'est pas payée tout entière. Les autres sont à perpétuité.

6) D. N'espérait-on pas que la dette serait remboursée plus tôt?

R. Oui: lorsque la paix fut faite avec la France et l'Espagne. Mais une nouvelle guerre ayant éclaté avec les Indiens, a amené un nouvel emprunt, et en conséquence les taxes ont été continuées par une nouvelle loi.

7) D. Toute la population n'est-elle pas fort en état d'acquitter ces taxes?

R. Non. Les frontières, dans toute l'étendue du continent, ayant été fréquemment ravagées par l'ennemi et fort appauvries, ne sont en état de payer qu'un très-faible impôt. C'est pourquoi, en considération de leur détresse, nos dernières lois financières ont favorisé ces cantons, en déchargeant ceux qui ont souffert. Je suppose qu'on fait de même dans les autres provinces.

8) D. N'êtes-vous point intéressé dans l'administration des postes d'Amérique?

R. Oui, je suis directeur général des postes de l'Amérique du Nord.

9) D. Ne regardez-vous pas la distribution du papier timbré par la poste, à tous les habitants, comme chose très-praticable, s'il n'y avait point d'opposition?

R. Les postes ne vont que le long des côtes, elles ne pénètrent point dans l'intérieur du pays, sauf quelques rares exceptions ; si elles le faisaient, l'envoi des papiers timbrés par la poste occasionnerait une dépense qui, en bien des cas, dépasserait de beaucoup le produit du timbre.

10) D. Connaissez-vous l'Ile de Terre-Neuve?

R. Je n'y ai jamais été.

11) D. Savez-vous s'il y a dans cette île des routes de poste?

R. J'ai ouï dire qu'il n'y a point de routes du tout, et que les communications d'un établissement à l'autre ne se font que par mer.

12) D. Pourriez-vous distribuer des papiers timbrés par la poste en Canada?

R. Il n'y a de poste qu'entre Montréal et Québec. Les habitants vivent si épars et si éloignés les uns des autres dans cette vaste contrée, qu'on ne peut point y entretenir la poste, par conséquent, ils ne peuvent recevoir de papier timbré par la poste. Les colonies anglaises qui bordent les frontières sont aussi très-peu peuplées.

13) D. Cet état de choses ne rendrait-il pas l'acte du timbre très à charge pour ces habitants, s'il s'exécutait?

R. Sans nul doute : car un grand nombre d'habitants ne pourraient se procurer le papier timbré dont ils auraient besoin, sans de longs voyages et sans une dépense peut-être de trois ou quatre livres pour faire gagner six pences à la couronne.

14) D. Les colonies, grâce à leur prospérité, ne sont-elles pas en état de payer le droit de timbre?

R. Dans mon opinion, il n'y a pas assez d'or et d'argent dans les colonies pour payer le droit de timbre pendant un an.

15) D. Ne savez-vous pas que le produit du timbre doit être dépensé tout entier en Amérique?

R. Je sais que suivant l'acte, cet argent est attribué au service de l'Amérique; mais il se dépensera dans les colonies conquises[1] où l'on entretient des troupes, et non dans les colonies qui le payeront.

16) D. N'y a-t-il pas une balance de commerce qui, des colonies où sont les troupes, reversera cet argent dans les colonies anciennes?

R. Je ne crois pas. Je pense qu'il reviendra très-peu d'argent. Je ne connais pas de commerce qui doive le rapporter chez nous. Je crois que, des colonies où on le dépensera, l'argent passera directement en Angleterre, car j'ai toujours observé que, dans toute colonie, plus il y a de remises sur l'Angleterre, plus on demande de marchandises, et plus on fait de commerce avec l'Angleterre.

17) D. Quelle est, suivant vous, la population blanche de la Pensylvanie?

R. Elle est, je suppose, d'environ cent soixante mille habitants.

18) D. Dans ce nombre, combien y a-t-il de quakers?

R. Peut-être un tiers.

19) D. Combien d'Allemands?

R. Peut-être un autre tiers. Toutefois je ne saurais l'assurer.

20) D. Y a-t-il beaucoup de ces Allemands qui aient servi comme soldats en Europe?

R. Oui : beaucoup ont servi en Europe et en Amérique.

21) D. Sont-ils aussi mécontents du droit du timbre que les Anglais?

R. Oui, plus encore; et avec raison, car, en beaucoup de cas, ils payeront double timbre [2].

---

1. Le Canada, la nouvelle Écosse, etc.
2. Une disposition de l'acte du timbre faisait supporter un double droit aux pièces écrites en toute autre langue qu'en anglais. Dans les idées du temps, c'était une façon de forcer les Allemands à s'assimiler plus vite aux Anglais. Aux Français du Canada on avait accordé un délai de cinq ans.

22) D. A combien évaluez-vous le nombre des blancs dans l'Amérique du Nord?

R. A environ trois cent mille, entre seize et soixante ans.

23) D. Quel peut être le montant annuel des importations d'Angleterre en Pensylvanie?

R. J'ai su que nos marchands évaluent l'importation anglaise à plus de cinq cent mille livres sterling.

24) D. Quel peut être le montant de vos exportations pour l'Angleterre?

R. Il doit être faible ; car nous produisons peu d'objets dont l'Angleterre ait besoin. Je ne présume pas qu'il excède quarante mille livres.

25) D. Comment alors payez-vous la balance?

R. La balance est payée par l'exportation de nos produits aux Antilles, et leur vente dans nos îles ou celles de la France, de l'Espagne, du Danemark et de la Hollande, par leur envoi dans les autres colonies du nord de l'Amérique, telles que la Nouvelle-Angleterre, la Nouvelle-Écosse, Terre-Neuve, la Caroline et la Géorgie, par leur exportation en différentes parties de l'Europe, telles que l'Espagne, le Portugal, l'Italie. Sur toutes ces places, nous recevons de l'argent, des lettres de change ou d'autres valeurs, propres à faire des remises sur l'Angleterre, ce qui, joint à tous les profits que l'industrie de nos commerçants et de nos marins tire de ces voyages, et aux frets de leurs bâtiments, vient finalement aboutir en Angleterre, comme à un centre commun, pour y solder la balance et y payer les produits de fabrication anglaise que notre province consomme ou que notre commerce revend à l'étranger.

26) D. Avez-vous ouï dire que le commerce avec l'Espagne ait été rendu plus difficile?

R. Oui. J'ai appris qu'il a été fort gêné par quelques règlements nouveaux et par les vaisseaux de guerre et les *cutters* anglais stationnés tout le long de la côte d'Amérique.

27) D. Trouvez-vous juste que l'Amérique profite de la protection de ce pays, et ne paye aucune part de la dépense [1] ?

R. Ce cas n'est point le nôtre. Les colonies ont levé, habillé et payé, pendant la dernière guerre, près de vingt-cinq mille hommes et dépensé plusieurs millions.

28) D. N'avez-vous pas été remboursés par le Parlement?

R. Nous n'avons été remboursés que de la portion qui, suivant vous, excédait notre part contributoire, ou le concours d'argent qu'on pouvait raisonnablement nous demander; cela n'était qu'une très-faible part de nos dépenses. La Pensylvanie en particulier avait déboursé environ cinq cent mille livres, et les remboursements n'excédèrent pas en tout soixante mille livres.

29) D. Vous avez dit que vous payez de lourds impôts en Pensylvanie ; à combien pour cent montent-ils?

R. L'impôt foncier et mobilier va, tout compté, à dix-huit pences par livre [2]. L'impôt sur les bénéfices du commerce et des professions s'élève, je pense, avec les autres taxes, à une demi-couronne par livre [3].

30) D. Êtes-vous au courant du taux du change en Pensylvanie, et savez-vous s'il a baissé depuis peu ?

R. Il est communément de cent soixante-dix à cent soixante-quinze. J'ai ouï dire qu'il est tombé dernièrement de cent soixante-quinze à cent soixante-deux et demi, baisse qu'il faut, je crois, attribuer à la diminution des demandes de marchandises. Lorsque les dettes envers l'Angleterre seront payées, j'estime que le change sera au pair.

31) D. Ne pensez-vous pas que le peuple d'Amérique se

---

1. Cette question fut faite par George Grenville, l'auteur de l'acte du timbre. Parton, t. I, p. 491.
2. 7 et 1/2 pour cent.
3. 12 et 1/2 pour cent.

soumettrait à payer le droit du timbre, si ce droit était réduit?

R. Non, jamais; à moins qu'il n'y soit contraint par la force des armes.

32) D. Les impôts ne sont-ils pas répartis inégalement en Pensylvanie, afin de charger le commerce d'Angleterre, particulièrement en ce qui concerne la taxe sur les professions et les affaires?

R. Cet impôt n'est pas proportionnellement plus fort que l'impôt foncier. On veut et l'on suppose qu'il frappe sur un chiffre de bénéfices à peu près égal.

33) D. Comment est composée l'Assemblée? A quelle classe appartiennent ses membres? Sont-ce des propriétaires ou des commerçants?

R. Elle est composée de propriétaires, de marchands et d'artisans.

34) D. Les propriétaires ne sont-ils pas en majorité?

R. Je pense que oui.

35) D. Ne font-ils pas tout leur possible pour décharger les biens-fonds et rejeter la plus lourde charge sur le commerce?

R. Je n'ai jamais pensé qu'il en fût ainsi. Je n'ai jamais entendu prêter cette intention aux propriétaires. Et en vérité, une tentative de cette sorte n'aboutirait à rien. Toujours le commerçant ou le marchand s'entend en calcul, et raisonne avec sa plume et son encre. Si des droits trop lourds sont mis sur son commerce, il charge ses marchandises d'un prix additionnel, et les consommateurs, qui sont surtout des propriétaires, finissent toujours par payer la plus grande partie, sinon la totalité des droits.

36) D. Quelles étaient les dispositions de l'Amérique à l'égard de la Grande-Bretagne, avant l'année 1763?

R. Les meilleures du monde. On se soumettait volontiers au gouvernement de la couronne, et l'on portait dans toutes les cours obéissance aux actes du Parlement. Quelque nombreuse que fût la population dans les anciennes colonies, leur soumission ne vous coûtait rien en forts, citadelles, garnisons ou troupes. Vous les gouverniez d'ici, rien qu'au prix d'un peu d'encre, de plume et de papier; on les conduisait avec un fil. Elles avaient non-seulement du respect, mais de l'affection pour la Grande-Bretagne, pour ses lois, ses usages, ses mœurs, et même de la passion pour ses modes, ce qui ajoutait beaucoup au commerce. Les personnes nées en Grande-Bretagne étaient toujours traitées avec une considération particulière; être *un homme de la vieille Angleterre* était de soi-même un titre à quelque respect, et donnait une sorte de rang parmi nous.

37) D. Et quelles sont aujourd'hui les dispositions?

R. Elles sont bien changées.

38) D. Avant ces derniers temps, avez-vous jamais entendu mettre en question le droit du Parlement à faire des lois pour l'Amérique?

R. Le droit du Parlement était reconnu valide pour toutes les lois, sauf en ce qui eût touché l'établissement des taxes intérieures. On n'a jamais contesté le droit d'imposer des taxes pour régler le commerce.

39.) D. Dans quelle proportion la population a-t-elle augmenté en Amérique?

R. Je pense qu'en prenant ensemble toutes les provinces, le terme moyen est que la population double en vingt-cinq ans environ. Mais les demandes de produits anglais augmentent beaucoup plus vite, car la consommation ne se règle pas uniquement sur le nombre d'habitants, elle s'accroît avec les moyens de payer. En 1723, la somme des importations de la Grande-Bretagne en Pensylvanie ne montait guère qu'à quinze mille livres sterling; elle est aujourd'hui de près d'un demi-million.

40.) D. De quel œil l'Amérique considérait-elle le Parlement de la Grande-Bretagne?

R. Elle considérait le Parlement comme le boulevard et la garantie de ses libertés et priviléges, et toujours on en parlait avec respect et vénération. Des ministres, amis de l'arbitraire, pensait-on, essayeront peut-être un jour de nous opprimer, mais on se fiait sur le Parlement, qui ferait justice quand on se plaindrait. Il y en avait un exemple éclatant qu'on se rappelait avec reconnaissance. Lorsqu'on présenta au Parlement un bill contenant une clause qui donnait aux instructions royales force de loi dans les colonies, la chambre des communes refusa de l'admettre, et la mesure fut rejetée.

41.) D. Et n'a-t-on pas encore le même respect pour le Parlement?

R. Non. Il est grandement diminué.

42.) A quelle cause cela est-il dû?

R. Au concours de plusieurs causes : aux entraves mises dernièrement sur le commerce, ce qui empêche d'introduire dans les colonies l'or et l'argent de l'étranger, à la prohibition de s'y faire du papier-monnaie pour l'usage intérieur du pays, et ensuite à la demande d'une nouvelle et lourde taxe, le droit de timbre, tandis qu'au même moment on ôte aux colonies le jury, et qu'on refuse de recevoir et d'entendre leurs humbles pétitions.

43.) D. Ne croyez-vous pas que l'on se soumettrait à l'acte du timbre, s'il était modifié, si l'on en supprimait les dispositions fâcheuses, et si l'on réduisait le droit à quelques articles de peu d'importance?

R. Non. Jamais on ne s'y soumettra.

44.) Quelle est, d'après vous, la raison pour laquelle la population s'accroît plus rapidement en Amérique qu'en Angleterre?

R. Parce que l'on s'y marie plus jeune, et plus généralement.

48). D. Pourquoi cela?

R. Parce que tout jeune ménage, s'il est laborieux, peut

aisément obtenir des terres en propriété et y élever une famille.

49.) D. Les dernières classes du peuple ne sont-elles pas plus à leur aise en Amérique qu'en Angleterre?

R. Oui, j'entends les gens sobres et actifs, car ils sont mieux payés pour leur travail.

50.) D. Que penseriez-vous d'un nouvel impôt, assis sur le même principe que l'acte du timbre? Comment les Américains le recevraient-ils?

R. Juste comme celui-ci : Ils ne le payeraient pas.

51.) D. N'avez-vous pas été informé des résolutions par lesquelles cette chambre et la chambre des lords ont affirmé que le Parlement a droit de taxer le peuple d'Amérique?

R. Oui. J'ai entendu parler de résolutions de ce genre.

52). Quelle sera l'opinion des Américains sur ces résolutions?

R. Ils les regarderont comme inconstitutionnelles et injustes.

53). D. Avant 1763, était-ce l'opinion en Amérique que le Parlement n'avait pas le droit d'y établir des taxes et des impôts?

R. Je n'ai jamais entendu faire la moindre objection au droit d'établir des taxes pour régler le commerce; mais, quant au droit d'établir des taxes intérieures, on n'a jamais supposé qu'il appartînt au Parlement, puisque nous n'y sommes pas représentés.

54.) D. Sur quoi vous fondez-vous pour penser que le peuple d'Amérique fasse cette distinction?

R. Dans toutes les conversations où je me suis trouvé présent, chacun m'a paru convaincu que nous ne pouvions être imposés dans un parlement où nous n'étions pas représentés. Mais le payement des droits mis par acte du Parlement comme règlement de commerce n'a jamais été contesté.

55.) D. Pourriez-vous citer quelque acte de vos assemblées ou de vos gouvernements qui ait fait cette distinction?

R. Je n'en connais point. Je crois qu'on n'a jamais eu l'occasion de faire un tel acte, tant que vous n'avez pas entrepris de nous imposer. C'est cette entreprise qui a été pour nos assemblées l'occasion de déclarer cette distinction qui, je crois, a pour elle toutes les assemblées de notre continent et l'unanimité de tous les membres dans chacune de ces assemblées.

56.) D. Qui a donc pu, avant cette époque, donner occasion à des conversations sur ce sujet?

R. Ce fut une proposition que l'on fit en 1754, et qui, je pense, venait d'ici. On disait que dans le cas d'une guerre que l'on appréhendait alors, les gouverneurs des colonies se réuniraient, ordonneraient des levées de troupes, des constructions de forts, et prendraient toutes les autres mesures nécessaires à la défense générale, qu'ils tireraient sur le trésor d'Angleterre pour l'acquittement des dépenses, qu'ensuite on s'en rembourserait sur les colonies par une taxe générale qui leur serait imposée par *acte du parlement*. Cette nouvelle fit beaucoup causer, l'opinion générale fut que le Parlement ne voudrait ni ne pourrait nous imposer tant que nous n'y serions pas duement représentés. Une telle mesure ne serait ni juste ni conforme aux principes de la constitution anglaise.

57) D. Ne savez-vous pas qu'un jour, à New-York, on mit en délibération si l'on ne prierait pas le Parlement, d'établir dans cette colonie des impôts, afin de suppléer au déficit occasionné par le refus ou la négligence que l'assemblée avait mis à lever les sommes nécessaires à l'entretien du gouvernement civil?

R. Je n'ai jamais ouï parler de ce fait.

58) D. On a mis cette demande en délibération à New-York. Imaginez-vous que les colonies puissent supposer

que le droit du Parlement à imposer des taxes en Amériques n'ait été que local, et restreint au cas d'un déficit dans une colonie particulière, par suite du refus de son assemblée de lever les sommes nécessaires?

R. On ne supposera jamais que l'assemblée se refuse à lever les fonds nécessaires à l'entretien de son propre gouvernement. Une assemblée capable d'un pareil refus manquerait de sens commun, ce que l'on ne peut pas supposer. Je pense qu'il ne s'est jamais passé rien de semblable à New-York, il y a erreur ou méprise. Je sais qu'en vertu d'instructions ministérielles venues d'ici, on a fait quelques tentatives, pour obliger les assemblées à assurer des appointements fixes aux gouverneurs, ce qu'elles ont refusé sagement; mais je ne pense pas que jamais assemblée, ni de New-York ni d'aucune autre colonie, ait refusé d'entretenir le gouvernement par des allocations convenables et votées annuellement, en faveur des officiers publics.

59) D. Mais si un gouverneur, agissant en vertu d'instructions, convoquait une assemblée pour lever les subsides nécessaires, et que l'assemblée les refusât, ne pensez-vous pas qu'il serait alors utile à la colonie et nécessaire au gouvernement, que le Parlement établît l'impôt?

R. Je ne pense pas que cela fût nécessaire. Si une assemblée pouvait être assez absurde pour refuser les subsides nécessaires à l'entretien du gouvernement colonial, on ne pourrait pas rester longtemps dans une telle situation; les désordres et la confusion qui s'ensuivraient auraient bientôt mis l'assemblée à la raison.

60) D. S'il en arrivait autrement, ne faudrait-il pas que ce fût la Grande-Bretagne qui eût le droit d'appliquer un remède à ces maux?

R. Contre un droit, dont on n'userait que dans un tel cas, je n'aurais pas d'objections à faire, en supposant qu'on n'en usât que pour le bien du peuple de la colonie.

61) D. Mais qui serait juge du cas, la Grande-Bretagne ou les colonies?

R. Ceux qui ressentent les effets en sont les meilleurs juges.

62) D. Vous dites que les colonies se sont toujours soumises aux taxes extérieures, et ne s'élèvent contre le droit du Parlement qu'à l'égard des taxes intérieures. Pourriez-vous montrer qu'il y ait une différence entre ces deux impôts pour la colonie sur laquelle on les établirait?

R. Je crois que la différence est très-grande. Une taxe *extérieure* est un droit mis sur des marchandises importées. Ce droit s'ajoute aux frais de première acquisition et aux autres charges; quand la marchandise est offerte en vente, il entre dans le prix. Si le peuple ne veut pas de la marchandise à ce prix, il la refuse et n'est pas obligé de payer. Mais une taxe *intérieure* est exigée du peuple, malgré lui, s'il ne l'a pas consentie par ses propres représentants. L'acte du timbre dit que nous ne ferons point de commerce, point d'échange, point d'achat ni de donation, que nous ne recouvrerons aucune dette, que nous ne pourrons ni nous marier ni faire nos testaments, à moins de payer telles ou telles sommes; c'est nous extorquer notre argent par force, ou nous ruiner, si nous refusons de payer.

63) D. Mais supposons que la taxe extérieure ou le droit soit mis sur les objets de première nécessité que l'on importe dans votre colonie, ne sera-ce pas en effet la même chose qu'un impôt intérieur?

R. Je ne connais point un seul article d'importation dans les colonies du nord dont elles ne puissent se passer, ou qu'elles ne puissent fabriquer elles-mêmes.

64) D. Ne pensez-vous pas que le drap d'Angleterre leur est absolument nécessaire?

R. Non, cela n'est point absolument nécessaire. Avec du travail et une sage économie elles peuvent très-bien se fournir elles-mêmes de tout ce qu'il leur faut.

65) D. Ne faudrait-il pas beaucoup de temps pour établir, aux colonies, ce genre de manufactures, et en attendant, n'auraient-elles pas beaucoup à souffrir?

R. Je crois que non. Les colons ont fait déjà des progrès surprenants. Et je suis persuadé qu'avant d'avoir usé leurs vieux habits, ils en auront de neufs de leur propre fabrique.

65) D. Est-il possible qu'ils trouvent assez de laine dans l'Amérique du Nord?

R. On a pris des mesures pour avoir de la laine. On s'est entendu pour ne plus manger d'agneau, et l'année dernière on en a tué très-peu. Si l'on persiste cela fera bientôt une prodigieuse différence dans la quantité des laines. D'ailleurs, l'établissement de grandes manufactures telles qu'on en voit ici, dans vos villes de draperies, n'est pas nécessaire, car il ne s'agit pas d'en faire une branche de commerce. En Amérique chacun filera et tissera pour soi-même, dans sa propre maison.

66) D. Dans un ou deux ans, y aura-t-il assez de laine et de fabrication?

R. Je crois qu'en trois ans cela se fera.

67) D. La rigueur de l'hiver dans les colonies du nord ne nuit-elle pas à la qualité de la laine?

R. Non; la laine y est belle et bonne.

68) D. Dans les colonies plus méridionales, dans la Virginie, par exemple, ne savez-vous pas que la laine est grossière et n'est guère qu'une sorte de crin?

R. Je ne sais point cela; je ne l'ai jamais ouï dire. Cependant j'ai quelquefois été en Virginie. Je ne puis dire que j'y aie jamais fait particulièrement attention à la laine, mais je présume qu'elle est bonne, quoiqu'il ne me soit pas possible de l'affirmer. Au reste, la Virginie et les colonies au sud ont moins besoin de laine. Leurs hivers sont courts et peu rigoureux; les colons peuvent très-bien s'habiller le reste de l'année avec leur lin et leur coton.

69) D. Dans les colonies du nord n'est-on pas obligé de nourrir le bétail à l'étable pendant tout l'hiver?

R. Dans quelques-unes des colonies les plus septentrionales, on y est obligé pendant une partie de l'hiver.

70) D. En considérant les résolutions du Parlement comme *justes en droit*, pensez-vous que le rappel de l'acte du timbre suffise pour satisfaire les Américains?

R. Je le pense.

71) D. Sur quoi fondez-vous votre opinion?

R. Sur ce que l'affirmation du *droit* les occupera très-peu si l'on n'essaye jamais de mettre le droit en pratique. Les colonies se regarderont probablement comme étant dans la même situation que l'Irlande; elles savent que vous prétendez au même droit sur l'Irlande, mais que vous ne l'exercez jamais. Elles peuvent croire que vous ne l'exercerez pas plus en Amérique qu'en Irlande, à moins de circonstances tout à fait extraordinaires.

72). D. Mais, qui sera juge de ces circonstances extraordinaires? N'est-ce pas le Parlement?

R. Quoique le Parlement en soit juge, les colonies penseront qu'il ne pourra jamais exercer ce droit tant qu'elles n'y seront point représentées, et que si jamais ces circonstances se rencontrent, on leur *donnera* des représentants.

73) D. N'avez-vous pas entendu dire que pendant la dernière guerre le Maryland a refusé de contribuer pour sa quote-part à la défense commune?

R. On a été fort injuste avec le Maryland. Le Maryland, à ma connaissance, n'a jamais refusé de contribuer ni de voter des subsides pour la couronne. Tous les ans durant la guerre, les assemblées ont voté des sommes considérables, et des bills pour en assurer la levée. Conformément à la constitution de la province, les bills ont été envoyés au Conseil ou Chambre haute, pour y être adoptés, afin de pouvoir être présentés au gouverneur, et promulgués comme lois. Malheureusement des querelles entre les deux chambres, nées surtout des vices de la constitution, ont fait avorter tous les bills, à l'exception d'un ou deux. Le conseil du *propriétaire*[1] les a rejetés. Il est vrai que le Maryland n'a pas contribué pour sa part, mais ce fut suivant moi la faute du gouvernement et non du peuple.

74) D. Dans les autres provinces, n'a-t-on pas parlé de s'adresser au Parlement pour les forcer à contribuer?

R. J'ai entendu dire cela; mais comme il était bien connu que le peuple ne méritait aucun blâme, jamais cette demande ne fut faite, non plus qu'aucune démarche à ce sujet.

75) D. La proposition n'a-t-elle pas été faite dans une réunion publique?

R. Non, que je sache.

76) D. Vous souvenez-vous de l'abolition du papier-monnaie dans la Nouvelle-Angleterre par un acte de l'assemblée?

R. Je me souviens de cette abolition dans le Massachusetts.

77) D. Le lieutenant gouverneur Hutchinson n'a-t-il pas pris à cette mesure une part principale?

R. Je l'ai ouï dire.

78) D. N'était-ce pas alors une loi très-impopulaire?

R. Je le présume, quoique je ne puisse rien assurer en ce point, car j'habitais loin de cette province.

79) D. La rareté de l'or et de l'argent n'était-elle pas un argument allégué contre l'abolition du papier-monnaie?

R. Je le suppose.

80) D. Quelle est l'opinion actuelle sur cette loi? Est-elle aussi impopulaire qu'au début?

---

1. Les propriétaires étaient les héritiers de lord Baltimore, fondateur de la colonie sous Charles I*er*.

R. Je crois que non.

81) D. N'a-t-on pas quelquefois envoyé d'ici aux gouverneurs des instructions fort oppressives et fort impolitiques?

R. Oui.

82) D. N'y a-t-il pas eu des gouverneurs qui s'en sont écartés pour ce motif?

R. Oui, je l'ai entendu dire.

83) D. Les Américains ont-ils jamais disputé au Parlement le droit de régler le commerce?

R. Non.

84) D. Peut-on, autrement que par l'emploi d'une force armée, mettre à exécution l'acte du timbre?

R. Je ne vois pas comment une force armée pourrait être employée à cet effet.

85) D. Pourquoi pas?

R. Supposez que des troupes soient envoyées en Amérique, elles ne trouveront personne en armes : que feront-elles? Elles ne peuvent forcer un homme à prendre du papier timbré, s'il veut s'en passer. Elles ne trouveront pas de rébellion; il est vrai qu'elles pourront en créer une.

86) D. Si l'acte n'est pas révoqué, quelles en seront, suivant vous, les conséquences?

R. La perte totale du respect et de l'affection que les Américains portent à ce pays, et celle de tout le commerce qui tient à ce respect et à cette affection.

87) D. Le commerce pourrait-il être atteint?

R. Si l'acte n'est point révoqué, vour verrez qu'avant peu les colons ne vous prendront plus qu'une très-faible quantité de vos produits.

88) D. Leur est-il possible de s'en passer?

R. Je pense qu'ils peuvent très-bien s'en passer.

89) D. Est-ce leur intérêt?

R. Les objets que les colons tirent d'Angleterre sont ou

de première nécessité, ou de pur agrément, ou de luxe. Les premiers, tels que les draps, etc., peuvent, sans trop de travail, se fabriquer à l'intérieur; les seconds, on peut s'en passer jusqu'à ce qu'on soit venu à bout de les produire sur place; et quant aux derniers, qui sont de beaucoup les plus nombreux dans le commerce, on s'en privera immédiatement. Ce sont des articles de mode qu'on achète et que l'on consomme parce qu'ils sont de mode dans un pays respecté, mais que désormais on rejettera avec dégoût. Déjà, d'un commun accord, les colons ont banni l'emploi de tous les objets de mode dans les deuils, et des articles représentant plusieurs milliers de livres sterling ont été retournés comme invendables.

90) D. Est-il de l'intérêt des Américains de fabriquer le drap chez eux?

R. Je pense que maintenant l'on a meilleur marché à le faire venir d'Angleterre, pour l'avoir de même finesse et qualité; mais si l'on tient compte d'autres considérations, des entraves apportées au commerce et de la difficulté des remises, l'intérêt sera de tout fabriquer.

91) D. En supposant qu'un règlement intérieur fût joint à un impôt, comment le recevrait-on?

R. Je pense qu'on y résisterait.

92) D. Ainsi donc, on ne se soumettrait à aucun règlement joint à un impôt?

R. L'opinion des colons est que, lorsque des subsides sont nécessaires à la couronne, on doit, conformément au vieil usage établi, en faire la demande aux assemblées, qui les accorderont librement, comme elles l'ont toujours fait. Ils pensent que leur argent ne doit pas être donné sans leur consentement par des personnes vivant au loin et qui ne connaissent ni leur situation ni leurs ressources. Accorder des subsides à la couronne est le seul moyen qu'ils aient de se recommander à leur souverain, et ils regardent comme extrêmement dur et injuste, qu'un corps où ils n'ont aucun représentant se fasse à lui-même un mérite de donner et d'accorder ce qui appartient, non pas à lui, mais à eux, et qu'il les prive d'un droit auquel ils attachent un prix et une importance extrêmes, puisqu'il est la garantie de tous leurs autres droits.

93) D. Mais la poste, à l'établissement de laquelle ils se sont soumis depuis long-temps, n'est-elle pas un impôt en même temps qu'un règlement?

R. Non. L'argent payé pour le port d'une lettre n'est pas de la nature des impôts. Ce n'est qu'un *quantùm meruit* pour un service rendu. Personne n'est obligé de payer, s'il préfère ne pas recevoir le service. On est libre encore, comme avant l'établissement des postes, d'envoyer ses lettres par un domestique, par un exprès, par un ami, si l'on croit cette voie moins chère ou plus sûre.

94) D. Mais, aux colonies, ne considère-t-on pas comme un impôt les règlements de la poste, portés dans l'acte de l'année dernière?

R. Par ces règlements le port des lettres a généralement été diminué de près de trente pour cent par toute l'Amérique. On ne peut certainement pas considérer cette diminution comme un *impôt*.

95) D. Si le Parlement établissait un excise qu'on pourrait également éviter de payer en ne consommant pas les articles imposés, les colons y feraient-ils des objections?

R. Certainement! car une excise ne se lie à aucun service rendu; c'est un pur subside que, suivant les colons, on doit leur demander et qu'ils doivent accorder, s'ils ont à le payer. Personne n'a droit d'accorder pour eux ce subside, s'il n'a pas reçu à cet effet leurs pouvoirs.

96) D. Vous dites qu'ils ne contestent pas au parlement le droit d'imposer les objets d'importation; quelle différence voyez-vous entre un droit d'importation sur les denrées et un droit d'excise sur leur consommation?

R. J'y vois une différence essentielle. Je vous ai dit

pourquoi les colons ne pensent pas que vous ayez droit d'établir une excise à l'intérieur de leur pays. Mais la mer est à vous; vous y maintenez par vos flottes la sûreté de la navigation. Vous la purgez des pirates. Vous pouvez donc avoir sur les marchandises transportées à travers cette partie de vos domaines, un droit naturel et équivalent à un péage, à une taxe, afin de contribuer à la dépense des vaisseaux qui font la police de la route.

97) D. Ce raisonnement serait-il applicable à un impôt sur l'*exportation* des produits de leurs terres? Les colons s'opposeraient-ils à ce droit?

R. S'il renchérissait les produits au point d'en diminuer la demande au dehors, à coup sûr ils réclameraient contre un tel impôt; ce n'est pas votre droit qu'ils attaqueraient, mais ils se plaindraient de la lourdeur de l'impôt et vous demanderaient de l'alléger.

98) D. Le droit payé sur l'exportation du tabac n'est-il pas de cette sorte?

R. On ne le paye, je crois, que sur le tabac transporté par cabotage d'une colonie dans l'autre. Encore est-ce un fonds affecté à l'entretien du collège de Williamsburg en Virginie.

99) D. Les assemblées des Antilles n'ont-elles pas les mêmes droits naturels que celles de l'Amérique du Nord?

R. Indubitablement.

100) D. Et n'y a-t-il pas là un droit sur l'exportation de leurs sucres?

R. Je ne connais pas bien les Antilles; mais je crois que le droit de quatre et demi pour cent sur l'exportation des sucres a été consenti par leurs propres assemblées.

101) D. De combien est, dans votre province, l'impôt personnel sur les gens non mariés?

R. Il est, je crois, de quinze shillings pour chaque homme au-dessus de vingt et un ans.

102) D. Quel est le montant annuel de toutes les taxes en Pensylvanie?

R. A peu près vingt mille livres sterling.

103) D. En supposant que l'acte du timbre soit maintenu et qu'on en renforce l'exécution, imaginez-vous que la mauvaise humeur pousserait les Américains à payer les mauvais produits de leurs manufactures aussi chers que les nôtres, et à les consommer de préférence?

R. Oui, je le crois. On payera aussi volontiers pour satisfaire une passion qu'une autre, on payera pour satisfaire son ressentiment comme aujourd'hui pour contenter sa vanité.

104) D. Les habitants de Boston cesseront-ils leur commerce?

R. Les marchands sont en très-petit nombre, comparés à la population tout entière; il faudra bien qu'ils suspendent leur commerce, si personne ne leur achète leurs marchandises.

105) D. De qui se compose la population dans les colonies?

R. De fermiers, laboureurs ou planteurs.

106) D. Laisseront-ils pourrir les produits de leurs terres?

R. Non. Mais ils ne cultiveront plus autant. Ils fabriqueront plus et laboureront moins.

107) D. Voudront-ils vivre sans justice civile et supporter tous les inconvénients d'une telle situation pendant un temps considérable plutôt que d'employer du papier timbré, en supposant, toutefois, que la distribution de ce papier soit protégée par une force suffisante et qu'on puisse s'en procurer?

R. Je regarde cette supposition comme inadmissible. Il est impossible d'organiser la distribution de façon à ce que chacun puisse se procurer des timbres. L'acte porte que des sous-distributeurs seront établis dans les villes, districts et villages de chaque province, et cela serait nécessaire. Mais les distributeurs principaux, qui devaient avoir un bénéfice considérable, n'ont pas jugé que cette fonction valût la peine d'être continuée. Je regarde comme impossible de trouver des sous-distributeurs solvables qui, pour un chétif bénéfice, voudront braver les haines et courir les dangers que cet emploi leur attirera. Parvînt-on à en trouver, il me paraîtrait impraticable de protéger les papiers timbrés sur tant de points éloignés et reculés.

108) D. Mais dans les lieux où ils pourraient être protégés, le peuple n'aimerait-il pas mieux en faire usage que de se condamner à ne faire valoir aucun de ses droits et à ne pouvoir recouvrer en justice aucune dette?

R. Il est difficile de dire ce qu'on ferait. Je ne puis juger de ce que les autres penseraient et feraient que par ce que je sens. J'ai beaucoup de créances en Amérique, j'aimerais mieux n'en jamais poursuivre le recouvrement en justice que de me soumettre à l'acte du timbre. Ce seront des dettes d'honneur. Mon opinion est que l'on demeurerait dans cet état, ou que l'on trouverait quelque moyen de s'en tirer, peut-être par un accord universel de procéder en justice sans papier timbré.

109) D. A quel chiffre évaluez-vous la force militaire nécessaire pour protéger la distribution du papier timbré dans toute l'Amérique?

R. Il faudrait beaucoup de monde. Je ne saurais dire combien, si l'Amérique songeait à une résistance générale.

110) D. Combien y a-t-il en Amérique d'hommes capables de porter les armes ou de milice disciplinée?

R. Il y a, je suppose, au moins......

(*On s'opposa à cette question. Franklin se retira. Il fut ensuite rappelé.*)

111) D. Le droit de timbre en Amérique serait-il un impôt qui pèserait également sur tout le pays?

R. Je ne le pense pas.

112) D. Pourquoi?

R. La plus grande partie de son produit viendrait des poursuites pour recouvrement de dettes et serait payée par ceux qui sont trop pauvres pour acquitter leurs dettes avec facilité. Ce serait donc une lourde taxe sur le pauvre et une taxe qui le frapperait précisément parce qu'il est pauvre.

113) D. Mais cette augmentation de frais ne serait-elle pas un moyen de diminuer le nombre des procès?

R. Je ne crois pas; car tous les frais retombant sur le débiteur et étant payés par lui, cela ne découragerait pas le créancier d'intenter son action.

114) D. Cela n'aurait-il pas le même résultat qu'une usure excessive?

R. Oui, comme oppression du débiteur.

115) D. Dans l'Amérique du Nord, combien y a-t-il annuellement de bâtiments chargés de graine de lin pour l'Irlande?

R. Je ne puis dire le nombre de bâtiments; mais je sais qu'en 1752 dix mille barils de graine de lin, contenant chacun sept boisseaux, ont été exportés de Philadelphie pour l'Irlande. Je suppose que cette quantité s'est beaucoup accrue depuis ce temps, et on sait que l'exportation de New-York est égale à celle de Philadelphie.

116) D. Que devient le lin qui produit cette graine?

R. On l'emploie à fabriquer des toiles communes ou de qualité moyenne.

117) D. Y a-t-il des moulins à scies en Amérique?

R. Je crois qu'il y en a trois, mais qu'un seul marche maintenant. Je suppose qu'ils seront tous employés si l'interruption du commerce se prolonge.

118) D. Y a-t-il des moulins à foulon?

R. Beaucoup.

119) D. N'avez-vous pas su que, pendant la guerre, il a été passé des marchés pour une grande quantité de bas à

l'usage de l'armée, et que ces bas ont été fabriqués à Philadelphie ?

R. Je l'ai ouï dire.

120) D. Si l'acte du timbre était révoqué, les Américains ne s'imagineraient-ils pas qu'ils peuvent obliger le Parlement à révoquer tous les impôts extérieurs en vigueur maintenant?

R. Il est difficile de dire ce que penseront des gens qui vivent à une si grande distance.

121) D. Mais à quel motif supposez-vous qu'ils attribueront le rappel de l'acte?

R. Je suppose qu'ils penseront qu'on l'a révoqué par conviction de ses inconvénients, et ils compteront que, tant que les mêmes inconvénients subsisteront, vous n'essayerez point d'en établir un second.

122) D. Qu'entendez-vous par ces inconvénients?

R. J'entends par là plusieurs choses : la pauvreté et l'impuissance de ceux qui auraient à payer l'impôt; le mécontentement général qu'il occasionerait, et l'impossibilité de le lever.

123) D. Si l'acte était rappelé, et que le Parlement témoignât son ressentiment aux opposants, les colonies acquiesceraient-elles à l'autorité du Parlement? Que croyez-vous qu'elles feraient?

R. Je ne doute nullement que si le Parlement rapporte l'acte du timbre les colonies reconnaitront son autorité.

124) D. Mais si le Parlement jugeait à propos de constater son droit par une loi qui imposerait une taxe légère contrairement à l'opinion des colonies, se soumettraient-elles à la payer?

R. L'attitude des Américains a été jugée trop en gros. La conduite des assemblées a été très-différente de celle de la foule, et il les faut distinguer, car elles n'ont ensemble aucun rapport. Les assemblées se sont bornées à déclarer paisiblement ce qu'elles regardent comme étant leur droit.

Elles n'ont pris aucune mesure pour résister; elles n'ont pas bâti un fort, pas levé un homme, pas fait une provision. Selon elles, les chefs d'émeutes doivent être punis, elles-mêmes les puniraient si elles le pouvaient. Tout homme sérieux et sensé désire le châtiment des émeutiers, puisque autrement il n'y a pour les gens paisibles aucune sûreté ni dans leur personne ni dans leurs biens. Mais quant à un impôt intérieur, si faible qu'il soit, qui serait mis sur les Américains par le Parlement d'Angleterre où ils ne sont pas représentés, je pense qu'on ne s'y soumettra jamais; on résistera jusqu'au bout. Les Américains ne voient aucune nécessité à ce que vous leviez sur eux de l'argent par vos impôts; car ils sont et ont toujours été prêts à s'imposer eux-mêmes, et à fournir, suivant leurs moyens, de larges subsides, sur la réquisition de la couronne.

Non-seulement ils ont contribué suivant leurs moyens, mais encore, pendant la dernière guerre, ils ont été bien au delà; ils ont payé plusieurs centaines de mille livres outre leur part contributive, ainsi que vous-mêmes en avez jugé. Ces subsides, ils les ont accordés librement et de suite, sur la simple promesse que le secrétaire d'État recommanderait au Parlement de les indemniser. Cette recommandation a été faite au Parlement de la manière la plus honorable pour eux.

Dans vos journaux, dans vos pamphlets, dans vos harangues l'Amérique a été injuriée; on l'a représentée comme ingrate, déraisonnable, injuste; on a dit qu'elle avait entraîné votre nation dans des dépenses énormes pour sa défense, et que maintenant elle refusait de rien payer. Pendant la dernière guerre, les colonies ont levé, payé, habillé près de vingt-cinq mille hommes, nombre égal à celui des troupes envoyées d'Angleterre, et bien supérieur à celui que l'Amérique devait fournir. En faisant cela les colonies se sont fortement endettées, et pour payer cette dette, tous leurs impôts et tous leurs biens sont engagés pour plusieurs années.

Le gouvernement a paru au début très-sensible à ce dévoûment. Les colonies ont été recommandées au Parlement. Chaque année, le roi a envoyé à la chambre un message exprimant : « que Sa Majesté avait été vivement touchée du zèle et de l'énergie déployés par ses fidèles sujets de l'Amérique du Nord pour la défense des justes droits et des possessions de Sa Majesté ; qu'elle recommandait à la chambre de prendre ceci en considération, et de la mettre en état de les dédommager convenablement »; Vous trouverez ces messages dans vos procès-verbaux, à chaque année de la dernière guerre ; et il a été, en conséquence, accordé annuellement deux cent mille livres à la Couronne pour être distribuées en indemnité aux colonies.

Voilà certes la plus forte preuve que, loin d'avoir refusé de supporter leur part du fardeau, les colonies ont dépassé leur contingent. Si elles avaient fait moins, ou si elles n'avaient rien fait de plus que leur devoir, il n'y aurait eu ni occasion ni motif de les indemniser. A la vérité les remboursements n'ont pas égalé l'excédant de leurs dépenses, mais elles n'en n'ont jamais murmuré : elles ont pensé que la royale approbation donnée à leur zèle et à leur fidélité et l'approbation de cette chambre étaient choses plus précieuses que la plus riche indemnité. Il n'était donc pas besoin de cet acte du timbre pour arracher de l'argent à un peuple qui en donne volontiers. On n'a point refusé de donner de l'argent pour subvenir aux besoins qui ont provoqué cet acte ; aucune réquisition n'a été faite ; les colons se sont toujours montrés disposés et prêts à faire tout ce que l'on pouvait raisonnablement attendre d'eux ; c'est sous ce jour qu'ils désirent être considérés.

125. D. Mais supposez que la Grand-Bretagne fût engagée dans une guerre européenne, l'Amérique du Nord contribuerait-elle à la soutenir ?

R. Je crois qu'elle y contribuerait autant que le permettraient ses moyens. Elle se considère comme une part de l'empire britannique, et comme unie à lui par un commun intérêt. Ici on peut regarder les Américains comme des étrangers, mais, eux, ils ne se considèrent points comme tels. Ils sont zélés pour l'honneur et la prospérité de ce pays, et tant qu'on en usera bien avec eux, ils seront toujours prêts à vous aider suivant leur faibles forces. En 1739, on leur a demandé de concourir à l'expédition contre Carthagène, ils ont envoyé trois mille hommes à votre armée. Il est vrai que Carthagène est en Amérique, mais elle est aussi loin des colonies du nord que si elle était en Europe. Ils ne distinguent point entre les diverses guerres, quant au devoir qu'ils ont de vous y assister.

Je sais que l'on parle ici de la dernière guerre, comme si elle avait été entreprise pour la défense, ou dans l'intérêt de l'Amérique. Selon moi, c'est une erreur complète. La guerre a commencé à l'occasion des limites du Canada et de la Nouvelle-Écosse, pour des territoires sur lesquels, à la vérité, la *couronne* élevait des prétentions, mais qui n'étaient réclamés par aucune des *colonies* anglaises ; aucune de ces terres n'avait été concédée à un colon ; nous n'avions donc aucun intérêt particulier dans cette querelle. Quant à l'Ohio, les différends ont commencé à propos de votre droit de commerce en pays indien, droit que le traité d'Utrecht vous avait reconnu et que les Français ont violé. Ils avaient saisi les trafiquants et leurs marchandises qui venaient de vos manufactures ; ils avaient pris un fort qu'une compagnie de vos marchands et leurs facteurs et correspondants y avaient construit pour la sûreté de la traite. Braddock fut envoyé avec une armée pour reprendre ce fort (dont la prise avait été regardée ici comme un nouvel envahissement du territoire du roi ;) et pour protéger votre commerce. Ce ne fut qu'après la défaite de ce général qu'il y eut une attaque contre les colonies ; jusque-là elles étaient restées en pleine paix tant avec les Français qu'avec les Indiens. Ce n'était donc pas pour leur défense que vous aviez envoyé des troupes.

Le trafic avec les Indiens, quoiqu'il se fasse en Amérique, n'est pas un intérêt américain. Les Américains sont surtout fermiers ou planteurs; rien de ce qu'ils cultivent ou produisent ne fournit un article de négoce avec les Indiens. Le trafic indien est un intérêt anglais; il se fait avec des produits anglais, au profit des marchands et des fabricants anglais. Ainsi donc la guerre commencée pour la défense des terres de la couronne qui ne sont la propriété d'aucun Américain, et pour la défense d'un commerce purement anglais, a été réellement une guerre anglaise. Et cependant le peuple d'Amérique n'a pas fait difficulté de contribuer de tout son pouvoir à la soutenir et à l'amener à une heureuse conclusion.

126) D. Pensez-vous donc que la prise de possession d'un territoire au nom du roi et la garantie des frontières ne soient pas un intérêt américain?

R. Non ce n'est pas un intérêt particulier à l'Amérique, c'est un intérêt commun à l'Angleterre et à l'Amérique.

127) D. Vous ne nierez pas que la guerre avec l'Espagne n'ait été entreprise à cause de l'Amérique. N'a-t-elle pas été amenée par des prises faites dans les mers d'Amérique?

R. Oui, par des prises de bâtiments faisant le commerce anglais avec les produits des fabriques anglaises.

128) D. La dernière guerre avec les Indiens depuis la paix faite avec la France, n'a-t-elle pas été uniquement faite pour l'Amérique?

R. Oui, plus que la précédente. Mais ce n'était qu'une suite et un reste de la première guerre, les Indiens n'ayant pas été complètement pacifiés; du reste les Américains en ont supporté presque tous les frais. Elle a été terminée par l'armée du général Bouquet; dans cette armée il n'y avait pas plus de trois cents hommes de troupes réglées, tandis qu'on y comptait plus de mille Pensylvaniens.

129) D. N'est-ils pas nécessaire d'envoyer des troupes en Amérique pour défendre les Américains contre les Indiens?

R. Non, en aucune façon, cela n'a jamais été nécessaire. Les colons se sont défendus eux-mêmes lorsqu'ils n'étaient qu'une poignée d'hommes, et que les Indiens étaient beaucoup plus nombreux. Ils ont continuellement gagné du terrain, et repoussé les Indiens par delà les montagnes, sans que l'Angleterre ait envoyé un soldat à leur secours. Peut-on croire qu'il soit nécessaire d'envoyer maintenant des troupes pour les défendre contre ces tribus affaiblies, lorsque les colonies sont devenues si populeuses et si fortes? Il n'y a pas la moindre raison d'envoyer des troupes; les Américains sont en état de se défendre eux-mêmes.

130) D. Ne venez-vous pas de dire qu'il n'y eut pas plus de trois cents hommes de troupes régulières employées dans la dernière guerre contre les Indiens?

R. Pas davantage sur l'Ohio ou sur les frontières de Pensylvanie, théâtre principal de la guerre qui intéressait les colonies. Il y avait des garnisons à Niagara, au fort Détroit, et dans ces postes lointains qui sont établis pour assurer votre trafic; je ne les ai pas comptées, mais je crois que, tout calculé, le nombre des Américains, ou des milices provinciales, employés dans la guerre, surpassait celui des troupes régulières. Je n'en suis pas certain, mais je le présume.

131) D. Pensez-vous que les assemblées aient droit de lever de l'argent sur le peuple et d'accorder cet argent à la couronne?

R. Sans doute, je le pense; elles l'ont toujours fait.

132) D. Connaissent-elles la déclaration des droits [1]? Ne

---

1. Bill des droits de 1689; c'est la charte constitutionnelle des libertés anglaises.

savent-elles pas que, par ce statut, aucune somme ne peut être levée sur les sujets sans le consentement du Parlement?

R. Elles savent cela parfaitement.

133) D. Comment donc peuvent-elles se croire le droit de lever de l'argent pour la couronne ou pour tout autre objet qu'un intérêt purement local?

R. Elles entendent cette clause, en ce sens qu'elle ne concerne que les sujets vivant dans le royaume; c'est sur eux qu'on ne peut lever d'argent pour la couronne sans le consentement du Parlement. Les colonies ne sont pas censées être dans le royaume. Elles ont leurs assemblées particulières, qui sont leurs parlements, et à cet égard elles sont dans la même situation que l'Irlande. Quand il y a lieu de lever de l'argent pour la couronne sur les sujets d'Irlande, ou sur ceux des colonies, c'est au Parlement d'Irlande, ou aux assemblées coloniales, qu'il appartient de consentir à l'impôt. Les Américains pensent que le parlement de la Grande-Bretagne ne peut régulièrement donner ce consentement tant qu'il n'aura pas dans son sein des représentants de l'Amérique, car le bill des droits dit en termes exprès qu'il faut le *commun consentement du parlement*. Or, le peuple d'Amérique n'y a pas de représentants pour concourir à ce commun consentement.

134) D. Si l'acte du timbre était révoqué, et que l'on passât un acte enjoignant aux assemblées des colonies d'indemniser ceux qui ont souffert dans les émeutes, obéiraient-elles?

R. C'est une question à laquelle je ne puis pas répondre.

135) D. En supposant que le roi demandât aux colonies de voter un revenu, et que le Parlement s'y opposât, pensez-vous qu'elles puissent accorder au roi un revenu, sans le consentement du parlement de la Grande-Bretagne?

R. C'est une grosse question. Dans mon opinion personnelle, je me croirais libre de le faire, et je le ferais si l'occasion le demandait.

136) D. Lorsque de l'argent a été levé dans les colonies, sur réquisition, n'est-ce pas au roi qu'il a été accordé?

R. Oui, toujours. Mais les réquisitions ont ordinairement été faites pour un service indiqué, par exemple, pour lever, habiller et solder des troupes; on ne demande pas simplement de l'argent.

137) D. Si l'on passait un acte requérant les assemblées américaines d'indemniser ceux qui ont souffert, et qu'elles y désobéissent, et si alors le Parlement, par un autre acte, imposait une taxe intérieure, obéirait-on?

R. On ne payera aucune taxe intérieure, et je crois fort peu nécessaire un acte qui obligerait les assemblées à accorder une indemnité. Je suis convaincu qu'aussitôt l'effervescence actuelle tombée, elles prendront cet objet en considération, et si la mesure est juste, elles y pourvoieront d'elles-mêmes.

138) D. N'arrive-t-il pas souvent au bureau des postes d'Amérique des lettres adressées à quelques villes de l'intérieur où la poste ne va pas?

R. Oui.

139) D. Tout particulier peut-il se charger de ces lettres et les porter à destination?

R. Oui. Tout ami peut le faire en payant les frais de port.

140) D. Mais ne faut-il pas qu'il paye un supplément des frais de port, pour la distance à parcourir jusqu'à la ville de l'intérieur?

R. Non.

141) D. Le maître de poste peut-il délivrer la lettre sans se faire payer ce supplément de port?

R. Certainement; il ne peut rien demander là où il ne rend aucun service.

142) D. Supposez une personne éloignée de chez elle,

qui trouve dans un bureau de poste une lettre à son adresse. Cette personne vit dans un endroit où la poste a l'habitude d'aller, et c'est à cet endroit que la lettre est adressée; le maître de poste lui délivrera-t-il la lettre sans se faire payer le port, qu'il doit recevoir au lieu de destination?

R. Oui. Le bureau ne peut demander le prix d'une lettre qu'il ne transporte pas, ni exiger le prix pour une distance qu'il n'a pas parcourue.

143) D. Les maîtres des bacs ne sont-ils pas obligés, en Amérique, par acte du Parlement, de passer la poste sans rétribution?

R. Oui.

144) D. Cela n'est-il pas un impôt mis sur ces passeurs?

R. Ils n'en jugent point ainsi, parce qu'ils sont payés par les personnes qui voyagent avec la poste.

145) D. Si l'acte du timbre était révoqué et que la couronne fît aux colonies une réquisition d'argent, l'accorderaient-elles?

R. Je crois que oui.

146) D. Sur quoi fondez-vous cette opinion?

R. Je puis parler pour la colonie que j'habite; j'ai reçu pour *instruction* de l'assemblée d'assurer le ministère qu'elle s'est toujours fait et se fera toujours un devoir de fournir à la couronne tous les subsides proportionnés à sa situation et à ses moyens, toutes les fois que la demande lui en sera adressée suivant les usages constitutionnels, et j'ai eu l'honneur de communiquer cette instruction à l'honorable personnage qui était alors ministre[1].

147) D. Ferait-on cela pour un intérêt anglais, et, par exemple, pour une guerre européenne qui ne toucherait pas l'Amérique?

R. Oui, pour tout ce qui concernerait l'intérêt général.

---

1. M. Grenville.

L'Amérique se considère comme une partie du grand tout.

148) D. Quelle est la forme constitutionnelle pour faire aux colonies une demande de subsides ?

R. Une lettre du secrétaire d'État.

149) D. Est-ce là tout ce que vous voulez dire ? une lettre du secrétaire d'État ?

R. Je veux parler du mode ordinaire de réquisition. C'est une circulaire du secrétaire d'État écrite par ordre de Sa Majesté, exposant les motifs de la demande, et recommandant aux colonies d'accorder des subsides tels qu'il convient à leur loyauté et à leurs moyens.

150) D. Le secrétaire d'État a-t-il jamais fait des demandes d'argent pour la couronne ?

R. Les réquisitions ont eu pour objet de lever, vêtir, payer des soldats, ce qui ne peut se faire sans argent.

151) D. Accorderait-on de l'argent, purement et simplement, si on le demandait ?

R. Dans mon opinion, on accorderait de l'argent aussi bien que des hommes, si l'on avait de l'argent ou qu'on pût s'en procurer.

152) D. Si le Parlement révoquait l'acte du timbre, l'assemblée de Pensylvanie annulerait-elle ses résolutions ?

R. Je ne crois pas.

153) D. Avant qu'on ne parlât de l'acte du timbre, les colons souhaitaient-ils d'être représentés dans le Parlement ?

R. Non.

154) D. Ne savez-vous pas qu'il y a dans la charte de Pensylvanie une réserve expresse du droit qu'a le Parlement d'y imposer des taxes ?

R. Je sais qu'il y a dans la charte une clause par laquelle le roi accorde qu'on ne lèvera aucune taxe sur les habitants, sinon du consentement de l'assemblée, ou par acte du Parlement.

155) D. Comment donc l'assemblée de Pensylvanie peut-elle prétendre, qu'en mettant sur la colonie l'impôt du timbre, on a violé ses droits?

R. Voici comment elle l'entend. Par la même charte et par d'autres actes, les colons ont droit à tous les priviléges et libertés des Anglais. Ils trouvent dans la grande charte, et dans la Pétition et la Déclaration des droits, qu'un des priviléges des sujets anglais est de ne pouvoir être taxés sans leur commun consentement. Depuis le premier établissement de la province ils ont donc compté que le Parlement ne voudrait ni ne pourrait jamais, à la faveur de cette clause de leur charte, s'attribuer le droit de les taxer, aussi longtemps du moins qu'il n'aurait lui-même pris qualité pour exercer ce droit, en admettant des représentants du peuple qu'on prétend taxer, et qui doit participer à ce consentement commun.

156) D. Y a-t-il quelque mot dans la charte qui justifie cette interprétation?

R. Les droits communs des Anglais, tels qu'ils sont déclarés dans la grande charte, et la Pétition des droits, la justifient.

157) D. La distinction entre les taxes intérieures et extérieures est-elle formellement exprimée dans la charte?

R. Non; je ne crois pas.

158) D. En ce cas, et à l'aide de la même interprétation, les colons ne pourraient-ils pas contester au Parlement le droit de mettre des impôts extérieurs?

R. On ne l'a jamais fait. Beaucoup d'arguments ont été mis récemment en avant pour démontrer qu'il n'y a pas de différence, et que si vous n'avez aucun droit pour imposer les colonies à l'intérieur, vous n'en avez aucun, non plus, pour les frapper d'impôts extérieurs, ni pour faire aucune autre loi qui les oblige. A présent les Américains n'en croient rien, mais avec le temps, ils pourront bien se laisser convaincre par ces arguments.

189) D. Les résolutions de la Pensylvanie ne disent-elles pas : aucune taxe.

R. Si elles le disent, elles ne veulent parler que des taxes intérieures; les mêmes mots n'ont pas toujours la même signification ici et aux colonies. Par taxes on y entend les taxes intérieures; par droits, les droits de douane. Telles sont les idées qu'on attache à ces termes.

160) D. N'avez-vous pas vu les résolutions de l'Assemblée de Massachusetts?

R. Je les ai vues.

161) D. Ne disent-elles pas que le Parlement ne peut établir en Amérique de taxes, ni extérieures, ni intérieures?

R. Je n'en ai pas connaissance; je ne le crois pas.

162) D. Si cette colonie disait qu'on ne peut mettre ni taxes ni impositions, n'entendrait-elle pas que le Parlement n'a le droit de mettre d'impôt d'aucune espèce?

R. Je suppose que par le mot *impositions*, elle n'entendrait pas les droits mis à l'importation, comme *règlements de commerce*.

163) D. Que veulent dire les colonies par ce mot *impositions* qu'elles distinguent des taxes?

R. Elles veulent dire beaucoup de choses, telles que les réquisitions d'hommes ou de voitures, les logements de troupes chez les particuliers et autres choses semblables; ce sont de lourdes impositions, sans être des taxes proprement dites.

164) D. Le droit de poste, n'est-ce pas une taxe intérieure mise par acte du Parlement?

R. J'ai déjà répondu à cela.

165) D. Toutes les parties des colonies sont-elles également en état de payer les taxes?

R. Non certainement. Les frontières qui ont été ravagées par l'ennemi sont fort appauvries. Aussi, en pareil cas, nos lois fiscales les favorisent-elles.

166) D. A la distance où nous sommes pourrions-nous être juges compétents de la nécessité de ces faveurs?

R. Le Parlement l'a supposé, en réclamant le droit de faire des lois financières pour l'Amérique. Je ne crois pas la chose possible.

167) D. La révocation de l'acte du timbre arrêterait-elle vos manufactures? Ceux qui ont commencé à fabriquer cesseraient-ils?

R. Oui, je le crois; surtout si en même temps le commerce est réouvert de manière à ce que les remises puissent se faire avec facilité. Plusieurs exemples rendent probable cette opinion. Dans l'avant dernière guerre, le tabac ayant baissé, et ne fournissant que de faibles remises, la population de la Virginie se mit à fabriquer dans l'intérieur des familles. Ensuite, lorsque le tabac fut remonté à meilleur prix, on en revint à se servir des fabrications anglaises. Pareillement les moulins à foulons étaient très négligés en Pensylvanie pendant la dernière guerre, parce qu'il y avait alors abondance de billets, et que des remises pouvaient aisément être faites sur la Grande-Bretagne pour le payement des draps anglais et d'autres marchandises.

168) D. Si l'acte du timbre était révoqué, cela engagerait-il les assemblées d'Amérique à reconnaître le droit que le Parlement a de les taxer? Effaceraient-elles leurs résolutions?

R. Non, jamais.

169) D. N'y a-t-il pas moyen de les obliger à effacer ces résolutions?

R. Aucun que je connaisse. Elles ne le feront jamais, à moins d'y être contraintes par la force des armes.

170) D. Y a-t-il un pouvoir sur terre capable de les forcer à effacer les résolutions?

R. Aucune puissance, si grande fût-elle, ne saurait forcer des hommes à changer leurs opinions.

171) D. Considère-t-on la poste comme une taxe ou comme un règlement?

R. Non comme une taxe, mais comme un règlement et un service; toutes les Assemblées l'ont encouragée et soutenue à son origine par des secours d'argent qu'elles ne lui auraient pas accordés si elles l'avaient considérée autrement, et le peuple a toujours payé les frais de port.

172) D. Quand avez-vous reçu les instructions dont vous avez parlé?

R. Je les ai apportées avec moi, lorsque je suis venu en Angleterre, il y a environ quinze mois.

173) D. Quand avez-vous communiqué ces instructions au ministre?

R. Aussitôt après mon arrivée, lorsque l'on délibérait sur le timbre à imposer à l'Amérique, et avant que le bill ne fût porté au Parlement.

174) D. Quel est le plus grand intérêt de la Grande-Bretagne? Est-ce d'employer les bras de la Virginie à la culture du tabac, ou à des manufactures?

R. A la culture du tabac, assurément.

175) D. A quoi les Américains mettaient-ils leur vanité?

R. A se servir des modes et des fabrications anglaises.

176) D. A quoi mettent-ils leur vanité maintenant?

R. A user leurs vieux habits, jusqu'à ce qu'ils sachent eux-mêmes s'en faire de neufs.

(Il se retire.)

Pendant cet examen qui, suivant un mot spirituel de Burke, ressemblait à l'interrogatoire d'un maître fait par ses écoliers, Franklin se montra si rude jouteur, qu'il désarçonna tous ses adversaires. Aussi fut-il dénoncé le lendemain dans un violent discours fait par un tory à propos de l'enquête : « Nous avons éprouvé l'ingratitude de l'Autriche, dit l'orateur, et cependant nous avons aidé le Portugal ; nous avons éprouvé l'ingratitude du Portugal, et cependant nous avons aidé l'Amérique. Mais qu'est-ce que l'ingratitude de l'Autriche ? qu'est-ce que l'ingratitude du Portugal, comparées à celle de l'Amérique? Nous avons combattu, nous avons versé notre sang, nous nous sommes ruinés pour agrandir les Américains, et maintenant ils viennent nous dire, à notre nez et à la barre même de cette chambre, qu'ils ne sont pas nos obligés[1] ? » Cette éloquence venait trop tôt ; on était encore sous le charme des paroles de Franklin ; quelques mois plus tard, on y eût applaudi. Quand on parle, non pas à la raison, mais à la passion, la première condition, pour réussir, c'est de parler à des gens qui aient perdu le goût de la vérité et de la justice. Sous le ministère Rockingham, on n'en était pas là.

Après des débats orageux, le Parlement, éclairé par les réponses de Franklin, révoqua l'acte du timbre ; mais en cédant au fond, on voulut avoir raison par la forme. Ces subterfuges de la vanité ne sont pas rares dans les assemblées législatives et ont rarement d'heureux résultats. Le Parlement passa ce qu'on appela *un acte déclaratoire* par lequel il affirmait que *le Parlement avait le droit d'obliger les colonies en tous les cas possibles*. A prendre au sérieux cette déclaration, la propriété, la liberté, la vie de tout Américain eût été à la merci du Parlement ; tout au moins y avait-il là un danger pour l'avenir. Mais en Amérique, et dans le premier moment, on ne vit qu'une chose, c'est que le droit de timbre était révoqué, et que le Parlement

1. Parton, I, 477.

avait cédé. La joie fut universelle. Au milieu des fêtes, on ne pouvait oublier celui qui avait défendu avec tant de calme et de fermeté les libertés américaines : aussi le nom de Franklin fut-il célébré par plus d'un toast, surtout à Philadelphie.

Une fois cette dispute calmée, Franklin profita du loisir que lui laissaient les affaires, et fit un voyage en Allemagne et plus tard une promenade en France. Revenons maintenant un peu en arrière, et rendons la parole à Franklin :

A HUGH ROBERTS.

Adversaires politiques. — La vieille Junte.

Londres, 7 juillet 1765.

Cher ami,

J'ai reçu de la main de notre bon ami M. Neave, votre aimable lettre du 20 mai ; elle m'a fait grand plaisir. Ces témoignages d'une amitié solide, ancienne, ne nous vinssent-ils que d'un seul homme honnête et sensible, qui nous a longtemps connu, nous donnent une satisfaction qui l'emporte de beaucoup sur les cris et les injures d'un millier de drôles ou de sots. Tant que je garde la part que j'ai eue si longtemps dans l'estime de mes vieux amis, ce peuple moitié oiseau et moitié bête dont vous me parlez, pourra donner des coups de bec, grogner et aboyer après moi tant qu'il lui plaira. Il n'y a qu'un danger, c'est que sa désapprobation ne me donne trop de vanité.

Je suis charmé de vos calembourgs, non-seulement parce que j'aime les calembourgs en général, mais encore parce que cela me prouve que vous êtes en bonne santé et en bonne disposition d'esprit ; je prie Dieu que cela continue. Nos affaires sont totalement arrêtées par la situation vacillante du ministère ; elles reprendront aussitôt que la crise era passée. Jusqu'à présent je ne vois rien de décourageant.

Je voudrais que vous ne cessiez pas d'aller à la Junte, quoiqu'on s'y ressente quelquefois de nos divisions politiques. C'est maintenant un des plus *anciens* clubs de l'empire britannique; c'en était autrefois un des *meilleurs*. Il ne s'en manque guère que de deux ans pour qu'il ait quarante ans d'existence. Nous nous aimions alors, nous nous aimons encore tous les deux; nous avons blanchi ensemble, et cependant il est trop tôt pour partir. Reposons-nous jusqu'à ce que le soir de la vie soit passé. Les dernières heures sont toujours les plus douces. Quand nous ne pourrons plus rester, il sera temps de nous souhaiter mutuellement le bonsoir, de nous séparer, et d'aller tranquillement nous coucher. Adieu, mon cher ami, votre affectionné,
B. F.

A MISTRISS DÉBORAH FRANKLIN.

Londres, 22 février 1766.

Ma chère enfant,

Je suis excessivement pressé. Dès que je suis levé, tous mes moments sont pris, ou pour aller causer avec des membres du Parlement, ou pour recevoir les gens qui viennent me parler des affaires d'Amérique; aussi suis-je fort en retard pour répondre aux lettres de mes amis. Mais si, par cette occasion, je ne puis écrire aux autres, je ne veux pas négliger de vous envoyer une ligne à vous qui avez la bonté de m'en écrire un si grand nombre. Je me porte bien; c'est tout ce que je puis vous dire à présent et puis que je suis bien heureux d'un vote des communes qui viennent de révoquer l'acte du timbre. Votre mari toujours aimant,
B F.

A HUGH ROBERTS.

Rappel de l'acte du Timbre.

Londres, 27 février 1766.

Cher ami,

J'ai reçu votre bonne lettre du 27 novembre. Vous ne pouvez concevoir combien les cordiales salutations d'un vieil ami font de bien au cœur d'un homme qui est si loin de sa maison, et qui n'apprend que trop souvent les injures jetées sur lui, en son absence, par des ennemis politiques. En attendant je crois que dans notre dernière lutte pour l'Amérique, j'ai rendu quelque service, même à ces ennemis. La lutte a été rude, nous avons été souvent entre l'espérance et le désespoir, maintenant le jour commence à s'éclaircir. Le ministère est enfin pour nous, et nous avons obtenu aux Communes une majorité pour le rappel de l'acte du timbre, et pour la satisfaction de nos griefs commerciaux. Dieu nous fasse la grâce qu'il n'arrive pas de mauvaises nouvelles d'Amérique, et que de nouveaux excès populaires ne viennent pas fortifier nos adversaires, et affaiblir nos amis, avant que ce grand œuvre ne soit achevé.

Les partisans du dernier ministère ont crié *à la rébellion*, ils ont demandé qu'on employât la force contre l'Amérique. Les conséquences pouvaient être terribles; des mesures plus douces ont prévalu. J'espère, non, je suis sûr que l'Amérique en cette occasion se montrera reconnaissante, et se conduira avec prudence et modestie.

J'ai un sceau pour notre hospice, on l'a gravé pour quatre guinées; je vous l'enverrai par un ami. Mes respects à la bonne mistriss Roberts, et à votre excellent fils. Rappelez-moi affectueusement à la Junte et à tous les amis qui demandent de mes nouvelles. Adieu, mon cher ami. Votre intégrité vous rendra toujours heureux. Croyez-moi toujours votre affectionné,   B. F.

A MISTRISS DÉBORAH FRANKLIN.

Rappel du Timbre. — Affaires domestiques.

Londres, 6 avril 1766.

Ma chère enfant,

L'acte du timbre est enfin rappelé, vous aurez une robe neuve. Si je ne vous l'ai pas envoyée plus tôt, c'est, vous le supposez bien, que j'ai pensé que vous n'aimeriez pas à être plus belle que vos voisines, à moins que ce ne fût avec une robe filée de vos propres mains. Si le commerce entre les deux pays avait totalement cessé, c'eût été une consolation pour moi de me rappeler qu'un jour j'avais été vêtu, de la tête aux pieds, avec le drap et la toile que ma femme avait filé et tissé elle-même, que jamais de ma vie je n'avais été plus fier de mon habit, et que ma femme et ma fille pouvaient recommencer, s'il était nécessaire. J'ai dit au Parlement que, dans mon opinion, avant que les Américains eussent usé leurs vieux habits, ils en auraient de neufs, de leur propre fabrique.

Je vous ai envoyé une belle pièce de satin Pompadour, quatorze *yards*, prix onze shillings le yard; un *négligé* de soie, et une jupe de lustrine brochée pour ma chère Sally, avec deux douzaines de gants, quatre bouteilles d'eau de lavande, et deux petits dévidoirs. On visse les dévidoirs sur le bord de la table, quand on veut s'en servir. L'écheveau se met par dessus, et se dévide mieux que si on le tenait à deux mains.

Dans la caisse il y a un paquet de livres pour mon ami M. Coleman, et un autre pour le cousin Colbert. Demandez-lui s'il a reçu ceux que je lui ai déjà envoyés? Je vous envoie aussi une boîte avec trois beaux fromages. Peut-être en restera-t-il un morceau quand je reviendrai à la maison. Mistriss Stevenson a été bien soigneuse et bien aimable en s'occupant de toutes vos affaires; elle et sa fille présentent leurs respects à vous et à Sally. Sur votre connaissement, il y a deux caisses qui sont pour Billy.

J'ai reçu votre aimable lettre du 20 février. J'ai grand plaisir à apprendre que notre bonne vieille mistriss Smith est en train de se remettre. J'espère qu'elle a encore plus d'une heureuse année à vivre. Faites-lui mes amitiés. D'après ce que vous me dites de mon frère Pierre, je crains qu'il ne puisse résister longtemps [1]. S'il plaît à Dieu que Pierre nous quitte avant mon retour, je désire que le bureau de poste reste sous la direction de son fils, jusqu'à ce que M. Foxcroft et moi nous ayons pris un parti.

Il y a quelques caricatures dans la boîte; le peintre me les a données; on les a envoyées chez moi en mon absence, et on les a emballées sans que j'en sache rien. Je crois que le peintre a eu tort d'y mettre lord Bute qui n'a rien à faire avec l'acte du timbre. Mais c'est la mode d'injurier ce gentilhomme comme étant l'auteur de tout ce qui se fait de mal [2]. Tendresse à Sally et à tous les amis. Je suis, ma chère Debby, votre affectionné mari,

B. F.

1. Pierre, le dernier frère qui restât à Franklin, mourut le 1ᵉʳ juillet 1766, à 74 ans. Il était maître des postes à Philadelphie.
2. Lord Bute était le favori de Georges III.

A CADWALLADER EVANS.

De la représentation des colonies dans le Parlement.

Londres, 9 mai 1766.

Cher Monsieur,

J'ai reçu votre bonne lettre du 3 mars, je vous remercie des nouvelles et des indications qu'elle contient. Je m'étonne des plaintes dont vous parlez. J'ai toujours considéré qu'écrire au président de l'assemblée, c'était écrire au comité. Mais s'ils aiment mieux que je leur écrive conjointement, je le ferai à l'avenir.

En ce qui touche l'union en parlement des deux pays, mon opinion particulière est que ce serait le profit de tout le monde. Mais je crois que cela ne se fera jamais. N'eussions-nous pas plus de représentants que n'en a l'Écosse, nous serions, selon moi, assez forts dans la chambre pour empêcher, comme font les Écossais, qu'on ne vote rien à notre désavantage ; mais à présent nous ne sommes en état ni de fournir ni d'entretenir un pareil nombre de membres, et quand nous serons en état de le faire, nous en aurons moins le désir qu'à présent. Aujourd'hui le Parlement a une trop haute idée de lui-même pour nous accorder des représentants, si nous le demandions, et quand il désirera nous en accorder, nous aurons une trop haute idée de nous-mêmes pour l'accepter. Certes, si l'Irlande et toutes les possessions britanniques étaient unies et consolidées en un conseil commun, chargé des intérêts généraux, tandis que chaque État garderait son parlement particulier pour ses affaires domestiques, cela contribuerait à la force de l'ensemble. Mais il aurait fallu le faire plus tôt. Dans l'enfance de nos établissements, on a négligé de le faire, ou on n'y a pas pensé. Et maintenant l'affaire en est au même point que le fameux projet do frère Roger Bacon, qui voulait enceindre l'Angleterre d'un mur de bronze pour lui donner une éternelle sécurité. Le serviteur de Bacon, frère Bungey, se mit à dormir, tandis que la tête de bronze qui devait dicter comment se ferait le mur, prononça les mots : *Il est temps*, et *il était temps*. Le moine ne se réveilla que pour entendre dire : *Le temps est passé* ; suivit une explosion qui fit tomber la maison sur la tête du sorcier.

Comme vous j'espère que ma présence ici, en ces circonstances, a pu être de quelque utilité aux colonies. Je suis sûr de ne pas avoir épargné mes peines. Et quant à notre affaire particulière[1], je ne doute nullement que nous n'obtenions ce que nous désirons si justement, pourvu que nous ne cessions pas de le désirer. Avec une grande estime, je me dis, cher ami, votre affectionné,   B. F.

A MISTRISS DÉBORAH FRANKLIN.

Londres, 13 juin 1766.

Ma chère enfant,

Mistriss Stevenson achève pour vous un paquet de mercerie, qui partira avec le capitaine Robinson. On vous enverra aussi un autre manteau pour remplacer celui que nous supposons perdu. Je vous ai écrit que j'ai été fort souffrant dernièrement. A présent je suis presque guéri, mais faible; demain je pars avec mon ami le docteur Pringle (aujourd'hui sir John) pour Pyrmont où le docteur va boire les eaux ; moi je compte plus sur l'air et le mouvement. Habitué à faire un voyage chaque année, le manque d'exercice m'a fait mal l'an dernier, à ce que je crois ; je ne puis pas dire que j'aie été ce qu'on appelle malade, mais j'ai été languissant tout l'hiver dernier

---

1. L'abolition du gouvernement des Propriétaires.

et tout le printemps. Nous serons de retour au plus tard dans deux mois, car mon compagnon est le médecin de la reine, et n'a pas un congé plus long, parce qu'à ce moment la reine sera près d'accoucher. Je me propose de le laisser à Pyrmont, de visiter les principales villes du voisinage, et de revenir le prendre quand l'heure du retour approchera. Je suis, ma chère Debby, votre mari toujours aimant,　　　　　　　　　　　　　　　　　　　　　B. F.

A LORD KAMES [1].

Question américaine. — Avenir de l'Amérique.

Londres, 11 avril 1767.

Mon cher lord,

J'ai reçu votre lettre obligeante du 19 janvier. Vous m'avez retiré du souci qui depuis longtemps pesait sur moi; vous êtes la bonté même. J'aurais dû répondre à votre lettre du 25 décembre 1765. Jamais je n'en ai reçu qui contînt des sentiments plus conformes aux miens. Elle m'a trouvé dans une grande agitation d'esprit sur l'importante question qu'elle traitait. Elle me fortifie grandement dans l'opinion à laquelle j'inclinais, quoiqu'elle fût contraire au courant général, au sujet de la délicate et critique situation des affaires entre la Grande Bretagne et les colonies et de ce point important: leur *union*. Vous aviez deviné juste en supposant que je ne voudrais pas *jouer un rôle muet dans la pièce*. J'étais extrêmement occupé à voir les membres des deux chambres, à leur donner des informations, des explications, des consultations, à disputer avec eux; c'était du matin au soir un tracas continuel qui

---

1. Cette lettre, une des plus importantes de Franklin, n'arriva pas à son adresse; elle fut sans doute interceptée. Franklin en avait gardé copie, suivant son habitude. C'est une des pièces qui font le plus d'honneur à sa sagacité et à son patriotisme.

a duré jusqu'à l'heureuse terminaison de l'affaire. Appelé devant la chambre des communes, j'ai donné mon avis assez franchement. Je vous envoie ci-inclus le compte rendu imparfait qu'on a rédigé de cet examen. Vous verrez que nous sommes entièrement d'accord, sauf un point de fait sur lequel vous étiez nécessairement mal informé, car les journaux de l'époque étaient remplis d'assertions fausses. Il n'est point vrai de dire que les colonies aient été la cause de la guerre, et que dans leur ingratitude, elles aient refusé de supporter aucune part des dépenses.

Je vous envoie cette pièce parce que j'ai peur que quelques mesures récentes ne réveillent la dispute entre les deux pays. Ce sera un grand malheur, je le crains. Il devient donc très-important qu'en Angleterre et en Amérique, on se fasse des idées claires, et des principes arrêtés sur la nature du lien qui unit les deux pays, et sur les devoirs mutuels qui résultent de cette relation. Jusque-là on sera souvent en querelle. Je ne connais personne que sa connaissance des choses, sa sagacité, son impartialité qualifient autant que vous pour rendre un pareil service. Songez-y. Vous pouvez faire le plus grand bien à la nation, et empêcher beaucoup de malheurs, et beaucoup de sang versé.

Comme vous je suis complétement persuadé qu'une *union consolidée*, par l'égale et juste représentation de toutes les parties de l'empire dans un Parlement commun, est la seule base solide sur laquelle on puisse asseoir la grandeur politique et la prospérité du pays. L'Irlande a désiré cette union, aujourd'hui elle la rejette. Il fut un temps où les colonies en auraient été charmées, aujourd'hui elles sont *indifférentes*; si l'on ajourne encore, elles aussi la *refuseront*. Mais l'orgueil anglais ne peut souffrir la pensée de l'Union, aussi sera-t-elle ajournée. Il n'est pas un anglais qui ne se considère comme une espèce de souverain de l'Amérique; on dirait qu'il s'asseoit sur le trône avec le roi, quand il parle *de nos sujets des colonies*. Le Parlement ne peut faire de bonnes et sages lois pour les colonies sans connaître à fonds leur situation, leur richesse, leur caractère, etc. Mais cela est impossible s'il n'y a pas là des représentants des colonies ; et cependant le Parlement est infatué de sa puissance, et opposé au seul moyen qu'il ait de s'instruire pour exercer son autorité. C'est désirer d'être *omnipotent* sans être *omniscient*[1].

Je vous ai dit que la querelle est sur le point de se rallumer. Voici à quelle occasion. Dans la même session on a voté avec la loi du timbre, une loi qui règle les logements militaires en Amérique. Quand le bill a été présenté, il contenait une clause qui autorisait les officiers à loger leurs soldats chez les particuliers. Cette disposition, nous l'attaquâmes chaudement, elle fut retirée. Cependant le bill passa avec une clause qui décide que pour loger les soldats on pourra louer les maisons vides, les granges, etc., et que chaque province, où il y aura des troupes, payera la dépense, et fournira *gratis* au soldat le feu, le lit, le boire et quelques autres choses. Pour faire cela, les provinces n'ont qu'un moyen, c'est que l'assemblée vote une loi afin de lever l'argent nécessaire. Cette loi, l'assemblée de Pensylvanie l'a votée, l'assemblée de New-York a refusé de le faire, et maintenant on ne parle ici que d'envoyer des troupes pour forcer les gens de New-York à obéir.

Les raisons que l'assemblée a données au gouverneur pour justifier son refus, c'est qu'elle entend la loi en ce sens qu'on doit fournir les articles en question aux soldats en marche qui traversent le pays, et non pas à de grands corps de troupes qu'on installerait dans la province, comme on le fait à présent. En pareil cas, dit l'assemblée, le fardeau serait plus lourd que les habitants ne le peuvent supporter ; il serait au pouvoir d'un capitaine général d'op-

---

1. Je laisse ce mot tel qu'il a été forgé par Franklin.

primer la province à son bon plaisir, etc. Mais on suppose que dans le fond il y a une autre raison que l'assemblée indique sans l'exprimer nettement, c'est que cette charge a le caractère d'une *taxe intérieure* mise sur la colonie par le Parlement qui n'a point le droit de le faire. Ici ce refus est appelé *rébellion*, et on songe à un châtiment.

Maintenant, en écartant le point de droit, en supposant que les législatures américaines soient subordonnées à la législature de la Grande-Bretagne, on pourrait comprendre que le pouvoir supérieur ait la faculté de défendre au pouvoir inférieur de faire certaines lois. Mais qu'il lui ordonne de faire une loi, lorsque celle-ci est contraire à son sentiment, cela semble étrange. Une assemblée, un Parlement, n'est pas un agent *exécutif*, dont le devoir, en faisant des lois, est d'obéir aux ordres du gouvernement; c'est un corps *délibératif*, qui examine ce qui vient devant lui, en pèse la convenance et la possibilité, et se détermine en conséquence. Supposer que par la loi d'un Parlement supérieur, une assemblée puisse être obligée et contrainte de faire une loi contraire à son propre jugement, c'est anéantir la nature et l'idée même d'un Parlement.

De fait, l'acte en question n'a établi ni une peine pour la négligence ou la désobéissance, ni une procédure pour faire prononcer la peine; ce que l'on trouve toujours dans les lois qui imposent une obligation. Il semble donc aux Américains que cet acte n'est qu'une simple réquisition, qu'ils sont libres d'accueillir ou non, suivant la différente situation des provinces. La Pensylvanie a volontairement obéi; New-York, je vous l'ai dit, a refusé. Le ministère qui a fait la loi[1], et tous ses adhérents, crient vengeance. Le ministère actuel est embarrassé, on ne sait pas encore à quelles mesures il veut s'arrêter. Mais je suis sûr que si on emploie la *force*, il s'en suivra de grands

---

1. Le ministère Grenville, qui n'était plus au pouvoir.

malheurs; l'affection du peuple américain pour ce pays sera détruite, votre commerce diminuera, et la conséquence dernière sera une complète séparation d'intérêts.

C'est ici une opinion courante, mais très-fausse, que les colonies ont été plantées aux frais du Parlement, et que par conséquent le Parlement a le droit de les taxer, etc. La vérité est qu'elles ont été plantées aux frais des premiers émigrants qui partirent avec la permission du roi, donnée par une charte. En recevant cette permission et ces chartes, les émigrants s'engagèrent volontairement à rester sujets du roi, quoique sur une terre étrangère, une terre qui n'avait été conquise ni par un roi ni par un parlement, mais qui était possédée par un peuple libre.

Quand nos planteurs débarquèrent, ils achetèrent les terres des naturels, sans mettre en dépense ni roi ni parlement. Le Parlement n'a jamais eu la main dans leur établissement, n'a jamais été consulté sur leurs constitutions, et n'a commencé à y faire attention que longtemps après leur installation. Je n'excepte que les deux colonies modernes, ou plutôt les deux essais de colonisation, car ces établissements réussissent mal et ne méritent guère le nom de colonie; je veux parler de la Géorgie et de la Nouvelle-Ecosse qui jusqu'à présent n'ont été guère autre chose qu'une spéculation parlementaire. Ainsi toutes les colonies reconnaissent le roi pour leur souverain; les gouverneurs représentent sa personne; les lois sont faites par l'assemblée, parlement au petit pied; il y faut l'assentiment du gouverneur, et de plus le roi a le droit de les confirmer ou de les annuler; enfin les procès naissant dans les colonies, ou de colonie à colonie sont décidés par le roi en son conseil. A ce point de vue, on dirait autant de petits Etats séparés, mais sujets du même prince.

La souveraineté du roi est donc quelque chose de fort aisée à comprendre. Mais ici rien n'est plus commun que de parler de la *souveraineté du Parlement*, et de la souveraineté de la nation sur les colonies ; c'est une espèce de souveraineté dont l'idée n'est pas claire, on ne voit pas nettement sur quel fondement elle est établie. D'un autre côté, le bien commun de l'empire semble exiger qu'il y ait quelque part un pouvoir qui règle le commerce général, et ce pouvoir ne peut être mieux placé que dans le Parlement de la Grande-Bretagne ; voilà pourquoi les colonies s'y sont toujours soumises, quoique ce pouvoir ait été quelquefois employé avec une grande partialité pour l'Angleterre, et au préjudice des colonies. Dans toutes les provinces, il y a des bureaux de douanes établis en vertu de lois faites ici ; les droits sont exactement payés, hormis par quelques contrebandiers, comme il y en a ici même et en tout pays ; mais quant aux taxes intérieures décrétées par le Parlement, les colonies résistent et résisteront toujours pour les raisons que vous trouverez dans mon Examen.

En résumé, j'ai vécu en Angleterre une si grande partie de ma vie, j'y ai formé tant d'amitiés, que je l'aime, et que je désire sincèrement sa prospérité ; voilà pourquoi je souhaite de voir cette union, qui seule, selon moi, peut garantir cette prospérité. Quant à l'Amérique, les avantages de l'union ne sont pas aussi apparents. Elle peut souffrir aujourd'hui sous le pouvoir arbitraire de la Grande-Bretagne, elle peut souffrir quelque temps en se séparant, mais ce sont des maux passagers et qu'elle surmontera. L'Ecosse et l'Irlande sont dans une autre situation. Confinées par la mer, elles ne peuvent croître en population, en richesse, en force, de façon à l'emporter sur l'Angleterre. Mais l'Amérique, cet immense territoire, favorisé par le climat, le sol, de grandes rivières navigables, des lacs, etc., deviendra forcément un grand pays, populeux et puissant. En moins de temps qu'on ne croit elle sera en état de briser les fers qu'on lui impose, et peut-être de les faire porter à l'oppresseur. En attendant, tout acte d'oppression aigrira les Américains, diminuera grandement, si même il n'anéantit les profits de votre commerce avec les colonies, et hâtera la révolte finale; car là-bas on trouve partout les germes de la liberté et rien ne peut les arracher. Et cependant chez ce peuple il y a encore tant de respect, de vénération, d'affection pour la Grande-Bretagne, que rien ne serait plus aisé que de le gouverner pendant des siècles, sans troupes, et sans dépenses, à la seule condition de le traiter avec bonté et de ménager ses priviléges. Mais je ne vois pas ici la sagesse nécessaire pour inspirer une telle conduite, c'est pour moi un grand regret.

J'ai emprunté chez Millar la nouvelle édition de vos *Principes d'Equité*; j'ai lu, avec grand plaisir le discours préliminaire sur les principes de morale. Je n'ai jamais rencontré rien d'aussi satisfaisant sur le même sujet. Tout en lisant, j'ai fait quelques remarques; elles n'ont pas grande importance, mais je vous les envoie.

Je connais la Dame dont vous parlez (mistriss Montague); dans mon dernier séjour en Angleterre je l'ai rencontrée deux ou trois fois chez lord Bath. Je me rappelle que j'ai conçu de cette Dame l'opinion même que vous exprimez. Sur l'appui de votre recommandation, je me propose d'aller prochainement lui présenter mes hommages.

Sans m'en apercevoir, ceci est devenu une longue lettre. Nous parlerons plus tard de ma visite à l'Écosse et de l'*art de la vertu*. Il est temps de dire, mon cher ami, qu'avec une estime et une affection toujours croissantes, je suis à vous pour toujours. B. F.

A Cadwallader Evans.

Lord Chatham.

Londres, 5 mai 1767.

Cher docteur,

J'ai reçu votre lettre obligeante du 16 mai. Je suis toujours content d'avoir de vos nouvelles, quand vous avez le temps d'écrire, et il ne faut pas vous excuser quand vous n'écrivez pas. Je voudrais que pour toutes les correspondances, on se mît sur le pied d'écrire et de répondre quand on en aurait le loisir ou le goût, sans y mettre les obligations de la cérémonie.

Votre plan d'une bibliothèque médicale pour l'hôpital, me sourit; si vous voulez m'envoyer le catalogue des livres que vous avez, j'imagine que parmi mes amis d'Angleterre, je pourrai vous procurer quelques donations. Je vous adresse le seul livre de ce genre que j'aie en ma possession; je vous prie de le recevoir; c'est un présent de l'auteur. Il n'est pas encore en vente, et n'y sera pas de quelque temps; on attend la seconde partie qui doit l'accompagner.

Je vous remercie de vos remarques sur la goutte. Elles pourront me servir, car j'ai déjà eu quelques atteintes de ce mal. Quant à lord Chatam, on dit que sa constitution est totalement détruite et ruinée, en partie par la violence du mal, en partie par ses remèdes de charlatan. A présent il est impossible d'avoir accès près de lui. On dit qu'il n'est pas plus en état de recevoir que de donner un avis. Mais on a encore pour lui tant de déférence qu'on retarde beaucoup d'affaires, afin que s'il recouvre ses talents et son activité, il puisse les fortifier de son concours, ou qu'il n'ait point à les blâmer. Le ministère ne se considère pas, et n'est considéré par personne comme solidement établi; autre raison de différer tout ce qui n'est pas immédiatement nécessaire. On attend et l'on craint de nouveaux hommes et de nouvelles mesures; de là des cabales continuelles, des factions, des intrigues parmi ceux qui sont au pouvoir et ceux qui n'y sont pas; c'est une confusion universelle. Quand la situation s'améliorera-t-elle? c'est chose fort incertaine. Avec une grande estime, cher ami, je me dis votre affectionné, B. F.

A Joseph Galloway [1].

*Papier-monnaie. — M. Grenville. — M. Townshend.
Projets de tirer un revenu des colonies.*

Londres, 13 juin 1767.

Cher monsieur,

Dans ma dernière lettre du 20 mai, je vous disais que nous espérions enfin surmonter tous les obstacles, et faire révoquer l'acte qui restreint la circulation du papier-monnaie; aujourd'hui ces espérances sont fort amoindries.

Le ministère avait consenti à la révocation, et quant à l'idée de tirer un revenu du papier-monnaie, en en mettant l'intérêt à la disposition du Parlement, je l'en avais guéri en l'assurant que, dans mon opinion, aucune colonie ne consentirait à se procurer de l'argent à de pareilles conditions, que le commerce anglais perdrait les bénéfices qu'il retire d'une circulation rapide de billets en Amérique, et qu'en définitive, la révocation ne serait qu'illusoire, si l'on ne permettait pas aux assemblées de disposer de l'intérêt à leur gré. J'ajoutai que je ne doutais pas que la couronne n'obtînt des sommes importantes, toutes les fois qu'elle adresserait des réquisitions auxquelles les assemblées feraient droit volontairement, mais que jamais ces législatures n'établiraient un fonds permanent qui permettrait au gouvernement de se passer de leur concours.

Ces raisons et quelques autres que je donnai parurent satisfaire les ministres; nous commençâmes donc à croire que tout irait bien; déjà les marchands préparaient leur pétition qui devait servir de motif au rappel de

1. En octobre 1766, Galloway fut nommé président de l'assemblée de Pensylvanie; il garda cette place jusqu'au commencement de la révolution. Les lettres que lui adresse Franklin ont donc un caractère officiel.

la loi. Mais, dans une des dernières séances de la chambre, le chancelier de l'échiquier[1] avait à peine fini d'exposer son plan de revenu américain: droits sur le verre, la porcelaine, le papier, le carton, les couleurs, le thé, etc., que M. Grenville se leva en s'écriant que ces impôts n'étaient que des bagatelles. « J'indiquerai, dit-il, à l'honorable membre une source de revenus qui, en Amérique, procurera quelque chose de considérable ; créez un papier-monnaie pour les colonies, prêtez-leur ces billets, prenez-en l'intérêt, et faites-en l'emploi que vous jugerez convenable. » M. Townshend, voyant que la chambre écoutait cette motion et semblait la goûter, se leva à son tour et dit que l'idée lui appartenait; qu'il avait eu l'intention de faire cette proposition avec les autres, mais que sa mémoire l'avait trahi; que M. Grenville, qui devait avoir entendu parler de ce projet, avait mauvaise grâce à se prévaloir d'un oubli involontaire, et à se faire un mérite d'une proposition qui n'était pas de lui, et comme preuve, M. Townshend assura la chambre qu'un bill avait été déjà préparé à cet effet, et lui serait présenté.

Cet incident effraya tous nos amis, les marchands résolurent de garder leur pétition en portefeuille, jusqu'à ce que les choses prissent une couleur plus favorable, dans la crainte que leurs amis d'Amérique ne les blâmassent d'avoir fourni un prétexte à un acte qui ne pouvait qu'être désagréable aux colonies. Je trouvai les autres ministres peu satisfaits des procédés du chancelier; mais après sa déclaration, ce n'était pas le moment de nous présenter avec notre projet. Comme il disait chaque jour qu'il allait se retirer, à cause de la mésintelligence qui régnait entre lui et ses collègues, et comme le Parlement était si fortement prévenu, qu'il n'était pas douteux qu'amis ou ennemis du ministère feraient opposition à toute mesure

---

[1]. Charles Townshend.

favorable à l'ensemble des colonies, je proposai à M. Jackson de mettre en avant la Pensylvanie, qui était en bonne odeur, et de demander la faveur pour elle seule. M. Jackson convint que cela pourrait se faire si le chancelier sortait du ministère ; il entreprit de faire porter un bill à cet effet, pourvu toutefois que les marchands de Philadelphie fissent une pétition et qu'il eût cette pétition entre les mains pour la présenter à la chambre à la première occasion favorable. Je m'adressai à nos marchands ; je leur envoyai un modèle de pétition à signer ; vous en avez ci-joint copie. Ces messieurs parurent approuver la mesure, mais, craignant que les marchands des autres colonies, qui avaient toujours agi de concert avec nous dans les affaires de l'Amérique, ne prissent ombrage de notre action séparée, on trouva juste de convoquer un *meeting* général pour délibérer sur cette proposition.

A ce *meeting* j'alléguai, pour justifier ma démarche, que les colonies n'étant pas généralement dans les bonnes grâces de l'Angleterre, le Parlement serait plus disposé à insérer quelque clause fort dure sur le papier-monnaie, dans son bill de révocation, si ce bill concernait toutes les colonies ; que la Pensylvanie jouissant de quelque faveur, avait seule la chance d'obtenir une loi plus douce que ne pourraient le faire toutes les autres colonies ensemble, parce que le gouvernement trouverait peut-être de bonne politique de traiter favorablement la colonie qui lui avait obéi ; que des conditions avantageuses, obtenues aujourd'hui par la Pensylvanie, pourraient, l'année suivante, servir de précédent, quand le ressentiment de l'Angleterre serait apaisé, etc., etc. Mais après une longue discussion, on convint de ne rien précipiter, dans la crainte qu'une pétition ne fournît au chancelier le cheval de bataille dont il avait besoin. Les autres marchands étaient peu satisfaits de voir les marchands de la Pensylvanie s'isoler de la sorte, mais ils dirent que les

Pensylvaniens étaient certainement les maîtres d'agir comme bon leur semblerait. Finalement, les marchands de Pensylvanie résolurent d'attendre, en tenant leur pétition séparée prête à être signée et présentée à la première occasion qui s'offrirait à cette session ; sinon ils se réserveront pour la session prochaine, espérant qu'alors les dispositions et les mesures des ministres auront probablement changé. Comme la session actuelle va se clore, je commence à croire qu'on ne fera rien cette année.

A propos des marchands, il circule parmi eux certains bruits qui ne sont pas flatteurs pour nous. Ils disent qu'alors qu'ils s'opposaient à l'acte du timbre, qu'ils s'efforçaient d'en obtenir la révocation, ils ont dépensé près de quinze cents livres sterling tant en *meetings* et frais de courriers dans les colonies, que pour le vaisseau porteur de bonnes nouvelles qu'ils ont expédié dans l'Amérique du Nord, et les fêtes données ici à nos amis des deux chambres. Eh bien ! ils assurent, qu'excepté la petite colonie de Rhode-Island, ils n'ont pas reçu un *grand merci*. Au contraire, les marchands de nos diverses colonies n'ont répondu que de façon peu aimable, ou même n'ont pas daigné répondre à leurs lettres circulaires, écrites dans les meilleures intentions et qui contenaient les avis les plus sages et les plus amicaux. Le capitaine du vaisseau qu'ils avaient envoyé tout exprès en Amérique pour y porter la nouvelle, ayant essuyé des malheurs qui l'obligèrent de voyager par terre dans toutes les colonies, depuis le New-Hampshire jusqu'en Pensylvanie, ne reçut sur toute sa route qu'indifférence et mépris au lieu de politesses et d'hospitalité, et nulle part il ne fut plus mal accueilli qu'à Philadelphie. On ne fit pas la moindre attention à lui, quoiqu'il eût remis aux marchands des lettres de créance destinées à le faire connaître, lui et son message. Ces récits m'ont fait honte, j'espère qu'il y a quelque méprise. Je ne vous aurais point ennuyé de cette histoire, mais je pense que nous avons des obligations infinies à ces marchands, qui sont un corps vraiment respectable, et dont il nous importe de conserver l'amitié, parce qu'elle peut nous être fort utile par la suite. Je désirerais donc que les assemblées des colonies leur donnassent quelques marques de reconnaissance, puisque leurs correspondants ont oublié de le faire.

Dans mes dernières lettres, je vous ai dit fort peu de chose touchant les pétitions, parce que j'espérais que cet été j'aurais l'occasion de tout vous dire de vive voix. Il est certains détails que l'on ne peut confier au papier. Quand j'aurai reçu vos prochaines lettres et celles de mes autres amis de Philadelphie, je me déciderai à retourner là-bas ou à rester ici l'hiver prochain.

Nous avons obtenu du chancelier qu'il ne parlerait plus de l'impôt sur le sel. Les marchands qui commercent avec le Portugal et l'Espagne, se sont, dit-il, tant récriés contre l'intention qu'il avait de permettre aux vaisseaux chargés de vins, de fruits ou d'huiles, de passer directement de ces pays en Amérique, qu'il s'est vu forcé de renoncer à son projet. Il paraît que nous serons obligés de supporter quelque temps encore les inconvénients de la prohibition.

On assure que le bill qui doit suspendre les législatures de New-York et de la Georgie, jusqu'à ce qu'elles aient obéi à l'acte du Parlement sur les logements militaires, passera dans le cours de cette session. Je crains qu'on ne commette de part et d'autre des imprudences de nature à produire par degrés les conséquences les plus fâcheuses. On croit ici que cet acte amènera une soumission immédiate. Si le peuple de nos colonies voulait rester tranquille, se contenter des lois qu'il a, et laisser dormir la question jusqu'à ce que le roi ayant besoin de notre argent, et se trouvant aussi gêné que son peuple par cet acte, en fît proposer le rappel par ses ministres, je crois que le parlement serait fort désappointé. Les choses pourraient prendre cette tournure ; je souhaite qu'il n'arrive rien de pis.

Il est probable que le ministère se maintiendra durant cette session. Mais le désaccord des ministres et l'incapacité totale où se trouve lord Chatham, à cause de sa maladie, de s'occuper de rien, amèneront sans doute quelques changements avant l'hiver prochain. Je désire qu'ils soient en mieux, mais je crains le contraire.

Présentez mes respects à l'assemblée, et croyez-moi, cher monsieur, vous et le comité, votre très-obéissant, très-fidèle et très-humble serviteur. B. F.

A MISS MARY STEVENSON.

Craven Street, 17 juin 1767.

Nous avons été fort désappointés hier de n'avoir point le plaisir qu'on nous avait promis, la compagnie de notre chère Polly. Votre bonne mère aurait voulu que j'écrivisse quelques lignes en réponse à votre lettre. Une Muse, sachez-le, m'a visité ce matin! Je vois que vous êtes aussi étonnée que je l'ai été. Je n'avais jamais vu de Muse, et je n'en reverrai jamais, aussi me suis-je emparé de son secours pour vous répondre en vers, étant votre débiteur de quelques vers depuis que vous m'avez envoyé la dernière paire de jarretières [1].

Il me paraît que la Muse n'était pas une ménagère. Je suppose qu'il y en a peu qui le soient. Elle était *habillée* (si l'expression est permise) en *déshabillé*, une espèce de *négligé* qui n'était ni propre, ni blanc, ni bien fait ; c'est de même façon qu'elle a habillé mes vers. En les relisant,

1. En Espagne, aujourd'hui encore, on brode des vers sur les jarretières.

j'aurais voulu corriger les lignes, et les faire toutes de même longueur. On dit que c'est ainsi que doivent être les lignes; mais je vois que je ne puis allonger celles qui sont courtes sans les mettre à la torture, et je pense qu'il ne serait pas moins cruel de mutiler celles qui sont longues. D'ailleurs ce qu'il y a de trop dans les *unes* compense ce qui manque aux *autres;* ainsi donc, et par un principe de justice, je les laisse dans toute leur longueur, pour que je puisse au moins, dans un sens du mot, vous donner *bonne mesure.* Adieu, ma chère bonne fille, croyez-moi toujours votre affectionné et fidèle ami.   B. F.

A MISTRISS DEBORAH FRANKLIN.

Conseils d'économie. — Sur le Mariage de leur fille.

Londres, 22 juin 1767.

Ma chère enfant,

Le capitaine Falconer est arrivé; il est venu hier me voir et m'apporter mes lettres. Les vôtres m'ont fait un extrême plaisir, car je n'en avais reçu aucune par le paquebot. Je crois qu'il me faudra rester ici un autre hiver; je dois donc vous laisser le soin de faire ce que vous jugerez le mieux pour le mariage de notre fille. Si vous croyez le parti convenable, je suppose que plus tôt le mariage sera fait, et mieux cela vaudra. En ce cas, je vous conseille de ne faire ni festins coûteux, ni noces somptueuses, mais de ménager toutes choses avec la frugalité et l'économie qui sied à notre condition présente. Depuis que mon association avec M. Hall est terminée, nous avons perdu une grosse part de notre revenu, et si l'on me retire la poste, ce qui est loin d'être improbable, au milieu de tous les changements qui se font ici, nous serons réduits pour vivre à nos rentes et à l'intérêt de notre argent. Cela sera loin de suffire au train et aux réceptions auxquels nous sommes habitués.

Pour moi, je vis ici aussi simplement qu'on peut le faire sans renoncer aux douceurs de la vie ; je ne donne à dîner à personne, et quand je dîne à la maison, je me contente d'un seul plat, et cependant dans ce pays la vie est si chère, en toutes choses, que je suis effrayé de mes dépenses ; je vois aussi, par l'argent que vous avez touché en mon absence, que vos dépenses sont très-grandes, et je sens bien que votre situation vous amène naturellement un grand nombre de visiteurs ; c'est une dépense qu'il n'est pas facile d'éviter quand depuis longtemps on a été dans l'habitude de recevoir. Mais quand les revenus d'une maison diminuent, il faut en diminuer les frais, ou sinon on arrive à la pauvreté. Si nous étions assez jeunes pour recommencer les affaires, il en serait autrement ; mais nous avons passé l'âge, et des affaires mal conduites ruinent plus vite un homme que de ne rien faire. En somme, avec de l'économie et du soin, nous pouvons vivre convenablement de ce que nous avons, et laisser à nos enfants notre bien entier, mais sans ce soin, nous ne mettrons pas les deux bouts ; notre bien fondra comme le beurre au soleil, et nous pourrons vivre assez longtemps pour souffrir des suites de notre imprudence.

Je ne sais rien de M. Bache [1] et de son caractère, et n'en puis rien savoir dans mon éloignement. J'espère qu'il ne compte pas que ma fille lui apporte grand'chose avant notre mort. Je puis seulement dire que s'il est pour Sally un bon mari, et pour moi un bon fils, il trouvera en moi un père aussi bon que je puis l'être ; mais à présent (je suppose que vous serez de mon avis), nous ne pouvons faire plus que de donner à Sally en bons meubles et habits une valeur de

---

1. Sally épousa M. Richard Bache le 29 octobre 1767. Elle avait alors 23 ans, étant née le 11 septembre 1744.

cinq cents livres. Pour le reste, ils doivent compter sur leur travail et leur économie, comme nous avons fait vous et moi; car ce que nous garderons en nos mains nous suffira tout juste pour vivre, et ce ne sera pas assez pour eux quand on le partagera à notre mort.

Sally Franklin va bien [1]. Son père, qui ne l'avait pas vue depuis un an, est venu dernièrement à Londres, et l'a prise chez lui pour quelques semaines afin de lui faire voir ses amies. Il désire beaucoup que j'emmène Sally avec moi en Amérique.

Je suppose que la chambre bleue est trop bleue; le bois étant de la même couleur que le papier, cela doit paraître trop sombre. Finissez-la le plus tôt possible, et de cette façon : faites peindre les boiseries en blanc mat; sur les murs, collez le papier bleu, et mettez la bordure tout juste au-dessous de la corniche. Si une fois collé, le papier n'est pas partout de couleur égale, faites-le mouiller à la brosse avec la même couleur, et clouez au milieu de la voûte les figures musicales de *papier mâché*. Une fois cela fait, je pense que la chambre aura très-bonne mine.

Je suis charmé d'apprendre que Sally garde et augmente le nombre de ses amies. Les meilleurs vœux d'un tendre père la suivent toujours.

Je suis, ma chère Debby, votre mari affectionné.

B. F.

---

1. Sally Franklin était la fille de Thomas Franklin, teinturier à Lutterworth dans le Leicestershire. Franklin s'était plu à rechercher les membres de sa famille restés en Angleterre, et il avait notamment retrouvé ce Thomas, petit-fils de John, l'un des frères du grand-père de notre Franklin. La bonne mistriss Stevenson avait pris avec elle cette jeune fille pour lui faire achever son éducation sous les yeux et aux frais du docteur.

A JOSEPH GALLOWAY.

Coalition des partis en Angleterre. — Popularité du projet de taxer l'Amérique.—Papier-monnaie.

Londres, 8 août 1767.

Cher monsieur,

J'ai devant moi vos lettres des 23 avril, 21 et 26 mai. La confusion règne plus que jamais parmi nos grands hommes. Il est triste de voir qu'au lieu d'employer les loisirs de la paix à étendre notre commerce, à éteindre nos dettes, à nous assurer des alliés, à accroître la force et les ressources de la nation pour supporter une guerre à venir, tout se perd ici en querelles de partis qui se disputent le pouvoir et les places, en intrigues de cour, en cabales, en mutuelles injures.

On a tenté dernièrement de faire un ministère de coalition, mais on a échoué, et le cabinet actuel durera encore quelque temps. Cela ne me déplaît pas, car quelques-uns de ceux qu'on portait aux affaires sont des ennemis déclarés de l'Amérique. C'est là maintenant une marque des partis. Les membres du Parlement qui, dans les deux dernières sessions, ont témoigné quelque disposition à nous favoriser, sont appelés Américains, — c'est un mot de reproche, — tandis que les partisans des Grenville et des Bedford se vantent au contraire d'être restés fidèles aux intérêts de la Grande-Bretagne, d'avoir soutenu avec zèle sa dignité et maintenu sa souveraineté sur les colonies.

On craint que cette distinction de partis ne prenne, à la session prochaine, un caractère encore plus tranché, dans l'intention politique d'influencer les élections. On dit déjà que le consentement donné par l'État de New-York au logement des soldats, est illusoire et insuffisant, la province n'ayant point déclaré agir ainsi par obéissance à l'acte du

Parlement; on ajoute qu'il est grand temps de mettre hors de question le droit et le pouvoir qu'a l'Angleterre de taxer les colonies, en votant une loi d'impôt qu'on mettrait effectivement à exécution, de façon à ce que toutes les colonies soient obligées de reconnaître explicitement le droit de la métropole. Il n'est pas de moyens qu'on n'emploie ici pour rendre populaire l'idée de taxer l'Amérique. On parle continuellement de nos richesses, de notre état florissant, tandis que l'Angleterre, dit-on, est accablée de dettes, contractées en grande partie à cause de nous, que les pauvres succombent sous le nombre et le poids des impôts, etc., etc. On pourra, peut-être, retenir dans nos intérêts les commerçants et les manufacturiers, mais l'idée d'une taxe américaine sourit aux propriétaires. Cette idée, ils l'accueillent volontiers et la répandent partout où ils ont quelque influence.

Si l'on porte au Parlement une loi pareille, il est difficile de prévoir quel en sera le sort ou quels en seront les effets. Les membres du Parlement qui s'y opposeront seront peut-être assez forts pour la faire rejeter, mais ils seront stigmatisés du nom d'Américains, de traîtres à la *vieille Angleterre*, etc.; peut-être alors nos amis seront-ils écartés aux élections, et, nos ennemis les remplaçant, la loi passera infailliblement à la session suivante. Pour prévenir le danger d'une exclusion semblable, peut-être nos amis ne s'opposeront-ils que faiblement au bill; mais alors il passera de suite. Je ne sais que conseiller en cette situation. Ce que nous pouvons faire de mieux, des deux côtés de la mer, c'est de chercher à diminuer l'impopularité de la cause américaine, c'est de nous concilier l'affection du peuple anglais, c'est d'accroître par tous les moyens possibles le nombre de nos amis et de prendre garde de ne pas affaiblir leurs mains et de fortifier celles de nos ennemis par quelque imprudence dont les résultats fâcheux seraient incalculables. Plusieurs de nos amis ont pensé que la publication de mon *Examen* contribuerait à dissiper les préjugés, à réfuter des mensonges, à montrer ce que nous valons pour l'Angleterre. Il est imprimé, et déjà très-répandu. Je m'occupe aussi d'une autre pièce qui paraîtra vers l'ouverture du Parlement [1], si toutefois les personnes que je consulte jugent que cette publication soit utile.

La prochaine session du Parlement sera probablement courte, à cause des élections prochaines. Quelques-uns de nos grands amis me conseillent d'attendre que les élections soient faites et de ne retourner qu'au printemps en Amérique. Ma présence là-bas est nécessaire pour régler quelques affaires privées, jusqu'à présent ce sont des difficultés imprévues et inévitables qui ont empêché mon retour. Bien que je ne pense pas que mon séjour à Londres ait été tout à fait inutile, peut-être nos amis de l'Assemblée commencent-ils à se fatiguer, et à être las de la dépense? S'il en était ainsi, ne proposez plus à la nouvelle Assemblée de me continuer mes fonctions d'agent de Pensylvanie; mon zèle à servir la province n'en sera pas diminué.

Je suis bien aise que vous ayez fait un essai de papier-monnaie, *sans cours forcé*. Le chiffre de vos billets étant peu considérable, on pourra peut-être les maintenir au pair sans ce moyen. Si vous pouvez éviter d'y avoir recours, je ne demanderai pas de sitôt la révocation de l'acte de restriction. Je crains qu'on en fasse un mauvais usage. Le plan de nos ennemis est de rendre inutiles nos Assemblées d'Amérique, et d'obtenir un revenu indépendant du vote de l'Assemblée, qui serve aux frais de défense et de gouvernement des colonies. C'est ce qu'il nous importe de prévenir. Pour les empêcher de se prévaloir du besoin que nous avons de papier-monnaie, et pour qu'ils ne puissent tirer

---

1. C'est un écrit intitulé: *Des causes du mécontentement en Amérique avant 1768.*

un revenu de cet article en nous accordant le cours forcé, je voudrais qu'on trouvât un autre moyen de soutenir le crédit de ce papier. Si, par exemple, nous obtenions des négociants, commerçants et principales personnes de la colonie, qu'ils se réunissent pour demander à l'Assemblée une émission modérée de billets, en s'engageant tous à les recevoir au taux fixé par la loi, ne pensez-vous pas qu'un pareil engagement aurait un grand effet, en fixant la valeur et le taux de notre or et de notre argent? Peut-être encore l'établissement d'une banque répondrait-il à tous nos besoins. Je pense comme vous que les marchands anglais qui se sont opposés au cours forcé n'ont point compris leur propre intérêt. Car, si nous continuons à manquer d'argent, il n'est pas douteux que nous prendrons moins de leurs marchandises, que nous nous occuperons davantage de nos manufactures, qu'au lieu de leur demander le nécessaire et le superflu, nous les tirerons bientôt de chez nous. Supposons que nous ne puissions faire de papier-monnaie d'aucune sorte, qu'en résultera-t-il? Le manque d'argent nous forcera au travail et à l'économie. Peu à peu nous deviendrons plus riches, sans commerce avec l'Angleterre, que nous ne pouvons l'être en commerçant avec elle. On gardera dans le pays l'argent comptant qui y entre, et avec le temps on en aura assez pour suffire à tous les besoins. Mais notre peuple aura-t-il assez de patience pour attendre? J'en doute.

J'ai reçu les votes imprimés, mais non pas les lois. Je n'ai point entendu parler d'objections faites à aucune de ces lois par les Propriétaires, devant le Bureau de commerce.

Présentez mes respects à l'Assemblée, remerciez-la de ses attentions pour moi, et assurez-la de mon fidèle service. Avec la plus sincère estime et le plus sincère respect, je suis, mon cher ami, votre très-affectionné.

B. F.

A WILLIAM FRANKLIN, GOUVERNEUR DE NEW JERSEY.

*Conversation entre lord Shelburne et le général Conway[1].—
M. Durand. — Projet d'une visite à Paris.*

Londres, 28 août 1767.

Cher fils,

Je n'ai point reçu de lettre de vous depuis ma dernière, où je répondais à toutes les précédentes.

La semaine passée, j'ai dîné chez lord Shelburne ; nous étions seuls avec M. Conway et nous eûmes un long entretien sur la réduction des dépenses d'Amérique. Leur idée est de remettre le ménagement des affaires indiennes aux provinces frontières afin de faire supporter aux colonies les frais de traités, etc., ils pensent qu'on y mettrait plus d'économie ; la trésorerie est fatiguée des sommes immenses que tirent sur elle les surintendants. J'ai saisi cette occasion de leur proposer, comme un sûr moyen d'épargner la dépense des postes avancés, de fonder une colonie dans le pays des Illinois. Je m'étendis sur les nombreux avantages de cet établissement : provisions fournies aux garnisons à meilleur marché, sûreté du pays, maintien du commerce, création d'une force qui pourrait dans une guerre à venir, descendre du Mississipi dans la Louisiane et le golfe du Mexique, pour être employée contre Cuba et le Mexique lui-même. Je parlai de votre plan, je dis que sir William Johnson l'avait approuvé, je vantai les talents et l'activité des personnes qui se proposaient de le mettre à exécution, avec une très-petite dépense pour la couronne. Je parvins à persuader les deux ministres ; reste un dernier obstacle, c'est le Bureau du commerce. Il faut

---

1. Il étaient tous deux secrétaires d'État, ou ministres en ce moment.

le décider en particulier, avant que l'affaire lui soit officiellement renvoyée. Dans le cas où l'on mettrait les surintendants de côté, on a pensé à une place pour indemniser Sir William Johnson.

Nous parlâmes encore de bien d'autres affaires américaines, et en particulier du papier-monnaie. Lord Shelburne déclara que la réponse que j'avais faite au rapport du Bureau de commerce l'avait totalement convaincu qu'il fallait abolir la loi de restriction. Le général Conway n'avait pas vu cette réponse, il désira la lire; je la lui envoyai le lendemain matin. Ils m'ont fait espérer que la loi pourrait être révoquée à la prochaine session, lord Clare s'étant rendu, mais ils disent qu'il y a quelques difficultés avec les autres membres du Bureau qui ont signé le rapport. Il y a une bonne part de vérité dans ce que Soamen Jenyns disait en riant chaque fois qu'on lui demandait de s'associer à quelque mesure. « *Je n'ai pas la moindre* « *objection, pourvu que nous n'ayons déjà rien signé de* « *contraire.* »

Dans cette conversation je n'ai point oublié notre grosse affaire de Pensylvanie, et je crois que je l'ai un peu avancée, mais pas beaucoup. Les deux secrétaires paraissent entièrement occupés à préparer de la besogne pour le prochain parlement : ce qui me fait penser que le changement de ministère, dont on parlait dernièrement encore, n'aura pas lieu et que les ministres comptent rester en place. Mais en feront-ils beaucoup ou peu, c'est ce que je ne puis vous dire.

De Guerchy, l'ambassadeur français, est retourné dans son pays; M. Durand le remplace comme Ministre plénipotentiaire. Ce dernier est extrêmement curieux de connaitre les affaires de l'Amérique; il prétend avoir pour moi une grande estime à cause du talent dont j'ai fait preuve dans mon *Examen*, il désire avoir tous mes écrits olitiques, enfin, il m'invite à dîner, m'accable de questions, me comble de politesses, me fait des visites, etc. J'imagine que cette nation intrigante[1] ne serait pas fâchée de se mêler de nos affaires et de souffler le feu entre la Grande-Bretagne et ses colonies, mais j'espère que nous ne lui en donnerons pas l'occasion.

Je vous écris à la hâte, car je pars dans une heure pour un autre voyage, avec mon solide et bon ami sir Jones Pringle. Nous nous proposons de visiter Paris. Durand m'a donné des lettres de recommandation, Dieu sait auprès de qui. Il m'assure qu'on me traitera là-bas avec beaucoup d'égards, mais, les vents sont sujets à changer, et peut-être sera-ce tout aussi bien si on n'y fait pas attention à moi. Nous serons absents six semaines. J'ai une petite affaire particulière à traiter; je vous en dirai plus long une autre fois.

Ne dites rien à personne du contenu de cette lettre, sinon à notre ami Galloway et en particulier. Je suis votre père affectionné.

B. F.

A MISS MARY STEVENSON.

Voyage à Paris et à Versailles.

Paris, 14 septembre 1767.

Chère Polly,

Une lettre de vous me fait toujours plaisir, je me flatte que vous avez aussi quelquefois du plaisir à en recevoir une de moi, même quand elle a aussi peu d'intérêt que celle-ci qui ne contient que quelques remarques faites ici, et dans le cours de mon voyage.

Presqu'aussitôt après vous avoir laissée dans l'agréable société de Bromley, je pris la résolution de faire un tour

---

[1]. Franklin a mieux jugé notre pays, quand l'Amérique a eu besoin de nos armes et de notre argent.

en France, avec sir John Pringle. Nous sommes partis le 28 du mois dernier. Tout le long du chemin jusqu'à Douvres on nous fournit des chaises de postes, chargées tellement en avant que la capote nous tombait sur les yeux comme un capuchon ; on eût dit qu'on voulait nous empêcher de voir le pays. Comme c'est un de mes grands plaisirs, j'ai été en querelle perpétuelle avec les aubergistes, valets d'écurie et postillons ; je voulais qu'on serrât les courroies d'un ou deux trous, et qu'on chargeât la voiture en arrière aussi bien qu'en avant ; ils prétendaient que lorsque la chaise penche en avant, cela soulage les chevaux, et que le contraire les tuerait. Je suppose qu'une chaise qui penche en avant leur fait l'effet de vouloir marcher, et que lorsqu'elle penche en arrière, cela leur fait l'effet d'une résistance. Ils ajoutèrent d'autres raisons, qui n'étaient pas du tout des raisons, et en cette occasion comme en cent autres on me fit souhaiter que l'humanité n'eût pas été douée d'une faculté raisonneuse, puisque les hommes savent si peu s'en servir, ou n'en usent que pour s'égarer. N'eût-il pas mieux valu qu'au lieu de raison, on les fournît d'un bon gros instinct naturel.

A Douvres, le lendemain matin, nous embarquâmes pour Calais un certain nombre de passagers, qui n'avaient jamais été en mer. Avant de partir ils voulurent faire un bon déjeuner, car si le vent manquait, nous ne devions arriver qu'à l'heure du souper. Sans doute ils pensaient que quand on a payé son déjeuner on y a droit, et qu'une fois qu'on l'a avalé, on en est sûr. Mais, au bout d'une demi-heure la mer commença à le réclamer, et ils furent obligés de le rendre. Ce qui semble prouver qu'il y a des incertitudes qui vont au delà de la coupe et des lèvres. Si jamais vous allez en mer, suivez mon avis ; mangez peu les deux jours qui précèdent. Le mal de mer, s'il vient, sera plus léger, et plus tôt parti.

Nous arrivâmes le soir à Calais. Des deux côtés de l'eau,

il nous fallut souffrir les exactions des bateliers, porteurs et autres espèces semblables. Je ne sais quels sont les plus rapaces des Anglais et des Français, mais avec toutes leurs coquineries ces derniers ont plus de politesse.

Les routes sont aussi bonnes que les nôtres en Angleterre; en certains endroits et pendant plusieurs milles elles sont, comme nos nouvelles rues, pavées de pierres unies; il y a une rangée d'arbres de chaque côté, et il n'y a point de barrières. Mais les pauvres paysans se sont plaints fortement à nous que pendant deux mois de l'année ils étaient obligés de travailler aux routes, sans être payés de leur peine. Est-ce la vérité, ou comme les Anglais, les Français aiment-ils à grogner, qu'il y ait une cause ou qu'il n'y en ait pas, c'est ce que je n'ai pu complétement vérifier par moi-même.

Les femmes que nous avons vues à Calais, sur la route, à Boulogne, dans les auberges et dans les villages avaient généralement le teint brun, mais en arrivant à Abbeville nous trouvâmes un changement subit; il y avait là une multitude de femmes et d'hommes dont le teint était remarquablement blanc. Doit-on attribuer cela à une petite colonie de fileurs, peigneurs de laines et tisserands qu'on a fait venir de Hollande, il y a soixante ans avec la manufacture de laine, ou la cause de cette blancheur ne serait-elle pas due simplement à ce que ces gens sont moins exposés au soleil, leur besogne les retenant à la maison, c'est ce que j'ignore. Peut-être, comme en d'autres cas, y a-t-il plusieurs causes qui se réunissent pour produire l'effet, mais l'effet lui-même est certain. Jamais je n'ai été dans un endroit où l'on travaillât davantage; rouets et métiers marchaient en chaque maison.

Aussitôt sortis d'Abbeville, les teints bruns ont reparu. Je parle en général, car il y a dans Paris quelques femmes blanches, qui, à ce que je crois, ne sont pas blanches par artifice. Quant au rouge, en le mettant elles ne prétendent nullement imiter la nature. Il n'y a pas de diminution graduelle dans la couleur, depuis le teint foncé du milieu de la joue, jusqu'à la teinte rosée des côtés, et le rouge ne change pas suivant les figures. Je n'ai pas eu l'honneur d'assister à la toilette d'une dame pour voir comment elle met son rouge, mais j'imagine que je puis vous dire comment la chose se fait ou doit se faire. Dans un morceau de papier taillez un trou qui ait trois pouces de diamètre; placez ce papier sur une de vos joues, de façon que le haut du trou soit juste sous l'œil; puis avec un pinceau trempé dans la couleur peignez tout, figure et papier, le tout ensemble. Quand vous ôterez le papier il restera un rond de rouge qui aura la forme exacte du trou. Depuis les actrices jusqu'aux princesses du sang, c'est la mode, mais elle s'arrête là; la reine ne met point de rouge. La sérénité, la paix et la bonté qui brillent sur son visage, ou plutôt en toute sa personne, lui donnent assez de beauté, quoique ce soit maintenant une vieille femme, pour qu'elle soit très-bien sans rouge.

Vous voyez que je parle de la reine comme si je l'avais vue, et en effet je l'ai vue, car vous saurez que j'ai été à la cour. Nous allâmes à Versailles dimanche dernier et nous eûmes l'honneur d'être présentés au roi. Il nous parla à tous deux avec beaucoup de grâce et de bonne humeur; c'est un bel homme, il a l'air vif et paraît plus jeune qu'il n'est. Le soir nous étions au *Grand Couvert*, où la famille soupe en public. La table était en fer à cheval, le service était d'or. Quand le Roi ou la Reine faisait un signe pour boire, le mot était donné par un des serviteurs : *A boire pour le roi!* ou *à boire pour la reine!* Alors deux personnes approchaient, l'une avec du vin, l'autre avec de l'eau dans des *carafes;* chacune d'elles buvait un petit verre de ce qu'elle apportait, puis elle mettait les carafes avec un verre sur un plateau et le leur présentait. La distance de l'un à l'autre était telle qu'on aurait pu mettre une chaise entre deux. Un officier de la cour nous fit passer au travers de la foule des spectateurs, et plaça sir John de façon à ce qu'il fût debout entre la reine et Mme Victoire. Le roi parla beaucoup à sir John, et lui fit plusieurs questions sur notre famille royale; il me fit aussi l'honneur de faire quelque attention à ma personne; mais silence! je ne voudrais pas que vous me croyiez tellement charmé de ce roi et de cette reine, que j'aie rien perdu de mon respect pour les nôtres. Il n'est pas de Français qui aille plus loin que moi dans la pensée que mon roi et ma reine sont les meilleurs du monde et les plus aimables.

Versailles a coûté des sommes énormes pour le construire et y amener de l'eau. On dit que les dépenses ont dépassé quatre-vingts millions sterling [1]. L'étendue des bâtiments est immense, la façade du jardin est magnifique, toute en pierre de taille; on ne peut s'imaginer ce qu'il y a de statues, de bustes, de vases, etc., en marbre, en bronze d'un travail exquis. Mais les jets d'eau sont délabrés, et la façade qui regarde la ville, avec ses murs de brique en mauvais état, et ses fenêtres brisées a une aussi triste apparence que les maisons de Durham-Yard. En deux mots, à Versailles comme à Paris, il y a un prodigieux mélange de magnificence et de négligence, avec toutes les élégances, hormis celles de la propreté, et de ce que nous appelons la *bonne tenue*.

Je dois cependant rendre à Paris cette justice, qu'en deux points de propreté, les Français nous dépassent. L'eau qu'ils boivent vient de la rivière, mais en la filtrant dans des citernes remplies de sable, ils la rendent aussi pure que la meilleure source; et quoiqu'il n'y ait point de trottoirs, on marche commodément dans les rues qui sont sans cesse balayées. Aussi à toute heure voit-on des gens bien mis qui vont à pied. Pour la même raison, la

---

[1]. Deux milliards de francs.

foule des voitures et des chaises est moins grande que chez nous. Les hommes aussi bien que les femmes portent des parapluies qu'ils ouvrent en cas de pluie ou de trop grand soleil. Un homme avec son parapluie n'occupant que neuf pieds carrés de la rue, tandis qu'en voiture il en occuperait deux cent quarante, vous comprendrez aisément que les rues ne soient pas encombrées, quoiqu'elles soient étroites. Elles sont très-bien pavées, et comme les pierres sont cubiques, on les retourne quand elles sont usées d'un côté, et elles servent comme neuves.

L'accueil que nous trouvons partout nous donne la plus haute idée de la politesse française. C'est ici un point universellement reçu qu'on doit traiter les étrangers avec respect; on a pour un étranger les mêmes égards qu'on a en Angleterre pour une dame. A notre entrée à Paris, les employés de la ferme à Port-Saint-Denis[1] se préparaient à saisir deux douzaines de bouteilles d'excellent Bordeaux, qu'on nous avait données à Boulogne, et que nous apportions avec nous, mais ils nous les ont rendues aussitôt qu'ils ont connu notre qualité d'étrangers. A l'église Notre-Dame, nous allâmes voir une magnifique illumination avec statues, etc., en l'honneur de la Dauphine qui venait de mourir; la foule était immense, et des soldats la tenaient à distance, mais dès qu'on eut dit à l'officier que nous étions des étrangers venus d'Angleterre, il nous fit entrer, nous accompagna et nous fit tout voir. Pourquoi n'avons-nous pas cette même politesse pour les Français? Et pourquoi les laissons-nous faire mieux que nous en toutes choses?

Il y a ici une exposition de peinture, comme celle de Londres. Tous les jours il y a foule. Je ne suis pas assez connaisseur pour juger laquelle des deux a plus de mérite. Tous les soirs, sans excepter le dimanche, il y a comédie

---

1. La porte Saint-Denis.

ou opéra; et quoique le temps soit chaud, et les salles pleines, on y est moins incommodé de la chaleur qu'on ne l'est chez nous en hiver. Il faut qu'ils aient un moyen, que nous ne connaissons pas, pour renouveler l'air. Je m'en informerai.

Voyager est un moyen d'allonger la vie, au moins en apparence. Il n'y a guère que quinze jours que nous avons quitté Londres, mais la variété des scènes que nous avons traversées fait que ces quinze jours paraissent aussi longs que six mois passés à la même place. Peut-être ai-je plus changé, en ma propre personne, que je ne l'aurais fait en six ans dans mon pays. Je n'étais pas à Paris depuis six jours que déjà mon tailleur et mon perruquier m'avaient métamorphosé en Français. Pensez quelle figure je fais avec une petite perruque à bourse et les oreilles découvertes! On me dit que j'ai rajeuni de vingt ans et que j'ai l'air tout à fait galant.

Cette lettre vous coûtera un schelling. Vous la trouverez bon marché, si vous réfléchissez qu'il m'en a coûté au moins cinquante guinées pour me mettre à même de vous l'écrire. En outre, si j'étais resté à Londres, je vous aurais peut-être gagné deux schellings au *cribbage*[1]. Et puisque je parle de cartes, laissez-moi vous dire en passant, que le *quadrille* n'est plus de mode ici, et qu'à la cour comme à la ville on ne joue plus que le whist anglais.

Et, je vous en prie, ne soyez pas médiocrement fière, qu'au milieu de toutes les splendeurs et de tous les amusements qui m'entourent, je pense à vous, à Dolly et à toutes les chères bonnes gens de Bromley. Il est vrai que je ne puis m'en empêcher; je pense, et je penserai toujours à vous tous avec plaisir.

Ai-je besoin d'ajouter, ma chère bonne amie, que je suis tout particulièrement votre affectionné.   B. F.

---

1. C'était un jeu de cartes fort à la mode en Angleterre.

CHAPITRE V.

Agitation à Boston. — Changement du ministère anglais. — Lord Hillsborough. — Élections anglaises. — Franklin fait réimprimer à Londres les lettres d'un fermier. — Il est nommé président de la Société philosophique américaine. — Réponse aux questions de M. Strahan. — Rappel de quelques clauses de l'acte de revenu. — Ses rapports avec lord Hillsborough. — Voyage en Irlande. — L'évêque de Saint-Asaph.

1767-1772.

Franklin était à peine de retour à Londres, qu'on y reçut la nouvelle de l'agitation de Boston. Charles Townshend avait fait voter par le Parlement anglais une loi qui imposait le papier, le carton, les couleurs, le verre à vitre et le thé portés aux colonies; c'est ce qu'on appela l'*acte de revenu*. D'autres lois, votées dans la même session, établissaient en Amérique des commissaires de douane et chargeaient la couronne de fixer le salaire des gouverneurs, des juges et autres fonctionnaires. Jusque-là tous ces agents dépendaient, pour leur traitement, du vote annuel des Assemblées coloniales.

Cet envahissement des libertés américaines fut considéré par le peuple de Boston comme une suite du système oppressif qui avait commencé avec l'acte du timbre. De toutes parts on se réunit pour résister aux prétentions anglaises, et on jugea que le plus sûr moyen d'amener la révocation de ces mesures odieuses, c'était de s'engager mutuellement à ne point acheter les marchandises importées de la métropole, et de prendre ainsi les Anglais par l'intérêt.

Cette résistance, qui ébranlait le ministère, inquiéta les amis de l'Amérique. C'était prêter le flanc à l'opposition qui voulait arriver au pouvoir, et cette opposition avait pour mot de ralliement la soumission, et, au besoin, l'écrasement de l'Amérique. Pour apaiser cette émotion, Franklin publia une brochure intitulée : *Des causes du mécontentement en Amérique avant* 1768. Mais les esprits étaient trop agités pour se calmer. Le roi, avec un entêtement fatal, voulait faire sentir son bras aux colonies, et, au commencement de 1768, le ministère changea. Lord Hillsborough fut mis à la tête du Bureau du commerce, et on créa une secrétairerie d'État pour l'Amérique, dont on le chargea. C'était un homme honnête, intègre, mais d'un esprit étroit, entêté et violent ; il eut la plus grande part aux mesures qui précipitèrent la révolution d'Amérique. Revenons maintenant sur ces événements, et laissons la parole à Franklin :

A WILLIAM FRANKLIN.

Résolutions de Boston. — M. Grenville et M. Onslow.

Londres, 19 décembre 1767.

Cher fils,

Les résolutions du peuple de Boston, relativement au commerce, font ici beaucoup de bruit [1]. Le Parlement n'en a pas encore pris connaissance, mais les journaux jettent les hauts cris contre l'Amérique. A la cour, dimanche passé, le colonel Onslow me dit que je ne pouvais m'imaginer combien les amis de l'Amérique étaient abattus et affaiblis par cet événement, et combien le parti Grenville triomphait! Je viens de faire un article pour le *Chronicle* de mardi prochain, afin d'adoucir un peu les choses [2].

A propos du colonel Onslow, je me rappelle une petite scène qui eut lieu au Parlement, à l'ouverture de la session, entre lui et M. Grenville. Ce dernier s'était déchaîné contre l'Amérique, en l'accusant de trahison, de rébellion, etc., lorsque le colonel, qui a toujours été un de nos plus fermes amis, se leva et dit gravement : qu'en lisant l'Histoire romaine, il avait remarqué une coutume excellente chez ce peuple sage et magnanime; sitôt que le sénat était instruit d'un mécontentement dans les provinces, il envoyait deux ou trois personnes prises dans son sein, qui s'informaient du sujet de leurs plaintes, afin qu'on pût employer quelques voies de douceur, avant de sévir contre elles, pour les forcer à l'obéissance. Il dit que, dans l'état présent des colonies, il croyait que cet exemple était bon à suivre, car il convenait, avec l'honorable préopinant, qu'il y avait de grands mécontentements parmi les colons. En consé-

---

1. Ces résolutions avaient été prises le 28 octobre 1767.
2. C'est la brochure dont nous avons parlé plus haut.

quence, il demandait qu'on nommât deux ou trois membres du parlement pour visiter la Nouvelle-Angleterre. Et, afin qu'on ne pût le soupçonner d'imposer à autrui un fardeau dont lui-même ne se souciait pas de se charger, il déclarait en même temps que, si la chambre jugeait à propos de le désigner, il était prêt à s'y rendre avec l'*honorable membre*. A ces mots il s'éleva un grand éclat de rire qui dura quelque temps, et qui ne fit qu'augmenter par la répartie de M. Grenville : — « Monsieur me répondra-t-il que j'y serai en sûreté? Peut-on me garantir qu'on me laissera revenir pour faire mon rapport? » Lorsque les rires furent assez calmés pour qu'on pût l'entendre de nouveau, M. Onslow ajouta : « Je ne saurais me rendre absolument garant du retour de l'*honorable membre*, mais, s'il part avec cette mission pour nos colonies, je suis fortement convaincu que l'*événement* contribuera beaucoup à la tranquillité future des deux pays. » Sur quoi, les éclats de rire recommencèrent et redoublèrent.

Si notre peuple suit l'exemple de Boston, s'il prend des résolutions d'économie et de travail qui nous seraient tout aussi nécessaires, j'espère qu'entre autres raisons qu'on en donnera, on n'oubliera pas de dire que par ce moyen on se mettra plus promptement et plus efficacement en état de payer ce qu'on doit à la Grande-Bretagne. Ce motif adoucira un peu les choses, et paraîtra en même temps honnête et digne de nous.

Votre, etc.   B. F.

THOMAS POWNALL AU DOCTEUR FRANKLIN.

De l'égalité des droits entre la Grande-Bretagne et l'Amérique.

Sans date.

Cher monsieur,

Voici les objections qu'on fait au projet d'accorder aux

colonies les droits, priviléges et avantages du royaume, en les considérant comme faisant partie de ce dernier. J'ai tâché de les réfuter, et je vous les communique, dans l'espérance d'obtenir de vous le concours que vous m'avez promis.

Si, disent nos adversaires, nous donnons aux colonies le droit d'envoyer des représentants, si nous nous attendons, en conséquence, à ce qu'elles participent à toutes nos taxes *pour leur part et portion*, il faudra que nous leur accordions aussi le droit de faire le commerce et de fabriquer, dont jouit l'île de la Grande-Bretagne. Mais peut-être alors, les profits du commerce de l'Atlantique vont-ils refluer vers quelque centre américain, tels que Boston, New-York, Philadelphie ou quelques-unes des Antilles. De cette façon, sans doute, les productions du sol et de l'industrie des colonies, et par suite l'intérêt territorial des colonies sera favorisé, mais l'agriculture, l'industrie et les propriétés de la Grande-Bretagne en arriveront à une dépréciation et à une ruine complète. Qu'en résultera-t-il? C'est que la force du gouvernement restera toujours dans le *royaume*, mais que *localement* elle sera transférée de la Grande-Bretagne aux colonies. Ce résultat peut convenir à un citoyen du monde, mais pour un *Breton*, c'est une chimère et une folie.

Mon accès de goutte est passé; et quoique fort affaibli par cette maladie et par une fort mauvaise fièvre qui l'accompagnait, je suis beaucoup mieux : je serais fort aise de vous voir.

Votre ami, T. Pownall.

Au dos de cette lettre, Franklin a écrit ce qui suit :

Cette *objection* roule sur la supposition que la Grande-Bretagne perd nécessairement tout ce que les colonies gagnent et que, si l'on peut empêcher les *colonies* de faire un bénéfice, la *Grande-Bretagne en aura le profit.*

Si les colonies sont plus propres à une espèce de commerce que la Grande-Bretagne, il faut que ce commerce leur appartienne, et que la Grande-Bretagne s'attache aux affaires qui lui conviennent mieux. Tout l'empire y gagnera. Si la Grande-Bretagne n'est pas aussi bien faite que d'autres pays, ou aussi bien placée pour un certain genre d'affaires, ce sont les *autres* pays qui prendront ce commerce, *si les colonies ne le font pas.* Par exemple : on a interdit les manufactures de laines en Irlande, et l'Irlande reste pauvre, mais, en agissant de la sorte, on a abandonné aux Français le commerce et la richesse que l'Irlande aurait pu acquérir à l'empire britannique.

Sans union, vous ne sauriez *longtemps* nous gouverner. Lequel vaut mieux, dans votre supposition, ou une séparation totale, ou un changement dans le siége du gouvernement. Je ne vois pas du reste comment la faveur accordée à l'intérêt foncier en Amérique pourrait en aucune manière déprécier les propriétés de la Grande-Bretagne ; l'expérience a toujours prouvé le contraire. L'avantage de la situation et des circonstances fera toujours naître les manufactures et les fixeront. Depuis trois cents ans, Sheffield lutte contre toute l'Europe.

A WILLIAM FRANKLIN.

Changement de ministère. — Résolutions de Boston.

Londres, 9 janvier 1768.

Cher fils,

Nous avons eu tant de fausses alarmes sur des changements qui n'avaient pas lieu, qu'au moment même où je vous l'écrivais, on croyait que le ministère se soutiendrait.

Cependant, aussitôt après, le bruit se renouvela, et l'on sut alors que les changements annoncés dimanche étaient faits. M. Conway se retire ; lord Weymouth prend sa place. Lord Gower est nommé président du conseil, au lieu de lord Northington. Les affaires d'Amérique ont été ôtées à lord Shelburne ; on les donne à lord Hillsborough, en qualité de secrétaire d'État pour l'Amérique ; c'est un nouveau département. On dit que lord Sandwich remplace ce dernier à la direction des postes. Plusieurs membres du parti Bedford vont arriver aux affaires.

En quoi ces changements nous touchent-ils? nous le saurons bientôt. Maintenant on ne pense qu'aux élections : ce qui me fait espérer que l'on n'entreprendra rien contre l'Amérique pendant cette session, quoique la *Gazette de Boston* ait causé quelque mauvaise humeur, et que les résolutions de Boston aient suscité une prodigieuse clameur. J'ai tâché de pallier tout cela du mieux que j'ai pu. Je vous envoie le manuscrit de mon article, quoique je suppose que vous receviez le *Chronicle*. L'éditeur de cette feuille, un certain Jones, paraît être du parti des Grenville, ou du moins il est fort réservé, comme vous le verrez par ses corrections et ses omissions. Il a arraché les dents et rogné les ongles de mon pamphlet, de manière qu'il ne peut ni déchirer ni mordre. Il ne fait qu'égratigner et grogner.

Je vous envoie aussi deux autres pièces que je viens de publier ; il en est une troisième que je ne puis retrouver.

On me dit qu'il a été question de m'adjoindre, comme sous-secrétaire d'État, à lord Hillsborough, ce qui n'est guère probable, car c'est ici un axiome que je suis trop Américain. Je jouis, grâce à Dieu, d'une fort bonne santé.

Votre affectionné père.   B. F.

A JOSEPH GALLOWAY.

Lord Hillsborough. — Affaires de Pensylvanie. — Corruption électorale en Angleterre. — M. Beckford. — M. Thurlow.

Londres, 17 février 1768.

Cher Monsieur,

Dans ma lettre du 9 janvier, je vous écrivais que la clameur contre l'Amérique était considérablement augmentée par suite des résolutions de Boston, mais que, malgré cela, nous tâcherions, pendant cette session, d'obtenir le rappel de l'acte qui restreint l'émission du papier-monnaie. Nous avons été arrêtés par le changement de l'administration chargée de nos affaires, changement convenu avant même que le nouveau secrétaire eût baisé la main du roi et fût entré en fonctions. Le ministre qui quittait le département de l'Amérique ne voulait pas s'engager dans cette question et son successeur ne le pouvait pas. Mais, maintenant, nos amis les marchands l'ont reprise et quelques-uns d'entre eux ont conçu des espérances, d'après la manière dont lord Hillsborough a écouté leurs observations. Il avait été préalablement convenu entre nous que, s'il était possible d'obtenir la révocation, elle serait demandée par les marchands de ce pays, comme une faveur pour leur commerce, et non pas réclamée par nos agents comme une faveur pour l'Amérique. Avant de parvenir au poste qu'il occupe, lord Hillsborough avait traité plusieurs fois ce sujet avec moi ; je lui avais remis une copie de ma réponse à son rapport, lorsqu'il était à la tête du Bureau du commerce, copie dont il m'a remercié dernièrement en disant qu'il la relirait avec soin et qu'il y réfléchirait. J'ai été le voir ce matin, pour savoir s'il n'avait pas changé d'opinion.

Nous entrâmes en matière, et nous eûmes une longue

conversation. Tous ses arguments contre le cours forcé du papier-monnaie avaient pour objet de démontrer qu'il était de l'intérêt même des colonies de n'avoir pas une monnaie de cette espèce : « C'est une vérité, disait-il, dont vous serez convaincus, comme le sont aujourd'hui les colonies de la Nouvelle-Angleterre, quand vous aurez passé quelques années sans papier-monnaie. » Il ajouta que le bruit ayant couru que la restriction allait être levée, ces colonies avaient fait une pétition pour que la restriction fût maintenue au moins chez elles.

Toutefois Sa Seigneurie voulut bien me dire que si, comme je le proposais, les trois colonies de Pensylvanie, de New-Jersey et de New-York, faisaient une demande, on leur donnerait franc jeu, et que, quant à lui, il n'y ferait aucune opposition, mais il était sûr qu'on en trouverait beaucoup et que la chose ne réussirait pas. Il eut la bonté de me faire des compliments sur ma réponse; il m'assura qu'il l'avait lue avec beaucoup d'attention, et que j'avais dit, en faveur de ce genre de circulation, tout ce qu'on pouvait dire, et beaucoup plus qu'il ne pensait, mais qu'il n'avait pas changé d'opinion, sauf sa disposition à remettre la question au jugement d'autrui et à laisser l'affaire suivre son cours sans s'y opposer, comme il avait eu l'intention de le faire l'année dernière.

Demain, je vais dans la Cité pour conférer de nouveau avec les marchands : s'ils voient quelque chance de réussir, nous tenterons l'événement. Mais j'avoue que mes espérances sont très-minces; je sais qu'il n'y a rien à faire dans le Parlement, quand la mesure n'est point adoptée et soutenue par le ministère; qu'est-ce donc quand les ministres sont contraires ou indifférents?

J'ai profité de l'occasion pour causer avec Sa Seigneurie de notre affaire particulière, le changement de gouvernement. Je lui ai donné de longs détails sur toutes nos démarches, sur les lenteurs que nous avons éprouvées, sur la situation actuelle des choses. Il a eu la bonté de me dire qu'il examinerait la question et que nous en reparlerions. Il a exprimé sa vive satisfaction sur les bonnes dispositions, qui, a-t-il dit, paraissent générales en Amérique, d'après les derniers avis qu'il a reçus. Il a ajouté que, par ordre de Sa Majesté, il avait écrit aux différents gouverneurs les lettres les plus conciliantes : il ne doute pas que, si ces lettres sont lues aux assemblées, elles confirmeront l'heureuse disposition des esprits.

Quant à la permission que nous réclamons, de tirer directement des vins, des fruits et de l'huile de l'Espagne et du Portugal, et de porter aussi directement du fer aux marchés étrangers, tout le monde s'accorde à dire que le moment n'est pas favorable pour remuer cette question. Au premier vent qu'ils en auront, George Grenville et toute l'opposition ne manqueront pas de faire un grand bruit avec l'acte de navigation, ce *palladium* de l'Angleterre, comme ils l'appellent, qu'on veut livrer à l'Amérique rebelle, etc., etc.; si bien que le ministère n'oserait pas faire une pareille proposition, *quand même* il l'approuverait. Je reverrai lord Hillsborough mercredi prochain, je vous écrirai ce qui se sera passé d'important.

Le Parlement vient de jouer une farce admirable. Il a cité à sa barre le maire et les aldermen d'Oxford, qui avaient proposé que leurs anciens députés payassent une certaine somme pour leur nouvelle élection. Plusieurs imprimeurs et courtiers ont également été mandés pour avoir annoncé des bourgs à vendre ou pour en avoir trafiqué. Nos gens d'Oxford ont été envoyés à Newgate; ils ont été mis en liberté quelques jours plus tard, après une humble pétition et en recevant, à genoux, une réprimande du président de la chambre des communes.

La chambre avait grand'peine à tenir son sérieux, car tout le monde sait que l'abus est général. On dit que le but de ce châtiment était seulement de *faire baisser les prix* en décourageant un peu l'agiotage des bourgs au moment où la réélection approche. Il est vrai que le prix est devenu exorbitant : il n'en coûte pas moins de *quatre mille livres sterlings* à chaque membre pour se faire nommer.

M. Beckford a présenté un bill à l'effet d'empêcher la corruption et la vénalité des élections : une des clauses obligeait tous les membres du Parlement, lors de leur admission, à jurer qu'ils n'avaient rien donné ni directement ni indirectement à aucun électeur. Mais on s'est tant récrié contre cette clause, qui n'aurait d'autre effet que de forcer les députés à se parjurer, qu'il a fallu la retirer. C'était en effet une terrible invention, et pire que la conspiration des poudres ; celle-ci du moins ne voulait que faire sauter le Parlement au ciel, mais celle-là les enverrait tous en enfer.

M. Thurlow [1] a combattu le bill par un long discours. Dans sa réplique, M. Beckford a porté à la chambre un coup fourré dont on parle partout : « L'honorable préopinant, a-t-il dit dans son savant discours, nous a donné une première définition de la corruption, puis il nous a donné une seconde définition de la corruption, et j'ai vu le moment où il allait nous en donner une troisième. Est-ce que ce gentleman s'imagine qu'il y a *un seul membre de cette chambre qui ne sache pas ce que c'est que la corruption?* » A ces mots, un rire général a éclaté. Ces gens-là sont tellement endurcis par la pratique qu'ils ne rougissent plus. Ceci entre nous.

Je suis, avec la plus sincère estime, cher Monsieur, votre très-obéissant et très-humble serviteur. B. F.

---

1. Thurlow, qui fut chancelier d'Angleterre, est resté célèbre par son esprit, qui consistait surtout en un grand fonds d'impudence. On ferait un volume de ses bons mots.

A THOMAS WHARTON.

Le général Conway.

Londres, 20 février 1768.

Cher ami,

J'ai reçu vos lettres des 17 et 18 novembre, et une autre douzaine de bouteilles d'excellent vin du cru de notre ami Livezey. Je vous remercie de la peine que vous avez prise et des aimables et bons souhaits dont vous accompagnez cet envoi.

Vous me dites que le secrétaire d'État Conway a demandé avec étonnement ce que je pouvais faire en Angleterre et s'est plaint de ne m'avoir pas vu depuis fort longtemps? Cette histoire sent beaucoup le canal par lequel elle est venue, et ne mérite pas qu'on y fasse attention. Cependant, puisque j'ai cité le nom de Conway, je vous dirai ce qui s'est passé entre nous la dernière fois que j'ai eu l'honneur de causer avec lui. C'était à la cour, alors qu'on commençait à parler de changements et qu'on disait qu'il allait résigner sa place de secrétaire d'État. En parlant de l'Amérique, je lui dis que je voyais avec peine tous nos amis quitter l'administration, l'un après l'autre, que je redoutais les suites de ces changements, et que j'espérais que le bruit de sa démission était faux. Il me répondit que le bruit était vrai, que la fonction n'avait jamais été de son goût, qu'il ne l'avait prise que pour un temps et à la sollicitation de ses amis, et qu'il croyait que sa retraite n'aurait aucune conséquence fâcheuse pour l'Amérique. Il ajouta qu'il ne désirait pas moins ardemment la prospérité de ce pays que celle de l'Angleterre même, qu'il espérait que les imprudences commises de part et d'autre n'iraient jamais jusqu'à rompre l'union si essentielle au bien-être des deux pays, que, tant que Sa Majesté lui ferait l'honneur de l'appeler à ses conseils, l'Amérique trouverait toujours en lui un ami, etc. Je vous écris cela parce que j'ai eu du plaisir à l'entendre et que vous en aurez, je suppose, à le lire. Le caractère de Conway tient plus de l'honnête franchise d'un soldat que de la flatterie du courtisan ; on peut donc s'en fier à ses paroles.

Je trouve fort naturel que le *Propriétaire* voie d'un mauvais œil la prolongation de mon séjour en Angleterre, et qu'il soit fâché qu'on envoie toujours à l'assemblée des hommes qui ne sont pas ses amis ; sans doute il voudrait voir abolir des élections et des agences qui répondent si mal à ses vues. C'est un malheur auquel il fera bien de se résigner.

Les événements de Boston, dont la nouvelle est arrivée à l'ouverture même du parlement, et qui ont fait beaucoup de bruit ici, m'ont donné beaucoup de mal. Tout ce qu'on fait de désagréable en un coin d'Amérique est imputé au pays entier ; les provinces les plus innocentes souffrent de cette défaveur qui rejaillit sur toutes. Dans notre intérêt, j'ai cru qu'il était bon d'adoucir un peu la chose, c'est pourquoi j'ai écrit l'article que probablement vous avez lu dans le *Chronicle* du 7 janvier, avec la signature F. S.

Votre affectionné.   B. F.

A WILLIAM FRANKLIN.

Lord Hillsborough. — Lettres d'un fermier. — État des manufactures dans les colonies. — Élections en Angleterre.

Londres, 13 mars 1768.

Cher fils,

J'ai reçu tout ensemble vos lettres des 6, 21 et 22 janvier. Il y avait longtemps que je n'avais reçu de vos nouvelles.

Le projet d'établir de nouvelles colonies semble abandonné quant à présent; le changement de l'administration américaine ne lui est pas favorable. On inclinerait plutôt à abandonner les postes reculés, comme étant plus dispendieux qu'utiles, mais, en ce pays, les idées sont tellement flottantes, qu'il ne faut compter sur rien. Le nouveau secrétaire, lord Hillsborough, voudrait que la plus grande partie des troupes fût placée dans le Canada et dans la Floride; on logerait seulement trois bataillons dans les provinces de New-York, de New-Jersey et de Pensylvanie; quant aux forts Pitt, Oswégo, Niagara, etc., on laisserait aux colonies le soin d'en fournir et d'en entretenir les garnisons, si elles jugeaient ces forts nécessaires pour la protection de leur commerce. Cette opinion sera probablement suivie, si de nouveaux changements n'amènent pas d'autres idées. Quant à mes propres opinions, je suis las d'en faire part à tant d'esprits inattentifs; il faut pourtant que je continue de le faire, tant que je vivrai parmi eux.

On a enfin retrouvé les lettres de sir William Johnson, qui parlent des limites; des ordres ont été envoyés, vers Noël, afin de compléter l'acquisition des terrains et l'établissement. Milord Hillsborough m'a promis d'en expédier des duplicata par ce paquebot; il recommande la célérité de l'exécution, car nous lui avons représenté qu'il y avait à craindre que les mécontentements des Indiens n'amenassent une guerre. Mais entre nous je vous dirai qu'il y a ici des gens qui seraient charmés de nous voir aux prises avec les Indiens; on en parle comme d'une chose désirable, d'une part, pour châtier les colonies, de l'autre, pour leur faire sentir qu'elles ne sauraient se passer de la protection de l'Angleterre et pour leur faire implorer cet appui. On s'imagine que nous ne pourrions, seuls et sans le secours de la métropole, nous défendre contre les Indiens, tant on connaît peu l'état de l'Amérique!

Lord Hillsborough m'a parlé des *Lettres d'un fermier*[1];
il m'a dit qu'il les avait lues, qu'elles étaient bien écrites
et qu'il croyait en avoir deviné l'auteur ; en parlant ainsi,
il me regardait fixement comme s'il pensait que c'était
moi. Du reste il en critiqua la doctrine, comme étant tout à
fait extravagante.

J'ai lu ces lettres jusqu'au numéro 8. Je ne sais s'il en
a paru davantage. J'aurais cru qu'elles étaient de M. Delancey, n'ayant pas entendu parler des autres personnes
que vous dites y avoir coopéré. Je ne suis pas encore familiarisé avec l'idée que ces écrivains et ceux de la Nouvelle-Angleterre, se forment des relations de la Grande-Bretagne
avec ses colonies. Je ne sais pas ce que les gens de Boston
entendent par la *subordination* de leur Assemblée au Parlement d'Angleterre, tandis qu'ils refusent à celui-ci le droit
de leur faire des lois. Je ne vois pas non plus quelles
limites *le Fermier* met au droit qu'il attribue au Parlement
de régler le commerce des colonies. Rien de plus difficile que
de tirer une ligne de séparation entre des taxes qui règlent
le commerce et des taxes qui n'ont d'autre objet que de
donner un revenu. Si c'est le Parlement qui doit juger la
chose, on n'ira pas loin avec cette distinction.

Plus j'ai lu et médité sur ce sujet, plus je me suis confirmé
dans l'opinion qu'il n'est pas possible de maintenir un terme
moyen et de le défendre avec des raisons intelligibles.
Choisissez entre les deux extrêmes : ou le Parlement a le
droit de faire *toutes nos lois*, ou il n'a le droit d'en faire
aucune. Les arguments en faveur de ce dernier système
me paraissent plus nombreux, plus puissants que ceux
qu'on donne en faveur de l'autre. Si cette doctrine s'établissait, les colonies deviendraient autant d'États séparés,

---

[1]. *Les lettres d'un fermier de Pensylvanie* étaient l'œuvre de
John Dickinson. Franklin les fit réimprimer en Angleterre et y
mit une préface. Elles ont été traduites en français. C'est un des
plus célèbres pamphlets de la révolution américaine.

sujets du même roi, comme l'étaient l'Angleterre et l'Écosse, avant l'union. La question serait alors de savoir si une union, semblable à celle de l'Écosse, serait ou non avantageuse pour l'*ensemble*. Je n'hésiterais pas à soutenir l'affirmative, étant bien convaincu que c'est ce qu'il y aurait de plus heureux pour l'*ensemble*. Si quelque partie y trouvait quelque désavantage, ce tort serait largement compensé, par la sûreté que donnerait l'accroissement des forces générales. Mais cette union n'aura pas lieu, tant que la nature de nos relations ne sera pas mieux comprise des deux côtés de l'eau, et que la divergence des opinions sera aussi considérable.

Si, comme vous me l'écrivez, *le Fermier* se propose de combattre mon opinion, que le Parlement peut établir des droits de douanes, mais ne peut imposer de taxes intérieures, je ne me donnerai pas la peine de me défendre. Je me contenterai de vous dire, entre nous, que non-seulement le Parlement de la Grande-Bretagne, mais tous les États de l'Europe, réclament et exercent le droit d'imposer des taxes sur l'exportation de leurs produits. On paye ici un droit sur les charbons de terre qui s'exportent pour la Hollande, et cependant l'Angleterre n'a pas le droit d'imposer à la Hollande une taxe intérieure. Tout ce que l'on exporte de France en Angleterre ou ailleurs, est frappé à la sortie d'un léger droit que payent les consommateurs, et cependant la France n'a pas le droit de taxer les autres pays. Dans mon opinion, le mal n'est pas que la Grande-Bretagne frappe d'impôts les produits que ses manufactures nous envoient, le mal est qu'elle nous interdit de nous procurer ailleurs les mêmes marchandises. Elle agit cependant en vertu du droit que lui reconnaît le *Fermier*, le droit de régler le commerce de tout l'empire. Pour contester ce droit il faut prendre un terrain plus solide et pousser plus loin l'argument. Mais les raisons que je donnerais sont trop nombreuses et trop longues pour une lettre.

A la Chambre des Communes, M. Grenville s'est plaint que les gouverneurs de New-Jersey, de New-Hampshire et des deux Florides n'avaient pas obéi aux ordres qui leur étaient intimés de fournir un état des fabrications en usage dans leurs provinces respectives. Instruit de ce fait, je suis allé, au sortir de la séance, prendre communication des rapports faits par les autres gouverneurs. Tous se réduisent à peu près à dire qu'il n'y a aucune fabrication de quelque importance. Dans le Massachusetts, les familles font, pour leur usage, un peu d'étoffe de laine grossière; on a essayé des verreries et des fabriques de toiles qui n'ont pas réussi. Pareille chose est arrivée à Rhode-Island, au Connecticut et à New-York. On a monté dans la Pensylvanie une manufacture de toile, mais elle est tombée; la toile importée était moins chère. Il y a dans le comté de Lancaster une verrerie dont les produits sont grossiers et ne se vendent que dans les campagnes du voisinage. Tout le Maryland s'habille de tissus anglais. Il en est de même dans la Virginie, sinon que dans les familles on file un peu de coton qu'on a planté. Dans la Caroline du Sud et dans la Géorgie pas la moindre fabrication; le haut prix de la main-d'œuvre rend toute fabrication impraticable. Le seul gouverneur de la Caroline du Nord vante avec ostentation une large manufacture de son pays, qui pourrait, dit-il, être fort utile à la Grande-Bretagne. C'est une fabrique de *planches de sapin*; ils ont cinquante scieries sur une seule rivière.

Toutes ces relations ont bon effet ici, et engagent le Parlement à dédaigner les résolutions de Boston et à n'en pas tenir compte. Je désire que vous envoyiez votre rapport, avant la prochaine réunion du Parlement. Vous n'aurez à faire mention que d'une verrerie où l'on fait des vitres grossières et des bouteilles, de quelques fabriques domestiques de toile et de laine, qui n'habillent pas la moitié des habitants, les plus belles étoffes étant tirées de l'Angleterre.

Je crois que vous seriez fort embarrassé de citer autre chose, malgré les déclamations pompeuses des journaux.

Le Parlement est dissous, et la nation est mise en feu par les nouvelles élections. On se plaint beaucoup de ce que l'influence naturelle des propriétaires ruraux soit annulée dans les bourgs du voisinage par l'influence pécuniaire des hommes nouveaux qui ont fait des fortunes subites dans les Indes ou comme fournisseurs du gouvernement. *Quatre mille livres sterling*, voilà aujourd'hui le *prix courant* pour un bourg. Bref, toute cette Nation vénale est en ce moment à l'enchère ; on l'achètera avec deux millions sterling ; celui qui donnerait un demi-million de plus, fût-il le diable lui-même, l'arracherait des mains de ses enchérisseurs d'aujourd'hui.

Je reverrai lord Hillsborough mercredi prochain, pour lui demander que les malheureux qui ont tant souffert des déprédations des Indiens et des Français, reçoivent en fonds de terre, sur les nouvelles concessions des Indiens, l'indemnité qu'ils ont si long-temps sollicitée, et qu'ils solliciteront peut-être toujours en vain. Je suis votre affectionné père,   B. F.

P. S. J'ai dîné hier avec le général Monckton, le major Gates, le colonel Lee[1] et d'autres officiers qui ont servi chez nous, et aiment beaucoup l'Amérique. Monckton s'est informé de vous avec intérêt.

A JOSEPH GALLOWAY.

Corruption dans les élections.

Londres, 13 mars 1768.

Cher monsieur,

.... L'ancien Parlement est dissous, ses ennemis se trou-

[1]. Plus tard le général Gates et le général Charles Lee dans l'armée américaine.

vent à l'aise pour l'outrager. Vous trouverez ci-joint un pamphlet qui a paru au moment même de sa prorogation. Tous les membres sont à présent dans leurs comtés, occupés à enivrer les électeurs. En beaucoup d'endroits, c'est une confusion et un désordre inexprimables, et une profusion d'argent telle qu'on n'en a jamais vue. Le premier exemple de la vénalité des suffrages dont il soit question dans le journal du Parlement ne remonte pas au delà du temps de la reine Élisabeth. On regardait alors un siége au Parlement comme une corvée pénible, et naturellement on ne le recherchait pas. Il est dit cependant, dans le journal, qu'un tel, étant un peu simple et s'imaginant qu'il y aurait pour lui quelque avantage, donna *quatre livres sterling* au Maire et à la corporation de sa ville, s'ils voulaient le porter au Parlement.

Depuis ce temps, le prix s'est monstrueusement accru, aujourd'hui il ne va pas à moins de *quatre mille livres sterling!* On croit que l'élection prochaine ne coûtera pas moins de *deux millions sterling;* mais les gens qui ont l'expérience des chiffres et qui agissent par calcul disent que la Couronne a, chaque année *pour deux millions de places et de pensions à donner.* Il vaut donc la peine de s'engager dans cette loterie de sept ans, quoique tous les billets ne gagnent pas.

Je suis, mon cher ami, votre affectionné,
B. F.

A WILLIAM FRANKLIN.

Élections de Wilkes — Émeutes à Londres.

Londres, 16 avril 1768.

Cher fils,
Depuis ma dernière lettre du 13 mars, une longue lettre, on ne parle de rien que des élections, on ne songe à rien

qu'aux élections. Partout le royaume il y a eu des luttes terribles : on a dépensé en certains endroits jusqu'à 20 et 30 000 livres sterling pour une seule candidature. On ne peut calculer le mal qu'on fait au peuple, en le débauchant, en le rendant paresseux : je ne parle point du dommage actuel que fait une population ivre, brisant les maisons, les fenêtres, etc. Il s'est passé des scènes horribles. Londres a été illuminé pendant deux nuits de suite, sur l'ordre de la canaille, en réjouissance de l'élection de Wilkes[1] dans le Middlesex. La seconde nuit surpassa tout ce qu'on avait vu jusqu'ici dans les plus grandes réjouissances : ruelles, allées, cours, tous semblait en feu. Les principales rues de Londres furent illuminées toute la nuit. La populace fit le tour de la ville vers deux heures du matin et obligea ceux qui avaient éteint leurs lampions à les rallumer. En cas de refus on brisait toutes leurs fenêtres. On a calculé que les dommages et les dépenses de chandelles pouvaient s'élever à 50 000 liv. sterling. La dépense a été grande, mais je crois cette évaluation exagérée.

L'agitation n'est point encore tombée. Wilkes a promis qu'il se constituerait prisonnier devant la Cour mercredi prochain. On s'attend donc à quelque nouveau tumulte, et personne ne peut dire comment cela finira. C'est vraiment un événement bien extraordinaire que de voir un contumace, et un fugitif, un homme de mauvaise réputation, et ne possédant pas un *farthing*, revenir de France, se proposer pour candidat dans la capitale du Royaume, ne manquer d'abord son élection que pour s'être présenté trop tard, et

---

1. Wilkes, personnage du reste fort peu recommandable, avait été poursuivi pour avoir attaqué le gouvernement dans le numéro 45 d'un journal intitulé le *North-Briton*. Le Parlement avait ordonné que ce numéro 45 fût brûlé par la main du bourreau. La liberté de la presse était atteinte. Wilkes fut quelque temps le héros et le martyr de cette cause ; c'est ce qui explique son jour de popularité.

emporter enfin la majorité des suffrages dans le premier Comté d'Angleterre. La foule, (excitée par une quantité de chansons qu'on chantait, ou, pour mieux dire, qu'on beuglait dans toutes les rues), forçait les gentilshommes et les ladies de tous rangs, à mesure qu'ils passaient dans leur voiture, à crier : « Vive Wilkes et la Liberté! » On écrivait les mêmes mots avec de la craie sur toutes les voitures et on inscrivait le numéro 45 sur toutes les portes, dans la ville, le long des routes jusqu'à une grande distance dans la campagne. J'allai, la semaine dernière, à Winchester; sur la route il n'y avait guère de portes ou de volets qui ne fussent numérotés jusqu'au delà de quinze milles; je vis même encore, çà et là de ces numéros jusqu'à Winchester, qui est à soixante-quatre milles de Londres.   B. F.

A JOHN ROSS.

Situation de Londres.

Londres, 14 mai 1768.

Cher monsieur,

J'ai reçu votre lettre du 13 mars; les désordres qui se commettent sur nos frontières, la faiblesse ou les coupables connivences de notre gouvernement et de nos magistrats, m'affligent infiniment. Nos propriétés, notre existence même seront de plus en plus exposées, si l'on n'applique promptement un remède efficace. J'ai mis tous vos rapports sous les yeux des ministres. Je voudrais éveiller enfin leur attention! Cent fois déjà, j'ai insisté sur la nécessité du changement que nous désirons; mais l'Angleterre se trouve aujourd'hui dans une situation qui ne vaut guère mieux que la nôtre. Ce n'est pas le moment de prouver qu'un gouvernement royal est beaucoup mieux administré et donne plus de sécurité qu'un gouvernement de Propriétaires. Londres même, la résidence du roi, n'est qu'un théâtre de désordres et de confusion. L'émeute se promène dans les rues en plein midi, assomme les passants qui refusent de hurler *Wilkes et la liberté;* les tribunaux ont peur de condamner cet homme, les charbonniers et les porte-faix saccagent les maisons des marchands de charbon pour les forcer à doubler leur salaire ; les scieurs détruisent les scieries, les matelots désarment les vaisseaux prêts à partir et ne laissent sortir aucun bâtiment tant qu'on n'aura pas augmenté leurs gages ; les bateliers de la Tamise brisent les bateaux particuliers et menacent les ponts ; les soldats tirent sur la foule et tuent hommes, femmes et enfants. Et tout cela n'a produit qu'une obstination universelle ; il semble qu'un grand nuage noir s'approche prêt à éclater en une horrible tempête.

Comment tout cela finira-t-il ? Dieu seul le sait. Mais il semble qu'un châtiment se prépare pour un peuple ingrat qui, outrageant la meilleure constitution et le meilleur des rois qu'une nation ait jamais possédés, ne songe plus qu'au luxe, à la licence, ne rêve plus que puissance, places, pensions et pillage, pendant que les ministres, divisés entre eux, pleins d'un mépris réciproque, fatigués par de continuelles oppositions, craignant enfin un changement, ne sont occupés qu'à *s'assurer la faveur* du peuple, s'ils viennent à perdre celle du Roi. Ces messieurs n'ont eu, depuis quelques années, ni le temps ni la volonté de s'occuper de nos petites affaires, que l'éloignement leur fait paraître encore plus petites.

Les évêques d'ici désirent beaucoup envoyer en Amérique un évêque, pour y fortifier l'Église anglicane, et pour en favoriser les intérêts et l'agrandissement. Mais quoiqu'ils sollicitent depuis longtemps cette faveur, ils n'ont pu encore l'obtenir, tant les ministres ont peur de s'engager dans une mesure nouvelle, quelle qu'elle soit.

J'espère avoir bientôt l'occasion de causer avec vous; aussi je ne vous en dis pas davantage pour le moment. Je suis, mon cher ami, votre affectionné,   A. F.

A JOSEPH GALLOWAY.

Troubles de Londres.

Londres, 14 mai 1768.

Cher monsieur,

J'ai reçu votre lettre du 31 mars. Elle est maintenant avec les messages, entre les mains du ministre ; je ne puis donc vous rien dire, sinon que l'idée de retourner dans mon pays au milieu des désordres qui l'affligent, me serait insupportable, si je ne laissais derrière moi de plus grands désordres. Les journaux et ma lettre de ce jour à M. Ross, vous diront quelle est la misérable situation de ce pays. Tandis que je vous écris, la rue est pleine de charbonniers qui portent un de leurs malheureux camarades sur des bâtons, pour le plonger dans la rivière ou lui faire subir d'autres tortures, afin de le punir d'avoir travaillé à l'ancien prix. Le peuple a perdu tout respect des lois et du gouvernement; en outre, il est sans cesse enflammé par de séditieux écrivains qui l'excitent à fouler aux pieds l'autorité et tout ce qui jusqu'à présent le maintenait dans l'ordre.

Le Parlement est assemblé, mais sa session ne sera point de longue durée; il ne s'occupera d'aucune affaire importante. La Cour du Banc du roi a ajourné jusqu'à sa prochaine session le jugement qu'elle doit rendre sur la contumace de Wilkes. Elle est intimidée, dit-on, par la popularité de cet homme, et cherche à se décharger de l'affaire, jusqu'à ce que le Parlement ait prononcé sur la validité de l'élection. La Chambre (quelques-uns de ses membres au moins) blâme cette conduite qui rejette sur elle un fardeau que les juges auraient pu aisément lui épargner, en condamnant Wilkes au pilori ou en le punissant de toute autre manière infamante, ce qui eût fourni à la Chambre un motif tout naturel de l'expulser. Les amis de Wilkes se récrient contre ce déni de justice; ils disent que les juges savent bien que la contumace est vicieuse, et qu'il faudra en prononcer la nullité, mais qu'on veut le punir par un long emprisonnement. De nombreux attroupements de ses partisans se sont assemblés devant la prison; les gardes ont fait feu sur eux. On dit qu'il y a cinq ou six hommes de tués et seize ou dix-sept de blessés. Des circonstances fâcheuses ont accompagné cette exécution militaire; le régiment qui a tiré est écossais; un soldat a poursuivi et tué un jeune homme dans la maison et sous les yeux mêmes de son père, etc., etc. Tout ceci exaspère le peuple; il semble qu'il se trame de nouveaux malheurs. Plusieurs des soldats ont été mis en prison. Si on ne les pend pas on craint que l'émeute ne grandisse et ne se renouvelle. Si on les pend, on ne trouvera plus de soldats qui veuillent étouffer une émeute. Des deux côtés la perspective est sombre. On dit que, pour réprimer ces émeutes, on ne peut se fier aux soldats anglais; on les soupçonne d'être disposés à soutenir et à favoriser la populace.

Je prépare mon retour, et j'espère avoir bientôt le plaisir de vous voir en bonne santé; nous causerons alors à notre aise de l'état de nos affaires ici, ce que je ne puis faire aussi bien par lettre. Je vous envoie ci-inclus un rapport de sir M.-L..., avocat du bureau de commerce, sur une de vos dernières lois. Je suppose que l'effet de cette loi est produit, son rappel aura donc peu d'importance. En attendant, je suis avec une estime et une affection sincère, monsieur, votre très-obéissant et très-humble serviteur,

B. F.

A WILLIAM FRANKLIN.

La direction des postes. — Le duc de Grafton. — Lord Clare.

Londres, 2 juillet 1768.

Cher fils,

Depuis ma dernière lettre, j'ai reçu la vôtre, datée d'Amboy, le 10 mai ; j'y répondrai par le paquebot de la semaine prochaine. Je ne me propose aujourd'hui que de vous dire deux mots au sujet du bruit que l'on fait courir à Philadelphie de ma nomination à un emploi en Angleterre; vous me dites que tous mes amis s'en réjouissent, mais que vous n'y croyez pas par la raison que je vous ai donnée. Au lieu de me nommer à un nouvel emploi, on a proposé de m'ôter la place que j'occupe [1], et la raison était la même (quoique ce ne soit pas la raison qu'on ait donnée), c'est que je suis trop Américain. Comme le coup a été porté par lord Sandwich, notre nouveau directeur des postes, partisan des Bedford, ami des Grenville, je ne doute pas que la raison qu'il a alléguée, c'està-dire ma non-résidence, n'était qu'un prétexte, et que l'autre raison était la vraie. Il y a en effet mille exemples de fonctionnaires américains dispensés de la résidence, qui dépensent leur traitement ici, pourvu qu'ils s'arrangent de manière à ce que la besogne soit faite par un lieutenant ou autrement.

Le premier qui m'apprit cette nouvelle fut mon excellent ami, M. Cooper, secrétaire de la trésorerie. Il m'invita par un billet à l'aller voir, ce que je fis. Il me dit alors que le duc de Grafton lui avait rapporté quelques paroles de lord Sandwich, disant que les postes d'Amérique souffraient de mon absence, et qu'il convenait de nommer

---

[1] La direction générale des postes dans les colonies de l'Amérique du Nord.

un autre directeur, puisque je paraissais me fixer en Angleterre ; M. Cooper ajouta que M. Todd, secrétaire de la poste, avait aussi vu le duc au même sujet, etc., et que le duc avait désiré que lui Cooper, m'en parlât, et me dît en même temps que je n'avais qu'à me rendre à mon poste, pour faire tomber le reproche qu'on me faisait, mais que si je préférais demeurer en Angleterre, il pensait que mon mérite m'y donnerait droit à quelque chose de mieux, et qu'il ne dépendrait pas de lui que je fusse bien pourvu. Je répondis à M. Cooper que, sans savoir que mon séjour en Angleterre choquât personne, je m'occupais sérieusement de mon retour en Amérique, et que je comptais partir dans quelques semaines; qu'au surplus j'étais fort sensible à la bonté qu'avait eue le duc de me faire prévenir, et en même temps très-reconnaissant de ses bonnes intentions; qu'ayant vécu longtemps en Angleterre et pris de l'amitié pour beaucoup de personnes en ce pays, il m'eût été fort agréable d'y rester plus longtemps, sinon le reste de ma vie, et qu'il n'y avait pas de grand seigneur en Angleterre dont j'estimasse davantage les grands talents et les aimables qualités, et à qui je m'attachasse plus cordialement, ou dont je reçusse plus volontiers un bienfait que le duc de Grafton, si Sa Grâce jugeait que je pusse être utile à lui ou au public, dans quelque situation qu'il lui plût de me placer.

M. Cooper dit qu'il était charmé de voir que je ne ressentais aucune répugnance à rester en Angleterre, que cela répondait parfaitement à son désir de m'y retenir ; il me pria de m'inscrire le plus-tôt possible chez le duc de Grafton, et de revenir à la trésorerie le premier jour d'audience. Je me présentai en effet à l'hôtel du duc, et j'y laissai ma carte ; lorsque je retournai à la trésorerie Sa Grâce était absente; M. Cooper me conduisit chez lord North, chancelier de l'Échiquier, qui, après m'avoir entretenu des affaires d'Amérique, ajouta très-obligeamment : « M. Cooper m'a dit que vous consentiriez à rester avec nous, j'espère que nous trouverons quelque moyen d'utiliser votre séjour. » Je remerciai Sa Seigneurie et lui dis que je resterais volontiers, si je pouvais être utile au gouvernement de quelque façon que ce fût. Lord North me fit un compliment, et je pris alors congé de lui. M Cooper m'emmena à sa maison de campagne de Richmond pour y dîner et y passer la nuit.

Ce fut là qu'il me dit que M. Todd était retourné auprès du duc de Grafton ; que lui Cooper avait pris ma défense, et qu'alors M. Todd avait changé de style, et dit que certainement je m'étais acquitté de ma charge avec un grand talent, que ma bonne administration des postes en Amérique en avait infiniment accru le revenu, qu'il avait été fort satisfait de sa correspondance avec moi, quand j'étais là-bas, et qu'il croyait que la poste n'avait jamais eu de meilleur administrateur, etc. Le jeudi suivant était l'anniversaire du jour de la naissance du roi ; je rencontrai M. Todd à la cour. Il fut fort poli, me conduisit dans sa voiture jusqu'aux *Armes du Roi*, dans la cité, où M. Trévor m'avait invité à dîner avec ces messieurs de la poste. Nous causâmes tous deux, après dîner ; il me confia que lord Sandwich, qui ne laissait rien échapper, s'étant aperçu que je restais toujours en Angleterre, avait dit : « Si *un seul* suffit pour remplir la place, pourquoi y en a-t-il *deux ?* »

Quand je dis à M. Todd que je partais (ce que je dis à tout le monde, ne comptant pas sur les promesses dont je vous ai parlé), il pâlit et parut un peu déconcerté, ce qui me fait croire que quelqu'un de ses amis allait être revêtu de mon emploi : toutefois ce n'est qu'une conjecture et nous nous séparâmes fort bons amis.

Le même jour, je reçus un billet de M. Cooper, qui m'invitait à me rendre le lendemain matin chez le duc de Grafton ; le suisse avait l'ordre de me laisser entrer.

J'y fus; on m'introduisit aussitôt; mais Sa Grâce se trouvant occupée d'une affaire imprévue, s'excusa avec beaucoup de politesse de ne pouvoir causer avec moi en ce moment, et me pria de me trouver à la trésorerie le mardi suivant, à midi. Je me rendis à cette invitation, mais M. Cooper me dit qu'une affaire venait d'appeler le duc à la campagne. La séance avait été ajournée, mais on l'avait su trop tard pour me prévenir. M. Cooper ajouta qu'il était fort aise que je fusse venu, parce qu'il désirait prendre jour avec moi pour retourner ensemble à Richmond. Jeudi fut le jour dont nous convînmes ; je suis de retour depuis hier. Je serais resté jusqu'à lundi, si je n'avais voulu écrire par ce vaisseau. M. Cooper m'assure que le duc a fort à cœur de faire quelque chose de beau pour moi; sir John Pringle, qui désire vivement me retenir, m'assure de son côté que M. Cooper est le plus honnête homme de courtisan qu'il ait jamais connu, et il est convaincu qu'on a sérieusement l'intention de me garder ici.

M. Cooper a montré dernièrement au chancelier de l'Échiquier et au duc de Grafton, deux morceaux que j'ai fait imprimer, l'un dans le *Chronicle* de novembre, contre la contrebande, et l'autre dans le *Chronicle* d'avril sur les pauvres. Vous trouverez ces deux morceaux dans le *Gentleman's-Magazine* de ce mois[1]. Ces deux personnages en ont exprimé leur satisfaction. Je suis convenu avec M. Cooper de retourner mardi prochain à la trésorerie. Je suis entré dans tous ces détails pour vous faire juger de l'affaire.

Maintenant, s'il faut vous dire ma façon de penser, je n'ai pas cru qu'il fût convenable de décliner la faveur qu'un si grand personnage témoigne vouloir m'accorder. À la cour, le refus d'un service est pris souvent pour une

---

1. Voyez les *Essais de morale et de politique*.

injure, on se fait ainsi un ennemi. Mais j'ai un si grand désir de rentrer chez moi et d'être tranquille, que je ne serais pas fâché que cette affaire ne réussît pas, et qu'on me permît de me retirer avec mon ancienne place ; je ne serais même pas très-fâché si on me l'ôtait à cause de mon zèle pour l'Amérique, zèle que j'ai trop peu caché, si j'en crois mes amis. J'espère être en état de vous en dire davantage par le prochain paquebot. A l'exception de sir John Pringle, tout le monde ignore cette négociation, aussi j'annonce partout mon départ par le paquebot d'août au plus tard. Quand on me parle du choix qu'a fait la Géorgie de moi pour son agent, je réponds que je n'ai point encore reçu de lettres de l'assemblée, qui m'instruise de ce que j'aurai à faire, qu'au surplus j'en recevrai sans doute avant que le paquebot mette à la voile, que si ce sont des affaires extraordinaires et tellement importantes qu'elles m'obligent de passer encore un hiver à Londres, il est possible que je me détermine à rester, parce que la Géorgie n'aurait pas le temps de choisir un autre agent, mais que si ce sont simplement des affaires courantes, j'en laisserai le soin à M. Jackson et je partirai.

Je ne sais pas comment cette nomination a eu lieu, car je ne me souviens point d'avoir aucune connaissance dans ce pays. Il y a déjà quelque temps que les journaux en ont parlé, mais ce n'est qu'à l'instant que je reçois une lettre du gouverneur Wright; il m'apprend qu'il vient de donner son adhésion à ma nomination, et m'exprime le désir de correspondre avec moi dans toutes les circonstances, ajoutant que le comité m'écrira dès que ses papiers seront prêts, pour me mettre au courant de ses affaires.

Nous avons perdu lord Clare, du bureau de commerce. Le dimanche qui précéda sa destitution, il m'emmena de la cour pour dîner chez lui en tête-à-tête et causer des affaires de l'Amérique. Il paraissait y prendre autant d'intérêt que s'il eût dû les administrer à tout jamais. Il m'accabla de compliments, disant que si dans mon *Examen* j'avais répondu de façon un peu hardie à plusieurs de ses questions, cependant il m'en aimait davantage depuis ce jour, à cause du courage que j'avais mis à défendre mon pays. Nous primes congé l'un de l'autre, après avoir bu chacun notre bouteille et demie de claret; alors il me serra dans ses bras, m'embrassa, en jurant qu'il n'avait jamais de sa vie rencontré un homme qu'il aimât tant. Que tout ceci soit pour votre amusement. Vous voyez par le caractère de cette lettre qu'elle est pour vous seul. Elle est faite pour vous préparer à tout événement.

Si M. Grenville reste au pouvoir et reçoit quelque département en rapport avec l'Amérique, je refuserai tout emploi qui semblerait me placer sous sa dépendance, parce que je crains une rupture entre les deux pays; ce refus sera regardé comme une offense. Ainsi vous voyez que notre fortune tient à un cheveu. Nous pouvons être avancés ou congédiés : l'une ou l'autre de ces deux choses arrivera bientôt, mais il est difficile de deviner laquelle. Pour moi, je me fais si vieux, que je ressens beaucoup moins qu'autrefois les aiguillons de l'ambition. Si je n'avais l'espérance flatteuse de pouvoir mieux servir mon pays, en me fixant ici, certainement je me determinerais à la retraite sans hésiter un moment. Je suis, comme toujours, votre père affectionné, B. F.

A JOSEPH GALLOWAY.

Londres, 2 juillet 1768.

Cher monsieur,

Depuis ma dernière lettre, il n'est rien survenu d'important au sujet de nos affaires, sinon qu'on a fait passer lord Clare de la direction du bureau de commerce à celle de la trésorerie d'Irlande, et qu'on a remis lord Hillsborough à la tête du bureau de commerce, en qualité de premier commissaire, et en lui laissant le titre et les prérogatives de secrétaire d'État pour les colonies. On était loin de s'attendre à ce changement. Deux jours auparavant, au sortir de la cour, lord Clare m'emmena dîner avec lui, me disant que nous serions seuls, et qu'il avait besoin de me parler des affaires d'Amérique. Nous causâmes lontemps sur ce sujet; il me parut prendre à ce qui nous touche tout l'intérêt d'un ministre qui compte conserver longtemps le gouvernement des colonies. Ceci se passait le dimanche, le mardi suivant lord Clare était remplacé. Quant à lord Hillsborough on ne sait pas si son administration sera de plus longue durée que ne l'ont été celles de ses prédécesseurs ; quant à moi, je désire qu'il reste en place, d'abord, parce qu'il n'est pas mal disposé envers nous (en tant que le permet cependant ce qu'il appelle les droits incontestables de la Grande-Bretagne), ensuite parce que ces perpétuels changements empêchent la marche des affaires.

On parle d'un autre changement qui me donne beaucoup d'inquiétude. Quelques-uns des Bedford étant maintenant au pouvoir, on craint que tôt ou tard, ils ne tirent après eux, leur ami M. Grenville. On dit qu'il va remplacer lord Shelburne comme secrétaire d'État. Si cet événement a lieu, ou si M. Grenville rentre de quelque autre façon aux affaires, je crains que ses idées sur les Américains et les idées des Américains sur lui s'entre-choquent et n'aient des conséquences funestes. Ce qu'on sait ici de vos coalitions contre le commerce avec l'Angleterre, et des résolutions que vous avez prises à l'égard des droits dont on grève ici l'exportation, donne matière à de sérieuses réflexions; on croit que les points de discussion qui existent entre les deux pays ne manqueront pas d'être soumis au Parlement, dès l'ouverture de la session prochaine. Nos amis s'étonnent que je persiste dans ma résolution de revenir cet été ; ils m'assurent que je serai beaucoup plus utile à mon pays ici que là-bas ; ils veulent absolument que je passe ici l'hiver prochain, alléguant qu'il serait de la plus grande importance d'avoir, à cette époque, des personnes qui connussent bien l'Amérique, et qui fussent en état de présenter ses intérêts sous leur véritable jour. Cependant mes affaires particulières exigent si impérieusement ma présence en Amérique, que tous ces éloges ne m'ont point encore convaincu.

Le tumulte et les désordres qui régnaient ici, sont presque entièrement apaisés. La contumace de Wilkes est annulée, mais on l'a condamné à vingt-deux mois de prison et à une amende de *mille livres sterling ;* ses amis, qui craignaient qu'il ne fût mis au pilori, sont contents qu'il en soit quitte à si bon marché. Une forte importation de blé, une assez bonne récolte de foin, l'espoir d'une moisson abondante, donnent aux pauvres un peu de patience ; ils espèrent que le prix des denrées baissera ; il est donc à présumer qu'ils demeureront assez tranquilles, à moins qu'un chômage, causé par le manque de commandes américaines, ne les plonge dans la misère.

Je compte vous écrire par le paquebot de samedi prochain ; ainsi je me borne à dire que je suis, avec une sincère estime, cher monsieur, votre très-obéissant et très-humble serviteur,   B. F.

A MISS MARY STEVENSON.

Sages conseils.

Londres, octobre 1768.

Je vois très-clairement le malheur de votre situation; ce

n'est point votre faute, et je vous plains sincèrement. Toutefois si vous ne me l'aviez point demandé, je n'aurais point pensé à vous donner un avis, croyant, comme je fais, que vous avez plus de bon sens qu'il n'en faut pour connaître et remplir vos devoirs envers les autres et envers vous-même. Si donc je vous donne quelque conseil qui soit contraire à votre opinion, n'imaginez pas que je vous condamne si vous ne le suivez point. Je penserai seulement qu'une meilleure connaissance des choses vous a permis de mieux juger ce qu'il vous convient de faire en pareil cas.

Je crois comme vous que par suite de l'affection qu'elle vous porte, et de la longue habitude qu'elle a de vous avoir près d'elle, N.... sera vraiment misérable si vous la laissez. Son caractère n'a peut-être jamais été des meilleurs, et l'âge ne nous corrige guère. C'est de là sans doute que viennent la plupart de ses infortunes, et comme il ne nous est pas plus possible de réformer les vices de notre esprit, quand le temps les a fortifiés, que de corriger les vices de notre corps, je pense avec vous, que sa condition est digne de pitié.

Si, par sa propre imprudence, elle s'était rendue gravement malade, je sais que vous regarderiez comme un devoir de la veiller et de la soigner avec une tendresse filiale, dût votre santé en souffrir. Vous avez donc raison de penser que vivre auprès d'elle est, peut-être, votre devoir, devoir qui ne s'accorde ni avec votre bonheur ni avec votre intérêt; mais cela ne peut s'entendre que de votre intérêt et de votre bonheur présents; car, je crois qu'un autre intérêt, un autre bonheur plus grand et plus durable sortira de cette réflexion que vous avez fait votre devoir; je ne parle point de la haute estime qu'auront pour vous tous ceux qui vous connaissent, en vous voyant persévérer dans ce devoir, au milieu de tant et de si grands découragements.

Mon avis est donc que vous retourniez auprès d'elle,

aussitôt que le temps fixé pour votre visite sera expiré, et que, par tous les moyens en votre pouvoir, vous continuiez à lui rendre le reste de ses jours aussi agréable qu'il sera possible. Inventez-lui des amusements; soyez contente quand elle les accepte, et patiente quand elle les rejette, fût-ce par caprice. Je sais que cela est dur, mais je pense que vous êtes en état de le faire, non point par servilité de caractère mais par abondance de bonté. Cependant tous vos amis, sensibles au désagrément de votre situation, essayeront de soulager votre fardeau, en agissant de concert avec vous. On tâchera, par amour pour vous, de lui donner toutes les occasions possibles de goûter les plaisirs de la société.

Rien n'aigrit plus le caractère des gens âgés que la crainte d'être négligés; et ils sont très-disposés à ce soupçon. C'est pour cela que j'avais proposé qu'on l'engageât à notre dernière partie. Cela ne plaisait pas à votre mère, la proposition est tombée, comme ont déjà fait beaucoup d'autres, par mon trop de facilité et contrairement à mon jugement. Je n'ignorais pas que sa présence aurait diminué notre plaisir, mais j'espérais que cela aurait pu vous épargner quelques chagrins.

Rien de ce qui ne s'accorde pas avec le devoir ne peut contribuer au vrai bonheur, et il ne se peut que notre obéissance ne soit pas enfin largement récompensée. Car Dieu gouverne, et il est *bon*. Je le prie de vous diriger et, de vrai, vous ne serez jamais sans sa direction, si vous le lui demandez humblement et si vous vous montrez toujours prête à lui obéir. Adieu, ma chère amie, croyez-moi toujours votre ami sincère et affectionné,   B. F.

A UN AMI[1].

Londres, 28 novembre 1768.

Cher monsieur,

J'ai reçu votre lettre du 12 courant. L'importance que vous attachez aux différends actuels de la Grande-Bretagne et des colonies, me paraît infiniment juste. Il n'y a rien au monde que je désire plus que de voir cette querelle amicalement et équitablement réglée.

Mais la Providence en viendra à ses fins par ses propres moyens, et si elle a résolu la chute d'une nation, cette nation sera tellement aveuglée par son orgueil et sa passion, qu'elle ne verra pas le danger, et ne saura prévenir sa chute.

Né et élevé dans l'un des deux pays, j'ai vécu longtemps dans l'autre, et j'y ai trouvé de nombreux et bons amis, je désire donc le bonheur des deux, mais j'en ai déjà tant dit et tant écrit à ce sujet, que mes amis sont las de m'entendre, et le public de me lire ; c'est ce qui commence à me dégoûter aussi de parler et d'écrire. Qu'ai-je gagné avec tous mes efforts, sinon de me rendre suspect par mon impartialité? En Angleterre, je suis trop Américain, en Amérique, je suis trop Anglais. Cependant, votre opinion a pour moi beaucoup de poids, elle m'encourage à tenter un dernier effort; j'essayerai de faire un exposé, complet et néanmoins concis des faits, que j'accompagnerai d'arguments tirés de ces faits mêmes; je le publierai après les fêtes, vers l'ouverture du Parlement[2]. Si je puis faire quelque bien, je m'en réjouirai, mais à présent j'en désespère.

---

1. On ne connaît pas le nom de la personne à qui cette lettre adressée.
2. On ignore de quel ouvrage Franklin veut parler ici, et s'il a donné suite à ce projet.

Avez-vous jamais vu le baromètre aussi bas que depuis quelque temps? Le 22 courant, le mien marquait 28-41; et cependant le temps était beau et clair. Avec une sincère estime, je suis, cher ami, votre affectionné, B. F.

A LORD KAMES.

Progrès de la science politique. — Du papier-monnaie.

Londres, 1er janvier 1769.

Cher ami,

Recevoir de vos nouvelles est toujours pour moi un grand plaisir; c'en serait un beaucoup plus grand d'être auprès de vous, de causer avec vous sur le sujet dont vous me parlez, ou sur toute autre question. Un jour peut-être j'aurai ce plaisir. En attendant usons du privilége que l'écriture nous donne; causons avec la plume.

Je suis charmé de voir que vous tournez votre pensée vers les questions politiques, et en particulier vers la monnaie, les impôts, les manufactures et le commerce. Sur ces points importants le monde est encore fort peu éclairé; en y touchant on fait continuellement les méprises les plus malheureuses. La plupart des actes du Parlement qui s'en occupent, ne sont, à mon avis, que des bévues politiques, suite naturelle de notre ignorance, quelquefois même invention de gens trop habiles qui égarent nos législateurs, en leur proposant certaines mesures, sous l'apparence du bien public, tandis que leur but véritable est de sacrifier l'intérêt public à leur intérêt privé. Je pense qu'avec votre sagacité et votre finesse vous pouvez jeter un grand jour sur ces questions. J'aurais voulu engager votre attention sur les points qui divisent la Grande-Bretagne et les colonies. Mais peut-être n'avez-vous jamais reçu la longue lettre que je vous ai écrite en février ou mars 1767, car vous n'y avez jamais répondu[1].

Voici ce qui a donné lieu à la loi dont vous me parlez. Pendant la guerre, la Virginie émit de grandes sommes en papier-monnaie pour le payement des troupes; ce papier devait être amorti en un certain nombre d'années, au moyen de l'impôt. Les marchands anglais qui font là-bas des affaires, recevaient ces billets en payement de leurs articles, et en achetaient du tabac pour leurs retours. La récolte du tabac ayant été mauvaise durant un an ou deux, les facteurs qui voulaient faire de promptes remises voulurent acheter des lettres de change avec ce papier-monnaie. La multitude des demandes éleva le prix de ces lettres de change à trente pour cent au-dessus du pair. Ceci fut considéré comme autant de perte par les acheteurs, et ils y virent une dépréciation du papier-monnaie. Sur cette supposition, les marchands adressèrent au bureau du commerce une plainte contre le papier-monnaie. Lord Hillsborough, qui était alors à la tête du bureau de commerce, prit l'affaire fort à cœur, et présenta au roi en son conseil un rapport contre toute espèce de papier-monnaie dans les colonies. Il n'y avait d'autre plainte que celle des marchands qui trafiquaient en Virginie; les marchands qui faisaient des affaires avec les autres colonies étaient satisfaits de ces valeurs; néanmoins le ministère proposa, et le Parlement vota une loi générale qui défendit à l'avenir toute émission de papier-monnaie ayant cours forcé dans quelque colonie que ce fût.

Depuis, les marchands Virginiens ont eu la mortification de voir que s'ils avaient gardé leur papier-monnaie un an ou deux, ils auraient évité toute perte; car aussitôt que le tabac est devenu plus abondant, et les lettres de change plus abondantes par la même raison, le change est tombé

---

1. C'est la lettre du 11 avril 1767.

autant qu'il avait monté. J'étais en Amérique quand la loi a passé. A mon retour en Angleterre j'engageai les marchands qui trafiquent avec New-York, la Pensylvanie, le Maryland, la Virginie, etc., à se réunir, et à demander tous ensemble le rappel de cette loi restrictive. Pour prévenir cette demande, on remit entre les mains des marchands une copie du rapport de lord Hillsborough; on supposait que ce rapport les convaincrait que leur demande était mal fondée. Ils désirèrent avoir mon avis; je le leur donnai dans la réponse que je vous envoie ci-inclus[1]. Je n'ai point sous la main le rapport lui-même; mais dans ma réponse vous trouverez un fidèle abrégé de tous les arguments ou raisons qu'il contient. Lord Hillsborough a lu ma réponse, mais il dit qu'il n'est pas convaincu, et qu'il s'en tient à sa première opinion. Nous savons qu'on ne peut rien faire dans le Parlement contre l'opposition absolue du ministère, et en conséquence nous laissons dormir la question pour le moment. Et comme je pense que la rareté d'argent, jointe à nos autres motifs[2] contribuera à affaiblir notre folle passion pour les inutiles produits d'un pays qui nous dispute nos droits, et qu'elle nous portera naturellement au travail et à l'économie, je suis devenu plus indifférent au rappel de la loi, et si mes concitoyens veulent suivre mon conseil, nous ne le demanderons plus jamais.

... Pour commencer à causer avec vous de vos nouveaux projets, j'ai mis quelques-unes de mes idées sous la forme concise d'aphorismes à examiner entre nous; nous pourrons les rejeter, les corriger, ou les adopter, suivant que nous le jugerons convenable. Je vous les envoie ci-inclus[3].

Avec mes remerciements pour vos bons souhaits, et avec

---

1. Elle est intitulée : *Remarques et faits concernant le papier-monnaie d'Amérique.*
2. Le désir de réduire l'Angleterre en ne lui achetant rien.
3. Sans doute les *Propositions à examiner touchant la richesse nationale.*

une estime inaltérable, je reste, mon cher ami, votre affectionné,
B. F.

AU MÊME.

De l'usage des bœufs en Agriculture. — Mesure de la valeur. — Franklin nommé président de la société philosophique américaine.

Londres, 21 février 1769.

Cher ami,

J'ai reçu votre excellent travail sur la préférence que mérite l'emploi des bœufs en agriculture, et je me suis arrangé pour le communiquer ici au public. En Amérique, j'ai remarqué que les fermiers réussissent mieux dans les pays où l'on se sert de bêtes à cornes, que dans ceux où l'on emploie des chevaux. Les derniers demandent, dit-on, deux fois autant de terre pour leur nourriture, et après tout ne sont pas bons à manger; du moins nous ne le pensons pas. On perd donc ainsi une terre qui pourrait nourrir au moins autant d'hommes. C'est peut-être pour cette raison que le législateur des Hébreux, ayant promis que les enfants d'Israël seraient aussi nombreux que les sables de la mer, non-seulement prit soin de la santé des individus, en réglant leur régime, de façon à ce qu'ils fussent mieux en état d'avoir des enfants, mais encore leur défendit de se servir de chevaux, parce que ces animaux auraient diminué la subsistance des hommes[1]. Nous voyons que lorsqu'ils prenaient des chevaux à l'ennemi ils les tuaient; et dans les commandements où il est interdit de faire travail-

---

1. Ce que dit Franklin n'est pas exact. V. *Deutéronome*, XVII, 16. Salomon avait un grand nombre de chevaux, *Rois*, I, ch. IV, 26; et depuis ce temps on voit toujours des chevaux dans les armées juives. Mais il est vrai que le pays se prêtait mal à l'élevage et à l'entretien des chevaux.

ler le bœuf ou l'âne, au jour du sabbat, nous voyons qu'il n'est point parlé du cheval, probablement parce qu'il n'y en avait pas. Et les grandes armées levées tout d'un coup sur un si petit territoire, nous prouve qu'il était rempli d'habitants.

La nourriture est *toujours* nécessaire à *tous*. La plus grande partie du travail de l'homme est employée à procurer des provisions de bouche. Ce genre de travail n'est-il donc pas l'étalon le mieux choisi pour mesurer la valeur de tous les autres travaux, et par conséquent de toutes les autres choses dont la valeur dépend du travail qu'elles ont coûté? Ne peut-on pas évaluer ainsi même l'or et l'argent? Si le travail du laboureur qui produit un boisseau de blé est égal au travail du mineur qui produit une once d'argent, le boisseau de blé ne sera-t-il pas la juste mesure de la valeur d'une once d'argent? Il faut que le mineur mange; mais le laboureur peut vivre sans l'once d'argent, et ainsi peut-être a-t-il quelque avantage pour fixer le prix. Mais je vous laisse ces questions; vous êtes plus capable que moi de les traiter; je vous enverrai seulement un petit bout d'écrit que j'ai fait, il y a quelque temps, sur les lois qui prohibent les marchandises étrangères.

Je vous félicite de votre élection comme président de votre société d'Edimbourg. Il me semble que je vous ai dit autrefois en causant avec vous qu'il y avait plus d'une ressemblance dans notre fortune, et notre vie. En voici un nouvel exemple; je reçois des lettres qui m'annoncent que, presqu'au même moment, j'ai été nommé président de notre société philosophique américaine, établie à Philadelphie.

J'ai envoyé par mer, aux soins de M. Alexander, une petite caisse contenant quelques exemplaires de la dernière édition de mes livres, pour mes amis d'Écosse. Il y en a un qui vous est adressé; il y en a un autre pour votre société; veuillez les accepter comme une faible marque de mon respect. Avec l'estime et le respect le plus sincères je suis, mon cher ami, votre très-affectionné,   B. F.

P. S. Je suis fâché que ma lettre de 1767, sur la dispute américaine, se soit égarée. Je vous en envoie une copie prise de mon livre. Vous avez probablement vu l'*Examen* dont j'y fais mention. Chaque jour les choses prennent un plus mauvais aspect, et tendent de plus en plus à une rupture et à une séparation finale.

A JANE MECOM.

Querelles religieuses.

Londres, 23 février 1769.

Quant à vos disputes politiques, je n'y fais point d'objection, si l'on y garde une certaine décence et si l'on n'y devient pas outrageusement injurieux. Ces disputes font connaître au peuple ses droits et lui en font sentir le prix. Mais quant à vos querelles pour avoir ou non un évêque, je désire qu'elles finissent promptement. Elles sont inutiles, puisqu'ici on a abandonné le projet de vous envoyer un évêque [1]; et quand on ne l'aurait pas abandonnée, il ne me semble pas que l'affaire soit si importante qu'elle doive vous diviser dans un moment où vous n'avez jamais eu plus grand besoin d'être unis. Je ne crois pas que des évêques résidant en Amérique soient un aussi grand avantage pour les épiscopaux, et un aussi grand désavantage pour les anti-épiscopaux, que chacun des partis l'imagine.

Chaque parti insulte l'autre; les profanes et les infidèles

---

1. Les évêques de la métropole tenaient beaucoup à cet envoi; les colons y résistaient, craignant les prétentions terrestres et la domination de l'Église anglicane.

croient ce qu'on dit des deux côtés, et s'amusent de ce tapage ; la religion en souffre, et ses ennemis sont prêts à dire, non pas comme aux premiers temps : *Voyez combien ces chrétiens s'aiment l'un l'autre*, mais : *Remarquez combien ces chrétiens se haïssent l'un l'autre.* Quand les gens religieux se querellent pour la religion, ou quand les gens qui ont faim se querellent pour leur nourriture, cela prouve que, des deux parts, il n'y a beaucoup ni de l'une ni de l'autre.

A SAMUEL COOPER [1].

Querelles avec l'Angleterre. — Le roi. — Le Parlement. — Le gouverneur Pownall.

Londres, 27 avril 1769.

Cher monsieur,

J'ai reçu votre honorée du 27 février par le capitaine Carver, et je vous remercie de m'avoir fourni l'occasion de connaître un si grand voyageur ; je serai charmé de pouvoir lui rendre service en ce pays [2].

Le Parlement persiste dans sa résolution de ne point révoquer sa loi d'impôts durant cette session ; il se séparera mardi prochain. J'espère que le peuple de mon pays ne persistera pas moins dans ses résolutions de travail et d'économie, jusqu'à ce que ces droits aient été révoqués. Et, si j'en étais sûr, je désirerais presque qu'on ne les révoquât jamais, car je suis persuadé que de la pratique de

---

1. Samuel Cooper, ministre à Boston, fut l'un des patriotes les plus éclairés et les plus ardents de Massachusetts. Il en est fait un grand éloge dans les mémoires de Mathieu Dumas.

2. Jonathan Carver est célèbre par ses voyages dans l'intérieur de l'Amérique. Ils ont été publiés à Londres en 1778 et traduits en français. Carver, né en 1732, mourut à Londres en 1780, dans un entier dénûment.

ces deux grandes vertus, nous recueillerons des avantages plus solides et plus étendus que nous ne pouvons souffrir de dommage de tous les droits que le Parlement de ce royaume peut lever sur nous. Ils se flattent que nous ne pourrons subsister longtemps sans leurs marchandises. Ils croient que vous n'avez pas assez de vertu pour persister dans le parti que vous avez pris [1] ; ils imaginent que les colonies ne seront pas longtemps du même avis, qu'elles se tromperont et s'abandonneront l'une l'autre, qu'elles reprendront paisiblement le joug l'une après l'autre, qu'elles retourneront à l'usage du luxe anglais. Ils croient que les hommes se contenteront peut-être des habits que leurs femmes ont filés, mais que les femmes ne résisteront jamais à leur vanité et à leur faiblesse pour les modes, les chiffons anglais. Tout le parti ministériel tient ce langage, et il en est de même chez beaucoup de marchands. Je me suis risqué à assurer qu'ils se trompaient tous, et je compte si bien sur le patriotisme de mon pays que je suis sûr qu'on ne me trouvera pas faux prophète, encore bien qu'on ne me croie pas à présent.

J'espère que rien de ce qui est arrivé ou de ce qui peut arriver, ne diminuera notre loyauté envers notre souverain, ni notre affection pour le peuple anglais. Je ne saurais imaginer un roi qui ait de meilleures dispositions, des vertus plus exemplaires, ni qui désire plus sincèrement le bonheur de tous ses sujets [2]. Nous avons connu la bonté de cette famille dans les deux règnes précédents, et le bon caractère de nos jeunes princes, autant qu'on en peut juger, nous promet la continuation de cette félicité. Le peuple

---

1. On se rappelle que les Américains s'associaient pour ne plus acheter de marchandises anglaises.
2. Franklin se trompe en un point; le roi George était sans doute un fort honnête homme, mais c'était un esprit entêté des priviléges de la royauté, et il eut la plus grande part dans les mesures qui amenèrent la révolution d'Amérique.

aussi est d'une bonne et généreuse nature, il aime et il honore l'esprit de liberté, il hait le pouvoir arbitraire de toute sorte. Nous y avons beaucoup, beaucoup d'amis.

Quant au Parlement, je serais porté à excuser celui qui a fait les lois dont nous souffrons, il a été surpris et égaré ; mais il n'en saurait être de même du Parlement actuel qui a résolu de maintenir ces lois, tout en ayant la pleine conviction que la mesure est mauvaise. Dans vos journaux, il est fort bien de parler comme vous faites *de la sagesse et de la justice du Parlement*, mais aujourd'hui que la question est bien comprise, si ce nouveau Parlement avait été vraiment *sage*, il n'aurait pas refusé de recevoir une pétition contre ces lois, et s'il avait été *juste*, il les aurait révoquées et aurait rendu l'argent. Peut-être sera-t-il *plus sage* et *plus juste* une autre année ; mais il n'y faut pas compter.

Si, au milieu de toutes les insultes et de toutes les vexations auxquelles vous êtes exposés, vous pouvez continuer votre conduite prudente, rester tranquilles, éviter des tumultes, tout en maintenant résolûment vos réclamations et en affirmant vos droits, vous finirez par avoir gain de cause ; ce nuage militaire qui gronde sur vos têtes, passera sans faire plus de mal que le tonnerre et l'averse un jour d'été. Mais votre persévérance dans le travail et l'économie vous assurera de grands et durables avantages. Vous payerez vos dettes ; vos terres améliorées vous donneront un plus gros revenu ; votre richesse réelle s'accroîtra d'une foule de produits domestiques, vous aurez toutes les véritables jouissances de la vie alors même que le commerce étranger vous sera interdit, et cette nation d'ouvriers et de boutiquiers apprendra, à ses dépens, à traiter plus poliment ses pratiques.

Votre dernier gouverneur, M. Pownall, paraît être un ami cordial de l'Amérique. La semaine dernière il a proposé à la Chambre de révoquer ces lois, il a été soutenu par le général Conway, sir George Saville, M. Jackson,

M. Treçothick et quelques autres, mais il n'a pas réussi. Un ami m'a donné des notes prises pendant le discours de M. Pownall [1], je vous les envoie, pensant que vous et quelques-uns de nos amis aurez du plaisir à les lire. Vous remarquerez en quelques passages le langage qu'un membre du Parlement est obligé de tenir, s'il veut être écouté de la Chambre, quand il parle de l'Amérique. M. Pownall a annoncé qu'il renouvellerait cette motion à la prochaine session, et à chaque session suivante. Toute l'Irlande est fortement prononcée en faveur de la cause américaine. Ils ont raison de sympathiser avec nous. Je vous envoie quatre brochures écrites en Irlande, ou par des Irlandais, vous y trouverez d'excellentes choses bien dites.

Avec la plus grande estime, je suis, mon cher ami, etc. [2].

B. F.

A JOHN BARTRAM [3].

Londres, 9 juillet 1769.

Cher ami,

C'est avec grand plaisir que j'apprends par votre lettre du 10 avril que vous continuez à jouir d'une si bonne part de santé. J'espère qu'elle continuera longtemps. S'il ne vous sied plus de faire d'aussi longues excursions qu'autrefois, vous pouvez encore être fort utile à votre pays et à l'humanité, en restant tranquillement assis près de votre foyer,

---

[1]. Il n'y avait pas alors de sténographie, et le compte rendu des séances n'était pas même légalement permis.

[2]. Cette lettre, et quelques autres adressées à M. Cooper, furent prises à Boston par un officier anglais après la bataille de Lexington en 1775. M. Cooper avait quitté la ville. Les originaux sont au *British Museum*.

[3]. Botaniste et naturaliste, célèbre par ses voyages en Amérique du Canada à la Floride. Ils ont été publiés et traduits en français.

occupé à mettre en ordre les connaissances que vous avez acquises, à compiler et à publier les observations que vous avez faites, à signaler les avantages que le public ou les particuliers peuvent en retirer. Il est vrai que beaucoup de gens aiment par-dessus tout les descriptions de vieux monuments et de ruines; mais il y en a un grand nombre d'autres qui préféreront de beaucoup vos récits. Pour moi, je confesse que si dans un voyage en Italie, je pouvais trouver la recette du fromage parmesan, cela me ferait plus de plaisir que la copie de la plus belle inscription prise de la plus vieille pierre.

Je suppose que M. Michel Collinson ou le docteur Fothergill vous aura écrit sur ce que vous avez à faire en ce pays. Je crois que vous ne devez pas douter que la pension du roi vous sera continuée et qu'il est à propos, pour maintenir vos titres, d'envoyer de temps en temps des graines curieuses que vous pourrez vous procurer. Et puisque je vous parle de graines, envoyez-m'en, je vous prie, de celles qui sont les moins communes, jusqu'à concurrence d'une guinée; M. Foxcroft payera pour moi. Elles sont pour un ami qui est grand amateur. Si je puis vous servir ici, disposez de moi.

Votre ami affectionné, B. F.

MISS MARY STEVENSON A B. FRANKLIN.

Margate, 1er septembre 1769.

Soyez le bienvenu en Angleterre [1], mon cher, mon respectable ami. Je commençais une lettre à ma mère quand j'ai reçu la nouvelle de votre arrivée. J'ai la même confiance en ma mère que les femmes chez les Esquimaux ont dans la leur; car si ma mère ne savait pas que : *je dis tou-*

1. Franklin venait de faire une excursion sur le continent.

jours la vérité, je ne vois pas de quoi elle ne pourrait pas douter. J'avoue qu'elle a quelque raison de se plaindre de moi; je ne *dois* pas me plaindre d'elle. Depuis que je suis ici, je ne lui ai écrit qu'une seule fois, et elle. . . . . J'ai eu le plaisir d'avoir de ses nouvelles par plusieurs de mes correspondants. J'espère que vous intercéderez pour moi, afin que je ne sois pas trop grondée. De fait, mon expédition m'a donné si peu de plaisir, que mes lettres n'en auraient donné aucun à ma mère, et je ne la sais pas tellement attachée au gouvernement qu'elle désire en augmenter le revenu sans en tirer elle-même quelque avantage. C'est néanmoins une sujette loyale, et votre fidèle disciple en tous points, hormis l'impôt. De ce côté, sa fille la dépasse, car vos arguments m'ont convaincue; je ferme l'oreille à toutes les invitations de faire de la contrebande, et dans un endroit comme celui-ci, il est beau de garder son honnêteté.

En critiquant les habitants de ce pays, je dois vous dire, à l'honneur de mon hôte et de sa famille, qu'ils condamnent et évitent des pratiques illicites qui ne sont que trop communes ici. La conduite exemplaire de ces bonnes gens me ferait entrer dans leur secte quand la raison ne m'y pousserait pas, mais ils ont des accès d'enthousiasme qui les emportent où je ne puis les suivre. Ce sont certainement les plus heureuses personnes qu'on puisse voir, et je serais charmée d'être comme elles, mais ma raison ne me permet pas, et mon cœur m'empêche de jouer l'hypocrite; il faut que votre Polly reste ce qu'elle est : ni dans le monde, ni hors du monde. Comme je laisse ma plume courir de façon étrange en écrivant à un philosophe! Mais ce philosophe est mon ami, je peux lui écrire tout ce qui me plaît.

J'ai rencontré hier un très-aimable médecin [1] qui prescrit l'abstinence pour guérir la consomption. Ce doit être un

---

1. M. Hewson, qu'elle épousa l'année suivante.

habile homme, puisqu'il pense comme *nous*. Ne soyez pas trop surpris, ni vous, ni ma mère, si quelque jour je m'enfuis avec ce jeune homme. Ce serait sans doute un pas bien risqué, à l'âge raisonnable de trente ans, mais on ne peut pas dire ce qu'on ferait si on était sollicitée par un homme insinuant et bon, alors même qu'il serait un peu trop jeune, et ne serait pas encore établi dans sa profession. Il m'a parlé de tant de choses, et je l'ai trouvé si bien, que je crois nécessaire de vous donner cet avertissement, quoique, je vous l'assure, il ne m'ait pas fait de *propositions*.

Comme je bavarde! La faute en est sans doute à ma nouvelle connaissance, ou à la joie d'apprendre que mon vieil ami est revenu dans ce pays. Je sais quel est le coupable, car je sais quand sa gaieté m'a animée, mais vous pouvez penser ce qui vous plaira; croyez-moi seulement, cher monsieur, votre très-affectionnée et très-humble servante.   MARY STEVENSON.

A MISS MARY STEVENSON.

Samedi soir, 2 septembre 1769.

Rentré à la maison, après un repas de chasse où j'ai bu plus que ne doit le faire un philosophe, je trouve l'aimable babil de ma chère Polly, qui m'égaye plus que tout le vin.

Votre bonne mère dit qu'il n'y a pas lieu à mon intercession. Elle sent qu'elle est plus en faute que sa fille. Elle a reçu de vous une lettre affectueuse et tendre, elle n'y a pas répondu, quoiqu'elle eût l'intention de le faire; mais sa tête, non son cœur, était en mauvais état et ne lui permettait pas d'écrire. Elle avoue qu'elle n'est pas sujette aussi fidèle que vous; elle tient moins à payer le tribut à César, et a moins d'horreur pour la contrebande, mais ce n'est pas, dit-elle, égoïsme ou avarice, c'est un horrible éloignement pour le gaspillage de ces impôts en pensions, salaires, casuel, fournitures et autres avantages qu'on donne à des gens qu'elle n'aime pas, et qui ne méritent pas ces faveurs parce que — je suppose — ils ne sont pas de son parti.

Présentez mes respects à votre excellent hôte et à toute sa famille. J'honore leur consciencieuse aversion pour un commerce illicite. Il y a dans ce monde des gens qui ne feraient point de tort à leur prochain, mais qui ne se feront aucun scrupule de frauder le roi. Le contraire, heureusement, n'est pas vrai; celui qui se fait scrupule de frauder le roi ne fera certainement pas de tort à son prochain.

Ne souhaitez pas d'être une enthousiaste. Les enthousiastes ont sans doute des joies et des plaisirs imaginaires, mais ceux-ci sont souvent balancés par des peines et des contrariétés imaginaires. Continuez d'être une bonne fille, et fondez là-dessus votre espoir du bonheur à venir, sans regretter un sentiment qui, peut-être, est nécessaire à d'autres. Les gens qui ont un bon instinct naturel n'ont pas besoin de raison pour se conduire, et ceux qui ont de la raison n'ont pas besoin d'enthousiasme. Cependant il y a dans la vie certaines circonstances où peut-être vaut-il mieux ne pas écouter la raison. Par exemple, si on savait la vérité, peut-être devrais-je être jaloux de ce jeune médecin, si beau et si insinuant, mais comme ma vanité est plus flattée de la supposition que c'est mon retour qui vous a animée, et que cette supposition me donne plus de plaisir, je ferme l'oreille à la raison, comme je l'ai fait avec succès en vingt autres occasions. Mais je suis sûr que vous me donnerez toujours assez de raisons pour que je continue d'être votre ami dévoué. B. F.

P. S. Amitiés à mistriss Tickell. Nous soupirons après votre retour. Votre Dolly se portait bien mardi dernier, les enfants étaient allés la voir à Bromley. Adieu. Je n'ai pas le temps de vous rien dire de mon voyage en France.

A CADWALLADER EVANS.

Passage de Vénus. — Production de la soie en Amérique.

Londres, 7 septembre 1769.

Cher monsieur,

J'ai sous les yeux vos honorées des 11 juin et 15 juillet. Je vous remercie de me communiquer les observations faites par MM. Biddle et Bayley. Je les ai données immédiatement à l'astronome royal, M. Maskelyne, qui les comparera avec celles qu'il a reçues de différents points du monde et en fera un rapport à la Société royale. Ce sont les seules observations de notre Société que j'aie reçues, les autres ont été envoyées à M. Penn. La semaine dernière, me trouvant à Flamsteed House avec M. Maskelyne, j'appris qu'il les avait entre les mains. Je lui enverrai aujourd'hui les corrections que vous m'avez adressées par voie de Liverpool.

Je serais bien fâché qu'après l'Union, il restât quelque esprit de parti dans la Société philosophique américaine [1]. Ici la Société royale se recrute dans tous les partis, mais l'esprit de parti n'a jamais rien à faire avec nos travaux.

Je suis affligé d'apprendre que notre ami Galloway est dans un si mauvais état de santé! Il devrait faire un long voyage, ou une traversée. Que ne vient-il passer l'hiver à Londres?

Notre ami W* qui se plaint sans cesse d'une fièvre continue n'en a pas moins l'air frais et heureux, et certes il ne dépérit pas. L'autre jour, à Richmond, où nous dînions avec le gouverneur Pownall, il nous disait que depuis trois ans il avait été presque toujours tourmenté de la fièvre. C'est le seul exemple que je connaisse d'un homme

---

1. Cette société s'était formée par la réunion de deux autres associations.

que la fièvre engraisse. Mais je ne vois nullement qu'il y ait lieu de lui faire le sermon que vous désirez, car il me paraît très-sobre dans son boire et son manger. Je crois que ses affaires sont en bon train, mais tout ce qui doit passer par nos grands départements, exige du temps. Je ne suppose pas qu'il soit en mesure de retourner avant le printemps.

Par un navire qui ne fait que de mettre à la voile (le capitaine est un étranger dont j'ai oublié le nom) je vous envoie un ouvrage français, tout récent, sur l'éducation des vers à soie. On dit que c'est le meilleur traité qui existe ; il a été écrit sur les lieux de production par une personne qui s'y entend. Comme beaucoup d'autres livres français, il me semble qu'il y a trop de phrases, mais si vous voulez traduire et publier les instructions principales, je pense que cela serait utile. La prime sur la soie est offerte, je crois, à toutes les colonies. Je vous enverrai l'acte du Parlement. Mais il faut qu'elle soit dévidée et envoyée en écheveaux. Les cocons seraient perdus durant la traversée, car le ver mort pourrirait et tacherait la soie. Il faudrait établir une filature publique pour le dévidage, à moins que chaque famille n'apprît à dévider ses cocons. En Italie on les apporte au marché, où ils sont achetés par ceux qui ont des filatures. En Sicile, chaque famille dévide sa soie, afin de garder la bourre qu'on carde et file pour l'usage domestique. Si l'Assemblée prenait quelques mesures pour favoriser la culture des mûriers dans toute la province, la production de la soie suivrait aisément. Car ce qui décourage d'élever des vers, c'est la difficulté d'avoir des feuilles et l'obligation d'aller fort loin pour s'en procurer.

Pour moi il n'y a pas de doute que cette éducation réussirait dans notre pays. C'est la plus heureuse des inventions pour se vêtir. Pour produire de la laine, il faut beaucoup de terre, et si on l'employait à donner du grain ou en obtiendrait plus de subsistance qu'on en tire du mouton. Le lin et le chanvre demandent un sol riche, ils l'épuisent et ne lui permettent plus de produire de grain. Mais on peut planter des mûriers en haies le long des allées, ou pour donner de l'ombre près des maisons, là où on ne veut point faire pousser autre chose.

La nourriture des vers à soie est en l'air; le sol qui est sous les arbres peut encore produire de l'herbe ou quelque autre végétal, utile aux hommes ou aux animaux. En outre les vêtements de soie durent beaucoup plus longtemps que les autres; la solidité de l'étoffe lui assure grandement la préférence. La plus peuplée de toutes les contrées, la Chine, habille de soie ses habitants, les nourrit largement, et a encore une grande quantité de produits bruts et manufacturés qu'elle réserve à l'exportation. A Londres la soie brute, en écheveaux bien dévidés se vend de vingt à vingt-cinq shillings. La soie est bien dévidée quand les fils se croisent partout sur l'écheveau, et ne se touchent que là où ils se croisent. Elle est mal dévidée quand les fils sont parallèles, car de cette façon ils s'agglutinent, se cassent quand on les dévide, et prennent beaucoup plus de temps que les autres parce qu'on perd le bout chaque fois que le fil casse. Produisez beaucoup de soie, vous aurez ici ce qu'il vous faudra de commandes. Avec une grande estime, je suis, mon cher ami, votre affectionné[1]. B. F.

---

[1]. Franklin attachait une grande importance à doter l'Amérique de cette nouvelle branche d'industrie; il y revient assez souvent dans ses lettres. Nous savons que, par l'entremise de son ami le docteur Sir John Pringle, il avait fait offrir à la reine une étoffe faite avec de la soie d'Amérique, et que Sa Majesté avait promis de la porter. Il voulait, disait-il, fournir les fabriques anglaises d'une matière première qu'on allait chercher à grands frais en France, en Espagne, en Italie et dans les Indes.

A SAMUEL COOPER.

Londres, 30 septembre 1769.

Cher monsieur,

Votre lettre du 3 août m'a fait grand plaisir. Je n'ai que le temps de vous en accuser réception, mais je me propose de vous écrire longuement à la première occasion. J'arrive de France; on s'y occupe beaucoup de nos disputes; on y a traduit et imprimé plusieurs de nos pamphlets, par exemple mon *Examen* et les *Lettres d'un fermier*, suivies de deux morceaux de moi, dont je vous envoie un exemplaire. Bref, toute l'Europe (hormis la Grande-Bretagne) est avec nous. Mais l'Europe a ses raisons; on s'imagine que l'accroissement de la puissance britannique est un danger pour le continent, et on ne serait pas fâché de voir cette puissance divisée contre elle-même. J'espère que notre prudence ajournera longtemps la satisfaction que nos ennemis attendent de nos dissensions. Avec une sincère et grande estime, je suis, cher monsieur, etc.

B. F.

A UN AMI EN AMÉRIQUE.

L'opinion en Angleterre au sujet de l'Amérique.

Londres, 18 mars 1770.

Cher monsieur,

J'avais communiqué à quelques membres du Parlement votre judicieuse lettre du 26 novembre; elle a passé de main en main, aussi m'a-t-il fallu quelque temps avant de la ravoir. Elle a fait impression sur plusieurs membres du Parlement, et a été fort utile. Vous verrez que je l'ai imprimée tout au long dans le *London-Chronicle*, avec la lettre des marchands.

Quand la question américaine est venue en discussion à la Chambre des Communes, la majorité pour le maintien de la loi entière n'a été que de soixante-trois voix, malgré tout le poids de l'influence ministérielle; elle n'aurait pas été si forte, bien plus je crois que le rappel de la loi aurait passé, si le ministère ne s'était laissé persuader par le gouverneur Bernard[1] et par des lettres mensongères qu'on prétend venues de Boston. On y dit que les associations de *non importation* tombent en pièces, que, faute de marchandises anglaises, l'Amérique est dans la plus grande gêne, que nous ne pouvons plus nous en passer, et que naturellement il nous faudra bientôt nous soumettre à toutes les conditions qu'il plaira au Parlement de nous imposer.

Ces conseils et ces lettres, joints à la vaine idée qu'ils se font de la dignité et de la souveraineté du Parlement, double privilège qui leur tourne la tête, et qu'ils s'imaginent compromis s'ils font encore des concessions, voilà, je le sais, ce qui a fait voter pour le ministère plusieurs membres du Parlement, qui, d'ailleurs et dans l'intérêt du commerce, voudraient accommoder le différend.

Mais quoique le duc de Grafton et lord North fussent et, dans mon opinion, soient encore disposés à nous satisfaire, le parti Bedford est si animé contre nous, et si puissant dans le conseil, qu'il n'y avait point de place pour des mesures modérées. Ce parti ne parle jamais de nous qu'avec une méchanceté visible; *rebelles* et *traîtres* sont les noms les plus doux qu'il nous donne, je crois qu'il ne cherche qu'un prétexte et une occasion pour ordonner aux soldats de faire un massacre parmi nous.

D'un autre côté les amis de Rockingham et de Shelburne ainsi que ceux de lord Chatham sont disposés à nous favoriser, s'ils rentrent au pouvoir; ce qui à présent

1. Bernard était gouverneur de Massachusetts. Il fut un de ceux qui poussèrent le plus vivement le ministère anglais à prendre des mesures rigoureuses.

est peu probable. Eux aussi, d'ailleurs, maintiendraient la souveraineté parlementaire, mais sans l'exercer en aucune façon par voie d'impôt. Outre ceux-là, nous avons encore pour amis et partisans le corps des dissidents en toute l'Angleterre, avec beaucoup d'autres personnes qui, sans parler de l'Irlande et de tout le reste de l'Europe, se joignent à nous pour applaudir à l'esprit de liberté qui nous a fait réclamer et défendre nos priviléges. Tout ce monde-là souhaite notre succès, mais son suffrage ne peut avoir grand poids dans nos affaires.

On a enfin décidé les marchands de Londres à présenter une pétition, mais ils se sont remués lentement, et quelques-uns même avec peine, peut-être par désespoir du succès, car en ce moment la Cité n'est pas en grande faveur à la cour. Les villes manufacturières ont refusé de rien faire; les unes se sont prétendues blessées par les essais que nous faisons pour fabriquer chez nous, les autres ont dit qu'elles avaient assez de besogne, et que notre marché était de peu d'importance, soit que nous achetions leurs articles, soit que nous les refusions. Quant à celles qui commençaient à ressentir un peu les effets de notre refus d'acheter, le parti ministériel leur a persuadé de rester tranquilles, en les assurant, que d'après certains avis venus d'Amérique, nous commencions à rompre toutes nos associations, que nos essais de manufactures avaient échoué en ruinant les entrepreneurs, que nous étions dans la gêne faute de marchandises anglaises, enfin qu'il y avait parmi nous des dissensions qui anéantiraient bientôt tous ces essais de coalition, et les empêcheraient de reparaître à l'avenir, pourvu qu'on n'eût pas l'imprudence de pousser le gouvernement au rappel de la loi.

Mais maintenant que des récits authentiques et plus récents apprennent que les associations sont maintenues dans toute leur force, qu'un vaisseau vient d'arriver de Boston à Bristol, avec des clous et des verres (articles qu'on supposait d'absolue nécessité), et que les vaisseaux qui attendaient la détermination du Parlement, retournent sur lest dans l'Amérique du Nord, le ton des fabricants commence à changer, et il n'est pas douteux que si nous sommes fermes et persévérants dans nos résolutions, ces gens feront bientôt entendre une clameur qu'on a eu jusqu'à présent beaucoup de peine à étouffer.

En deux mots, il me paraît que si nous ne persistons pas dans le parti que nous avons pris, jusqu'à ce que ce parti ait eu son plein effet, nous ne pourrons jamais y recourir à l'avenir avec la moindre chance de succès, mais si nous persistons un an encore, nous n'aurons plus jamais besoin d'y revenir. Avec un respect sincère, je suis, cher monsieur, votre obéissant serviteur. B. F.

A MISS MARY STEVENSON.

Sur une proposition de mariage.

Mardi, 31 mai 1770.

Cher Polly,

J'ai reçu votre lettre ce matin de bonne heure, et, comme j'ai tant d'engagements que je ne pourrai vous voir quand vous viendrez aujourd'hui, je vous écris ces mots uniquement pour vous dire que je suis sûr que vous êtes beaucoup meilleur juge que je ne puis l'être dans cette affaire qui vous concerne. Voilà pourquoi j'ai évité de vous donner mon avis quand vous m'en avez parlé; ce n'est nullement que je vous désapprouve. L'intérêt que je prends à votre bonheur (intérêt d'un père) me fait vous écrire; je crains que vous n'ayiez plus d'égard à mon opinion qu'il n'en faut avoir et que vous me supposiez contraire à cette demande, parce que je ne vous ai pas aussitôt conseillé de l'accepter; tout cela ne doit peser en rien sur votre décision.

Je vous assure qu'aucune objection ne s'est présentée à mon esprit. Sa personne, vous la voyez; son caractère et son intelligence, vous en pouvez juger; sa réputation, d'après tout ce que j'entends dire, est sans tache; sa profession, avec le talent qu'on lui suppose, suffira pour élever une famille; ainsi donc, considérant la fortune que vous avez dans les mains (et alors même que les espérances que vous avez du côté de votre mère viendraient à manquer), il me semble que, des deux côtés, le parti est raisonnable.

Je vois votre délicatesse, et aussi votre humilité; vous vous imaginez que si vous n'apportez pas une grande fortune, vous ne serez pas aimée; mais si j'étais de tout point en sa place, vous connaissant comme je fais et vous estimant à un si haut degré, je vous assure que, n'eussiez-vous pas un shilling, je vous estimerais une fortune pour moi.

Cette fois, je vous ai donné mon avis; je laisse le reste à votre excellent jugement, personne n'en a davantage; je ne vous tourmenterai pas pour savoir vos raisons particulières, vos doutes, vos craintes et autres choses semblables. Acceptez ou refusez, je suis persuadé que vous faites bien. Je désire seulement que vous preniez le parti qui contribuera le plus à votre bonheur, et par conséquent au mien, car je suis toujours, ma chère amie, votre tout affectionné   B. F.

P. S. Ne m'en voulez pas si je suppose que votre décision n'est pas encore aussi arrêtée que vous l'imaginez.

On pourra trouver que, dans cette lettre, Franklin pousse la réserve à l'extrême, mais il croyait peu à l'efficacité des conseils. Trop souvent on ne demande l'avis des gens que pour leur prouver ou se prouver à soi-même qu'on a raison. « Je n'aime pas à donner des avis, disait Franklin, car rarement j'ai vu qu'on les accepte. Un poëte italien, nous contant un voyage dans la lune, nous dit que *là sont recueillies toutes les choses perdues sur la terre.* Sur quoi quelqu'un fit observer qu'il devait y avoir dans la lune une énorme quantité de *bons avis* [1]. »

A SAMUEL COOPER.

Lord North favorable au rappel de l'acte. — Armées permanentes. — Empiétements du Parlement. — Le roi.

Londres, 8 juin 1770.

Cher monsieur,

J'ai reçu exactement votre lettre du 28 mars. Avec celle-ci, je vous envoie deux discours prononcés au Parlement, sur nos affaires, par un membre que vous connaissez. Le rappel de la loi tout entière eût été une mesure prudente, j'ai des raisons de croire que lord North y était favorable; mais on n'a pu y décider quelques autres ministres; c'est ainsi que le droit sur le thé et cet odieux préambule restent pour perpétuer la dispute. Mais je pense que la prochaine session ne passera pas sans qu'on les rappelle; il faudra bien que le Parlement cède au sentiment de la nation.

Quant à l'armée permanente, maintenue chez nous en temps de paix, sans le consentement de nos assemblées, je suis tout à fait d'avis que cela est contraire à la constitution. Si le roi, avec l'aide de son parlement d'Irlande et des colonies, levait une armée et l'amenait en Angleterre, en l'y faisant loger en temps de paix, sans le consentement du parlement de la Grande-Bretagne, je suis convaincu qu'on lui dirait bientôt qu'il n'a pas le droit d'agir ainsi,

---

1. *Franklin's Works*, T. VII, p. 472, à la note.

et que la nation retentirait de clameurs élevées contre cet abus. Dans les deux cas, je ne vois point de différence. Tant que nous serons des États distincts et séparés, je ne vois pas que le fait d'avoir le même chef ou souverain, c'est-à-dire le roi, puisse justifier l'usurpation du droit qui appartient à chaque État d'être consulté sur les forces qu'il veut maintenir chez lui, avec faculté de donner ou de refuser son consentement, suivant que l'exige l'intérêt de cet État.

Que les colonies aient été constituées à l'origine en États distincts, et qu'on ait eu l'intention de les maintenir séparés, c'est ce qui est évident pour moi quand j'examine les Chartes originales et toute la conduite de la couronne et de la nation jusqu'à l'époque de la restauration. C'est depuis lors que le Parlement a usurpé le droit de faire des lois pour les colonies; ce droit, il ne l'avait pas auparavant. Durant quelque temps, nous nous sommes soumis à cette usurpation, en partie par ignorance et inattention, en partie par faiblesse et par impuissance. Quand nos droits seront mieux compris ici, j'espère qu'avec de la prudence et de la conduite, nous obtiendrons de l'équité des Anglais la restauration de nos droits. En attendant, je voudrais qu'on ne vît plus dans nos actes publics ces expressions : *la suprême autorité du Parlement, la subordination de nos assemblées au Parlement*, et autres phrases semblables qui, en réalité, ne signifient rien, si nos assemblées, réunies au roi, ont une véritable autorité législative. Pour un compliment, ces expressions sont trop fortes; elles tendent à confirmer certains sujets du roi dans la prétention qu'ils affichent d'être souverains de ceux de leurs concitoyens, qui vivent dans une autre partie de l'empire, tandis qu'en vérité ils n'ont point ce droit et que leur prétention n'est qu'une usurpation. Les différents États qui composent l'empire ont mêmes droits et mêmes libertés; ils sont simplement reliés ensemble de la même façon qu'étaient l'Angleterre et l'Écosse avant l'union, en ayant un commun souverain, le roi.

Cette doctrine, les lords et les communes l'estiment à l'égal d'une trahison contre leur prétendue souveraineté sur les colonies. Pour moi, il me semble que ces deux corps ont depuis longtemps empiété sur les droits de leur souverain et du nôtre, qu'ils se sont attribué une trop grande part de son autorité et qu'ils ont trahi ses intérêts. Par nos constitutions, le roi, avec les parlements des plantations, est le seul législateur de ses sujets d'Amérique. En cette qualité, il est et il doit être libre d'agir sans être gêné, ni arrêté par son parlement d'Angleterre. Et nos parlements ont le droit d'accorder des subsides au roi sans le consentement du parlement d'Angleterre, chose qui, pour le dire en passant, commence à lui donner quelque ombrage. Maintenons donc notre loyauté envers le roi, qui a les meilleures dispositions pour nous et qui a un intérêt de famille à notre prospérité ; cette ferme loyauté est le meilleur moyen de nous protéger contre le pouvoir arbitraire d'un parlement corrompu, qui ne nous aime pas et qui se croit intéressé à nous opprimer et à nous tondre.

Si l'on insiste sur l'*inconvénient* d'un empire divisé en tant d'États distincts, et si l'on en conclut que nous ne sommes pas divisés de la sorte, je répondrai qu'un inconvénient ne prouve rien que lui-même. L'Angleterre et l'Écosse ont été jadis des États séparés sous un même roi. L'inconvénient qui résultait de cette division ne prouvait pas que le parlement d'Angleterre eût droit de gouverner l'Écosse. On sentit la nécessité d'une union expresse ; l'Angleterre la demanda cependant avant de pouvoir l'effectuer. Si la Grande-Bretagne croit aujourd'hui notre union nécessaire, qu'elle dise ses conditions, nous les examinerons. En ce cas, si l'on consultait l'opinion générale des Anglais, je crois que les conditions, praticables ou non, seraient du moins équitables, car, hormis ceux que l'esprit tory domine, la masse dé la nation nous veut du bien et désire que nous puissions conserver nos libertés.

Je m'épanche avec vous, me confiant en votre prudence désirant avoir en retour vos sentiments sur ce point.

Je suppose que M. Pownall vous fera connaître le sort de ses motions; je n'en dirai donc rien, sinon qu'il semble très-sincère dans ses efforts pour nous servir. C'est pourquoi j'ai eu plaisir à réimprimer dernièrement les adresses que votre assemblée lui avaient votées à son départ; j'y ai joint quelques remarques à son honneur et à la justification de notre peuple.

J'espère que ces détestables assassins[1] ont enfin quitté votre province, et que l'esprit de travail et d'économie continue et augmente. Avec une estime et une affection sincères, je suis, cher monsieur, etc.   B. F.

P. S. Au moment où le Parlement allait se réunir, un de mes amis, qui a quelques liaisons avec le ministère, m'a adressé une lettre sur l'état de nos affaires, afin d'avoir mes sentiments par écrit. J'ai répondu avec une franchise entière; la réponse a été aussitôt communiquée au ministère et répandue dans le parti. Je vous en envoie des copies pour votre amusement. Je souhaite que vous puissiez les lire, car elles sont fort mal écrites par un copiste ignorant.

L'ami dont parle Franklin est M. Strahan, imprimeur du roi, plus tard membre du Parlement. Ses questions, et les réponses qu'y fit Franklin, ont été imprimées; Franklin a raison de dire qu'il s'est exprimé avec une entière franchise; on en jugera par la conclusion de sa lettre[2].

1. Les soldats anglais qui avaient tiré sur le peuple à Boston, le 5 mars 1770. C'est ce qu'on a appelé le *Massacre* de Boston.
2. La lettre est datée du 29 novembre 1769.

Maintenant que j'ai répondu à vos questions, et que je vous ai dit mon opinion sur les conséquences de telle ou telle mesure supposée, j'irai un peu plus loin et je vous dirai ce qui arrivera, je le crains. Le ministère, ou tout au moins le parti, qui est pleinement convaincu du droit que réclame le Parlement, voudra faire triompher ce droit, quelles qu'en soient les conséquences.... Il est probable qu'on ne fera pas cesser dans cette session les griefs des Américains. Cela enflammera encore les esprits en Amérique ; de nouvelles témérités là-bas animeront ici les ressentiments. On ne se contentera plus de dissoudre maladroitement les assemblées coloniales, comme on a fait l'an dernier, on essayera d'anéantir les constitutions [1]; on enverra là-bas plus de troupes, ce qui créera plus de mécontentement. Pour justifier les mesures du gouvernement, vos écrivains insulteront les Américains dans leurs journaux, comme ils ont déjà commencé de le faire (afin de leur aliéner le cœur des Anglais); on les traitera de mécréants, de drôles, de lâches, de rebelles, etc., moyen sûr d'affaiblir encore leur amour pour ce pays. Peut-être même quelques ardents patriotes seront-ils assez emportés par la passion pour faire quelque action folle qui les fera envoyer ici, et peut-être aussi le gouvernement sera-t-il assez imprudent pour les pendre, en vertu du statut de Henri VIII [2].

C'est ainsi que les provocations mutuelles achèveront la séparation. Au lieu de cette affection cordiale qui a duré si longtemps, au lieu de cette harmonie si nécessaire au bonheur, à la puissance, au salut, au bien-être des deux pays, on verra régner l'implacable malice, la haine mutuelle, qui subsiste aujourd'hui entre les Espagnols et les

---

1. C'est ce qu'on fit un peu plus tard pour la charte et le gouvernement de Massachusetts.

2. Les lords et les communes firent au roi une adresse en ce sens, et le roi les assura gracieusement de sa bonne volonté.

Portugais, les Génois et les Corses. Les fautes des gouvernements ont produit cette division; la communauté d'origine, de religion, de mœurs et de langage ne nous préservera pas plus de ce malheur qu'elle n'en a garanti les Espagnols et les Génois.

J'espère néanmoins que tout ceci sera une fausse prophétie et que vous et moi nous vivrons assez pour voir s'établir entre nos deux patries une amitié aussi parfaite et aussi sincère que celle qui subsiste depuis tant d'années entre M. Strahan et son vieil ami.

A SAMUEL FRANKLIN [1].

Londres, 8 juin 1770.

Bon cousin,

J'ai reçu votre aimable lettre du 23 mars. J'ai été heureux d'apprendre que ni vous ni aucun des vôtres ne vous étiez trouvés sur le chemin de ces assassins. J'espère que Boston est enfin débarrassé de ces hôtes dangereux et méchants.

Je me réjouis d'apprendre que vous continuez d'être tous en bonne santé, vous, votre bonne femme et vos enfants. Faites-leur mes amitiés. Grâce à Dieu, j'ai encore une part considérable de cette bénédiction, et j'espère revoir Boston et mes amis avant de mourir. J'ai quitté Boston en 1723; j'y ai fait une visite en 1733, une autre en 1743, une autre en 1753, une autre enfin en 1763. Si je vis jusqu'en 1773, j'irai peut-être vous revoir et prendre congé.

Votre parente Sally Franklin est toujours avec moi; c'est une très-bonne petite fille. Ce sera bientôt une femme. Elle envoie ses amitiés à vous et aux vôtres. Je suis, avec une sincère estime, votre affectionné cousin   B. F.

1. C'était le petit-fils de Benjamin Franklin, l'oncle et le parrain de notre Franklin.

A MISTRISS MARY HEWSON [1].

Londres, 24 juillet 1770.

Chère Polly,

Je vous ai écrit quelques lignes la semaine dernière en réponse à votre lettre du 15; depuis lors j'ai été à la campagne. De retour hier, j'ai vu que votre mère était venue à la maison et qu'elle avait reçu de vous une lettre datée du 20. Elle me l'a mise entre les mains et me prie de vous écrire, parce qu'elle va faire des emplettes dans la Cité avec Miss Barwell. Aura-t-elle le temps de vous écrire elle-même, et, si elle l'a, pourra-t-elle surmonter son aversion naturelle pour écrire? c'est ce que je ne puis vous dire. Je crois qu'il lui suffira que vous sachiez ce qu'elle vous dirait, si elle écrivait. Bref, elle se porte bien et est fort heureuse de vous savoir en bonne santé.

Tous vos amis sont charmés du récit que vous faites de l'agréable famille [2], de l'aimable accueil que vous y avez reçue, du respect qu'on vous témoigne; mais Dolly et moi, tout en nous réjouissant de tout ce qui contribue à votre bonheur, nous sommes tristes de temps en temps, en supposant que chacun de nous a perdu une amie. Barwell dit qu'elle n'y comprend rien, et que nous sommes des niais avec nos imaginations. Je lui ai montré la lettre à votre mère où vous dites : « Dolly est une méchante petite fille, si elle ne se corrige pas, je la renverrai, car j'ai maintenant une autre Dolly, et une très-bonne Dolly. » Barwell m'a prié de ne pas montrer ce passage à Dolly, ce n'est qu'une plaisanterie, mais dans l'état où est Dolly cela lui ferait de la peine. Je suppose que c'est par la même rai-

---

1. C'est le nom de femme de sa chère Polly, Miss Mary Stevenson.

2. La famille de M. Hewson.

son et la même bonté que Barwell a refusé de me montrer un paragraphe de votre lettre à Dolly, que Dolly lui avait communiqué.

25 *juillet*. J'avais écrit ceci hier ; mais j'ai été dérangé et je n'ai pu finir ma lettre à temps pour la poste, quoique je n'aie pas grand'chose à ajouter. Votre mère désire que je vous exprime toute l'abondance de son affection pour vous et pour M. Hewson, et que vous disiez de sa part une foule de choses à tous vos amis là-bas. Ces choses, vous pouvez les imaginer mieux que je ne puis les écrire. Sally et le petit Temple[1] vous envoient leurs meilleurs souhaits pour votre bonheur à tous deux. Présentez mes respects à M. Hewson que, sans parler de ses autres mérites, j'estimerai toujours en proportion des égards qu'il aura pour vous.

Je suis disposé à aimer qui vous aime, et par conséquent je suppose qu'avec le temps j'aimerai votre nouvelle mère, votre nouvelle sœur, votre nouvelle Dolly. Je trouve même que je commence déjà à les aimer, et, si vous le jugez à propos, vous pouvez le leur dire. Mais votre vieille Dolly et moi nous sommes convenus de nous entr'aimer plus que jamais pour remplacer, autant que possible, la perte que nous croyons avoir faite. Nous aimons la promesse que vous nous faites de nous continuer votre amitié, sans que votre nouvelle condition l'affaiblisse, et nous croyons que vous écrivez comme vous pensez ; mais nous nous imaginons que nous en savons plus long que vous. Rappelez-vous qu'un jour j'ai connu votre cœur mieux que vous ne faisiez vous-même. Et la preuve que j'ai raison, faites attention à ceci, — c'est que cette lettre vous paraît la lettre la plus ridicule que je vous aie jamais écrite, et que M. Hewson vous confirme dans cette opinion.

---

1. William Temple Franklin, fils du gouverneur de New-Jersey et petit-fils de Franklin.

Malgré tout, je suis encore ce que j'ai été durant tant d'années, ma chère bonne fille, votre sincère ami, votre affectionné serviteur. B. F.

A M. DUBOURG.

Sur les dissensions entre l'Angleterre et l'Amérique.

Londres, 2 octobre 1770.

Je vois avec plaisir que nous pensons à peu près de même au sujet de l'Amérique anglaise. Nous, habitants des colonies, nous n'avons jamais prétendu être exempts de contribuer aux dépenses nécessaires au maintien de la prospérité de l'empire. Nous soutenons seulement qu'ayant des parlements chez nous, et n'étant nullement représentés dans celui de la Grande-Bretagne, nos parlements sont les seuls juges de ce que nous pouvons et devons donner, et le parlement anglais n'a nul droit de prendre notre argent sans notre consentement.

L'empire britannique n'est pas un simple État. Il en comprend plusieurs, et, quoique le parlement de la Grande-Bretagne se soit arrogé le pouvoir de taxer les colonies, il n'en a pas plus le droit qu'il n'a celui de taxer l'électorat d'Hanovre. Nous avons le même roi, mais non la même législature.

La dispute, qui s'est élevée entre l'Angleterre et les colonies, a déjà fait perdre à l'Angleterre plusieurs millions sterlings. Elle les a perdus dans son commerce, et l'Amérique en a gagné autant. Ce commerce consistait principalement en superfluités, en objets de luxe et de mode, dont nous pouvons fort bien nous passer; et la résolution que nous avons prise de n'en plus recevoir jusqu'à ce qu'on ait fait cesser nos plaintes, est cause que nos manufactures commencent à sortir de l'enfance et à prendre quelque consistance. Il ne serait même pas aisé d'engager nos colons à les abandonner, quand une amitié plus sincère que jamais succéderait à la querelle qui nous divise.

Certes, je ne doute point que le parlement d'Angleterre ne finisse par abandonner ses prétentions, et ne nous laisse paisiblement jouir de nos droits et de nos priviléges.

B. F.

A MISTRISS DEBORAH FRANKLIN.

Londres, 3 octobre 1770.

Ma chère enfant,

J'ai reçu votre bonne lettre du 16 août, qui m'a fait grand plaisir. Je suis heureux que votre petit-fils[1] se soit remis sitôt de sa maladie, car je vois que vous en êtes amoureuse, et que votre bonheur est enveloppé dans le sien. Toute votre longue lettre n'est qu'un récit de ses petits faits et gestes. C'est fort bien fait à vous de n'être point intervenue quand sa mère a jugé à propos de le corriger ; cela m'a fait d'autant plus de plaisir que votre tendresse me faisait craindre que l'enfant ne fût volontaire et peut-être gâté. Il y a une histoire de deux petits garçons qui se rencontrent dans la rue ; l'un pleure amèrement, l'autre lui demande ce qu'il a. — On m'a envoyé chercher pour un *penny* de vinaigre, j'ai cassé la burette et perdu le vinaigre, ma mère va me fouetter. — Non, elle ne te fouettera pas, dit l'autre. — Mais si, elle me fouettera.— Quoi! dit l'autre, tu n'as donc jamais eu de grand'mère.

Je suis fâché de ne pas avoir envoyé un de mes livres à M. Rhoads, puisqu'il désirait le voir. Faites-lui mes amitiés, ainsi qu'à tous les amis qui demandent de mes nou-

---

1. Le fils de Sally (Mme Bache).

velles. Mistriss West est venue aujourd'hui et m'a prié de vous assurer de son amitié. M. Strahan et sa famille sont en bonne santé, ils parlent toujours de vous, et vous envoient leurs amitiés. Mistriss Stevenson est à la campagne, mais Polly vous envoie ses tendresses, à vous, à mistriss Bache et au jeune gentleman. Je suis, comme toujours, votre mari affectionné.   B. F.

A MISTRISS JANE MECOM.

Faux bruit sur la retraite de Franklin.—Singulier testament.

Londres, 30 décembre 1770.
Chère sœur,

Le vaisseau, restant plus longtemps qu'on ne croyait, me donne l'occasion de vous écrire, occasion que j'ai manquée quand j'ai prié le cousin Williams de vous faire mes excuses. J'ai reçu votre bonne lettre du 25 septembre par les deux jeunes gens[1], qui par leur bonne tenue se sont recommandés eux-mêmes et à moi, et à beaucoup de mes amis. Josiah a obtenu le désir de son cœur, il est entre les mains de M. Stanley. Il y a longtemps que M. Stanley a abandonné l'enseignement, mais, à ma prière, il a la bonté d'instruire Josiah, et il est fort satisfait de sa facilité et de ses progrès. Jonathan paraît un très-estimable jeune homme; il est modeste, rangé, et a du goût pour le travail et l'économie; ce sont là des promesses de succès en affaires. Je suis très-heureux dans leur compagnie.

Quant au bruit dont vous me parlez (et suivant lequel, au dire de Josiah, j'aurais perdu ma place dans les postes, par suite d'une lettre que j'aurais écrite à Philadelphie), il n'est peut-être pas sans fondement. Mes lettres ont déplu à quelques ministres, et on a eu quelque idée de me

1. Les deux fils de son cousin, Jonathan Williams.

témoigner de cette façon le déplaisir ministériel. Mais j'avais aussi des amis qui, sans que je leur aie rien demandé, ont été d'un avis contraire. Mes ennemis en ont été réduits à se satisfaire en m'injuriant largement dans les journaux, et en essayant de me pousser à bout pour me faire résigner ma fonction. En ce point ils ne réussiront pas ; il me manque la vertu chrétienne de la *résignation*. S'ils veulent ma place, qu'ils la prennent.

J'ai ouï dire qu'en fait de places un grand homme avait pour règle *de ne jamais les demander et de ne jamais les refuser;* j'y ai ajouté, quant à moi, *de ne jamais les résigner*. Comme je l'ai dit à mes amis, je me suis élevé à cette position par une longue suite de services rendus dans les degrés inférieurs. Avant moi, par suite de mauvaise administration, la poste ne produisait même pas le salaire attaché à la place que j'occupe, et quand j'ai accepté cette place je ne devais toucher aucun salaire, si les revenus de la poste n'y suffisaient pas. Durant les quatre premières années, la poste était si loin de faire ses frais, qu'elle devait neuf cent cinquante livres sterling à moi et à mon collègue. C'est moi qui ai amené ce service à l'état florissant où il est aujourd'hui, je puis donc penser que j'ai quelque droit à ma place. J'en ai rempli les devoirs fidèlement, à la parfaite satisfaction de mes chefs, c'est tout ce qu'on peut me demander. Quant aux lettres dont on se plaint, il est vrai que je les ai écrites, et je les ai écrites pour remplir un autre devoir, mon devoir envers mon pays ; c'est un devoir tout à fait distinct de celui d'un directeur des postes.

En ce point, ma conduite est exactement semblable à celle que j'ai tenue il y a quelques années dans une occasion semblable, alors que les ministres du jour étaient prêts à m'étouffer de tendresses, parce que je les avais aidés à révoquer une loi de revenu. Alors, comme aujourd'hui, je pensais qu'en Angleterre on ne peut faire de pareilles lois pour l'Amérique, et que si on en fait, il faut les rappeler le plus tôt possible ; on ne peut pas exiger que je change mes opinions politiques, chaque fois qu'il plaît à Sa Majesté de changer ses ministres. Tel a été mon langage, et on m'a dit récemment qu'encore bien qu'on me trouvât fort à blâmer (car c'est chose convenue que tout fonctionnaire doit être en conformité de vues avec les ministres, que cela s'accorde ou non avec son jugement), cependant en considération de mon honnêteté privée (c'est le compliment qu'on m'a fait), on me laisserait en place.

Il est possible qu'ils changent d'idée, et qu'ils me destituent, mais jamais, je l'espère, une crainte pareille n'altérera le moins du monde ma conduite politique. Ma règle est de ne jamais gauchir dans les affaires publiques par des vues d'intérêt privé, mais de marcher droit devant moi, en faisant ce qui me paraît juste dans le moment, et en laissant les suites à la Providence. Cette règle, j'ai toujours eu lieu de m'en louer. Dans mes jeunes années, ce qui me rendait facile de marcher droit, c'est que j'avais un état ; je savais que je pouvais vivre de peu, et n'ayant jamais eu l'envie de faire une grosse fortune, j'étais exempt d'avarice, et content des ressources abondantes que mes affaires me fournissaient. Aujourd'hui, il m'est encore plus facile de conserver ma liberté et mon honneur ; je suis presque à la fin de mon voyage, il ne me faut plus beaucoup pour achever la route ; avec un peu d'économie (s'il ne m'arrive de grands malheurs), ce que je possède par la bénédiction de Dieu sera suffisant, quand même je n'aurais ni place, ni emploi.

Je vous envoie les deux livres que vous avez demandés. Ils coûtent trois shillings pièce. Dans mon premier séjour à Londres, il y a près de quarante-cinq ans, j'ai connu une personne qui avait une opinion presque semblable à celle de votre auteur. Son nom était Ilive ; c'était la veuve d'un imprimeur. Elle mourut peu après mon départ. Par son *testament* elle obligea son fils à lire publiquement à Salter's Hall un discours solennel, dont l'objet était de prouver que cette terre est le véritable Enfer, le lieu de punition pour les esprits qui ont péché dans un monde meilleur. En expiation de leurs fautes, ils sont envoyés ici-bas sous formes de toute espèce. J'ai vu, il y a bien longtemps, ce discours qui a été imprimé. Je crois me rappeler que les citations de l'Écriture n'y manquaient point; on y supposait qu'encore bien qu'aujourd'hui nous n'ayons aucun souvenir de notre préexistence, nous en reprendrions connaissance après notre mort, et nous nous rappellerions les châtiments soufferts, de façon à être corrigés. Quant à ceux qui n'avaient pas encore péché, la vue de nos souffrances devait leur servir d'avertissement.

De fait, nous voyons qu'ici-bas chaque animal a son ennemi, et cet ennemi a des instincts, des facultés, des armes pour le terrifier, le blesser, le détruire. Quant à l'homme, qui est au premier degré de l'échelle, il est un diable pour son semblable. Dans la doctrine reçue de la bonté et de la justice du grand créateur, il semble qu'il faille une hypothèse comme celle de Mme Ilive pour concilier avec l'honneur de la divinité cet état apparent de mal général et systématique. Mais, faute d'histoire et de faits, notre raisonnement ne peut pas aller loin quand nous voulons découvrir ce que nous avons été avant notre existence terrestre, ou ce que nous serons plus tard. Seule, la révélation peut nous donner les enseignements nécessaires, mais, sur le premier de ces deux points notamment, ces enseignements nous ont été fort ménagés.

J'espère que vous continuez à correspondre avec vos parents de Philadelphie. Mes amitiés à vos enfants; croyez-moi toujours votre frère affectionné.　　B. F.

Le zèle que Franklin montrait pour sa patrie, la

considération qu'on avait pour lui à Londres, l'effet que produisaient ses brochures en Angleterre et ses lettres en Amérique, le désignaient aux colonies comme le représentant naturel de leurs intérêts. Aussi la Géorgie, le New-Jersey, et enfin le Massachusetts, le choisirent-ils successivement pour leur agent à Londres. Franklin se trouva ainsi le mandataire de quatre colonies. Cette faveur était naturelle ; mais, en Angleterre, elle offusqua lord Hillsborough et les ennemis de l'Amérique. Dans un dialogue plein d'*humour* et de malice, Franklin nous a peint son noble adversaire et s'est peint lui-même avec une parfaite vérité. Que d'hommes d'État anciens et modernes on reconnaîtra dans ce lord Hillsborough, infatué de sa grandeur, prenant les mots pour les choses, et nous parlant de sa *fermeté* comme on parlerait du salut d'un pays. O têtes creuses et solennelles ! pour vous apprécier à votre juste prix, que nous avons besoin de lire et de comprendre un Franklin !

A THOMAS CUSHING.

Défense des colonies. — *Lord Hillsborough refuse d'admettre l'agent de Massachusetts.*

Londres, 5 février 1771.

Monsieur,

Depuis ma lettre du 24 décembre, j'ai été honoré de la lettre du comité en date du 17 du même mois ; elle est devant moi, avec votre lettre du 6 novembre.

La doctrine qui attribue au Parlement le droit de taxer l'Amérique est généralement abandonnée ; dans un salon on ne trouve plus guère personne qui continue de la soutenir. Mais il est beaucoup de gens qui pensent que la dignité et l'honneur du Parlement et de la nation sont tellement engagés, qu'on ne renoncera jamais expressément à ces prétentions. — On n'exercera plus ce droit, disent-ils, contentez-vous de cette abstention. — Ils voudraient que nous comptions là-dessus comme sur chose certaine. On nous fait entendre aussi, qu'on retirera graduellement les droits subsistants, aussitôt qu'on pourra le faire décemment, sans que la dignité de l'Angleterre en soit blessée, sans que le gouvernement soit exposé au mépris de l'Europe, comme étant contraint de céder à l'entêtement de ses colonies. Jusqu'à quel point peut-on compter sur tout cela? nul ne le sait. La présomption est plutôt que si le temps nous habituait à ces taxes, et nous amenait à les payer sans nous plaindre, nul ministre ne penserait à les abolir, tout au contraire on serait encouragé a en établir de nouvelles.

Peut-être ne trouverait-on pas d'exemple d'une colonie qui ait été aussi longtemps et aussi fortement insultée que la nôtre [1] l'a été depuis deux ans par les ennemis du dedans et du dehors. En nous rendant odieux et méprisables, on voulait sans doute empêcher que les amis de la liberté en Angleterre ne s'intéressassent à nous, quand on essayerait de nous opprimer davantage, et de nous priver de nos droits par de violentes mesures. Ces insultes ont diminué dans ces derniers temps; la majorité des ministres nous est devenue plus favorable, et j'ai quelques raisons de croire que tous ces projets violents sont mis de côté. Leurs auteurs eux-mêmes ont perdu de leur crédit, et si nous n'y donnons quelque nouveau prétexte, il n'est pas probable qu'on accueille de nouveaux plans de rigueur. Mais il est encore trop tôt pour qu'on donne à nos plaintes

---

1. Franklin était né à Boston et se considérait toujours comme citoyen de Massachusetts.

l'attention qui serait nécessaire pour le redressement immédiat de nos griefs. Il faut un peu de temps, mais vos agents ne perdront pas une occasion de faire valoir ces griefs, et d'insister sur la nécessité de les écarter, dans l'intérêt de la force et du salut de l'empire. J'espère que par de fréquentes résolutions les assemblées coloniales montreront qu'elles connaissent leurs droits, et ne les perdent jamais de vue. Notre importance toujours croissante forcera bientôt à reconnaître nos droits, et en assurera la solide jouissance à notre postérité.

.... Le secrétaire des affaires d'Amérique lord Hillsborough a fait des objections à ma nomination par l'assemblée ; il insiste pour que le gouvernement ne reçoive ou n'écoute aucun agent qui n'ait pas été nommé par la Cour générale [1] avec l'assentiment du gouverneur. Si cette doctrine était reçue, Sa Seigneurie aurait entre les mains le pouvoir de nommer les agents, ou tout au moins d'annuler les choix faits par la chambre des représentants et par le conseil. Rien en effet ne lui serait plus facile que de donner pour instruction au gouverneur de ne point consentir à la nomination des personnes qui lui déplairaient. Avec des nominations annuelles, chaque agent qui tiendrait à son poste, devrait se considérer comme devant son titre à la faveur de Sa Seigneurie, il lui serait trop obligé pour s'opposer aux mesures qu'il lui plairait de prendre, quelques contraires qu'elles fussent à l'intérêt de la province.

A quoi serviraient de tels agents, il est aisé d'en juger. Aussi quoique je ne doute point que malgré la fantaisie de Sa Seigneurie, toute pétition, toute adresse présentée par vos représentants au roi en son conseil, ou au Parlement, ne soit reçue de votre agent comme de coutume, cepen-

[1] La Cour générale était composée de l'assemblée et du conseil, espèce de conseil d'État et de chambre haute dans les colonies.

dant, dans cette occasion, je ne puis m'empêcher de désirer qu'on comprenne mieux, et qu'on établisse plus nettement le caractère des agents coloniaux, aussi bien que les relations politiques entre les colonies et la mère patrie.

Quand on considérera les colonies sous leur vrai jour, comme des *États distincts*, peut-être leurs agents seront-ils traités avec plus de respect, et regardés comme des ministres publics. Sous l'administration présente ils sont vus de mauvais œil, comme un obstacle aux mesures ministérielles. J'imagine que lord Hillsborough serait charmé d'en être débarrassé. Il a plusieurs fois exprimé l'opinion que ces agents étaient inutiles, et que toutes les affaires entre les colonies et le gouvernement anglais pouvaient se traiter par les lettres des gouverneurs beaucoup mieux que par l'intermédiaire d'un agent. Vos dernières nominations, particulièrement celle du docteur Lee et la mienne, n'ont point été agréables à Sa Seigneurie.

Je me propose toutefois de dresser un mémoire où j'exposerai nos droits et nos griefs. Au nom et dans l'intérêt de la province je protesterai contre l'usurpation du pouvoir civil par l'autorité militaire, et contre les autres infractions de la Charte. Si M. Bollan est de mon avis, et veut se joindre à moi, nous présenterons ce mémoire au roi en son conseil, dès que le moment sera favorable. Qu'on nous fasse réparation promptement ou non, j'imagine qu'il est bon de raviver nos plaintes, et de montrer que nous n'abandonnons pas les points contestés, quoique nous n'ayons pas recours à la violence pour les emporter.

Nos ennemis ont répandu partout l'idée que toute nouvelle concession faite par la Grande-Bretagne ne servirait qu'à multiplier nos plaintes. J'ai dit constamment que, selon moi, si les colonies étaient remises dans la situation où elles étaient avant l'acte du timbre, elles seraient satisfaites et ne demanderaient rien de plus. Comme on a dit qu'en ce point je ne connaissais pas ou je n'exprimais pas les sentiments des Américains, je suis charmé de voir ces mêmes sentiments si complétement exprimés dans la lettre du comité. Que de fois n'ai-je pas dit ici que c'était une mauvaise politique que de vouloir guérir nos différends par le rappel partiel des droits, comme c'est de la mauvaise chirurgie que de laisser dans une blessure des esquilles qui empêchent la guérison ou font rouvrir la plaie.

Il n'est pas douteux qu'on veut rendre les gouverneurs et quelques autres fonctionnaires indépendants du peuple pour leur traitement; on persistera dans ce projet si le revenu américain est suffisant pour défrayer ce salaire. Il est plusieurs personnes qui trouvent cette mesure si nécessaire, qu'elles voudraient qu'à défaut du revenu, le trésor anglais fît les fonds de la dépense. Mais ceci, je crois, n'est point aisé, tant il y a de demandes en ce pays. D'ailleurs le salaire d'un si grand nombre de fonctionnaires dans un si grand nombre de colonies monterait à une somme tellement énorme que probablement on trouverait le fardeau trop lourd, et qu'on laisserait aux colonies mêmes le soin de fournir aux frais de leur propre gouvernement.

J'aurai l'œil ouvert sur tout ce qu'on pourrait proposer au détriment de la province, et je mettrai à son service tout mon zèle et tous mes efforts.

On n'a point encore parlé ici de la proclamation incendiaire affichée à Boston; je crois qu'aujourd'hui on est moins disposé à nous faire un crime du fait isolé d'un individu. Avec le plus grand respect, etc. B. F.

A SAMUEL COOPER.

Caractère de lord Hillsborough.

Londres, 5 février 1771.

Cher monsieur,

Je reçois à l'instant votre bonne lettre du 1er janvier, par M. Bowdoin, à qui je serais charmé d'être utile en ce pays. Je vous ai écrit, il y a quelques semaines, en réponse à vos lettres de juillet et de novembre; je vous ai exprimé, sans la moindre réserve, mes sentiments sur des points qui demandent une libre discussion. Je sais que je puis me fier à votre prudence pour ne point nuire à mon utilité ici, en me rendant plus odieux que je ne le suis déjà, par mon attachement aux intérêts de l'Amérique, attachement qui est de mon devoir aussi bien que de mon inclination.

Avec la même confiance je vous envoie ci-inclus un extrait de mon journal, contenant le récit d'une conférence qui a eu lieu dernièrement entre lord Hillsborough et votre ami; vous y verrez l'humeur de Sa Seigneurie. C'est un des mille exemples qui m'ont donné une très-petite opinion de ses talents et de sa capacité politique. Fantaisie, prévention, entêtement, passion, voilà son caractère! Ceux qui parlent de lui le plus favorablement, vous accordent tout cela; ils ajoutent seulement que c'est un honnête homme et que ses intentions sont droites. S'il en est ainsi, je lui souhaite une meilleure place, où l'on n'ait besoin que d'honnêteté et de bonnes intentions, et où les autres qualités de Sa Seigneurie ne puissent faire de mal. Si la guerre avait eu lieu, j'ai quelque raison de croire qu'on l'aurait remercié. Je crois qu'au moment où je causais avec lui, il en avait lui-même quelque appréhension. Toutefois j'espère que nos affaires ne seront pas longtemps embrouillées et embarrassées par sa mauvaise et folle administration. On m'a dit que Sa Seigneurie avait été fort blessée de mes derniers mots, qu'il disait fort rudes et fort impérieux. Il a répété à un de mes amis que ces mots équivalaient à lui dire en face que les colonies ne pouvaient espérer ni faveur ni justice durant son administration. Je trouve qu'il ne m'a pas mal compris.

Il est vrai, comme on vous l'a dit, que quelques-unes des lettres que j'ai écrites en Amérique ont eu de l'écho ici, mais ce n'était aucune de celles que je vous ai adressées. On en a pris grand ombrage, surtout lord Hillsborough, mais comme il était disposé d'avance à se fâcher contre moi, l'inconvénient est moindre ; d'ailleurs quelles que soient les conséquences de son déplaisir, en mettant tous mes crimes ensemble, il faut que je les supporte aussi bien que je pourrai. S'il y a guerre entre nous, cela ne m'empêchera point de faire de mon mieux pour me défendre et incommoder l'ennemi, sans trop m'inquiéter de l'histoire du pot de terre et du pot de fer. Ce qui m'encourage, c'est que je sais que ses collègues au ministère ne l'aiment pas plus que je ne fais, qu'il ne peut rester longtemps où il est, et que son successeur, quel qu'il soit, ne m'en voudra pas de mes querelles avec Sa Seigneurie.

Continuez de m'écrire, toutes les fois que vous en trouverez l'occasion. Vos lettres sincères, claires, bien écrites me sont fort utiles, je vous assure. Avec la plus haute estime, je suis mon cher ami, etc.,   B. F.

MINUTES DE LA CONFÉRENCE AVEC LORD HILLSBOROUGH.

Mercredi, 16 janvier 1771.

Ce matin j'ai été voir lord Hillsborough. Le portier me dit que Sa Seigneurie n'y était pas, sur quoi je laissai mon nom et remontai en voiture. Mais avant que l'équipage fût sorti du square, on appela le cocher, qui tourna et s'arrêta devant l'hôtel ; le portier vint et me dit, *Monsieur, Sa Seigneurie veut vous voir*. On me mena dans un salon ou je trouvai le gouverneur Bernard qui, à ce qu'on me dit, est toujours là. Il y avait d'autres personnes qui attendaient, je m'assis auprès d'elles, mais au bout de quelques minutes le secrétaire Pownall[1] vint à nous, et dit que Sa Seigneurie me priait d'entrer.

Je fus flatté de cette prompte admission et de cette préférence, car j'ai quelquefois attendu mon tour trois ou quatre heures, et étant flatté, il m'était plus facile d'avoir cet air ouvert et gai que mes amis me conseillent de prendre. Sa Seigneurie vint à moi et dit : « Je m'habillais pour me rendre à la cour, mais en apprenant que vous étiez venu, vous, un homme d'affaires, j'ai voulu vous voir immédiatement. » Je remerciai Sa Seigneurie, et dis que dans ce moment mes affaires n'étaient que peu de chose; je venais seulement présenter mes respects à Sa Seigneurie, et lui annoncer que la Chambre des Représentants de Massachussetts m'avait nommé son agent à Londres ; j'ajoutai que si en cette qualité je pouvais être utile j'allais dire : au public, « je serais fort heureux » ; mais Sa Seigneurie, en entendant le nom de cette province, changea de visage, et me coupa la parole, en me disant d'un ton moitié souriant et moitié ironique :

L. H. Je vous arrête ici, Monsiuer Franklin, vous n'êtes point agent de Massachussetts.

B. F. Pourquoi, mylord?

L. H. Vous n'êtes pas nommé.

B. F. Je ne comprends pas Votre Seigneurie ; j'ai la nomination dans ma poche.

1. John Pownall, secrétaire du bureau de commerce, frère du gouverneur Pownall.

L. H. Vous vous trompez; j'ai des nouvelles plus récentes et plus sûres. J'ai une lettre du gouverneur Hutchinson; il refuse son consentement au bill.

B. F. Il n'y a pas eu de bill, mylord; c'est un simple vote de la chambre.

L. H. Il y a eu un bill présenté au gouverneur pour vous nommer vous et une autre personne, un certain docteur Lee, mais le gouverneur a refusé son consentement.

B. F. Je ne puis rien comprendre à ceci, mylord; il y là quelque méprise. Votre Seigneurie est-elle bien sûre d'avoir cette lettre?

L. H. Je vais vous en convaincre à l'instant. (*Il sonne.*) M. Pownall va venir, et vous satisfaire sur ce point.

B. F. Il est inutile que j'empêche Votre Seigneurie de s'habiller. Vous allez à la cour; je me présenterai une autrefois devant Votre Seigneurie.

L. H. Non, restez, on vient à l'instant. (*Au domestique*) Dites à M. Pownall que j'ai besoin de lui. (*Entre M. Pownall.*)

L. H. N'avez-vous pas en main une lettre du gouverneur Hutchinson, dans laquelle il dit qu'il a refusé son consentement au bill qui nomme le docteur Franklin agent de Massachusetts?

P. Mylord?

L. H. N'avez-vous pas une lettre de ce genre.

P. Non, mylord, il y a une lettre où il est question d'un bill pour le payement du salaire dû à M. de Berdt, et je crois aussi à un autre agent. C'est à ce bill que le gouverneur a refusé son consentement.

L. H. Et dans cette lettre, il n'y a rien qui ait rapport au sujet dont je parle?

P. Non, mylord.

B. F. Je pensais bien, mylord, que cela ne pouvait-être; mes lettres sont du dernier paquebot, et ne parlent de rien de semblable. Voici la copie authentique du vote qui me nomme, il n'y est point question de bill. Plairait-il à Votre Seigneurie d'y jeter les yeux. (*Lord Hillsborough prend le papier d'un air contraint et n'y regarde pas.*)

L. H. Ce n'est pas au secrétaire d'État qu'on doit apporter une pièce de cette nature. C'est au bureau de commerce qu'elle appartient.

B. F. Je laisserai donc ce papier à M. Pownall pour...

L. H. (*Vivement.*) Pourquoi voulez-vous lui laisser ce papier?

B. F. Pour le faire enregistrer sur les minutes du bureau, comme c'est l'usage.

L. H. (*D'un ton colère.*) Il n'y sera pas enregistré. Tant que je serai quelque chose au bureau, on n'y enregistrera pas un papier de cette espèce. L'assemblée n'a pas le droit de nommer un agent. Nous ne reconnaîtrons pour agents que ceux qui sont nommés par un bill de l'assemblée, sanctionné par le gouverneur. Nous avons déjà assez de confusion. Un agent est nommé par le conseil, un autre par l'assemblée, quel est l'agent de la province? Qui écouterons-nous? Je ne sais pas ce que c'est qu'un agent nommé par l'assemblée. A l'avenir nous n'en souffrirons plus aucun, je vous l'assure.

B. F. Mylord, je ne puis comprendre pourquoi le consentement du gouverneur serait jugé nécessaire, pour la nomination d'un agent du peuple. Il me semble que....

L. H., *avec un regard mêlé de colère et de dédain.* Sur ce sujet, monsieur, je ne disputerai point avec vous.

B. F. Je demande pardon à Votre Seigneurie; je n'ai pas la présomption de disputer avec Votre Seigneurie; je voulais seulement dire qu'il me semblait que toute corporation qui ne peut comparaître en personne là où ses affaires l'appellent, a droit de comparaître par un agent. Le concours du gouverneur ne me semble pas nécessaire. Ce sont les affaires du peuple qui sont en jeu, le gouverneur n'est pas du peuple, il est lui-même un agent.

L. H., *vivement*. Agent de qui?

B. F. Du roi, mylord.

L. H. Point du tout. Par la charte de la province, il est un des membres de la corporation. Nul agent ne peut être nommé que par un bill; nul bill ne peut passer sans son consentement. D'ailleurs, le procédé est directement contraire à des instructions expresses[1].

B. F. Je ne savais pas qu'il y eût de pareilles instructions. Je ne suis pour rien dans leur violation, et....

L. H. Vous vous trompez ; apporter ce papier pour le faire enregistrer, c'est un délit contre ces instructions. (*Il le plie sans en avoir lu un mot.*) Jamais on n'enregistrera une nomination de cette espèce. Quand j'ai pris l'administration des affaires américaines, j'y ai trouvé le plus grand désordre. Grâce à ma *fermeté*, elles sont un peu plus en état, et tant que j'aurai l'honneur de tenir les sceaux, je persévérerai dans la même conduite, dans la même *fermeté*. Mon devoir envers le maître que je sers et envers le gouvernement de cette nation, l'exige. S'*ils* n'approuvent pas ma conduite, *ils* peuvent disposer de ma place quand *ils* voudront. Je leur tirerai mon salut, et je les remercierai; je résignerai mon poste avec plaisir. Ce gentleman (*montrant M. Powrall*) le sait ; je suis résolu à persévérer dans la même FERMETÉ. (*Tout cela est dit avec grande chaleur, et lord Hillsborough, devient pâle en parlant, comme s'il était en colère contre quelque chose ou quelqu'un qui le touche beaucoup plus que l'agent colonial.*)

B. F., — *tendant la main pour reprendre le papier que lui rend Sa Seigneurie.* — Je demande pardon à Votre Seigneurie d'abuser de son temps. Il est, je crois, peu important que la nomination soit ou non reconnue, car je n'ai pas la moindre idée qu'à *présent* un agent puisse être d'au-

---

[1] Les *Instructions* étaient des circulaires ministérielles auxquelles on prétendait donner force de loi dans les colonies.

cune utilité pour les colonies. Je n'importunerai plus Votre Seigneurie. (*Il se retire.*)

AU COMITÉ DE CORRESPONDANCE DU MASSACHUSSETTS[1].

Souffrances d'Amérique. — La séparation prédite.

Londres, 15 mai 1771.

Messieurs,

J'ai reçu votre honorée du 27 février, avec le *Journal de la Chambre des représentants*, et les copies des poursuites iniques faites devant la Cour d'amirauté[2]. Je les communiquerai à M. Bollan, comme vous le désirez, et je m'entendrai avec lui sur le meilleur usage à faire de ces pièces dans l'intérêt de la province.

Dans le système de douanes imposé à l'Amérique par le parlement, on voit clairement le germe d'une désunion totale des deux pays, quoique l'événement puisse être fort éloigné. On en devine la marche naturelle. D'abord on nommera comme employés des gens besogneux, les autres ne se souciant pas de quitter l'Angleterre; leur misère les rendra rapaces, leur emploi les rendra fiers et insolents. Leur insolence et leur rapacité les rendront odieux; ils en auront conscience et deviendront méchants; leur méchanceté les poussera à calomnier les habitants dans toutes leurs lettres à l'administration; ils les peindront comme étant desaffectionnés et rebelles, et en même temps (pour pousser à la sévérité) comme faibles, divisés, ti-

---

1. Ces comités de correspondance, librement institués par le suffrage populaire, jouèrent un grand rôle dans la révolution d'Amérique. Les membres du comité auquel écrit Franklin étaient Thomas Cushing, James Otis, et Samuel Adams.

2. On poursuivait devant la Cour d'Amirauté certains délits, tels que la contrebande, pour priver les accusés de la protection du jury.

mides et lâches. Le gouvernement croit tout, il juge nécessaire de soutenir et d'appuyer ses employés; leurs querelles avec le peuple sont considérées comme une marque et une suite de leur fidélité ; on les récompense, et cela les rend encore plus insolents et plus provoquants.

Le temps, les circonstances feront que le ressentiment du peuple éclatera en outrages et en violences contre ces employés; cela amènera d'ici de nouvelles sévérités, une nouvelle oppression. Plus le peuple sera mécontent, plus la rigueur sera jugée nécessaire; on infligera de cruels châtiments pour terrifier la résistance; on abolira les droits et les priviléges; alors il faudra plus de soldats pour assurer l'exécution des lois et la soumission du peuple, la dépense deviendra énorme; on aura recours à de nouvelles exactions pour que le peuple fasse les frais de son obéissance. Par là, le gouvernement et la nation britannique deviendront odieux ; la sujétion sera regardée comme intolérable; la guerre éclatera, et cette lutte sanglante finira par l'entier esclavage de l'Amérique, ou par la ruine de l'Angleterre, dépouillée de ses colonies. La dernière supposition est la plus probable, car la force et la grandeur de l'Amérique vont toujours croissants [1].

Mais comme dans les deux cas l'empire tout entier sera grandement affaibli, je désire que dans notre conduite générale nous mettions toute la prudence et toute la modération possible, afin de retarder cette date fatale. Si la catastrophe doit arriver, il faut que le monde voie que la faute n'en est pas à nous. En faisant perdre son commerce à l'Angleterre, déjà la perception des droits qu'elle nous a imposés lui a coûté infiniment plus qu'elle ne lui a rapporté ; cette perte continuera et grandira ; car le ressentiment nous poussera à donner de nouveaux encourage-

---

[1]. Sauf la ruine de l'Angleterre, il n'y a pas une de ces prédictions de Franklin qui n'ait été vérifiée par les faits.

ments à nos fabriques. Puis donc que l'établissement et le maintien de ces droits n'a pas de meilleure raison d'être que le règlement du commerce à l'avantage général, il me semble que la Grande-Bretagne aurait tout intérêt à les abandonner, en laissant les colonies maîtresses de maintenir par leurs propres lois, et de percevoir, par leurs propres employés, les taxes nécessaires à leurs divers gouvernements. Cela seul étoufferait ces germes de division; les deux pays pourraient longtemps encore grandir l'un près de l'autre, plus tranquilles grâce à l'union de leurs forces, et plus formidables à leurs ennemis communs. Mais le pouvoir de nommer des amis et des créatures à des emplois profitables, est chose trop agréable aux ministres pour qu'on y renonce aisément; et, si la proposition en était faite, il est probable qu'elle aurait peu de succès.

Je ne prétends pas au don de prophétie. L'histoire montre qu'en suivant cette voie de grands empires se sont écroulés, et les dernières mesures, dont nous avons tant à nous plaindre, montrent que nous sommes sur ce fatal chemin. Si, à l'avenir, nous n'avons pas plus de prudence et de sagesse, que nous n'en avons montré des deux côtés, nous arriverons probablement à la même fin.

Néanmoins, le parlement vient d'être prorogé, sans avoir touché à notre charte, comme on nous en avait menacés. Son attention a été prise par d'autres affaires ; nous avons un peu plus de temps devant nous pour agir sur l'opinion, de façon à décourager en ce point nos adversaires. Avec estime et respect, j'ai l'honneur d'être, etc.   B. F.

A JONATHAN SHIPLEY, ÉVÊQUE DE SAINT-ASAPH[1].

Londres, 24 juin 1771.

Mylord,

Je suis arrivé chez moi au temps voulu et en bonne santé ; mais en lisant les lettres qui me sont arrivées d'Amérique durant mon absence, et en considérant le travail qu'elles m'imposent, je ne trouve pas possible de revenir aussitôt que je l'espérais. Combien je regrette d'avoir été forcé de quitter l'aimable retraite que la bonne mistriss Shipley avait mise gracieusement à ma disposition. En pensant au bon air de Twyford, c'est avec peine que je respire maintenant la fumée de Londres. Quand vos courses seront terminées, ou vers le milieu du mois prochain, si cela ne dérange ni vos engagements ni vos projets, je me promets le bonheur d'aller passer une semaine ou deux, là où j'ai passé si agréablement la semaine dernière.

Par la diligence de Southampton qui part demain, j'ai pris la liberté d'envoyer un paquet à l'adresse de Votre Seigneurie ; on le laissera à la première barrière après Winchester. Il contient un de mes livres que j'offre à miss Georgina ; j'espère qu'elle sera assez bonne pour accepter ce petit cadeau comme une marque de mon admiration pour son génie philosophique. Il y a aussi un échantillon de pommes tapées d'Amérique à l'adresse de mistriss Shipley, afin qu'elle puisse juger si cela vaut la peine d'en essayer la préparation. Je crains bien qu'il n'y ait un peu de poussière, et peut-être ne sera-t-il pas inutile de les rincer une minute ou deux dans de l'eau chaude, et de les essuyer aussitôt dans une serviette, mais je m'en remets à

---

1. Ce fut un des grands amis de Franklin. C'est à Twyford, résidence de l'évêque, que notre auteur a commencé ses mémoire.

son jugement. Avec estime, respect, et mille remerciments pour toutes vos bontés, je suis, mylord, etc. B. F.

A JOHN BARTRAM.

Londres, 17 juillet 1771.

Mon vieil et bon ami,

J'ai reçu votre bonne lettre du 29 avril, où vous vous plaignez que vos amis d'Angleterre ne vous écrivent point. Je vous avais écrit le 20 du même mois une lettre qui doit être depuis longtemps dans vos mains, mais j'avoue que j'aurais dû vous écrire plus tôt pour vous accuser la réception de la boîte de graines, dont je vous suis fort obligé. Quant à votre pension, il n'y a pas la moindre raison de craindre qu'on l'ait supprimée. Je ne sais pas quelle est la personne qui touche pour vous, autrement je la presserais de vous écrire. Mais, sous le règne du présent roi, il n'y a pas d'exemple d'une pension supprimée, sinon pour quelque grand délit. Autant que je puis le savoir, Young n'est nullement estimé ici.

Je souhaite à votre fille bon succès avec ses vers à soie. Je suis persuadé que pour produire de la soie rien ne manque à notre pays que de l'habileté; nous l'obtiendrons en persévérant jusqu'à ce que l'expérience nous ait instruits.

Vous vous plaignez que votre vue baisse. Peut-être n'avez-vous pas de lunettes qui vous conviennent, et il n'est pas aisé de s'en procurer là-bas. Trop rarement aussi, quand on achète des verres, prend-on le temps de les choisir avec soin, et si les yeux n'ont pas le numéro qui leur convient, ils en souffrent. Je vous envoie donc une série complète, depuis le numéro un jusqu'au numéro treize, afin que vous puissiez les essayer à votre aise.

Quand vous aurez trouvé celui qui vous convient, gardez les numéros plus élevés pour en user plus tard quand vos yeux vieilliront; et avec les numéros inférieurs, qui vont à des yeux plus jeunes, obligez quelques-uns de vos amis Mes amitiés à la bonne mistriss Bartram et à vos enfants. Je suis, comme toujours, votre fidèle ami et serviteur.
B. F.

P. S. Recherches faites, j'apprends que votre pension continue et sera payée régulièrement, à chaque échéance, entre les mains de la personne à qui vous donnerez pouvoir de toucher pour vous.

A MISTRISS DEBORAH FRANKLIN.

Visite à l'évêque de Saint-Asaph.

Londres, 14 août 1771.

Ma chère enfant,

.... J'ai passé trois semaines dans le Hampshire, chez mon ami, l'évêque de Saint-Asaph. Sa femme sait combien j'ai d'enfants et de petits-enfants, et quel est leur âge; aussi, comme j'allais partir le lundi 12 au matin, elle insista pour me garder un jour de plus, afin que nous pussions fêter ensemble l'anniversaire de mon petit-fils. A dîner, parmi d'autres jolies choses, il y avait une *île flottante*[1], ce qu'ils ont toujours à l'anniversaire de leurs enfants ; ils en ont six, qui tous, hormis un seul, étaient à table; il y avait aussi la veuve d'un pasteur, une dame âgée de plus de cent ans. Le toast de joie a été *master Benjamin Bache*[2]. Ce fut la vénérable vieille dame qui la

---

1. A floating Island (?).
2. C'est le fils de Sally ; l'aîné de la famille porte en Angleterre le nom de *Master;* c'est le jeune maître, l'héritier.

première porta cette santé. La femme de l'évêque ajouta poliment : « Qu'il soit aussi bon que son grand-père. » Je dis que j'espérais qu'il serait *bien meilleur*. L'évêque, plus complaisant encore que sa femme, dit : « Nous arrangerons les choses, et nous serons contents, quand même il ne serait pas *aussi bon*. » Ce bavardage est pour vous seul; c'est ma réponse à celui que vous me faites sur votre petit-fils ; ne lisez donc ma lettre qu'à Sally, et ne la montrez à personne autre ; vous savez combien on ajoute et l'on change à toutes ces niaiseries, et comment on les rend dix fois plus niaises.

Tandis que je vous écris, la poste m'apporte la lettre du bon évêque, que je mets dans la mienne, et aussi quelques lettres de recommandation pour l'Irlande. Je pars la semaine prochaine pour visiter ce pays, en compagnie de mon vieil ami et camarade de voyage, le conseiller Jackson. Nous serons absents un mois ou six semaines. La plus jeune fille de l'évêque, dont il est question dans la lettre, a treize ans environ ; elle est venue en chaise de poste avec moi pour aller à l'école....

A MISTRISS MARY HEWSON.

Preston, 25 novembre 1771.

Chère amie,

Je suis arrivé à Preston samedi soir en bon état, et sans être fatigué d'un voyage de soixante-dix milles. J'y ai trouvé la lettre que vous m'avez écrite avec Dolly ; elle est si aimable qu'elle m'eût reposé, si j'avais été fatigué.

Le récit que vous me faites d'une certaine dame qui en mon absence aurait reçu un nouveau galant, ne me surprend pas. J'ai été habitué aux rivaux, je n'ai jamais eu un ami ou une maîtresse que d'autres n'aient aimé autant que moi. Aussi ne me suis-je point récrié, quand j'ai lu dans les journaux, il y a quelques semaines, que le duc de C.... (cet amoureux universel) « avait fait dernièrement plusieurs visites à une vieille dame qui ne demeure pas très-loin de Craven-Street. » Ce qui m'a seulement étonné, c'est que la personne en question, qui aime si peu la *famille*, ait consenti à recevoir des visites. Mais comme bientôt après j'ai lu que le prince Charles[1] avait quitté Rome, et était parti pour un long voyage, on ne sait où, je n'ai pas douté un instant de la méprise des journalistes. C'était *lui* qui avait profité de mon absence pour aller se consoler avec sa vieille amie.

Je vous remercie des détails que vous me donnez sur mon filleul. Je crois à votre sincérité quand vous me dites que c'est le plus bel enfant qu'on puisse voir. Il a percé deux dents ; trois dans une autre lettre, cela fait cinq ; car je sais que vous ne faites jamais de tautologies. Si j'ai trop compté, le nombre y sera maintenant. Qu'il me ressemble en tant de points, cela me plaît prodigieusement ; mais je suis sûr qu'il y a encore une ressemblance dont vous ne me parlez pas, quoique vous y ayez pensé en m'écrivant. Je vous en prie, donnez-lui tout ce qu'il aime. C'est chose fort importante au moment où les traits se forment ; cela donne un air agréable, et une fois cet air devenu naturel et fixé par l'habitude, le visage en reste plus beau. De cette beauté dépend souvent la bonne fortune et le succès dans la vie. Si dans mes amours et mes inclinations d'enfance j'avais été aussi traversé que je l'ai été dans ces dernières années, je n'aurais pas été, — j'allais dire aussi beau, mais comme la vanité de cette expression blesserait la vanité des autres, je le change, et je dis j'aurais été beaucoup plus laid.

Je suis heureux que le nouveau régime de votre bonne

---

[1]. Charles Stuart, le prétendant.

mère lui réussisse si bien. Nous partons demain pour Londres, mon fils et moi ; nous y serons vers la fin de la semaine; j'espère trouver heureux et bien portants votre mère, vous et tous les vôtres. Amitiés à tous. On me dit que mon dîner est servi, et je n'ai encore rien dit à Dolly ; il faut pourtant que je finisse, en me disant, chère amie, votre toujours affectionné.   B. F.

A MISTRISS JANE MECOM.

Sur le choix des lunettes.

Londres, 13 janvier 1772.

Ma chère sœur,

J'ai reçu vos bonnes lettres du 12 septembre et du 9 novembre. Voici quelques semaines que je suis revenu de mon voyage à travers le pays de Galles, l'Irlande, l'Écosse et le nord de l'Angleterre. Outre que ce voyage, fait avec un aimable compagnon, a été fort agréable, il a fortifié ma santé.

Je vous remercie de vos recettes ; elles sont aussi explicites et aussi détaillées qu'on peut le désirer, mais on n'en peut guère user qu'en Amérique; on a ici, que je sache, ni cire végétale, ni *brasiletto*[1]. Néanmoins, je suis charmé de voir mettre par écrit ces inventions utiles qui ont été si longtemps dans nos familles. Quelque industrie future peut en profiter.

Je suis charmé que les petits objets envoyés par Jonathan vous aient été agréables. J'écris au cousin Williams pour presser le payement de sa dette. Sept ans et plus sans recevoir ni principal ni intérêt, c'est assez de patience. Il semble que le cousin soit comme cet original de Pensylvanie qui disait qu'il était contre ses *principes* de payer

---

1. Bois de Brésil?

l'*intérêt*, et contre son *intérêt* de payer le *principal*, et qui, en conséquence, ne payait ni l'un ni l'autre.

Je crains que vous n'ayez pris des verres trop forts ; vous vous êtes laissé tenter par leur grossissement. Mais en choisissant des lunettes, on doit chercher seulement à corriger un défaut. Des verres qui nous permettent de voir *aussi bien* et à la *même distance* que nous voyions autrefois, quand nos yeux étaient bons, voilà ceux qu'il faut prendre ; ceux qui nous font voir *mieux* ne font que hâter le temps où des verres encore plus forts nous deviendront nécessaires.

Tous ceux qui ont vu mon petit-fils s'accordent à dire comme vous que c'est un enfant d'une beauté rare ; cela réveille souvent dans mon esprit le souvenir de mon fils Franky, mort[1] il y a déjà trente-six ans, un enfant dont j'ai rarement vu le pareil, et auquel jusqu'à ce jour je ne puis jamais penser sans un soupir. M. Bache est ici ; je l'ai trouvé à Preston, en Lancashire, avec sa mère et ses sœurs, tous fort agréables gens ; je l'ai amené à Londres avec moi. J'aime beaucoup sa tenue. Il retourne à Philadelphie par le prochain bateau. J'essayerai de trouver les armes que vous demandez pour le cousin Coffin.

B. F.

P. S. Sally Franklin vous présente ses devoirs. On ne trouve pas les armes des Folger au Herald's Office. Je suis persuadé que c'était une famille d'origine flamande, qui vint avec beaucoup d'autres en ce pays, au temps de la reine Élisabeth, pour fuir la persécution qui faisait rage dans les Flandres.

[1]. Son fils, Francis Folger, mourut à quatre ans.

A SAMUEL COOPER.

Londres, 13 janvier 1772.

Cher monsieur,

....Quant à mon agence, que je sois réélu ou non, et qu'on permette ou non à l'assemblée générale de me payer un traitement, il n'importe ; je n'en continuerai pas moins de faire tous mes efforts pour servir mon pays aussi longtemps que j'en serai capable. Je n'ai rien à demander aux ministres, et je n'en attends rien. Grâce à Dieu, j'ai ce qu'il me faut pour le peu de temps qui me reste à vivre, je suis trop vieux pour toute autre ambition que celle de laisser après moi le nom d'un honnête homme.

Votre histoire du pasteur et de la proclamation est fort plaisante. Je ne puis la comparer qu'à une anecdote que me contait mon père. J'ignore si elle a jamais été imprimée. Charles Ier ordonna de lire dans toutes les églises sa proclamation qui autorisait les divertissements, le dimanche. Beaucoup de pasteurs obéirent, quelques-uns refusèrent, d'autres le lurent aussi vite et aussi indistinctement que possible. Mais, à l'étonnement de la congrégation qui ne s'attendait à rien de pareil, un pasteur lut cette proclamation à haute et intelligible voix. Il la fit suivre du quatrième commandement : *Rappelle-toi de sanctifier le jour du sabbat*, et dit alors : « Frères, je vous ai lu le commandement de votre roi et le commandement de votre Dieu, jugez vous-mêmes lequel des deux on doit préférer. » Avec une grande et sincère estime, je suis, etc.

B. F.

A JOSHUA BABCOCK.

L'agriculture. — La civilisation.

Londres, 13 janvier 1772.

Cher monsieur,

C'est avec grand plaisir que j'ai appris par M. Marchant, que vous et mistriss Babcock et toute votre bonne famille continuez de jouir d'une bonne et heureuse santé. J'espère vous trouver tous dans le même état, quand bientôt je viendrai prendre abri sous votre toit hospitalier, comme je l'ai fait souvent autrefois. On me dit que le colonel est toujours un actif et habile agriculteur; c'est le plus honorable des emplois, suivant moi, car c'est le plus utile et celui qui rend l'homme le plus indépendant. Son fils, mon homonyme, sera bientôt, j'espère, en état de mener la charrue pour lui.

J'ai fait dernièrement un tour en Irlande et en Écosse. Dans ces contrées il y a un petit nombre d'hommes qui sont propriétaires, nobles, gentlemen; leur opulence est extrême; ils vivent dans l'abondance et la magnificence. La masse du peuple est composée de tenanciers, extrêmement pauvres, qui vivent dans une misère sordide, couchent dans des tanières de boue et de paille, et ne sont vêtus que de haillons.

Je pense souvent au bonheur de la Nouvelle Angleterre. Là, chacun est propriétaire, chacun a son vote dans les affaires publiques, chacun vit dans une maison propre et chaude, avec abondance de bonne nourriture et de chauffage, et s'habille de la tête aux pieds avec de bons vêtements, fabriqués peut-être par sa propre famille. Puissent les habitants de mon pays, conserver longtemps cette situation ! Mais s'ils envient le commerce de la Grande-Bretagne, je puis les mettre à même d'en avoir une part. Qu'ils fassent comme les trois quarts du peuple d'Irlande, qu'ils vivent de pommes de terre et de petit lait ; alors leurs marchands pourront exporter du bœuf, du beurre et de la toile. Qu'ils aillent nu-jambes et nu-pieds, comme la plupart des Écossais, ils pourront faire une grande exportations de souliers et de bas, et s'ils se résignent à porter des haillons, comme les fileurs et les tisserands d'Angleterre, ils pourront fournir de draps et d'étoffes le monde entier.

Enfin, si mes compatriotes ambitionnent l'honneur d'avoir parmi eux une gentilhommerie énormément riche, qu'ils vendent leurs domaines et qu'ils payent un lourd fermage ; le plateau des propriétaires s'élèvera autant que baissera celui des tenanciers, et ces tenanciers deviendront bientôt pauvres, déguenillés, crasseux, sans courage et sans énergie. Si je n'avais jamais été en Amérique, s'il me fallait me faire une idée de la société civilisée sur ce que je viens de voir, jamais je ne conseillerais à un peuple de sauvages de se ranger à la civilisation ; car je vous assure que, pour la jouissance et le bien-être de la vie, tout Indien comparé à ces pauvres gens est un *gentleman;* il semble que l'effet le plus clair de cette espèce de civilisation soit d'abaisser les multitudes au-dessous de l'état sauvage, afin qu'une poignée d'hommes soit élevée au-dessus. Mes meilleurs souhaits à vous et aux vôtres, etc.

B. F.

A SAMUEL FRANKLIN.

Londres, 13 janvier 1772.

Cher cousin,

J'ai reçu votre bonne lettre du 8 novembre, je me réjouis d'apprendre que vous vous portez tous bien, vous, votre chère femme et vos quatre filles. J'espère qu'elles trouveront toutes de bons maris. J'ose dire qu'elles ont été élevées de façon à les mériter.

J'ai connu un sage vieillard qui conseillait à ses jeunes

amis de prendre leurs femmes dans un tas ; car, disait-il, quand il y a plusieurs filles elles se corrigent l'une l'autre ; l'émulation leur fait acquérir plus de talents, elles en apprennent et en font davantage, et sont moins gâtées par la faiblesse paternelle que ne l'est un enfant unique. A vos filles mes meilleurs souhaits et mes bénédictions, si elles ont quelque prix ! Votre affectionné cousin.   B. F.

A MISTRISS DÉBORAH FRANKLIN.

Londres, 28 janvier 1772.

Ma chère enfant,

Je vous ai écrit dernièrement plusieurs petites lettres, en vous promettant de vous écrire plus longuement par le capitaine Falconer ; c'est ce que je fais maintenant en ayant plusieurs de vos lettres sous les yeux. Je prends note des sommes considérables que vous avez payées ; il était inutile de m'envoyer les quittances ; votre compte suffit.

Les petites histoires de notre petit-fils m'amusent beaucoup, je suis heureux de penser à tout le plaisir qu'il vous donne. Je prie Dieu de le conserver à nous et à ses père et mère. M. Bache[1] est sur son départ. Sa tenue m'a beaucoup plu. Je lui ai conseillé de s'établir à Philadelphie, où j'espère qu'il réussira. Je vous ai déjà dit que j'avais vu sa mère et ses sœurs à Proston ; ce sont des gens fort bien élevés et très-agréables.

J'ai reçu la soie de votre jeune voisine Haddock, et je l'ai portée à ses parents, qui sont dans une bonne situation ; ils ont un magasin de draps et de toiles dans Bishop's gate Street. Un de leurs parents, qui est fabricant à Spitalfields, tirera bon parti de cette soie. J'honorerai toute jeune dame qu'à mon retour je trouverai habillée de la soie

---

1. Le gendre de Franklin.

qu'elle aura fait produire elle-même. Je vous remercie des saucières; je suis charmé de voir un tel progrès dans la fabrication de la porcelaine. Du fond du cœur, je lui souhaite de réussir.

Mistriss Stevenson, elle aussi, aime beaucoup qu'on lui parle de votre petit garçon. Son petit-fils, mon filleul, est un bel enfant de neuf mois. Il a un regard attentif, observateur, sagace, comme s'il avait un grand fonds de raison; mais il ne sait pas encore assez notre langue pour nous dire tout cela intelligiblement. Sa mère le nourrit elle-même, et je l'en estime, car ici cela n'est point du tout à la mode, aussi y a-t-il un grand nombre de petits innocents qui souffrent et meurent. L'enfant s'appelle William.

Les écureuils sont arrivés sains et saufs. Vous verrez par la lettre ci-incluse avec quel plaisir ils ont été reçus. On vous envoie un millier de remercîments pour eux; quant à moi je vous remercie de la promptitude que vous avez mise à exécuter la commission. Le sarrasin et la farine de maïs sont arrivés en bon état. Ce sera un grand régal pour moi cet hiver, car, ne pouvant être en Amérique, tout ce qui vient de mon pays me console un peu, et me rappelle ma maison. Les pêches séchées sont excellentes, surtout celles qui ont été séchées sans la peau. Celles qui ont leur peau ne m'ont pas paru aussi bonnes. Les pommes sont les meilleures que j'ai jamais mangées, et n'ont reçu en route aucun dommage. L'esturgeon dont vous me parlez n'est pas arrivé, mais cela n'a pas grande importance.

J'espère que notre cousin Fisher réussira en ce pays. C'est un homme sage et honnête, et quand je l'ai vu à Birmingham, il m'a paru qu'il avait tout le respect de ses parents et de ses amis. Il lui faudrait une femme active, vive, laborieuse. Je vous ai envoyé d'Irlande une belle pièce de toile fine; vous ne m'en parlez pas dans votre lettre du 2 décembre, et cependant vous devriez l'avoir reçue; cela me fait craindre qu'elle ne soit perdue.

Je vous ai écrit de Dublin et de Glasgow en Écosse. J'ai été près de sept semaines en Irlande et quatre semaines en Écosse; en tout j'ai été absent de Londres plus de trois mois. Mon voyage a été fort agréable; j'ai reçu mille politesses de la *gentry* des deux royaumes, et ma santé a beaucoup gagné par le grand air et l'exercice.

J'ai conseillé à M. Bache de ne faire d'affaires qu'au comptant, et de se résigner à moins vendre. C'est la plus sûre façon et la plus facile de faire le commerce. Je lui ai donné deux cents livres sterling pour ajouter quelque chose à sa pacotille. Mes tendresses à notre chère Sally. Votre mari affectionné.
B. F.

A MISTRISS SARAH BACHE.

Londres, 29 janvier 1772.

Chère Sally,

J'ai rencontré M. Bache à Preston, j'y suis resté deux ou trois jours, fort aimablement traité par sa mère et ses sœurs qui m'ont beaucoup plu. Il est venu à Londres avec moi, et maintenant il retourne près de vous. Je lui ai conseillé de s'établir à Philadelphie, où il serait toujours avec vous. J'ai toujours pensé que la profession dans laquelle on a été élevé, vaut beaucoup mieux qu'une place qui dépend du bon plaisir d'autrui; on est plus indépendant et plus citoyen; on n'est point exposé aux caprices d'un supérieur. En outre, je crois que s'il ouvrait un magasin, là où vous demeurez, vous pourriez lui être utile, comme votre mère l'a été pour moi, car vous ne manquez pas d'intelligence, et j'espère que vous n'êtes pas trop fière.

Vous pourriez aisément apprendre à tenir les livres et vous pouvez fort bien copier les lettres, ou même les écrire à l'occasion. Avec du travail et de l'économie vous pouvez faire votre chemin dans le monde, car vous êtes jeunes tous deux. Ce que nous laisserons à notre mort sera un joli supplément, mais ce ne serait pas assez pour maintenir et élever une famille. Pensez-y sérieusement, car vous aurez peut-être beaucoup d'enfants à élever. Jusqu'à mon retour vous n'aurez pas de loyer à payer, car votre mère sera heureuse de vous garder; c'est en outre votre devoir de la soigner, elle qui devient infirme, et qui prend tant de plaisir à votre compagnie et à celle de l'enfant. Cette économie de loyer vous aidera d'autant; et pour vous encourager, je puis vous assurer qu'à Philadelphie il n'y a pas aujourd'hui un riche marchand que je n'aie vu commencer dans sa jeunesse avec aussi peu d'argent et moins d'espérances que n'en a M. Bache.

J'espère que vous ferez grande attention à cette lettre; toutes ces recommandations viennent d'une affection sincère, de mûres réflexions, et de la connaissance que j'ai du monde et de ma situation. Je suis charmé de tous les récits qu'on me fait de votre cher petit garçon. J'espère qu'il continuera d'être une bénédiction pour nous tous. C'est un plaisir pour moi de savoir que les petites choses que je vous ai envoyées vous ont plu. Je suis toujours, ma chère Sally, votre père affectionné. B. F.

A WILLIAM FRANKLIN.

Voyage en Irlande. — Lord Hillsborough. — Parlement d'Irlande. — Voyage en Écosse. — M. Bache. — Projet de retour.

Londres, 30 janvier 1772.

Mon cher fils,

Dans votre dernière lettre vous me parlez de certaines complaisances de lord Hillsborough, qui montrent chez lui une disposition à vous mieux traiter. La façon dont il m'a accueilli en Irlande a tout a fait le même caractère. Nous nous rencontrâmes d'abord chez le lord lieutenant. On nous avait invités à dîner, M. Jackson et moi, et à notre arrivée on nous fit entrer dans un salon où lord Hillsborough était seul. Il fut extrêmement poli, surtout avec moi que peu de temps auparavant il avait traité devant M. Strahan de factieux, d'homme turbulent ne pensant qu'à mal, de républicain, d'ennemi du gouvernement du Roi et que sais-je? Il se mit à causer très-franchement avec nous, et nous invita tous les deux à nous arrêter chez lui, à Hillsborough, quand nous irions au nord; il insista de façon si polie que nous ne pûmes refuser de lui dire que si nous prenions cette route, nous irions certainement lui présenter nos respects. Dans ma pensée j'étais décidé à ne pas prendre ce chemin, mais M. Jackson, considérant les obligations de sa place, se crut obligé de faire visite à Sa Seigneurie. Lord Hillsborough dîna avec nous chez le lord lieutenant. Il y avait à table le lord chancelier, le Président de l'assemblée, et tous les grands fonctionnaires. Sa Seigneurie parla de ma santé, et fut infiniment poli. Il quitta Dublin quelques jours avant nous.

Nous allâmes le voir à Hillsboroug où il nous retint quatre jours chez lui... Il ne semblait occupé que de me rendre agréable le séjour de sa maison; il fit monter avec moi dans son phaéton, son fils aîné lord Killwarling, pour que ce dernier me fît faire un tour de quarante milles, afin que je pusse voir le pays, les maisons de campagne, les manufactures, enfin il m'enveloppa lui-même dans son grand manteau, de crainte que je prisse froid. Bref il paraissait fort désireux de me donner à moi, et par moi aux colonies, une bonne opinion de sa personne. Tout cela m'étonnait, car je sais qu'il n'aime ni les colonies, ni moi; ma seule façon d'expliquer sa conduite c'est de supposer qu'il craint l'approche d'un orage, et qu'il veut diminuer d'avance le nombre d'ennemis qu'il s'est fait si imprudemment. Mais s'il ne prend pas des mesures pour retirer les troupes, révoquer les droits, ou abolir les *instructions* qui nous blessent, je penserai que toutes ses politesses ne signifient qu'une chose : c'est qu'on caresse et qu'on flatte le cheval pour le rendre plus patient, tandis qu'on lui tient la bride plus serrée, et qu'on lui enfonce l'éperon plus avant dans les flancs.

A Dublin nous avons été reçus par les deux partis, les courtisans et les patriotes. Les derniers m'ont traité avec un respect particulier. On nous a fait asseoir parmi les membres de la Chambre des Communes, M. Jackson, comme membre du Parlement anglais, et moi comme membre d'un Parlement anglais en Amérique. Le président proposa qu'on me fît cet honneur, en y joignant des paroles très-obligeantes pour ma personne. La Chambre répondit par un *oui* unanime ; deux des membres vinrent me prendre, me conduisirent au milieu d'eux, et me donnèrent une place aussi honorable que commode. J'espère que nos assemblées ne resteront pas en arrière, et que si quelque membre du Parlement irlandais se trouve dans notre pays, elles lui feront la même politesse.

En Écosse, j'ai passé cinq jours avec lord Kames, à sa résidence, Blair Drummond près de Stirling ; j'ai passé deux ou trois jours à Glasgow, deux jours aux forges de Carron, et le reste du mois à Édimbourg ou aux environs, logé chez David Hume qui ne m'a pas traité avec moins de bonté que ne l'ont fait lord et lady Kames. Toutes nos anciennes connaissances m'ont demandé affectueusement de vos nouvelles, sir Alexandre Dick et sa femme, M. Mac Gowan, les docteurs Robertson, Cullen, Black, Ferguson, Russel, etc. J'ai été absent trois mois, ce voyage a fait grand bien à ma santé.

M. Bache avait quelque désir d'obtenir une place en Amérique ; je l'ai dissuadé d'en faire la demande ; je ne pouvais l'appuyer, et j'aime mieux voir les miens dans une situation indépendante, et vivant de leur travail. Je lui ai donc conseillé d'employer en marchandises l'argent qu'il avait apporté et d'aller s'établir à Philadelphie, en ne vendant qu'au comptant. De cette façon je crois qu'en renouvelant souvent son fonds, il peut faire son chemin dans le monde. Il eût été mal à Sally de quitter sa mère, sans parler des dépenses d'un si long voyage.

La résolution que le Bureau de commerce a prise de ne plus recevoir à l'avenir d'agents que ceux qui seront nommés par le *concours de toute la législature*, mettra fin aux agences, je suppose. Les assemblées craindront que ces nouveaux agents, nommés par l'influence ministérielle, ne puissent être de grand secours aux colonies. Pour moi je pense que les agents nommés comme ils le sont aujourd'hui, ne sont pas moins utiles au gouvernement anglais qu'aux colonies qui les envoient. Ils ont souvent empêché de fausses mesures, prises par ignorance, et qui auraient été fort préjudiciables au gouvernement. Si on les avait écoutés ils en auraient prévenu bien davantage, témoin l'acte du timbre, et l'acte des droits de douanes. Laissons donc à ses propres inventions ce ministre infaillible et qui sait tout ; ne faisons pas la dépense d'envoyer ici un agent que le ministère peut révoquer, en faisant rappeler l'acte qui le nomme. Certes je ne voudrais pas être agent dans cette fausse position, et je refuserais d'accepter une nomination de cette espèce

.... Je suis en grand débat avec moi-même pour savoir si je dois rester plus longtemps en ce pays. Le mal du pays me prend, me voici dans ma soixante septième année, et je crains que.l'âge n'amène quelque infirmité qui rende mon retour impraticable. J'ai aussi quelques affaires importantes qu'il me faut régler avant ma mort, que je ne puis plus regarder comme fort éloignée. Le Parlement ne me paraît plus en disposition de se mêler quant à présent des affaires d'Amérique, soit pour imposer de nouveaux droits, soit pour révoquer les anciens ; me fallût-il revenir ici, je pourrais donc m'absenter un an sans compromettre les affaires où je suis engagé, quoi qu'il soit peu probable qu'une fois chez moi je revoie jamais l'Angleterre. J'ai ici tant de bons et aimables amis que je passerais volontiers avec eux le reste de ma vie, si ce n'étaient les liens qui me rappellent en Amérique, et l'indélébile affection que je garde à ma chère patrie, dont je suis exilé depuis si longtemps. Mes tendresses à Betsey. Je suis toujours votre père affectionné. B. F.

CHAPITRE VI.

La concession Walpole. — Lord Hilsborough remplacé par lord Dartmouth. — Règles pour faire d'un grand empire un petit. — Édit du roi de Prusse.

1772-1773.

Après son retour à Londres, Franklin se présenta chez lord Hillsborough et ne fut pas reçu. Sa Seigneurie avait été prise d'un nouveau caprice, ou plutôt une fois de plus l'esprit pratique de Franklin avait soufflé sur les chimères du noble Lord. C'est un crime que les hommes d'État ne pardonnent guère, quand ils sont de la trempe de lord Hillsborough.

Franklin, qui connaissait et aimait si bien l'Amérique, avait vu dès longtemps que le centre de la puissance américaine serait un jour au delà des Alleghanys, dans la vallée de l'Ohio et des autres affluents du Mississipi. Il s'était associé avec un riche banquier de Londres, Thomas Walpole, et quelques autres personnes, pour demander une concession de terres dans l'Ouest. C'est ce qu'on a appelé *la concession Walpole*.

La pétition de Franklin et de Walpole fut renvoyée au bureau du commerce, présidé par lord Hillsborough. Dès le début, Sa Seigneurie s'opposa à cette mesure, et voici par quels motifs. On verra par là quelle était l'économie politique d'un secrétaire d'État anglais il y a cent ans :

« Si ce vaste territoire, disait-il, est accordé à des personnes qui veuillent réellement le peupler et qui le fassent, ils emmèneront un grand nombre d'habitants de la Grande-Bretagne, et je crains que ces émigrants ne forment bientôt un peuple séparé et indépendant; il aura bientôt ses manufactures, il ne prendra plus les produits de la mère patrie ni des provinces qui l'avoisinent. Placé loin du siége de l'Empire, de nos cours et de nos magistrats, les habitants seront hors de la portée de nos lois et de notre gouvernement. Ce pays deviendra le réceptacle et l'asile des scélérats qui, fuyant devant la justice, iront se cacher dans cette colonie. »

Lord Hillsborough concluait en disant qu'il était sage et politique d'arrêter la colonisation à la crête des Alleghanys. On tenait dans sa main les colonies qui bordaient la mer, on n'aurait aucune action sur les colonies du centre.

Ces solennelles niaiseries furent adoptées par le bureau du commerce. Franklin répondit à lord Hillsborough dans un mémoire rédigé avec autant de bon sens que de sagacité. Empêcher l'émigration intérieure, c'était chose impossible ; il y avait déjà des milliers de familles installées sur ces terres fertiles. Fallait-il les laisser sans gouvernement et sans lois? Ces nouvelles colonies ne feraient-elles pas barrière contre les Indiens qu'elles repousseraient dans le désert? Ne serait-ce pas un nouveau marché pour le commerce anglais? Les rivières, partout navigables, n'offraient-elles pas des communications commodes, et les émigrants, en plantant ces solitudes et en les perçant de routes, ne travaillaient-ils pas pour la métropole autant que pour l'Amérique?

En juillet 1772, l'affaire fut portée devant le conseil privé. Convaincu par le travail de Franklin, le conseil se montra favorable à la pétition de Walpole. La révolution arriva avant que le plan fût exécuté; mais le temps s'est chargé de justifier Franklin. L'Ouest (ou le *jeune géant*, comme on l'appelle aujourd'hui) est le noyau et la force de l'Amérique.

Blessé par cette décision, lord Hillsborough quitta le département des affaires d'Amérique, et fut remplacé par lord Dartmouth, le *bon lord* Dartmouth, comme on l'appelait. Il avait été opposé à l'acte du timbre, et avait autrefois présidé le bureau du commerce avec tant de bienveillance, que Franklin l'avait désigné comme l'homme qui convenait le mieux à l'Amérique, et peut-être n'avait pas été étranger à sa nomination.

A WILLIAM FRANKLIN.

Retraite de lord Hillsborough. — Lord Dartmouth.

Londres, 17 août 1772.

Cher fils,

Enfin nous voici débarrassés de lord Hillsborough, lord Dartmouth prend sa place, à la grande joie de tous les amis de l'Amérique. On dira chez vous que c'est l'affaire des planteurs de l'Ohio qui l'a perdu; la vérité est, comme je vous le mandais depuis longtemps, que tous les ministres ses confrères en étaient las et n'attendaient qu'une occasion favorable pour lui donner un croc en jambe. Voyant donc qu'il s'était fait un point d'honneur de combattre notre plan, ils s'en firent un de le défendre, afin d'humilier leur confrère; ils savaient bien que son orgueil ne supporterait pas une mortification pareille. Je ne prétends pas dire qu'ils en eussent agi de la sorte, s'ils avaient trouvé notre plan vicieux ou l'opposition de lord Hillsborough bien fondée, mais je crois que, s'il n'eût point existé de mésintelligence entre eux, on ne se serait jamais brouillé pour si peu de chose. Il faut dire aussi que le roi était fatigué de l'homme et de son administration ; elle avait diminué l'affection et le respect des colonies pour le gouvernement royal, et (soit dit entre nous) j'ai trouvé de temps en temps le moyen de faire parvenir à Sa Majesté des renseignements et des preuves irrécusables. Je vous en dirai davantage quand je vous verrai.

Le dégoût du roi ne fit que fortifier les ministres dans leur résolution de le faire disgracier en mettant à néant son fameux Rapport. Maintenant que la chose est faite, peut-être notre affaire sera-t-elle moins regardée par le cabinet; on la laissera traîner en longueur et peut-être avorter. Gardons-nous donc de laisser entrevoir, soit par nos paroles, soit par nos actions, trop de confiance dans sa réussite, de peur de nous rendre ridicules, si elle venait à échouer. Nous faisons tous nos efforts pour terminer, mais le temps n'est pas favorable, tout le monde est parti ou part pour la campagne, ce qui laisse de la place aux accidents.

Je vous écris par Falconer, et n'ai que le temps de me dire votre père affectionné.   B. F.

P. S. Les égards que lord Dartmouth m'a toujours fait l'honneur de me témoigner me font espérer que j'obtiendrai plus facilement des conditions favorables pour nos colonies, que je n'eusse pu le faire dans ces derniers temps.

A WILLIAM FRANKLIN.

De l'exercice du corps.

Londres, 19 août 1772.

Cher fils,

Votre lettre du 14 mai m'annonce votre indisposition qui m'a fort inquiété. La résolution que vous avez prise de faire plus d'exercice est très-bonne ; j'espère que vous vous y tiendrez. Il est de la dernière importance de prévenir les maladies, car leur guérison par la médecine est des plus incertaines.

En réfléchissant sur les différentes espèces d'exercices, j'ai trouvé que le *quantum* de chacun d'eux doit s'évaluer, non par le temps qui s'écoule ou par la distance qu'on parcourt, mais bien par le degré de chaleur qu'il produit dans le corps. Voici les observations que j'ai faites. Quand ayant froid j'entre, le matin, dans une voiture, je puis faire des courses tout le jour sans avoir chaud ; à cheval, s'il m'arrive d'avoir froid aux pieds, il me faut quelques heures avant de réussir à les échauffer; mais, tel froid que j'aie aux pieds, je ne marcherai point une heure, et d'un bon pas, sans brûler de la tête aux pieds, grâce à l'activité de la circulation du sang. En deux mots, je dirais presque (en me servant de chiffres sans égard à la stricte exactitude, mais seulement pour établir un point de comparaison) qu'on fait plus d'exercice, en parcourant *un* mille à cheval, que *cinq* dans une voiture, et plus en faisant *un* mille à pied, que *cinq* à cheval; j'ajouterai qu'on fait plus d'exercice à monter ou à descendre des escaliers pendant *un* mille, qu'à parcourir *cinq* milles sur un terrain plat. On peut prendre les deux derniers exercices sans sortir de chez soi, quand le temps est mauvais ; le dernier est bon, lorsqu'on est pressé par l'heure, car, en peu de minutes, on se donne infiniment de mouvement. Le *Dumbbell*[1] est un de ces exercices en abrégé.

Au moyen de ces exercices, j'ai senti, montre en main, les battements de mon pouls monter de soixante à cent par minute, et je suppose que la chaleur augmente d'ordinaire avec la vitesse du pouls. B. F.

A WILLIAM FRANKLIN.

Lord Hillsborough. — Son refus de recevoir Franklin. — Franklin nommé associé étranger de l'Académie des sciences, à Paris.

Londres, 19 août 1772.

Cher fils,

J'ai reçu votre lettre du 30 juin ; je suis fâché que ma lettre, en date de Glasgow, se soit égarée, non pas tant parce que vous ne l'avez point reçue que parce qu'elle est tombée probablement entre des mains étrangères. Elle contenait quelques détails de ce qui s'est passé en Irlande, que je ne destinais qu'à vous seul.

Lord Hillsborough a vu qu'il ne pouvait rien tirer de moi, et je suppose qu'il m'a rejeté comme une orange qui ne rend pas de jus et qui, par conséquent, ne vaut plus la peine d'être pressée. Quelques jours après mon retour à Londres, je lui rendis visite pour le remercier des politesses qu'il m'avait faites en Irlande, et pour l'entretenir en même temps d'une affaire de la Géorgie. Le concierge me dit qu'il était sorti. Je laissai ma carte, j'y retournai

1. Ce sont des poids ou des boules qu'on élève à bras tendu.

une autre fois : on me fit la même réponse, quoique je susse qu'il était chez lui, et même tête à tête avec un de mes amis. Je fis encore à ce lord deux nouvelles visites, en laissant l'intervalle d'une semaine entre chacune : toujours même réponse. La dernière fois que je me présentai, c'était un jour de réception; un grand nombre d'équipages étaient arrêtés à la porte de son hôtel. A peine mon cocher était-il descendu de son siége pour m'ouvrir la portière que le suisse, s'apercevant que c'était moi, sortit de l'hôtel et se mit à gronder insolemment mon cocher pour n'avoir pas demandé si Milord était à l'hôtel, avant d'ouvrir la portière; puis, s'adressant à moi, il me dit : « Milord n'est pas chez lui. » Je n'y suis jamais retourné depuis, et nous ne nous sommes querellés que de loin.

Comme vous le remarquez, il y a un contraste frappant entre sa conversation avec le lord juge et la lettre qu'il vous a écrite au sujet de votre province. Ce lord Hillsborough est le plus grand hypocrite, le fourbe le plus insigne que j'aie rencontré de ma vie. Mais nous en avons fini avec lui, j'espère, et pour jamais. On méditait sa destitution depuis le jour de la mort de la princesse douairière, car je me rappelle que je me plaignais de lui, vers cette époque, auprès d'un de nos amis de la cour, dont vous pouvez aisément deviner le nom, lorsque celui-ci me dit à son tour que lord Hillsborough représentait les Américains comme un peuple remuant, toujours mécontent de tous les ministères; il était vrai, ajouta-t-il, qu'on vous avait donné trop de raisons de ne pas aimer le présent ministère, et il me demanda enfin si je connaissais une personne qui nous convînt mieux que lord Hillsborough, en cas qu'il fût destitué. « Oui sans doute, lui répondis-je, c'est lord Dartmouth; nous l'aimions beaucoup alors qu'il était à la tête du bureau de commerce, et probablement nous l'aimerions encore. » Notre entretien en resta là, mais je suis presque sûr qu'il aura été rapporté précisément où je désirais qu'il le fût, quoique j'ignore s'il a eu quelque effet.

Ma position ici est on ne peut plus agréable, surtout dans l'espérance où je suis que le nouveau ministre me donnera moins d'ennuis. Je suis considéré par les savants; je compte parmi eux beaucoup d'amis et de connaissances avec lesquels j'ai d'agréables relations; ma réputation est assez bien établie pour m'avoir protégé contre les injustices de quelques personnages puissants; je lui suis redevable de la conservation d'une place dont ils voulaient me priver. On recherche ma compagnie au point que je ne dîne que très-rarement chez moi l'hiver, et que je pourrais, si je le voulais, passer tout l'été dans les châteaux de mes amis. Les étrangers de distinction, qui viennent en Angleterre, ne manquent presque jamais de me faire visite, car ma réputation est encore plus grande au dehors qu'ici. Plusieurs ambassadeurs étrangers ont cultivé assidûment ma connaissance, me traitant comme un des leurs, soit parce qu'ils désirent apprendre de temps en temps quelque chose des affaires d'Amérique, objet important aujourd'hui pour les cours étrangères qui commencent à espérer que le pouvoir redoutable de l'Angleterre sera diminué par la défection de ses colonies; soit qu'ils cherchent une occasion de me mettre en rapport avec ceux de leurs compatriotes qui le désirent. Dernièrement le roi a parlé de moi avec le plus grand éloge.

Voilà sans doute de quoi flatter ma vanité, mais souvent il me prend un violent désir de retourner dans ma patrie, désir que je ne puis apaiser autrement qu'en me promettant de partir au printemps prochain ou à l'automne, et ainsi de suite. Quant à revenir ici, une fois parti, je n'y songe guère. Je suis trop avancé dans la vie pour avoir l'idée de faire trois voyages encore. J'ai des affaires importantes à régler chez moi, et quand je réfléchis aux doubles dépenses que je fais, tant chez moi qu'ici, je ne trouve pas que mes traitements m'en dédommagent à beaucoup près. Cependant le dernier changement de ministère pèse dans la balance et me détermine à rester un autre hiver encore à Londres. B. F.

22 *août*. A propos, j'ai oublié de vous féliciter sur l'honneur de votre admission dans la Société pour la propagation de l'Évangile. Voici qui va de pair avec l'honneur que j'ai reçu en Hollande. Mais je vous laisse encore loin derrière moi, car j'ai reçu hier une lettre de Paris, dont je vous envoie l'extrait, qui m'apprend ma nomination à la place d'*associé étranger* de l'Académie des sciences. Cette Académie ne compte, dans toute l'Europe, que huit *associés étrangers*, choisis parmi les noms les plus distingués de la science. La place que j'ai l'honneur de remplir était vacante par la mort du célèbre Van Swieten de Vienne. Cette marque d'estime que me donne la première Académie du monde, malgré toutes les peines que l'abbé Nollet, un de ses membres, a prises pour la prévenir contre mes doctrines, est une victoire que je remporte sur mon rival, et sans encre versée, car je ne lui ai jamais répondu. On dit qu'à l'Académie il n'a plus qu'un confrère qui soit de son bord. Tous ceux qui se sont mêlés d'électricité sont des *Franklinistes*, comme il les appelle. Votre, etc. B. F.

A ANTHONY BENEZET [1].

Sur la traite.

Londres, 22 août 1772.

Cher ami,

J'ai fait un petit extrait de votre lettre du 27 avril, à propos du nombre d'esclaves qu'on importe et qui péris-

[1]. Célèbre philanthrope, né en France, mais qui passa presque

sent; j'y ai joint quelques remarques serrées sur l'hypocrisie de ce pays, qui encourage par ses lois ce détestable commerce, afin de favoriser les relations avec la Guinée, et qui, en même temps, exalte sa vertu, son amour de la liberté et la justice de ses tribunaux, parce qu'on a mis un simple nègre en liberté. Ceci a été inséré dans le *London Chronicle* du 20 juin dernier.

Je vous remercie de m'avoir envoyé l'adresse de Virginie; je la publierai avec quelques réflexions. Je suis heureux d'apprendre que, dans l'Amérique du Nord, on se prononce contre l'emploi des nègres. Dans ces derniers temps, on a publié ici plusieurs écrits contre la traite; j'espère qu'elle finira par être prise en considération et supprimée par la législature. Vos efforts ont déjà produit de grands effets. J'espère donc que vous et vos amis serez encouragés à poursuivre. Tous mes vœux sont pour votre succès, et je suis toujours, cher ami, votre affectionné.

B. F.

A JOSEPH PRIESTLEY [1].

Algèbre morale.

Londres, 19 septembre 1772.

Cher Monsieur,

Dans une affaire d'aussi grande importance pour vous, je ne puis, faute de données suffisantes, vous dire *ce qu'il* faut décider, mais je puis peut-être vous dire *comment on* peut se décider. Dans ces cas difficiles, où gît la difficulté?

---

toute sa vie dans sa patrie d'adoption, Philadelphie. Il était quaker. Benezet a immortalisé son nom en consacrant sa vie à demander l'abolition de la traite et l'adoucissement de la condition des nègres. Il est mort à Philadelphie en 1784, à l'âge de 71 ans.

1. Célèbre physicien, philosophe et politique.

C'est que, dans l'examen que nous en faisons, toutes les raisons *pour* ou *contre* ne se présentent pas en même temps à notre esprit; une de ces raisons nous frappe d'abord, bientôt une autre lui succède, et nous perdons de vue la première. De là toutes ces alternatives, ces irrésolutions auxquelles nous sommes en proie; de là cette incertitude qui nous tourmente.

Pour en finir, voici ma méthode : Je divise en deux colonnes, par un trait, une demi-feuille de papier; j'écris en tête de l'une de ces colonnes le mot *pour*, et en tête de l'autre le mot *contre*. Pendant deux ou trois jours de réflexion, j'inscris brièvement au-dessous de chacun de ces intitulés les différents motifs qui se présentent de temps à autre à moi *pour* et *contre* la mesure que je veux adopter. Lorsqu'enfin j'ai réuni tous ces motifs ensemble, je me mets en devoir de peser leur valeur respective; si je trouve que *deux* raisons (*une* de chaque côté) soient d'un même poids, je les élimine toutes les *deux;* si *une* raison *pour* égale deux raisons *contre*, je supprime le *tout;* si *deux* raisons *contre* égalent *trois* raisons *pour*, j'efface les *cinq*, et ainsi de suite, jusqu'à ce que je trouve enfin de quel côté demeure la *balance*. Et si, après un ou deux jours de réflexion, rien de nouveau ne vient s'ajouter d'un côté ni de l'autre, je prends mon parti; et quoiqu'on ne puisse supputer et peser des raisons avec autant d'exactitude qu'on établit des quantités algébriques, cependant, quand j'ai discuté séparément et comparativement chacune de ces raisons, et que j'en ai l'ensemble sous les yeux, je pense qu'il m'est plus facile d'asseoir un jugement et d'éviter un faux pas. En fait, j'ai retiré de grands avantages de cette espèce d'équation dans ce qu'on peut appeler une *algèbre morale*, ou *algèbre de conduite*.

Désirant sincèrement que vous adoptiez le meilleur parti, mon cher ami, je suis à jamais votre très-affectionné.

B. F.

A THOMAS CUSHING.

Conversation avec lord Dartmouth sur les affaires d'Amérique. — Chute des actions de la Compagnie des Indes.

Londres, 5 janvier 1773.

Monsieur,

J'ai eu l'honneur de vous écrire le 2 décembre dernier, en vous envoyant quelques lettres originales écrites par des personnes de Boston : j'espère que tout vous sera heureusement parvenu. Plus tard, j'ai reçu votre lettre du 27 octobre ; elle contient, en peu de mots, une énumération complète de tous nos griefs, des moyens d'y porter remède, et des heureux effets qui suivraient aussitôt ; aussi quoiqu'elle fut marquée : *particulière*, j'ai cru qu'il serait bon d'en donner communication à lord Dartmouth, d'autant plus que votre lettre s'exprimait d'une manière très-convenable sur son compte, et qu'il pouvait juger par là de l'estime dont il jouit dans les Colonies. Je lui écrivis donc un petit billet, sous le pli duquel j'insérai votre lettre et je lui envoyai le tout deux ou trois jours avant ma visite, pour lui laisser le temps d'en examiner le contenu.

Quand je me présentai chez lui, il me rendit votre lettre avec un air de satisfaction, en me disant qu'il était charmé de trouver le peuple d'Amérique dans des sentiments si favorables à son égard. Il ajouta qu'on ne faisait que lui rendre justice en lui supposant les meilleures intentions, car il désirait sincèrement le bonheur des Américains, quoique peut-être il ne fût pas toujours d'accord avec eux sur les moyens de parvenir à cette fin désirée. Il me dit encore que vous vous plaigniez de beaucoup de choses dans votre lettre ; que quelques-unes de ces plaintes demandaient à être examinées de près, et que par conséquent on ne devait pas s'attendre à un changement soudain de toutes les mesures prises jusqu'alors, en supposant même que toutes fussent mauvaises; ce qui n'était guère à présumer. Il pensait toutefois que, si les Américains restaient tranquilles et ne donnaient aucun nouveau sujet d'offense au Gouvernement, on prendrait leurs plaintes en considération et qu'on ferait droit à celles qu'on aurait trouvées raisonnables.

Je n'ai pas besoin de vous faire remarquer que ces paroles générales ne signifient pas grand'chose, mais je n'ai pu obtenir rien de plus précis....

Cependant plusieurs circonstances militent en notre faveur, à l'égard des impôts. Le relevé des comptes de l'année dernière, que viennent d'envoyer les Commissaires, fait connaître que, déduction faite des salaires, etc., il ne reste à l'Angleterre qu'une somme de quatre-vingt cinq livres sterling; encore, ne parle-t-on pas des dépenses qu'occasionne l'entretien des gardes-côtes. La Compagnie des Indes [1] n'a pas le sou; elle ne peut payer les lettres de change qu'on tire sur elle, ni faire face à ses autres dettes; elle a en même temps si peu de crédit, que la Banque ne se soucie pas de l'aider; son dividende va donc baisser nécessairement. Sur cette crainte, les actions sont tombées de 280 à 160; c'est plusieurs millions de perdus; de là, des banqueroutes particulières, et mille autres calamités, sans parler d'une perte de quatre mille livres sterling par an pour le trésor, somme que la compagnie cesse de payer dès qu'elle ne peut donner douze et demi pour cent de dividende. Et comme la compagnie a dans ses magasins pour plus de quatre millions de thé et d'autres articles indiens, qu'elle ne peut vendre faute d'un marché, et qui, s'ils étaient vendus, maintiendraient son crédit, j'ai saisi cette occasion de faire remarquer la grande impru-

1. Il ne faut pas oublier que les Américains s'étaient mutuellement engagés à ne plus acheter de thé à la métropole, et que la Compagnie des Indes avait le monopole de cet article.

dence qu'il y a à perdre le marché américain, en maintenant le droit sur le thé. On a jeté ce commerce entre les mains des Hollandais, des Danois, des Suédois et des Français, et il résulte des rapports et des lettres de nos commis de douanes, que ces pays fournissent aujourd'hui, par contrebande, tout le continent, non-seulement de thé, mais de tous les articles indiens, pour une somme de cinq cent mille livres sterling par an au moins. Cela cause quelques inquiétudes ; le peuple commence à se convaincre de plus en plus qu'on a eu tort de se brouiller avec l'Amérique. On se dit que depuis cinq ans que subsistent les associations de non importation, on eût vendu, là-bas, pour deux millions et demi de ces marchandises, si l'on n'avait pas mis de droits sur le thé, ou si on avait eu le bon sens de le révoquer promptement.

Mais notre plus grande sûreté consiste, suivant moi, dans l'accroissement de notre population, de notre richesse et de notre force. En rendant notre concours plus puissant dans les guerres que peut avoir l'Angleterre, ces qualités nous feront respecter davantage ; notre amitié sera plus recherchée et l'on craindra davantage notre inimitié. Qu'en arrivera-t-il ? Non-seulement on nous traitera avec justice, mais avec bienveillance, et nous verrons modifier, d'ici à quelques années, toutes les mesures qu'on a jusqu'ici prises à notre égard, à moins toutefois qu'en négligeant la discipline militaire, nous ne perdions tout esprit martial, et que notre peuple de l'Ouest ne devienne aussi efféminé que celui qui habite l'Orient soumis à l'Angleterre, car alors nous pourrions nous attendre à la même oppression. Rien de plus vrai que ce proverbe italien : *Faites-vous moutons, le loup vous mangera*. Plein de foi dans l'approche de cet heureux changement en notre faveur, je crois qu'il est sage pour nous de demeurer tranquilles, en ne perdant pas de vue, toutefois, et nos droits et nos réclamations, en les faisant, au contraire, valoir par des résolutions, des pétitions, des remontrances, mais en souffrant patiemment le peu de cas que font aujourd'hui les Anglais de nos plaintes. Un temps viendra (et ce temps n'est pas loin) où on y fera plus d'attention.

J'ai l'honneur d'être, avec la plus grande estime,
B. F.

A MISTRISS DEBORAH FRANKLIN.

Son jour de naissance.

Londres, 6 janvier 1773.

Ma chère enfant,

J'ai quelque tendresse pour ce 6 de janvier; c'est la date nominale de ma naissance bien que le changement de style ait reporté la date vraie au 17, et, si je suis encore en vie, j'aurai ce jour-là soixante-sept ans. Il me semble que c'était hier que vous et moi nous étions petit garçon et petite fille, tant les années fuient rapidement. Toutefois nous avons grande raison d'être reconnaissants, puisqu'une si forte part de notre vie s'est passée heureusement et qu'il nous reste encore assez de santé et de force pour nous rendre l'existence agréable.

J'ai reçu votre bonne lettre du 16 novembre. Les pommes ne sont pas encore débarquées, mais je vous en remercie. Le capitaine Alley a eu la bonté de m'en envoyer un baril d'excellentes que je mange en attendant. Je me réjouis de vous savoir tous bien portants; mais vous m'avez si bien habitué à avoir quelque jolie anecdote à propos de l'enfant, que je suis un peu désappointé en ne sachant de lui rien autre chose, sinon qu'il est parti pour Burlington. Dans votre prochaine lettre, je vous en prie, contez-moi ses petites histoires, comme vous faites ordinairement.

Tous nos amis sont sensibles à votre bon souvenir et vous envoient leurs compliments. Faites mes amitiés à tous ceux qui demandent de mes nouvelles et gardez-en une bonne part pour nos enfants. Je suis toujours, ma chère Debby, votre mari affectionné. B. F.

A WILLIAM FRANKLIN.

La Compagnie des Indes. — Gêne des manufactures.

Londres, 14 février 1773.

Cher fils,

L'opposition attaque aujourd'hui le ministère au sujet de l'affaire de Saint-Vincent, qui est généralement désapprouvée ici; quelques personnes pensent même que lord Hillsborough sera abandonné comme étant le promoteur de cette expédition. Si la motion réussit, peut-être l'orage sera-t-il dissipé. Le ministère est plus embarrassé avec les affaires des Indes. L'Amérique persistant toujours à ne pas vouloir du thé apporté d'ici, les intérêts de la Compagnie en souffrent beaucoup. Elle avait fait des importations considérables, dans l'espérance que notre coalition ne tiendrait pas, et aujourd'hui elle ne peut payer ni ses dettes ni ses dividendes. Ses actions ont baissé au point qu'elle perd environ trois millions, et le gouvernement perdra ses quatre cent mille livres sterling par an, tandis que le thé leur reste sur les bras. Les banqueroutes qui ont été causées par cette interruption d'affaires ont donné au crédit une secousse dont on n'avait pas eu d'exemple depuis l'année de la mer du Sud [1]. Les grands manufacturiers en ont ressenti un tel contre-coup qu'ils ont été obligés de congédier leurs ouvriers; des milliers de tisserands de Spitalfields et de Manchester meurent de faim ou vivent de cha-

---

1. Les actions de la mer du Sud sont, dans l'histoire anglaise, ce que la banque de Law est dans l'histoire de France. Ce fut le règne du papier, de l'agiotage, suivi d'une ruine universelle.

rité. Heureux effets de l'orgueil, de la susceptibilité et de la colère chez le gouvernement, qui ne devrait pas avoir de passion. Je suis, etc. B. F.

A THOMAS CUSHING.

Discours du gouverneur Hutchinson à l'assemblée de Massachusetts. — Entretien avec lord Dartmouth.

Londres, 6 mai 1773.

Monsieur,

Je suis privé de vos nouvelles depuis le 28 novembre dernier. Je vous ai écrit les 2 décembre, 5 janvier, 9 mars, 3 avril; j'espère que toutes mes lettres vous sont parvenues.

J'ai fait imprimer ici, dès que je l'ai reçue, la réponse du conseil et de l'assemblée au discours du gouverneur Hutchinson. On a imprimé aussi la réponse d'Hutchinson, mais la réplique de l'assemblée ne nous est pas encore arrivée. Si le gouverneur s'est imaginé se rendre important, en recommençant cette dispute, il s'est grossièrement trompé; l'administration est mécontente de son zèle, parce qu'elle était dans l'intention de laisser tomber toute espèce de discussion, afin que les choses reprissent peu à peu leur ancien courant. Voilà maintenant les ministres dans l'embarras, car si l'on met sous les yeux du Parlement les dépêches du gouverneur qui contiennent la déclaration de la Cour générale, on craint que le Parlement ne prenne des mesures qui ne fassent qu'agrandir la brèche, chose peu politique dans un moment où le trouble de l'Europe fait craindre une guerre générale. D'un autre côté, si le ministère ne met pas ces pièces sous les yeux du Parlement, il donne un avantage à l'opposition qui, à la première occasion, l'accusera de négligence criminelle. Quelques-uns disent qu'Hutchinson est un sot, d'autres assurent que, trompé par de faux rapports, il croyait que lord Hillsborough était encore au ministère.

Hier, j'ai eu une conversation avec lord Dartmouth : je crois à propos de vous en dire quelque chose. Je lui annonçai que je n'avais pas reçu de nouvelles de Boston et lui demandai si Sa Seigneurie en avait eues. « Aucunes, depuis la réplique du gouverneur; mais dans quels embarras ne nous a-t-il pas tous plongés par son imprudence? Il a cru bien faire, mais quel parti prendre maintenant? Il est impossible que le Parlement laisse passer la déclaration dans laquelle l'assemblée générale affirme son indépendance. — Selon moi, répliquai-je, il serait plus sage et plus prudent de n'y pas faire attention. Ce ne sont là que *des mots;* les actes du Parlement sont encore en vigueur au Massachusetts; on se s'oppose pas de force à leur exécution. Tant qu'il en sera ainsi, le Parlement aura raison de faire la sourde oreille, de paraître ignorer jusqu'à l'existence de semblables déclarations. Des mesures violentes ne changeront pas l'opinion d'un peuple; la force ne mène à rien. — Je ne crois pas, reprit lord Dartmouth, qu'on songe à employer la force, mais peut-être passera-t-on un acte qui impose quelques gênes au peuple du Massachusetts, jusqu'à ce qu'il révoque sa déclaration. Ne peut-il pas revenir là-dessus? Je voudrais qu'on le persuadât de réfléchir et qu'on l'amenât à retirer de lui-même sa déclaration pour laisser les choses sur l'ancien pied, sans discuter les points douteux. Ne croyez-vous pas, continua Sa Seigneurie, que cela soit possible? — Non, Milord, répondis-je, cela est, je crois, impossible. Quand même l'assemblée désirerait que les choses en fussent aujourd'hui au point où elles étaient avant le discours du gouverneur, et que la dispute fût anéantie, cependant elle ne pourrait retirer ses réponses avant qu'il n'eût lui-même retiré son discours; et comme pareil acte aurait fort mauvaise grâce de sa part, je ne crois pas qu'on le lui permette. Quant à un acte du Parlement, qui gênerait les habitants du Massachusetts, il n'aurait probablement d'autre effet que de les faire aviser, comme naguère, aux moyens d'incommoder à son tour l'Angleterre jusqu'à la révocation de cet acte; on continuerait donc à se nuire et à se provoquer réciproquement, au lieu d'entretenir la bonne intelligence et l'harmonie si nécessaires au bonheur général. »

Lord Dartmouth dit que cela n'avait rien d'impossible, et que, quant à lui, il voyait bien que nos divisions affaiblissaient l'empire, « car, ajouta-t-il, quels que soient les sentiments de l'assemblée du Massachusetts, nous sommes encore *un seul empire.* » Mais il ne voyait pas comment on pourrait éviter ces divisions. La dispute avait reçu une telle publication qu'il était étonné que le Parlement n'eût pas déjà demandé communication des dépêches, et il croyait qu'il ne pouvait retarder beaucoup cette communication, quelque répugnance qu'il en eût, par crainte des conséquences. « Que feriez-vous, si vous étiez à ma place? eut la bonté de me dire Sa Seigneurie. Vous exposeriez-vous à vous voir accuser un beau jour, en plein Parlement, pour avoir retenu des dépêches d'une aussi haute importance? — Je dis que Sa Seigneurie devait mieux savoir que moi ce qu'il lui convenait de faire dans sa position, mais que s'il m'était permis de donner mon mince avis au Parlement, je lui conseillerais, dans le cas où les dépêches lui seraient présentées, d'ordonner qu'on passât à l'ordre du jour [1] et de n'en plus parler; si j'étais, ajoutai-je, aussi bien Anglais que je suis Américain, et désireux de voir s'établir l'autorité du Parlement, je proteste à Votre Seigneurie qu'il me serait impossible de ne pas voir que chaque pas que fera le Parlement, pour l'accroître

---

1. Littéralement *qu'on les mit sur la table;* c'est la formule anglaise qui répond à notre *passer à l'ordre du jour.*

ne servira qu'à la diminuer, et qu'après avoir fait beaucoup de mal il finira par la perdre. Cette perte, après tout, ne serait peut-être pas en elle-même d'une grande conséquence, car, faute de renseignements suffisants et de connaissances nécessaires, le Parlement ne sera jamais en état de bien exercer son autorité ; ce n'est donc pas la peine de tant risquer pour la maintenir. »

Je terminai en assurant Sa Seigneurie que je serais heureux de l'aider à apaiser nos différends. Lord Dartmouth me dit alors : « Le plus grand service que vous puissiez me rendre, serait d'obtenir, s'il était possible, que l'assemblée générale retirât ses réponses au discours du gouverneur. — Il n'y a pas, lui dis-je, la moindre probabilité que cela se fasse jamais, car le pays n'a en ce point qu'un même sentiment. Peut-être le gouverneur aura-t-il dit à Votre Seigneurie que ce sont là les opinions d'un parti et que la majorité a d'autres sentiments qui finiront par prévaloir. Mais, s'il ne s'abuse pas lui-même, il trompe Votre Seigneurie. En effet, malgré l'influence que lui donne sa charge, il ne s'est pas trouvé dans les deux chambres une seule voix qui s'opposât à l'envoi de ces réponses. — Je ne me rappelle pas, dit lord Dartmouth, que le gouverneur m'ait rien écrit de cette nature. Mais des personnes qui habitent l'Amérique, et qui prétendent la connaître, m'ont assuré que beaucoup de gens pensaient comme le gouverneur, sans oser faire connaître leurs opinions. — Je n'ai jamais entendu dire, répliquai-je, qu'on ait fait violence à qui que ce soit pour s'être rangé de l'avis du gouverneur. — Des violences, reprit Sa Seigneurie, non sans doute ; mais il y a eu des injures et des insultes, et personne n'aime à se voir haï ou méprisé de ses voisins. »

Le gouverneur Bernard sortait de chez Sa Seigneurie au moment où j'entrais : je pensai qu'il pouvait être une de ces *personnes bien instruites* dont venait de me parler lord Dartmouth, et je dis : « Les gens qui sont engagés dans

un parti ou qui ont conseillé certaines mesures, sont toujours disposés à grossir le chiffre de leurs approbateurs. »
Sa Seigneurie répondit qu'il en pouvait être ainsi dans le cas présent, car quiconque a observé la conduite des partis sait que c'est là leur constante habitude, et il convint avec moi que si l'absence de tout vote contraire ne prouvait pas absolument l'unanimité d'opinion, elle prouvait au moins que cette opinion avait pour elle la grande majorité.

Ainsi finit notre conférence. Je veillerai à cette affaire jusqu'à la clôture du Parlement; je tâcherai de faire comprendre au peuple anglais les suites fâcheuses de ces querelles. Déjà les tisserands de Spital fields en paraissent convaincus dans la pétition qu'ils adressent au roi; je vous l'envoie sous ce pli. J'ai déjà le plaisir d'apprendre que le sermon de mon ami l'évêque de Saint-Asaph est universellement approuvé et applaudi [1], ce qui n'est pas un mauvais symptôme.

J'ai l'honneur d'être, etc.   B. F.

A THOMAS CUSHING.

Impôt sur le thé.

Londres, 4 juin 1773.

Monsieur,

Je vous ai envoyé par le paquebot l'original de la réponse de Sa Majesté à nos pétitions et remontrances. Maintenant, je vous en envoie une copie exacte, que je voulais accompagner de quelques observations et de mon senti-

---

1. L'évêque de Saint-Asaph avait fait un discours des plus chaleureux contre la conduite du gouvernement anglais et en faveur de l'Amérique. Sir John Pringle appelait ce discours : *un compliment à l'adresse de Franklin.* C'était au moins un écho de ses idées.

ment sur l'état général de nos affaires en ce pays, et sur la conduite que nous imposent les circonstances ; mais, en commençant à écrire, je m'aperçois que la matière est trop féconde, et, réflexion faite, je trouve que le sujet est trop important pour le traiter dans une lettre écrite à la hâte. On me dit que les vaisseaux partent demain, je remets donc mes observations à un autre moment.

Au commencement de la session, on croyait que l'impôt sur le thé, en Amérique, serait aboli ; mais maintenant nos hommes d'État ont inventé de réduire le droit en Angleterre, de manière que le thé se vende en Amérique à meilleur marché que les étrangers ne peuvent nous le fournir, ils ne cherchent dans le maintien de la taxe que la consécration du droit que le Parlement prétend sur nous. On ne croit pas ici qu'un peuple puisse agir par d'autres principes que l'intérêt et l'on imagine que la réduction de trois pences par livre de thé (on n'en consomme pas dix livres par tête) suffira pour étouffer tout patriotisme dans le cœur des Américains.

Je me propose de vous écrire bientôt et en grand détail. Quant aux lettres que je vous ai communiquées[1], je n'ai point la permission d'en prendre copie ni de les publier, mais vous en pouvez garder les originaux tant que vous le jugerez convenable.

J'ai l'honneur, etc. B. F.

---

1. Ce sont les lettres du gouverneur Hutchinson, dont il sera question dans le chapitre suivant.

A THOMAS CUSHING.

Différend avec le gouverneur Hutchinson. — Première idée d'un congrès américain. — Justification de Franklin, accusé de négliger les intérêts du Massachusetts.

Londres, 7 juillet 1773.

Monsieur,

Je vous remercie des brochures que vous m'avez envoyées sur les contestations entre le gouverneur et les deux chambres. Je les ai distribuées là où je crois qu'elles peuvent servir. Le gouverneur tire peut-être de sa cause tout ce qu'on en peut tirer ; mais par malheur il défend le mauvais côté, et il en est réduit aux faux-fuyants, aux sophismes, aux artifices de toute espèce, pour donner quelque couleur à ses raisonnements. Le conseil et l'assemblée ont l'avantage de la franchise, de la justesse et de la solidité. C'est en vain que le gouverneur invoque des actes du Parlement, qui ont lié les colonies, et notre consentement tacite à ces mêmes actes. J'aimerais autant qu'un tuteur, qui a trompé, pillé, dépouillé un pupille sans défense, vînt, après que le pupille a découvert la fraude, citer ses tromperies comme des précédents et des autorités pour continuer ses spoliations. Depuis un temps immémorial il y a des précédents de vol dans les bruyères de Hounslow, cela n'empêche pas que le brigand qui y a volé hier ne mérite d'être pendu.

Je vois avec plaisir les résolutions de la chambre des représentants de Virginie[1]. Il y a de braves cœurs en ce pays. J'espère que toutes les colonies s'empresseront d'accepter cette proposition. Rien de plus naturel que votre

---

[1]. Le 13 mars 1773, l'assemblée de Virginie vota l'établissement d'un Comité de Correspondance et engagea les autres colonies à en faire autant.

idée que, si l'oppression continue, un congrès sortira de ces comités de correspondance. Rien n'alarmerait davantage nos ministres, mais si les colonies s'entendent pour former un congrès, je ne vois pas qui les en empêchera.

Je prends note de vos avertissements sur les lettres publiques et particulières ; je ne manquerai pas de m'y conformer. Il me semble toutefois que la correspondance entière devrait être entre les mains du président, afin qu'il en communiquât à la chambre les extraits qu'il jugerait convenables. Rien de plus embarrassant pour un agent que de donner par écrit le détail de ses négociations avec les ministres, lorsqu'il sait que ses dépêches seront lues en pleine assemblée, et que le gouverneur peut y avoir des espions qui en emportent des extraits, ou peut-être en prennent des copies, qui reviennent ici par des lettres particulières. Je ne parle pas des dépêches qui se trouvent imprimées dans les discours des orateurs.

Comment écrire avec liberté dans de pareilles circonstances, à moins qu'on ne veuille hasarder sa position et se mettre hors d'état de rendre plus longtemps service à son pays. Ce n'est pas pour moi que je parle en ce moment, puisque je me vois à la veille de renoncer à tout caractère public, mais c'est afin que vous y fassiez attention, en nommant vos futurs agents.

Puisque nous parlons d'agents, je vous dirai combien je suis affecté d'avoir encouru de la part de la chambre, un reproche aussi sévère que celui de négliger ses intérêts. Le respect seul m'a empêché d'y répondre dans ma dépêche officielle ; il n'est pas décent de discuter les admonestations d'un père. Mais avec vous et en particulier, permettez-moi de m'expliquer sur ces deux griefs. On me reproche de n'avoir pas donné un avis assez prompt, d'abord de l'article de loi qui concerne les chantiers maritimes, et ensuite des appointements accordés au gouverneur et aux juges. Le premier de ces reproches a seul quelque apparence. Je n'ai pas su, et peut-être j'aurais dû savoir qu'il était question de cet article ; mais ce n'est pas chose aisée. Pendant toute la session du parlement, les étrangers n'y ont pas été admis, et l'on y a passé peut-être deux cents actes. Il n'est pas si facile qu'on le pense de connaître tous les articles de chaque loi, et de s'opposer à ceux qui peuvent compromettre les intérêts des colonies, d'autant que très-souvent, quand on craint d'éveiller l'opposition, on glisse certains articles de contrebande, dans un bill, dont le titre n'éveille point le soupçon. Mais, quand même j'aurais eu connaissance de l'article, comment en aurais-je empêché le vote dans la disposition actuelle du gouvernement à l'endroit de l'Amérique ? Je ne vois pas non plus qu'il vous eût servi beaucoup d'en être instruits plus tôt.

Quant aux traitements du gouverneur et des juges, je n'aurais pas pensé d'en écrire à la chambre, alors même que le ministre m'en eût parlé. En effet, la première lettre du comité annonce que la chambre a été déjà informée, avec certitude, que l'administration « est décidée à accorder des traitements considérables à l'Attorney général, aux juges et au gouverneur de la province. » Ainsi ce n'est pas moi qui aurais donné le *premier signal* des maux dont on était menacé. J'ai écrit cependant : « Il n'y a pas de doute qu'on ait l'intention de rendre le gouverneur et quelques autres officiers indépendants du peuple, pour leur traitement, et on persistera dans ce dessein, si le revenu d'Amérique se trouve suffisant pour y pourvoir. »

Quelque pénible que soit pour moi cette censure, elle ne me surprend pas ; je m'y attendais de longue main. Placé entre les amis d'un ancien agent, mon prédécesseur, qui se plaint d'une destitution injuste, et ceux d'un jeune homme impatient de ma succession [1], ma situation est loin

---

1. Arthur Lee.

d'être commode et sur mes moindres fautes on a l'œil ouvert.

Je compte partir d'Angleterre au mois de septembre. Aussitôt arrivé en Amérique, si Dieu le permet, je me rendrai à Boston, où j'espère avoir le plaisir de vous présenter mes respects. Je vous donnerai alors tous les renseignements en mon pouvoir, et je vous dirai, de vive voix, ce que la prudence ne me permettrait pas d'écrire, enfin tout ce qu'un séjour de plusieurs années à Londres m'a suggéré pour le bien de notre pays.

Quelque temps avant mon départ, je remettrai vos papiers entre les mains de M. Lee, et je l'assisterai, au besoin, de mes conseils. C'est un homme qui a de l'habileté et des talents ; s'il ne peut surpasser mon zèle pour les intérêts et la prospérité de la province, sa jeunesse le mettra aisément en état de la servir avec plus d'activité.

Je suis, Monsieur, avec un profond respect, etc. B. F.

A THOMAS CUSHING.

Réponse du roi aux pétitions américaines. — Opinion du peuple anglais sur l'Amérique.

Londres, 7 juillet 1773.

Monsieur,

Le Parlement est enfin prorogé sans qu'il se soit occupé de l'Amérique. Les affaires de l'Inde lui ont pris beaucoup de temps ; peut-être n'a-t-on pas jugé prudent de mettre sous ses yeux les renseignements relatifs à la Nouvelle-Angleterre, quoiqu'on nous en ait plusieurs fois menacés. La *réponse ferme* du Roi (c'est ainsi qu'on la qualifie) à nos pétitions, à nos remontrances, a sans doute été jugée suffisante pour le présent. Je vous ai transmis cette réponse par le dernier paquebot, et j'en ai envoyé une copie par un navire de Boston, au commencement du mois dernier. Il y est dit que « Sa Majesté a mûrement pesé les faits et les expressions contenus dans les pétitions, que toujours on la verra empressée d'accueillir les *humbles* pétitions de ses sujets, et de redresser des *griefs réels*, mais aussi qu'elle est déterminée à maintenir la *constitution*, et à résister fermement à toute tentative qui serait faite pour déroger à l'autorité de la *législature suprême*. »

Il semble, d'après cela, qu'on n'a pas trouvé assez *humbles* certaines *expressions* de la pétition, que nos plaintes ne sont pas fondées sur des griefs *réels*, que le Parlement est la *suprême législature*, et qu'enfin son autorité sur les colonies est supposée faire partie de la *constitution*.

Cette dernière idée est exprimée plus au long dans le dernier paragraphe : on se sert des propres termes de l'acte pour déclarer que la couronne a droit de faire avec le concours du Parlement, des lois qui ont *assez de force* et de *validité*, pour lier les sujets américains dans quelque cas que ce soit.

Lorsque l'on considère la situation du roi, entouré de ministres, de conseillers, de juges, instruits dans les lois qui sont tous imbus de cette opinion ; lorsque l'on songe à la nécessité où il est de vivre en bonne intelligence avec son Parlement, dont les subsides annuels entretiennent ses flottes, ses armées et comblent le déficit de sa liste civile, on ne peut s'étonner que Sa Majesté soutienne fermement une opinion établie, autant du moins qu'un acte du Parlement peut l'établir, et que les amis même de l'Amérique ont soutenue lors qu'ils ont révoqué l'impôt du timbre. Les lords et les communes tiennent si fort à ce privilége, que toute démarche contraire du roi pourrait le brouiller avec ces deux corps puissants. Nous ne pouvions guère espérer que le roi prît un autre parti. Les instructions dont nous nous plaignons pourraient être retirées sans que le Parlement s'en aperçût, si Sa Majesté le jugeait convenable, mais les préventions qui entourent le roi ne nous permettent guère d'espérer qu'on lui donne ce conseil.

La question est donc de savoir comment nous obtiendrons réparation. Si nous regardons l'histoire du Parlement britannique, nous y verrons que, dans des cas analogues, on n'a guère obtenu justice qu'en refusant des subsides au souverain en détresse jusqu'à ce qu'il eût fait justice. De là vient la coutume immémoriale de la chambre des communes de garder la bourse en ses mains, et de ne jamais souffrir que la chambre des lords intervienne, soit dans la concession, soit dans la quotité, soit dans la perception des impôts. L'Angleterre se regarde comme notre souveraine, sa dette est énorme; ses fonds publics sont loin de remonter au pair, depuis la dernière guerre; de nouvelles hostilités augmenteraient sa détresse. Sa population diminue, aussi bien que son crédit; elle aura autant besoin d'hommes que d'argent. Et les colonies croissent rapidement en richesses et en population.

Dans la dernière guerre, nous avions sur pied une armée de vingt-cinq mille hommes. Un pays, capable de cet effort, n'est point un allié à mépriser. Une autre fois, nous fournirions peut-être, avec la même facilité, un secours deux fois plus considérable. Vienne une guerre, on désirera notre assistance; on recherchera et on sollicitera notre amitié, on nous courtisera. C'est alors qu'il faudra dire : « *Rendez-nous justice*. Vous nous prenez notre argent de force, et aujourd'hui vous nous demandez des subsides volontaires. Vous ne pouvez pas user en même temps de ces deux moyens. Si vous voulez avoir notre argent, sans notre aveu, c'est fort bien, contentez-vous du peu que vous obtiendrez de force. Voulez-vous, au contraire, que nous vous accordions librement des subsides? Renoncez à vos moyens violents; reconnaissez nos droits, et assurez-nous-en la jouissance pour l'avenir. » C'est alors qu'on écoutera nos griefs, et qu'on tiendra compte de nos plaintes.

Il n'y a pas longtemps que l'on craignait la guerre avec l'Espagne ; aussitôt les grands personnages changèrent de conduite avec ceux qui passaient pour avoir quelque influence en Amérique. Leur langage n'était plus le même, et je suis sûr que, si la guerre avait eu lieu, le ministre chargé des colonies aurait été immédiatement renvoyé ; on aurait changé toutes ses mesures, et mis tout en usage pour recouvrer notre affection et obtenir notre assistance. D'où il faut conclure que les mêmes causes produiront les mêmes effets.

Comme la puissance d'un empire ne dépend pas seulement de l'*union* de toutes ses parties, mais de leur *empressement* à unir leurs forces ; comme une discussion des droits peut paraître déplacée au commencement d'une guerre, et que les délais qu'elle entraîne pourraient nuire au salut général ; comme le refus d'une ou de plusieurs colonies serait de peu d'importance, si les autres accordaient libéralement des subsides, ce qu'on obtiendrait peut-être à force d'artifices, et en employant divers prétextes, et comme enfin ce défaut d'harmonie ne permettrait pas de compter sur une réparation complète, peut-être serait-il plus sûr et plus loyal pour les colonies de former pendant la paix un congrès général, ou de s'entendre entre elles au moyen des comités de correspondance qu'on leur propose d'établir, afin de publier d'un commun accord une solennelle déclaration de leurs droits. Elles prendraient les plus fermes engagements de ne jamais fournir de subsides à la Couronne, en cas de guerre générale, jusqu'à ce que leurs droits eussent été reconnus par le roi et par les deux Chambres du parlement. La Couronne serait informée officiellement de cette détermination. Une telle démarche amènerait la crise ; soit que l'on satisfît immédiatement à nos demandes, soit que l'on employât des mesures répressives pour nous y faire renoncer, des deux façons nous en arriverions à nos fins. L'odieux même qui accompagne la violence contribuerait à nous unir et à nous fortifier, et le monde entier rendrait hommage à notre conduite.

Personne ne révoque en doute les avantages d'une étroite union entre la métropole et les colonies, si on peut l'établir et la maintenir à des conditions équitables. Dans tout contrat honnête, chaque partie doit trouver son profit. La Grande-Bretagne y trouvera le sien, puisque nous nous joindrons à elle dans toutes ses guerres, au grand émoi et à la grande terreur de ses ennemis. Elle trouvera encore son avantage dans l'emploi que nous donnons à ses manufactures, dans la richesse que notre commerce procure à ses marchands, et enfin son gouvernement sentira son bras plus fort, quand il pourra disposer de nos postes militaires et de nos places fortes.

De notre côté, nous éprouverons les heureux effets de sa protection : sa médiation apaisera les différends, et préviendra la guerre entre les diverses colonies. Ainsi, nous pourrons nous livrer sans obstacle à l'amélioration du pays et grandir en nombre. Nous ne lui demandons rien de plus, elle ne doit exiger de nous rien davantage.

Qu'elle fasse preuve de prudence, de modération et même d'un peu d'indulgence : de notre côté, conduisons-nous avec sagesse ; excusons tout ce qui peut n'être que l'effet des circonstances ; supportons les faiblesses de son gouvernement, comme on supporte celles d'un père vieux et infirme, tout en affirmant nos priviléges, et en déclarant que nous les revendiquerons en temps convenable, et, de cette façon, cette union avantageuse pour les deux pays pourra durer encore longtemps. Nous la souhaitons; nous devons faire nos efforts pour la maintenir, mais c'est à Dieu qu'il appartient de disposer dans sa sagesse. Ici, les amis de la liberté désirent que nous la gardions longtemps sur nos rivages afin qu'ils puissent l'y retrouver, si elle venait à périr chez eux. Ils ont peur que nous ne la compromettions par quelque tentative prématurée. Ils pensent que c'est risquer beaucoup que d'avoir recours à des mesures violentes, et que ce risque n'est pas nécessaire lorsqu'un peu de temps suffira pour nous donner infailliblement tout ce que nous demandons et tout ce que nous désirons, et cela sans lutte et sans danger.

Je n'ai pas la présomption de vouloir donner des conseils; il y a parmi vous trop de gens plus sages que moi, et j'espère que vous serez dirigés par une sagesse encore supérieure.

Quant aux sentiments des Anglais en général sur l'Amérique, j'ose dire que nous comptons parmi eux un grand nombre d'amis. Tous les dissidents sont pour nous, ainsi qu'un grand nombre de marchands et de manufacturiers. Les propriétaires ruraux ont eux-mêmes le sentiment général de l'importance toujours croissante de notre pays ; ils désapprouvent la rigueur avec laquelle on nous a traités, et désirent qu'on trouve un moyen d'arriver à une parfaite réconciliation. Quelques membres des deux Chambres, peut-être même des gens haut placés, ont à peu près les mêmes idées, mais aucun d'eux ne juge à propos de s'interposer activement en notre faveur, de peur que des adversaires n'en profitent pour les accuser de trahir les intérêts de la nation. Dans cet état de choses, il ne faut pas que, ni moi ni aucun de nos amis, nous espérions obtenir tout d'un coup la révocation des lois dont se plaignent les colons, ni la rétractation des ordres du gouvernement si destructifs des droits et des franchises de notre province. C'est par degré, et en mettant judicieusement les événements à profit, que nous opérerons un changement dans les idées et dans les mesures; autrement, il ne faut pas compter sur un si grand revirement.

Je remercie la Chambre de la bienveillance avec laquelle elle m'a accordé, pour la seconde fois, une indemnité de six cents livres sterling. Je ne puis vous apprendre si l'instruction qui limite la sanction du gouverneur est ou n'est pas révoquée, ou si elle le sera : jamais je n'en ai dit un seul mot à lord Dartmouth, étant bien déterminé à ne rien devoir à la faveur d'aucun ministre. Si c'est par un sentiment de justice que l'on rétracte cette instruction, et si l'on renonce au principe général sur lequel elle est fondée, tout ira bien ; sinon vous n'aurez jamais l'idée d'employer ici un agent, si ses émoluments dépendent du caprice d'un ministre. Quant à moi, cette situation serait à mes yeux trop suspecte, et par conséquent trop déshonorante, pour que je voulusse la garder seulement une heure. Grâce à mon économie, je suis à l'abri du besoin, et si je sers mes commettants avec fidélité, quoique avec peu de succès, j'ai la certitude qu'ils auront toujours le désir, et un jour peut-être le pouvoir de rendre effective l'indemnité qu'ils veulent bien m'allouer.

J'ai l'honneur d'être, etc. B. F.

A SAMUEL MATHER.

Increase Mather.—Découverte de l'Amérique avant Columb. — Les traîtres.

Londres, 7 juillet 1773.

Révérend monsieur,

Par mon billet du 4 de ce mois, je vous ai accusé réception de votre lettre du 18 mars, et je vous ai envoyé deux brochures. Aujourd'hui j'en ajoute une troisième, c'est une adresse courageuse aux évêques qui se sont opposés à la pétition des dissidents[1]. Elle est faite par un ministre dis-

1. Les dissidents demandaient l'égalité des droits politiques.

sident de York. A la fin il y a une petite pièce de moi sur le même sujet.

J'ai lu vos traités avec plaisir. Je vois que vous avez hérité de toute la science variée de vos fameux ancêtres Cotton et Increase Mather[1]. J'ai entendu Increase prêcher pour M. Pemberton au temple d'*Old-South*, et je me rappelle qu'il annonça la mort « de ce vieux et méchant persécuteur du peuple de Dieu, Louis XIV, » nouvelle qu'on venait de recevoir, mais qui se trouva prématurée. Quelques années plus tard j'eus occasion de le voir dans sa maison de *North-End*; je l'aperçois encore assis dans une chaise longue, avec l'air très-vieux et très-faible. Quant à Cotton, je me le rappelle dans toute la vigueur de sa prédication et de son ministère.

Vous n'avez rien négligé pour prouver que les anciens ont pu connaître l'Amérique. Les Norwégiens aussi prétendent l'avoir découverte; c'est un fait dont vous ne parlez pas, à moins que vous n'y fassiez allusion dans les mots : *depuis longtemps vus et observés*, de la page 7.

Il y a environ vingt-cinq ans qu'un savant suédois, le professeur Kalm, était chez nous, en Pensylvanie. Il soutenait que l'Amérique avait été découverte par les Norwégiens longtemps avant Colomb. Comme j'exprimais des doutes, il fit pour moi une note de ces découvertes que je vous envoie ci-incluse. C'est son écriture et son anglais; anglais fort intelligible pour le peu de temps que M. Kalm est resté chez nous. Les détails donnent à ce récit un grand air d'authenticité. Si l'on en peut juger par la description de l'hiver, le pays que les Norwégiens ont visité serait au sud de la Nouvelle-Angleterre, en supposant que depuis lors le climat n'ait pas changé. Mais si, comme nous le disent Krantz et quelques autres historiens, il est vrai que les glaces aient rendu inhabitable l'ancien Groenland,

---

1. Célèbres ministres et prédicateurs du Massachusetts.

autrefois habité et peuplé, il faut croire que les hivers perpétuels du Nord ont gagné du terrain au Sud, et dans ce cas, des pays du Nord, qui aujourd'hui n'ont plus de vignes, ont pu en avoir autrefois.

Les remarques que vous ajoutez sur la conduite qu'on tient envers l'Amérique sont aussi justes que profondes; je ne vois pas qu'il y'ait chez vous indiscrétion à les faire, parce que vous êtes ministre de l'Évangile. Le royaume doit en partie ses libertés à l'esprit public de l'ancien clergé. Il se joignit aux barons pour obtenir la grande Charte, et rédigea de tout cœur les malédictions de l'excommunication prononcée contre ceux qui oseraient l'enfreindre. Quand le Parlement s'attribue le pouvoir de faire des lois, *qui lient les colonies dans tous les cas quelconques*, il n'est pas douteux qu'il se donne l'autorité de changer notre religion, et de la remplacer, s'il lui plaît, par le papisme ou le mahométisme. Mais comme vous le dites, le *pouvoir* n'est pas le *droit*, et comme le *droit* est nul, et que le *pouvoir* diminue chaque jour, grâce à notre accroissement, l'un sera bientôt aussi insignifiant que l'*autre*. Il me semble seulement que vous avez fait une petite erreur en supposant que le Parlement avait modestement évité de déclarer qu'il avait un droit; les mots de la loi sont : « Le Parlement a, et *de droit* il doit avoir plein pouvoir, etc. »

Votre soupçon n'est que trop fondé quand vous dites que, sans parler du gouverneur Bernard, « d'autres personnes ont envoyé en Angleterre leurs opinions et leurs conseils, afin d'encourager les dernières mesures contre notre pays, conseils qui n'ont été que trop suivis. » Vous appelez ces gens-là des *traîtres*, supposant sans doute qu'ils sont de notre pays. Parmi les douze apôtres on trouva un traître qui vendit son maître pour un baiser. Il ne serait donc pas extraordinaire que parmi tant de milliers de patriotes que contient la Nouvelle-Angleterre, on trouvât jusqu'à douze Judas prêts à vendre leurs pays pour quelques misérables pièces d'argent. Leur *fin*, comme leurs vues doivent être semblables. Mais il est évident que toutes les oppressions travaillent pour notre bien. Il semble que la Providence emploie tous les moyens pour faire de nous un grand peuple. Puissent nos vertus publiques et privées croître avec nous, et durer, afin que la liberté civile et religieuse soit assurée à nos descendants, et à tous ceux qui du vieux monde viendront chercher un refuge parmi nous!

Avec une grande estime, et mes meilleurs vœux pour la longue durée de votre ministère, je suis, révérend monsieur, votre très-obéissant et très-humble serviteur.   B. F.

A WILLIAM FRANKLIN.

Lord North. — Lord Dartmouth. — Anecdote sur lord Hillsborough.

Londres, 14 juillet 1773.

Cher fils,

Je suis charmé d'apprendre, par votre lettre du 4 mai, que vous ayez pu aider Josiah Davenport, mais je suis fâché que vous ayez, vous et lui, pensé à me faire une demande dans laquelle il m'est impossible de m'engager. Je ne suis pas assez bien avec lord North, pour solliciter de lui une telle faveur. Mécontent de quelques propos qu'il a tenus sur l'Amérique, depuis le premier de ce mois, je n'ai point assisté à ses réceptions. Peut-être en est-il offensé. Nous nous sommes rencontrés, par hasard, la semaine dernière, en revenant d'Oxford, chez lord le Despencer, où j'étais allé pour assister à la solennité de son installation; il a soigneusement évité de me parler. Je dois avouer, à ma honte, que je me sens, en pareille circonstance, autant d'orgueil que personne. Lady North fut plus gracieuse. Elle vint s'asseoir près de moi, sur le même sofa, et daigna entamer avec moi une conversation assez agréable, comme si elle eût voulu excuser la conduite de Milord. Son fils et sa fille l'accompagnaient. Ils restèrent toute la *soirée*, et ainsi lord North et moi nous avons diné, soupé et déjeuné ensemble, sans échanger trois paroles. Mais lord North eût-il de plus grands égards pour moi, je ne pourrais lui demander (pour un de mes parents) cette place, toute petite qu'elle est. J'ai en horreur leur système de douanes américaines, je crois que l'indiscrétion et l'in-solence de leurs commis amèneront quelque jour une rupture ; je ne voudrais donc jamais voir un de mes proches parents dans ce métier. Si vous le croyez capable de remplir la place de secrétaire, j'imagine que vous pourriez la lui procurer aisément par M. Morgan.

Nous étions encore dernièrement ensemble; il est toujours très-complaisant. Sachant que je suis sur le point de partir pour l'Amérique, il me prie de tâcher de lui obtenir la place d'*Agent de votre Province*. Son ami, sir Watkin Lewes, naguère candidat pour cette grande *place*, est aujourd'hui grand Shérif de Londres, et en chemin de devenir lord Maire. Croiriez-vous que les nouveaux Shérifs que l'on vient d'élire sont tous deux Américains. C'est M. Sayre de New-York, et M. William Lee, frère du docteur Lee.

Je suis content que vous soyez si bien avec lord Dartmouth. Je ne suis pas mal avec lui; il ne m'a cependant jamais parlé d'augmenter vos appointements. C'est vraiment un excellent homme. Il désire sincèrement voir régner une bonne intelligence entre l'Angleterre et ses colonies, mais je crois que son énergie ne répond pas à ses désirs. Je soupçonne, entre nous, que les dernières mesures émanent du roi lui-même; il a, dans certaines circonstances, beaucoup de ce que ses amis appellent de la *fermeté*. Cependant, avec un peu de peine et d'adresse on peut effacer les fausses impressions qu'il a reçues ; c'est la seule chance peut-être, pour l'Amérique, d'obtenir bientôt la réparation qu'elle réclame. Gardez tout ceci pour vous.

Puisque nous parlons de grands personnages, laissez-moi vous dire un mot au sujet de lord Hillsborough. J'ai été à Oxford avec lord le Despencer, qui a toujours eu infiniment de bontés pour moi, et qui, depuis quelque temps, paraît rechercher ma société. M. Todd s'y trouvait aussi ; il est attaché à lord Hillsborough ; il me dit donc, en confidence, dans le cours d'une promenade que nous faisions ensemble, que ce lord était fort chagrin de n'être plus en place, et qu'il ne me pardonnerait jamais la réponse que j'avais faite à son rapport sur l'Ohio. « Je l'ai assuré, dit M. Todd, que je savais que vous n'en étiez pas l'auteur, et l'effet de ma confidence a été qu'il est convaincu que j'ai voulu le tromper afin de vous excuser, de sorte qu'il m'en veut maintenant, sans avoir aucun autre motif au monde. » Son ami, Bamber Gascoign, assure aussi qu'il est *avéré* que cet écrit est du docteur Franklin, un des plus méchants hommes d'Angleterre.

Le même jour, lord Hillsborough fit une visite à lord le Despencer, dont l'appartement était contigu au mien, à *Queen's College*. Je m'habillais dans un cabinet, et j'entendis sa voix, mais je ne le vis pas, car il descendit aussitôt avec lord le Despencer. Mais ce dernier lui ayant dit que j'étais en haut, lord Hillsborough remonta de suite, et, m'abordant de la manière la plus gracieuse : « Docteur Franklin, me dit-il, j'ignorais que vous fussiez ici : je suis revenu pour *vous faire ma révérence*. Je suis charmé de vous voir à Oxford, et surtout en si bonne santé, etc. » En retour de cette extravagance, je lui fis des compliments sur le jeu de son fils au théâtre [1], quoique cela fût en

---

[1]. Au théâtre d'Oxford sans doute, et dans quelque comédie grecque jouée par les étudiants.

vérité fort indifférent, si bien que le compte fut réglé. Comme on dit dans le peuple, quand on est en colère : *s'il me bat, je le battrai;* je crois qu'il est permis de dire, avec la même raison : *s'il me flatte, je le flatterai;* c'est la loi du talion qui paye le mal en nature. Son fils, lord Fairford, est un jeune homme plein de mérite, ses filles, ladies Marie et Charlotte, sont de fort aimables jeunes femmes. Je ne suis brouillé qu'avec lui; il est de tous les hommes que j'ai jamais rencontrés, le plus inégal dans sa manière de traiter les gens, le moins sincère et le plus entêté. Témoin les variations de sa conduite à mon égard et sa duplicité lorsqu'il nous engageait à demander une concession plus considérable (alors que nous ne demandions que 2 500 000 acres): *Demandez-en de quoi faire une province,* disait-il, et il feignit d'appuyer notre pétition tandis qu'il faisait tout pour la faire échouer! Et pour concilier les deux choses il dit à un de ses amis, qu'il avait, dès l'origine, eu l'intention de nous faire échouer et que s'il nous avait conseillé de demander davantage, c'était afin que la concession fût trop grande pour qu'on nous l'accordât. Il est donc doublement humilié. D'abord il nous a rendu service par les moyens mêmes qu'il avait projetés pour nous perdre, et puis il s'est culbuté lui-même par-dessus le marché. Votre père affectionné,

B. F.

A SAMUEL DANFORTH.

Londres, 25 juillet 1773.

Cher monsieur,

J'ai eu grand plaisir à recevoir une aussi bonne lettre d'un ami de cinquante ans, à le voir renaître à la vie dans un fils intéressant. J'espère que la *patente*[1] du jeune

---

1. Brevet d'invention.

homme lui sera aussi avantageuse que son invention doit l'être au public.

Je vois par les journaux que vous continuez à servir le public; c'est me faire rougir de mes projets de retraite. Mais mon exil, quelque honorable qu'il soit, commence à me peser. Je suis depuis si longtemps séparé de ma famille, de mes amis, de ma patrie. Vous jouissez de tous ces biens : et puissiez-vous en jouir longtemps encore ! Quel plaisir j'aurais à vous revoir, à causer avec vous : il est doux assurément de revivre dans ses enfants comme tous deux nous pouvons le faire, mais j'imagine qu'il vaut encore mieux continuer à vivre nous-mêmes. Je suis donc fort sensible à la promesse que vous m'avez faite de m'initier aux merveilleux effets de cette *pierre* sans pareille qui guérit de tous les maux (de la vieillesse même); il nous sera donc permis de voir le glorieux avenir de notre Amérique, jouissant en paix de sa liberté, et ouvrant ses bras aux opprimés de toutes nations. J'entends déjà la joyeuse conversation que dans une centaine d'années d'ici nous aurons à ce sujet avec une vingtaine de nos amis, tous réunis à Cambridge, et conversant autour de ce bol bien rempli.

Je suis, mon cher monsieur, pour un âge à venir et pour toujours, avec estime et respect, votre très-humble et très-obéissant serviteur.

B. F.

A M. WINTHROP.

Conseils de prudence.

Londres, 25 juillet 1773.

Cher monsieur,

Je suis charmé de vous voir élu au conseil, et appelé à prendre part à nos affaires publiques. Vos talents, votre intégrité, votre sage attachement aux libertés de notre pays, seront fort utiles pour conduire notre petite barque au port, en ce temps d'orage. Il semble, d'après les journaux de Boston, qu'il y a parmi nous des esprits violents qui veulent une rupture immédiate. Mais je compte que le pays aura la sagesse de voir que le progrès de nos forces nous mène rapidement vers une situation où l'on ne pourra plus nous refuser justice. Une lutte prématurée peut nous mutiler et nous tenir un siècle encore dans l'esclavage. Entre amis tout affront ne vaut pas un duel; entre nations toute injure ne vaut pas une guerre, et de même, entre *gouvernants* et *gouvernés*, toute erreur de gouvernement, tout empiétement des droits ne vaut pas une rébellion.

A mon avis, il nous suffit, pour le moment, de maintenir nos droits en toute occasion, sans jamais les abandonner, et en même temps il faut ne rien négliger pour les bien faire comprendre et apprécier par le peuple; il faut entretenir l'harmonie entre les colonies, afin que l'unanimité de sentiments les rende plus respectables. Mais n'oublions pas que l'Angleterre protestante (notre mère, quoique aujourd'hui une mère fort cruelle), mérite d'être conservée et que de notre union avec elle dépendent en grande partie son poids dans la balance de l'Europe et sa sécurité. Si nous nous comportons ainsi, je suis persuadé qu'en peu d'années nous obtiendrons toutes les concessions et toutes les garanties que nous pouvons souhaiter ou désirer pour nos précieuses libertés. Avec une grande et sincère estime, je suis, etc. B. F.

A THOMAS CUSHING.

Publication des lettres d'Hutchinson.

Londres, 25 juillet 1773.

Monsieur,

J'ai reçu vos lettres des 14 et 16 juin, contenant plusieurs copies des résolutions du comité, sur les lettres d'Hutchinson. Je vois, par votre récit, que vous n'avez pu prévenir ce qui s'est fait. Quant aux prétendues copies venues d'Angleterre, je sais que cela n'est pas possible. C'était un expédient pour dégager l'Assemblée. J'espère que la possession des originaux, et les résolutions que vous avez prises, auront de bons effets pour la province, et alors je serai fort content.

Vous me mandez qu'à l'exception du docteur Cooper et d'un membre du comité, tout le monde ignore que c'est moi qui ai envoyé ces lettres. Je ne les ai accompagnées d'aucune prière de cacher mon nom ; j'ai cru qu'il était de mon devoir, comme agent, de faire ce que j'ai fait et je ne me suis pas inquiété des suites, quoique je ne doute pas que, non-seulement les parties intéressées, mais encore l'administration, n'en soient fort blessées. Cependant, puisque les lettres sont aujourd'hui copiées et imprimées, contrairement à la promesse que j'avais faite, je suis fort aise que mon nom n'ait pas été prononcé, et, comme je ne vois pas de quel avantage il pourrait être au public, je désire garder l'anonyme, quoique je n'en aie guère l'espoir. Quant à vos lettres, vous pouvez être sûr que je n'en parlerai pas, à moins que je ne sois forcé d'exhiber celle-ci pour me justifier auprès de la personne à qui j'avais fait la promesse, car autrement elle pourrait se croire le droit de me faire des reproches pour avoir manqué à mon engagement. Aujourd'hui que se trouve découverte la duplicité de ces gouverneurs qui, tout en feignant de respecter et d'aimer leurs provinces, en sapent secrètement les priviléges, il est impossible que la couronne puisse tirer le moindre parti de leurs services ; elle ne peut plus avoir d'intérêt à employer des agents qui ont encouru la haine universelle. La conséquence de tout ceci, pensera-t-on, c'est qu'on leur ôtera leur place. Oui ; mais peut-être pour leur donner des titres ou des pensions, si vos impôts suffisent à les payer.

Je suis, avec grande estime, monsieur, votre très-obéissant et très-humble serviteur.   B. F.

A WILLIAM FRANKLIN.

Résolutions des townships[1] *de la Nouvelle-Angleterre. — Projet d'union avec l'Irlande.*

Londres, 1ᵉʳ septembre 1773.

Cher fils,

J'ai sous les yeux vos lettres du 5 et 6 juillet. Le paquebot d'août n'est pas encore arrivé. L'opinion que le docteur Cooper, de New-York, émet sur l'auteur du sermon, quelque honorable qu'elle soit pour moi, est une injure pour le bon évêque[2]. Je dois dire, en toute justice et vérité, que je ne savais rien de son intention de prêcher sur ce sujet, je n'avais pas vu un mot de son sermon avant qu'il fût imprimé. Peut-être quelques conversations que nous avons eues ensemble ont-elles tourné ses idées de ce côté, mais voilà tout.

Je crois que les résolutions qu'ont prises les *townships* de la Nouvelle-Angleterre auront l'effet désiré ; elles prouveront que le mécontentement était général, que le sentiment que nous avons de nos droits est unanime, et qu'on n'a pas eu seulement affaire à une poignée de démagogues, comme les gouverneurs se plaisent à le dire. Ces résolutions ne seront donc pas inutiles, quand bien même elles ne décideraient pas le gouvernement à reconnaître nos droits. Elles prouveront que notre peuple se contente de les proclamer et de les maintenir, espérant qu'on sera tôt

---

1. Le *Township* américain est une division municipale qui répond à peu près à notre canton.
2. L'évêque de Saint-Asaph.

ou tard obligé de les reconnaître. La loi déclaratoire[1] a eu aussi son utilité ; elle a prévenu ou du moins diminué les cris poussés contre le ministère qui a révoqué l'acte du timbre, comme s'il avait abdiqué le droit qu'a ce pays de gouverner l'Amérique. Elle ne pouvait servir à autre chose, et je me rappelle que lord Mansfield dit à la Chambre des lords que ce bill était futile. Assurément, quand deux parties se disputent à propos de leurs droits, la déclaration d'une des parties ne peut lier l'autre.

On a, dit-on, le projet de faire l'union de l'Angleterre et de l'Irlande[2]. Lord Harcourt serait chargé d'en faire la proposition à la première assemblée du Parlement irlandais. Toute la partie Est de l'Irlande est opposée à ce projet ; elle suppose que si Dublin cessait d'être le siége du gouvernement, ce serait la déchéance de la ville, parce que son port n'a rien que d'ordinaire, tandis que les ports de l'Ouest et du Midi qui sont réellement bons et bien mieux situés pour le commerce, s'élèveraient sur ses ruines. Par la même raison, les populations de l'Ouest et du Sud sont favorables à la mesure, et on croit qu'elle pourra passer. Mais ce sont là des affaires difficiles et qui demandent d'ordinaire plus de temps que ne l'imaginent ceux qui les premiers en ont l'idée. M. Crowley, auteur de divers projets d'union entre l'Angleterre et les colonies, et qui est fort répandu chez les ministres, me dit que l'union avec l'Irlande n'est qu'un premier pas vers l'union générale. Il veut que cette union soit faite par le Parlement anglais, sans consulter les colonies, et il ose répondre que si les termes proposés sont équitables, toutes les colonies y viendront l'une après l'autre : je crois qu'en ce point il s'avance un peu.

[1]. C'est une loi qui, en cédant sur le fait de l'impôt, affirmait le droit du Parlement.
[2]. L'Irlande avait jusque-là un parlement séparé et un gouvernement distinct.

On dit ici que les fameuses lettres de Boston[1] étaient en grande partie, sinon en totalité, adressées à feu M. Whately. Elles me sont tombées entre les mains, et j'ai cru de mon devoir de les montrer à quelques personnes d'importance en Amérique. En leur faisant voir que les mesures dont ils se plaignent doivent être attribuées en grande partie aux observations et aux suggestions de leurs propres concitoyens, j'ai compté que leur ressentiment contre la Grande-Bretagne tomberait comme est tombé le mien, et que la réconciliation deviendrait plus facile. A Boston, on a tenu secret le nom de celui qui a envoyé ces lettres, pour cacher plus aisément le nom de ceux qui les ont reçues et communiquées. Peut-être vaut-il autant que ce secret continue. Pour moi, qui suis du pays, je trouve ces lettres plus odieuses que vous ne les supposez, mais vous ne les avez pas toutes lues, et peut-être ne connaissez-vous pas même les remarques que le Conseil y a faites. J'ai écrit pour décliner l'offre de l'agence, à cause de mon prochain retour en Amérique. Le docteur Lee me remplace. Je garderai seulement la place tant que je resterai ici; ce sera peut-être encore un hiver.

Je suis bien affligé d'apprendre la mort de mon bon vieil ami le docteur Evans. J'ai perdu tant d'amis depuis que j'ai quitté l'Amérique, que je commence à craindre de ne plus être à mon retour qu'un étranger parmi des étrangers. S'il en est ainsi, il me faudra revenir à mes amis d'Angleterre.

Je suis toujours votre père affectionné.   B. F.

1. Les lettres du gouverneur Hutchinson.

A WILLIAM FRANKLIN.

Édit du roi de Prusse. — Opinion de lord Mansfield. — Lecture de l'édit chez lord Le Despencer.

Londres, 6 octobre 1773.

Cher fils,

Je vous ai écrit le 1er septembre, et depuis j'ai reçu votre lettre de New-York, en date du 29 juillet. Je ne sais dans quelles lettres de moi le gouverneur Hutchinson a pu voir que je conseillais au peuple d'insister sur le fait de son indépendance. Au surplus, quelles que soient ces lettres, je suppose qu'il en a envoyé des copies ici ; car j'en ai entendu chuchoter autour de moi. Je serai toujours prêt à justifier tout ce que j'ai écrit. Le thème de mes lettres a toujours été le même : éviter tout tumulte et toute mesure violente ; nous contenter de maintenir verbalement nos prétentions, et d'affirmer nos droits chaque fois que l'occasion l'exige ; étant bien assurés que l'importance toujours croissante de l'Amérique fera qu'avant peu de temps on écoutera nos réclamations et qu'on y fera droit.

De longues et profondes réflexions m'ont convaincu que le Parlement n'a aucun droit de faire une loi qui oblige les colonies. Leur souverain, c'est le roi seul, et non pas le roi, les lords et les communes réunis ; c'est le roi, qui avec leurs Parlements respectifs, est leur seul législateur. Je sais qu'en ce point vous ne partagez pas mon opinion. Vous êtes, avant tout, homme de gouvernement : je n'en suis pas étonné, et je ne chercherai pas à vous convertir[1]. Je souhaite seulement que vous agissiez

---

[1]. Dans la révolution américaine, William Franklin resta attaché au gouvernement anglais et se sépara complétement de son père. Il mourut en 1813 à Londres, exilé volontaire, et pensionné par les Anglais.

avec droiture et fermeté, et que vous évitiez cette duplicité qui, pour Hutchinson, ajoute le mépris à l'indignation. Si vous pouvez favoriser la prospérité de votre peuple, et le laisser plus heureux que vous ne l'avez trouvé, quels que soient vos principes politiques, on honorera votre mémoire.

J'ai dernièrement écrit, pour le *Public Advertiser*, deux articles sur les affaires de l'Amérique. J'ai voulu exposer la conduite de l'Angleterre envers ses colonies de façon brève et saisissante, et j'ai choisi une forme bizarre afin d'attirer plus sûrement l'attention. Le premier de ces écrits est intitulé : *Règles pour faire d'un grand Empire un petit;* le second est un *Édit du roi de Prusse*[1]. Je vous fais passer un exemplaire du premier; mais je n'ai pu vous en garder un du second, quoique mon secrétaire ait été le lendemain matin chez l'imprimeur, et partout où on le vendait. Tout était parti, hormis deux exemplaires. Je préfère le premier morceau, tant à cause de l'étendue et de la variété des choses qu'il contient, que par la manière piquante dont se termine chacun des paragraphes; mais je vois qu'en général on préfère le second[2]. Hormis un ou deux de mes amis, personne ne m'en croit l'auteur. On a parlé de l'*Édit* avec de grands éloges, comme de la pièce la plus piquante et la plus forte qui ait paru depuis longtemps. Lord Mansfield a dit que cela était fait avec *beaucoup de talent* et *beaucoup d'artifice*, et que cette pièce ferait du mal, en Angleterre, parce qu'elle donnerait une mauvaise couleur aux mesures du gouvernement, et dans les colonies, parce qu'elle les encouragerait à persister dans leur désobéissance. Cet Édit est réimprimé dans le *Chronicle;* vous l'y verrez, mais dépourvu de ces lettres ca-

1. V. *infra*, pages 331 et 341.
2. Le 3 novembre 1773, Franklin écrit à sa fille qu'il s'est trompé en ce point, et que le public est décidément de son avis, car il a fallu réimprimer la première pièce dans le journal même où elle avait déjà paru.

pitales et italiques, qui indiquent les allusions et donnent au discours écrit l'accent de *la parole*. Imprimer une telle pièce avec un seul petit caractère uniforme, c'est, suivant moi, répéter, avec la monotonie d'un écolier, un des sermons de Whitefield.

Ce qui a fait le succès de cette pièce, c'est qu'en la lisant le public a été, comme on dit, *mis dedans;* on l'a prise pour un Édit véritable, jusqu'à la moitié de la lecture. Je crois que le *caractère* du roi de Prusse a contribué à la méprise. J'étais en bas chez lord Le Despencer, quand la poste apporta les journaux. M. Paul Whitehead, l'auteur *des Mœurs*, était là ; chaque matin il parcourt les journaux, et dit à la compagnie ce qu'il y trouve de curieux. Il avait emporté les journaux dans une autre chambre, et nous bavardions dans la salle à manger, quand soudain il accourt, hors d'haleine et la gazette à la main : « Voici, voici des nouvelles, s'écria-t-il ; le roi de Prusse soutient qu'il a des droits sur ce royaume. » Tout le monde de s'étonner, et moi, plus que personne. Le voilà qui se met à lire. A peine en eut-il lu deux ou trois paragraphes, qu'une des personnes présentes s'écria : « Maudit impudent ! vous verrez que la première poste nous apprendra qu'il est en marche avec cent mille hommes, pour appuyer ses prétentions. » Whitehead, qui n'est point sot, commença bientôt à se douter de quelque chose, et me regardant en face : « Je veux être pendu si cet Édit n'est pas une de vos mystifications américaines. » Il poursuivit la lecture de l'article, qui finit au milieu des éclats de rire ; chacun déclara que le coup était bon. On coupa la pièce dans la gazette pour la placer dans la collection de Sa Seigneurie.

Je ne suis point étonné que Hutchinson soit abattu. Il doit être peu agréable de vivre parmi des gens qui vous détestent tous. Cependant j'imagine qu'on ne lui permettra pas de revenir en Angleterre, d'abord parce qu'on ne saurait trop qu'en faire, et ensuite parce qu'on n'est pas content de sa conduite. Je suis toujours votre père affectionné. B. F.

Voici ces deux pièces de Franklin, qui ne sont pas connues autant qu'elles le méritent. C'est ce qu'on a écrit de plus piquant et de plus vrai sur la folie du système colonial. Qu'une métropole, en vertu de sa souveraineté politique, représente seule les colonies devant l'étranger, rien de plus naturel, et sur ce point il n'y a jamais eu de difficulté. Mais s'imaginer que les colonies sont les servantes de la mère patrie, et que la métropole a le droit d'y régler à volonté le travail et l'industrie en ne consultant que son propre intérêt, ou en d'autres termes supposer que des citoyens résidant en Angleterre, ou en France, ont par cela seul un droit de souveraineté, ou plutôt de domaine, sur leurs concitoyens qui habitent l'Amérique ou l'Afrique, c'est une des erreurs les plus étranges qui se soient emparées des peuples modernes, et cette erreur a valu à l'Europe deux siècles de rivalités, de guerres et de misères sans nombre. Aujourd'hui l'Angleterre est plus éclairée, la leçon que lui a donnée l'Amérique lui a profité; la dépendance des colonies n'est plus qu'une dépendance politique. Elles sont protégées et non plus gouvernées par la métropole; et le jour où, devenues majeures, elles voudront se séparer, nul obstacle ne gênera leur liberté. Leur seul lien c'est la communauté d'origine et d'intérêt, lien des plus faibles en apparence, des plus forts en réalité.

Les idées de Franklin ont triomphé; l'Angleterre n'est plus une maîtresse entourée d'esclaves, mais une mère, entourée de ses filles, et qui se glorifie de leur croissance et de leur beauté.

RÈGLES POUR FAIRE D'UN GRAND EMPIRE UN PETIT.

Mémoire présenté à un nouveau ministre à son entrée en fonctions.

1773.

Un ancien sage s'estimait en ceci que, s'il ne savait pas jouer du violon, il savait comment d'une petite cité on en fait une grande. La science que je veux révéler, moi qui ne suis qu'un moderne ignorant, est justement le contraire.

Je m'adresse à tous les ministres qui ont l'administration de vastes empires, que leur étendue même rend fatigant de gouverner, parce que la multiplicité des affaires ne laisse pas de temps pour jouer du violon.

1. Et d'abord, messieurs, considérez qu'un grand Empire, comme un gros gâteau, est plus facile à entamer par les bords. Portez donc d'abord votre attention sur les provinces *les plus éloignées*, afin qu'une fois débarrassés de celles-là, le reste suive par ordre.

2. Pour que la possibilité d'une séparation existe toujours, prenez un soin particulier afin que les provinces *ne soient jamais incorporées à la métropole*, qu'elles n'aient pas les mêmes droits, les mêmes priviléges commerciaux, et enfin qu'elles soient gouvernées par des lois plus sévères, toutes de votre fabrique, sans qu'on leur donne jamais aucune part au choix des législateurs. En faisant et en maintenant avec soin de pareilles distinctions, vous agirez (je suis ma comparaison du gâteau) comme un sage fabricant de pain d'épices, qui, pour faciliter la division, fend à moitié sa pâte là où il veut qu'une fois cuite elle se casse en morceaux.

3. Peut-être ces provinces éloignées ont-elles été ac-

quises, achetées ou conquises par le seul effort des colons ou de leurs ancêtres, sans l'aide de la mère patrie. Si par hasard ces colons augmentaient la force de la mère patrie, toujours croissant en nombre et toujours prêts à l'aider dans ses guerres, s'ils augmentaient son commerce par des demandes toujours croissantes à ses fabriques, s'ils augmentaient sa marine, lui employant de plus en plus ses vaisseaux et ses matelots, peut-être croiraient-ils avoir quelque mérite et même avoir droit à quelque faveur; ayez soin *de tout oublier*, ou *d'en être blessés* comme d'une injure qu'ils vous auraient faite. Et si c'étaient des whigs zélés, des amis de la liberté, nourris dans les principes de la Révolution, rappelez-vous tout ceci, mais pour les en punir. Quand une révolution est solidement établie, de pareils principes ne sont pas seulement inutiles; ils sont odieux et abominables.

4. Vos colonies se soumettent pacifiquement à votre gouvernement, elles ont montré toute l'affection qu'elles portent à vos intérêts, elles ont souffert leurs maux en patience; il n'importe! Supposez-les *toujours disposées à la révolte*, et traitez-les en conséquence. Logez chez elles des soldats, qui par leur insolence provoquent l'émeute, et qui la répriment avec des balles et des baïonnettes. De cette façon vous ferez comme ces bons maris, qui par soupçon maltraitent leurs femmes; avec le temps vos soupçons deviendront des réalités.

5. Aux provinces éloignées, il faut des gouverneurs et des juges qui représentent la personne royale, et exercent partout la part d'autorité qu'il leur a déléguée. Or vous, ministres, vous n'ignorez point que la force du gouvernement dépend beaucoup de l'opinion du peuple, et que cette opinion du peuple dépend beaucoup *du choix des gouvernants* qu'on lui donne. Si donc, pour les gouverner, vous envoyez aux colons des hommes sages et bons, qui étudient l'intérêt et favorisent la prospérité de la province, les co-

lons penseront que le roi est sage et bon, et qu'il désire le bien-être de ses sujets. Si, pour les juger, vous leur envoyez des hommes instruits et droits, ils penseront que le roi est un ami de la justice. Cela attachera davantage vos provinces au gouvernement du roi. Faites donc bien attention à ceux que vous recommanderez pour ces fonctions. Si vous pouvez trouver des prodigues qui ont dissipé leur fortune, des joueurs ruinés, des spéculateurs en faillite, cela fera d'excellents gouverneurs, car il est probable qu'ils seront rapaces, et qu'ils irriteront le peuple par leurs extorsions. Des procureurs chicaniers, des légistes ergoteurs, ne feraient pas mal non plus, car ils disputeront et querelleront sans cesse avec leurs petits Parlements. Si de plus ils sont ignorants, entêtés et insolents, tant mieux. Avec des clercs de procureur et des avocats de cour d'assises, vous ferez des juges excellents, surtout s'ils ne gardent leur place qu'à votre bon plaisir. Tous ensemble contribueront à imprimer dans l'esprit des colons cette idée de votre gouvernement qui convient à un peuple dont vous voulez vous débarrasser.

6. Pour confirmer ces impressions et les enfoncer davantage, ayez soin, chaque fois qu'un opprimé vient à la capitale pour se plaindre de mauvaise administration, d'oppression ou d'injustice, ayez soin, dis-je, de *punir le plaignant* par de longs délais, des frais énormes, et enfin par un jugement rendu en faveur de l'oppresseur. De toute façon, ceci aura un effet admirable. Vous éviterez l'ennui de recevoir de nouvelles plaintes, tandis que vos gouverneurs et vos juges seront encouragés à de nouvelles violences et de nouvelles injustices. Par là le peuple sera de moins en moins affectionné, et finira par être désespéré.

7. Quand ces gouverneurs auront rempli leurs coffres, et se seront rendus si odieux aux colonies qu'ils n'y pourront plus rester en sûreté, *rappelez-les et récompensez-les* avec des pensions. Vous pouvez même les faire baron-

nets, si ce corps respectable n'en prend pas d'ombrage. Tout cela encouragera les nouveaux gouverneurs à suivre les mêmes pratiques, et fera détester le gouvernement du roi.

8. Si, tandis que vous êtes engagés dans une guerre, vos colonies rivalisent à qui vous fournira le plus d'hommes et le plus d'argent, sur votre simple réquisition, si elles donnent au delà même de leurs forces, réfléchissez qu'un penny que vous leur prenez d'autorité est plus honorable pour vous qu'une livre sterling qu'elles vous offrent par amitié; *méprisez donc leurs dons volontaires*, et prenez le parti de les harasser par des *taxes nouvelles*. Il est probable que les colonies se plaindront à votre Parlement d'être taxées par un corps où elles n'ont pas de représentants. « Cela, diront-elles, est contraire au droit commun. » Elles pétitionneront pour obtenir justice. Que le Parlement insulte à leurs plaintes, qu'il rejette leurs pétitions, qu'il refuse même d'en entendre la lecture, qu'il traite les pétitionnaires avec le dernier mépris. Pour produire la séparation désirée, rien ne peut avoir un meilleur effet; on pardonne l'injure, on ne pardonne pas le mépris.

9. En établissant ces taxes, *ne faites jamais attention aux lourdes charges* qui pèsent déjà sur ce peuple, obligé de défendre des frontières, de défrayer son gouvernement provincial, d'ouvrir des routes, de bâtir des ponts, des églises et d'autres édifices publics, toutes choses que vos ancêtres ont faites pour vous, mais qui saignent à blanc la bourse d'un peuple nouveau. Oubliez les restrictions que vous avez mises sur leur commerce, dans votre seul intérêt, oubliez les avantages que ce monopole donne à vos marchands exigeants. Ne faites pas attention à la richesse que vos marchands et vos manufacturiers acquièrent par le commerce colonial, à la facilité que cette richesse leur donne pour payer des taxes à l'intérieur; ne voyez pas qu'ils mettent le plus fort de la taxe dans le prix de leurs

articles, et qu'ils le font ainsi payer par le consommateur ; tout cela, et ces milliers de vos pauvres qu'emploient et que soutiennent les colons, oubliez-les complétement ; il le faut. Mais n'oubliez pas de rendre vos taxes arbitraires encore plus pénibles pour vos provinces, en déclarant hautement que votre droit de les taxer *n'a pas de limites*, de telle sorte que, lorsque vous leur prenez un shilling par livre, vous avez un droit évident sur les dix-neuf qui restent. Il est probable que vous affaiblirez ainsi toute idée de sécurité, et que vous convaincrez les colons que sous un tel gouvernement ils n'ont rien qu'ils puissent appeler leur propriété : ce qui ne peut manquer de produire les plus heureuses conséquences !

10. Il est possible que quelques-uns de ces colons se fassent encore illusion et disent : « Si notre propriété n'est plus à nous, du moins il nous reste encore quelque chose qui a son prix ; nous avons la *liberté* constitutionnelle, *liberté de la personne et de la conscience.* Ce roi, ces lords, ces communes, qui semblent trop loin de nous pour nous connaître et pour s'inquiéter de nous, ne peuvent nous enlever notre droit d'*Habeas corpus*, notre droit d'être jugés par un jury de notre voisinage ; ils ne peuvent nous priver de l'exercice de notre religion, ni changer notre constitution ecclésiastique, ni nous forcer d'être, suivant leur bon plaisir, ou papistes ou mahométans. »

Pour dissiper cette illusion, commencez par embarrasser leur commerce, avec des règlements infinis, impossibles à retenir et à observer ; faites saisir leurs propriétés à chaque infraction ; ôtez au jury le jugement de ces propriétés, remettez-le à l'arbitraire de juges nommés par vous, tarés dans le pays, payés et avantagés sur ces condamnations, et révocables à votre bon plaisir. Ensuite, faites déclarer formellement par les deux Chambres que toute opposition à vos édits est une trahison, que tout colon, suspect de trahison, sera saisi suivant une loi tombée en désuétude, et transporté dans la métropole de l'Empire pour y être jugé. Rendez une loi afin que ceux qu'on accuse de certains autres délits soient chargés de chaînes et envoyés loin de leurs amis et de leur pays, pour être jugés de la même façon, comme coupables de *félonie*. Érigez alors dans les colonies une nouvelle cour d'inquisition, soutenez-la par une force armée, et donnez-lui pour instruction de transporter tous les suspects, afin qu'ils soient ruinés par les frais, s'ils font venir des témoins de leur innocence, et, s'ils n'en peuvent faire venir, qu'ils soient jugés coupables et pendus [1].

Et de peur qu'on ne croie que vous ne pouvez pas aller plus loin, promulguez une autre déclaration solennelle, affirmant « que le roi, les lords, les communes ont de droit, et doivent avoir pleine puissance et autorité de faire des statuts de force et de validité suffisantes pour lier, *dans tous les cas quelconques*, ces provinces qui ne sont point représentées. » Ceci comprendra le spirituel avec le temporel, et le tout ensemble servira merveilleusement votre projet. Vous convaincrez ainsi les colons qu'ils sont à présent sous un pouvoir qui ressemble à celui dont il est question dans les Écritures, qui peut non-seulement tuer leurs corps, mais damner leurs âmes pour toute l'éternité, en les forçant, s'il lui plaît, d'adorer le Diable.

11. Afin de rendre vos taxes plus odieuses, et mieux faites pour amener une résistance, envoyez de la capitale un *bureau d'agents* chargés de surveiller la levée de l'impôt; composez ce bureau des hommes *les plus indiscrets*, les plus mal élevés, et les plus insolents que vous pourrez trouver. Sur ce revenu extorqué, assignez-leur de larges salaires ; qu'ils vivent, dans un luxe insultant, sur la sueur

---

[1]. Toutes ces suppositions font allusion à des lois trop réelles, votées par le Parlement pour écraser l'Amérique. La Cour d'inquisition est la Cour d'amirauté.

et le sang d'un peuple laborieux ; ce peuple, qu'ils le fatiguent sans cesse par des poursuites mal fondées et coûteuses, portées devant ces juges arbitraires; que tous les frais soient à la charge de la partie poursuivie, fût-elle innocente. Le roi ne paye pas de frais. Ces commissaires, exemptez-les de toutes les taxes et de toutes les charges de la province, quoique les lois de la province protégent leurs personnes et leurs biens. Si quelque officier de douane est suspect de pitié pour le peuple, cassez-le. Si quelque autre donne lieu à de justes plaintes, protégez-le, récompensez-le. Si quelque agent subalterne provoque le peuple de façon à se faire rosser, faites-le monter en grade ; cela encouragera les autres à se faire donner quelqu'une de ces volées profitables, en multipliant, en aggravant ces provocations ; tout servira à vous mener au but où vous tendrez.

12. Une autre façon de rendre vos taxes odieuses, c'est *d'en mal appliquer le produit*. Si à l'origine elles ont été affectées à la défense des provinces, au soutien du gouvernement, à l'administration de la justice, n'en affectez plus rien à la défense ; employez cet argent à augmenter sans nécessité le salaire ou la pension de tout gouverneur qui se distingue par son inimitié envers le peuple, et par les calomnies qu'il adresse au souverain[1]. Vous ferez ainsi que le peuple paiera avec répugnance, et sera tout prêt à se quereller avec ceux qui lèvent l'impôt et ceux qui l'ont imposé ; ceux-ci se querelleront à leur tour avec le peuple, et tout cela contribuera comme vous le désirez, à ce que ce peuple se lasse de votre gouvernement.

13. Si, dans quelques-unes de ces provinces, le peuple a été accoutumé à *payer lui-même ses gouverneurs et ses juges*, à la satisfaction commune, vous avez à craindre que ces gouverneurs et ces juges ne soient influencés par ce

---

1. Allusion aux lettres d'Hutchinson.

régime, et qu'ils n'aient un penchant à traiter le peuple doucement, et à lui faire justice. Nouvelle raison pour dépenser ce revenu en larges traitements donnés à vos gouverneurs et juges, nommés par commission, et durant votre bon plaisir. Défendez-leur d'accepter de leurs provinces un traitement ; de cette façon le peuple ne pourra plus espérer ni douceur chez ses gouverneurs, ni justice chez ses juges, dans les affaires où la couronne est intéressée. Et comme cet argent, mal dépensé, dans une province, est extorqué à toutes, probablement toutes ressentiront cet abus.

14. Si les parlements de vos provinces osent réclamer des droits, ou se plaindre de votre administration, harassez-les par des *dissolutions répétées*. Si les électeurs renvoient toujours les mêmes hommes, réunissez les députés dans quelque misérable village où ils seront traités fort mal, et gardez-les en cet endroit à votre bon plaisir. Cela, vous le savez, est votre prérogative, c'est un excellent moyen de répandre le mécontentement parmi le peuple, de diminuer son respect et d'accroître sa désaffection.

15. Prenez les braves et honnêtes officiers de votre marine pour en faire des *douaniers*. A ces hommes qui en temps de guerre ont bravement combattu pour défendre le commerce de leurs concitoyens, enseignez maintenant que ce commerce est leur proie. Qu'ils apprennent à se laisser corrompre par de grands et véritables contrebandiers, mais (pour montrer leur zèle), qu'ils fouillent avec des bateaux armés les baies, les ports, rivières, criques et recoins de toute la côte, qu'ils arrêtent et qu'ils retiennent tout caboteur, tout pêcheur ; qu'ils mettent sens dessus dessous la cargaison et le lest même, et s'ils trouvent un penny d'épingles non déclarées, qu'ils saisissent et qu'ils confisquent tout. De cette façon le commerce de vos colons souffrira plus de ses amis en temps de paix, qu'il n'a souffert de ses ennemis en temps de guerre. Permettez à vos équipages

de douane d'entrer dans toute propriété qu'ils rencontrent sur leur route, de piller les jardins, de voler les porcs et les poules, et d'insulter les habitants. Si les propriétaires insultés et exaspérés, incapables d'obtenir justice, repoussent les agresseurs, les battent, ou leur brûlent leurs bateaux, appelez cela *haute trahison et rébellion*, envoyez des flottes et des armées dans le pays, et menacez tous les délinquants d'être transportés à trois mille milles de leur pays, pour être pendus, traînés et écartelés. Oh ! ceci fera un effet admirable !

16. Si l'on vous parle de *mécontentement* dans vos colonies, ne croyez jamais que ce mécontentement soit général ou que vous y ayez donné cause ; ne songez donc jamais à y porter remède, ou à changer des mesures blessantes. Ne redressez jamais un grief, vous encourageriez ce peuple à demander qu'on en redresse d'autres. Ne cédez jamais à une requête juste et raisonnable, il en ferait une autre qui serait déraisonnable. Sur l'état des colonies demandez tous vos renseignements à vos gouverneurs et à vos officiers qui les détestent. Encouragez et récompensez ces faiseurs de mensonges, gardez leurs calomnies secrètes, pour qu'on ne puisse les confondre, mais agissez comme si ces mensonges étaient la vérité même, et ne croyez rien de ce que vous disent les amis du peuple. Supposez que toutes les plaintes de ces *colons* sont une invention de quelques démagogues, et que si vous pouviez les attraper et les pendre, tout serait tranquille. En conséquence, attrapez-en et pendez-en quelques-uns ; le sang des martyrs fera des miracles en faveur de votre projet.

17. Si vous voyez des *nations rivales* qui se réjouissent à la perspective de votre désunion, et qui essaient de pousser vos provinces à la séparation, laissez-les traduire, publier, glorifier toutes les plaintes de vos colons, et si en même temps elles vous excitent en secret à prendre des mesures plus sévères, n'en prenez pas om-

brage. Pourquoi le feriez-vous, puisque tous vous désirez la même chose?

18. Si une colonie *élevait à ses propres frais une forteresse* pour défendre son *port* contre les flottes de l'étranger, faites que votre gouverneur livre cette forteresse entre vos mains. Ne pensez jamais à payer au pays ce qu'il lui en a coûté, cela aurait une apparence de justice ; faites-en une citadelle pour terrifier les habitants et brider leur commerce. S'ils ont déposé dans cette forteresse les armes mêmes qu'ils ont achetées et dont ils se sont servis pour vous aider dans vos conquêtes, saisissez tout ; il n'y a rien de plus provoquant que l'ingratitude ajoutée au vol. Un admirable effet de ces mesures sera de décourager les autres colonies d'ériger de pareilles défenses, et ainsi leurs ennemis et les vôtres pourront les envahir avec bien plus de facilité ; ce sera un déshonneur pour votre gouvernement, mais un grand pas de plus pour la réussite de votre projet.

19. Sous prétexte de protéger les habitants, envoyez des armées dans le pays ; mais au lieu de mettre garnison dans les forts des frontières, pour prévenir les incursions, démolissez ces forts, et installez les troupes au cœur du pays, afin que les sauvages soient encouragés à attaquer les frontières, et que les habitants protégent vos soldats. On croira qu'il y a chez vous *mauvaise volonté ou ignorance* et cela contribuera à répandre et à fortifier chez les colons l'opinion que vous n'êtes plus en état de les gouverner.

20. Enfin investissez de pouvoirs énormes et inconstitutionnels *le général de votre armée dans les provinces*, affranchissez-le du contrôle même de vos gouverneurs civils. Qu'il ait beaucoup de troupes sous son commandement, et toutes les forteresses en sa possession, et qui sait alors si, comme les généraux des provinces romaines et encouragé par le mécontentement universel que vous avez semé, il ne se mettra pas en tête d'agir pour son propre

compte. S'il le fait, et si vous avez soigneusement pratiqué mes excellentes règles, toutes les provinces se joindront à lui ; je vous en donne ma parole. Et à compter de ce jour-là (si la chose n'est déjà faite) vous serez débarrassés de l'ennui de gouverner vos colonies ; vous en aurez fini avec toute la peste de leur commerce et de leur dépendance, dorénavant et pour toujours.

ÉDIT DU ROI DE PRUSSE, ETC.

Dantzick, 5 septembre 1773.

« Nous avons admiré longtemps l'indifférence avec laquelle la nation anglaise acceptait les taxes que la Prusse mettait sur ses marchandises à leur entrée dans notre port. Ce n'est que tout récemment que nous avons eu connaissance des réclamations, tant anciennes que modernes, qui pèsent sur cette nation ; nous ne pouvions donc pas soupçonner qu'elle se soumît à ces impôts par sentiment de son devoir et par principe de justice. L'Édit suivant qu'on vient de publier peut, s'il est sérieux, répandre quelques lumières sur ce sujet : »

FRÉDÉRIC, par la grâce de Dieu, roi de Prusse, etc., etc., etc., à tous, présents et à venir, salut. La paix qui règne aujourd'hui dans toute l'étendue de nos domaines nous dounant le loisir de songer à notre commerce, d'améliorer nos finances, et en même temps de soulager du poids des impôts nos sujets *domestiques ;* à ces causes, et autres bonnes considérations, à ce nous mouvant, nous déclarons ici, qu'après en avoir délibéré dans notre Conseil, en présence de nos frères aimés et d'autres grands officiers de l'État, membres du susdit Conseil, Nous, de notre certaine science, pleine puissance et autorité royale, avons fait et publié l'édit suivant.

Attendu qu'il est notoire pour tout le monde que les premiers établissements germaniques dans l'île de la Bretagne, ont été faits par des colonies de gens, sujets des ducs nos célèbres ancêtres, et sortis de leur domaine sous la conduite de Hengist, Horsa, Hella, Uffa, Cerdicus, Ida et autres; que les susdites colonies ont fleuri, sous la protection de notre auguste maison, pendant une suite de siècles, qu'elles n'ont jamais été émancipées de notre puissance, et qu'elles lui ont jusqu'à présent apporté peu de profit; attendu que dans la dernière guerre nous avons combattu nous-mêmes pour les défendre contre le pouvoir de la France, et que nous les avons ainsi aidés à faire des conquêtes sur la susdite puissance en Amérique, pour lesquelles nous n'avons point reçu jusqu'à présent de compensation adéquate ; attendu en outre qu'il est juste et expédient que lesdites colonies nous fournissent un revenu à titre d'indemnité, et que ceux qui descendent de nos anciens sujets, et à ce titre nous doivent obéissance contribuent à remplir notre coffre royal (comme ils l'auraient fait si leurs ancêtres fussent restés dans les territoires qui nous appartiennent), nous décrétons et ordonnons ce qui suit :

A dater du jour de la publication de ces présentes, nos officiers de douanes lèveront sur toute espèce de marchandises, grains et autres produits de la terre généralement quelconques, exportés de ladite île de Bretagne, ou y importés, un droit de quatre et demi pour cent *ad valorem*, pour notre usage et celui de nos successeurs. Et, afin que lesdits droits soient plus sûrement levés, nous ordonnons que tous vaisseaux ou bâtiments chargés dans la Grande-Bretagne (pour quelque autre partie du monde, ou se rendant, de quelque endroit que ce soit, en Angleterre), seront tenus, dans leurs voyages respectifs, de toucher dans notre port de Kœnigsberg, pour y être déchargés, visités et y payer les droits susdits;

Et attendu que quelques-uns de nos colons ont, de temps à autre, découvert des mines de fer dans l'île de la Grande-Bretagne; que plusieurs des sujets de nos anciens domaines, habiles à convertir le susdit minerai en métal, se sont transportés au temps jadis dans l'île susdite pour y porter et y communiquer cet art; enfin que les habitants de l'île susdite, s'imaginant qu'ils avaient un droit naturel de tirer le meilleur parti possible des produits naturels de leur sol, et de les appliquer à leur profit, ont fait construire, non-seulement des fourneaux pour fondre ce métal, mais encore des forges et des laminoirs pour le travailler de toutes les manières, menaçant ainsi d'affaiblir la fabrication dans nos anciens domaines : Nous ordonnons qu'à dater de ce jour, aucune usine quelconque à fondre ou laminer le fer, aucune forge à marteau, aucun four à faire de l'acier ne soient construits ni ne continuent d'être en usage dans la susdite île de la Grande-Bretagne. Nous voulons en outre que le Lord lieutenant de chaque comté, dès qu'il apprendra que de semblables machines ont été construites dans l'étendue de sa juridiction, donne des ordres pour qu'elles soient abattues de force et détruites sur l'heure, chacun d'eux devant répondre personnellement de l'exécution de cette ordonnance. Mais néanmoins, dans notre gracieuse bonté nous permettons aux habitants de ladite île de transporter leur fer en Prusse, pour y être manufacturé et leur être ensuite retourné, après qu'ils auront payé à nos sujets prussiens les frais de fabrication avec tous les droits de commission, de frêt et d'assurance, aller et retour, toutes dispositions contraires étant considérées comme non avenues.

Nous ne croyons pas devoir étendre cette faveur à l'article de la *laine*, mais voulant encourager dans nos anciens domaines non-seulement les manufactures de draps, mais encore la production de la laine, et voulant par conséquent empêcher autant que possible ces fabriques et productions dans notre île susdite, nous défendons absolument, par ces présentes, l'exportation de laines de cette île, même pour la Prusse, la mère patrie. Et pour empêcher davantage encore ces insulaires de tirer profit de leur propre laine par une fabrication quelconque, nous défendons expressément de transporter d'un comté dans un autre aucune laine brute ou filée, frises, droguets, serges, tricots, etc.; de les voiturer par terre ou par eau, fût-ce sur la plus petite rivière, et ce, sous peine de confiscation des objets manufacturés, ainsi que des bateaux, voitures, chevaux, etc., qui auraient servi à leur transport. Cependant nous permettons à nos sujets bien-aimés de se servir (si cela leur fait plaisir) de leur laine en guise de fumier pour engraisser leurs terres.

Et attendu que l'art et le mystère de fabriquer des *chapeaux* est parvenu en Prusse au dernier degré de perfection, et qu'il est de notre devoir d'empêcher nos sujets éloignés de faire des chapeaux, attendu en outre que les susdits insulaires, possédant de la laine, du castor et d'autres fourrures, ont présomptueusement conçu l'idée qu'ils avaient le droit de confectionner des chapeaux à leur profit et au préjudice de nos manufactures domestiques, nous défendons impérativement aux habitants de chaque comté de transporter hors du comté et dans quelque endroit que ce soit de l'intérieur de l'île, ou d'exporter, au moyen de vaisseaux, charrettes, voitures et chevaux, aucuns chapeaux ou feutres quelconques, teints ou non teints, confectionnés ou non confectionnés, sous peine de confiscation, et, en outre, d'une amende de cinq cents livres sterling par chaque contravention. Nous entendons en outre qu'aucun chapelier desdits comtés n'emploie plus de deux apprentis, sous peine d'une amende de cinq livres sterling par mois, voulant qu'au moyen de cette gêne, lesdits chapeliers, ne pouvant plus ni faire ni vendre leurs chapeaux, ne trouvent aucun avantage à continuer leur métier. Mais de peur que les susdits insulaires n'éprouvent quelques inconvénients, faute de chapeaux, nous voulons bien encore leur permettre d'envoyer leurs peaux de castor en Prusse, et nous autorisons nos sujets de Prusse à exporter des chapeaux dans la Grande-Bretagne, sous la condition que le peuple, à qui l'on accordera cette faveur, payera à nos marchands, comme pour le fer, les frais de fabrication, intérêts, droits de commission et d'assurances, et de frêt aller et retour.

Et enfin, voulant témoigner encore toute notre bienveillance à nos susdites colonies de Bretagne, nous ordonnons et commandons que tous *voleurs*, voleurs de rues ou de grands chemins, faussaires, assassins et scélérats de toute espèce, qui ont encouru la peine de mort suivant les lois de Prusse, mais que dans notre clémence extrême nous ne jugeons pas à propos de pendre, soient vidés de nos prisons dans l'île susdite de la Grande-Bretagne, pour mieux peupler ce pays.

Nous nous flattons que nos ordonnances et décrets royaux seront regardés comme *justes et raisonnables* par nos bien-aimées colonies d'Angleterre, puisque nous les avons copiés de leurs statuts 10 et 11 William III, c. 10, — 5 George II, c. 22, — 23 George II, c. 29, — 4 George I, c. 11, et d'autres lois équitables que leurs Parlements ont faites, ou d'instructions données par leurs princes, ou bien encore des résolutions qu'ils ont prises dans les deux Chambres pour le bon gouvernement de leurs *propres colonies en Irlande et en Amérique.*

Et toutes personnes dans l'île susdite sont averties de ne s'opposer en aucune façon à l'exécution de notre présent édit, cette opposition étant une haute trahison. Et quiconque en sera suspect, sera mis aux fers, et ainsi transporté de Grande-Bretagne en Prusse, pour y être jugé et exécuté selon la loi prussienne.

Tel est notre bon plaisir.

Donné à Potsdam, le vingt-cinquième jour du mois d'août mil sept cent soixante-treize, dans la trente-troisième année de notre règne.

Par le Roi, en son Conseil.

RECHTMÆSSIG, *secrétaire*.

« Quelques personnes prennent cet édit pour un *jeu d'esprit* du roi; d'autres le supposent très-sérieux, et pensent que le roi de Prusse veut par là chercher querelle à l'Angleterre : mais tout le monde s'accorde à penser que l'assertion qui termine cet édit, « qu'il a été copié sur les lois coloniales du Parlement anglais, » n'est qu'une injure gratuite, étant impossible de croire qu'un peuple si renommé par son amour pour la liberté, qu'une nation si sage et si libérale dans ses sentiments, si juste et si équitable envers ses voisins, ait pu céder à la vile et impolitique considération d'un lucre passager et traiter ses propres enfants d'une manière si arbitraire et si tyrannique! »

A UN GRAVEUR.

Impressions sur porcelaine. — Usage qu'on en peut faire pour donner des leçons de morale.

Londres, 3 novembre 1773.

Monsieur,

Les spécimens de votre nouvel art de graver, que vous avez eu la bonté de m'envoyer m'ont été fort agréables.

La gravure sur porcelaine est admirable. J'espère que vous trouverez tout l'encouragement que vous méritez, et que, contre l'usage, l'invention, sera profitable à l'inventeur.

Puisque nous parlons d'inventions, j'ignore quel est celui qui prétend avoir inventé l'art d'imprimer sur poterie avec des planches de cuivre. Je ne veux disputer cet honneur à personne, et j'avoue que l'idée d'imprimer, non pas directement avec les planches, mais avec l'estampe, et par conséquent sur des surfaces qui ne sont point plates, va bien plus loin que la première pensée que j'ai eue. Mais j'ai quelque raison de croire que j'ai donné l'idée de ce perfectionnement. Il y a plus de vingt ans que j'ai écrit d'Amérique au docteur Mitchell, en lui proposant d'imprimer avec des planches de cuivre des dessins sur carreaux plats pour l'ornement des cheminées. Je décrivais la façon dont la chose se pouvait faire, et je conseillais d'emprunter aux libraires les planches qui avaient servi à imprimer un petit volume in-folio, intitulé : *La vertu morale en dessins.*

En Amérique on se sert beaucoup de carreaux de faïence hollandaise sur lesquels on a misérablement griffonné des histoires bibliques. J'aurais voulu qu'on employât ces estampes morales, qui à l'origine ont été prises des figures poétiques d'Horace, et qu'en les imprimant sur des carreaux de cheminée, on les mit constamment sous les yeux de nos enfants assis au coin du feu, donnant ainsi aux parents l'occasion de faire entrer des sentiments moraux dans le cœur de leurs enfants, en leur expliquant ces emblèmes. Je promettais que si on exécutait ces impressions, la demande en serait grande. Le docteur Mitchell me répondit qu'il avait communiqué mon idée aux principaux potiers des environs de Londres, et qu'ils l'avaient rejetée comme impraticable. Ce ne fut que quelques années plus tard que je vis une tabatière émaillée ; j'étais sûr que le dessin en était pris d'une planche de cuivre, mais la courbure de la forme m'étonna beaucoup, et je ne compris pas comment on avait pu faire l'impression.

On me dit que les premiers fabricants de porcelaine à Philadelphie refusent de continuer. Auront-ils des successeurs? je l'ignore.

M. Banks se prépare à publier les découvertes botaniques de son voyage. Il emploie dix graveurs pour les planches; c'est un grand connaisseur, aussi n'est-il pas toujours satisfait de l'expression donnée par la gravure, l'eau-forte, ou le *mezzotinto*, surtout lorsqu'il y a du velouté, ou une multitude de petits points sur une feuille. Je lui ai envoyé la plus grande de vos épreuves, celle qui contient un grand nombre de tiges. Je ne l'ai pas encore vu et n'ai pu lui demander si votre façon de graver ne lui conviendrait pas mieux que la méthode ordinaire pour quelques-unes de ses plantes. Avec grand estime je suis, Monsieur, etc.

B. F.

CHAPITRE VII.

Lettres d'Hutchinson. — Pétition de l'assemblée. — Duel entre Temple et Whately. — Déclaration de Franklin. — Procédure du conseil privé sur la pétition. — Insultes de Wedderburn. — La pétition est rejetée. — Franklin perd sa place de maître général des postes.

1773-1774.

Dans la correspondance de Franklin, nous avons déjà vu des allusions aux lettres du gouverneur Hutchinson. L'éclat qui suivit la publication de ces lettres, et le rôle que Franklin joua dans cette affaire, demande que nous nous arrêtions sur cet incident qui tient une grande place dans la vie politique de Franklin.

En décembre 1772, Franklin se procura et envoya à Thomas Cushing, président du comité de correspondance au Massachusetts, les originaux de lettres écrites par le gouverneur Hutchinson, le lieutenant gouverneur Olivier, et quelques autres officiers de la couronne. Ces lettres étaient adressées à M. William Whately, membre du Parlement, qui avait été secrétaire de Grenville et qui venait de mourir en juin 1772. Elles n'étaient point officielles, mais évidemment elles étaient faites pour éclairer les ministres et les mettre au courant de ce qui se passait dans la colonie. Écrites par des fonctionnaires avec l'aveuglement de gens en place qui veulent faire du zèle, ces lettres déclaraient que l'agitation des colonies n'avait rien de sérieux ; c'était l'œuvre d'une poignée d'intrigants qu'on réduirait au silence, en envoyant quelques soldats et en persistant dans les mesures rigoureuses qu'on avait déjà adoptées. Nous connaissons cette politique de traineurs de sabre ; c'est ainsi qu'on égare et qu'on perd les meilleurs gouvernements.

Le ministère anglais n'avait que trop de penchant à voir par les yeux d'Hutchinson. Il n'est pas douteux que ces lettres, ainsi que les conseils violents de l'ancien gouverneur Bernard qui était à Londres, dirigeaient la politique anglaise. L'envoi des troupes, l'établissement d'un revenu colonial fixe qui permettrait de payer le gouverneur et les juges sans qu'ils eussent rien à craindre ni à espérer des Assemblées coloniales, ces mesures, qui amenèrent la séparation, avaient toutes été dictées par Bernard et Hutchinson.

Franklin voulut mettre ses amis en garde contre la conduite astucieuse de ces hommes qui, au Massachusetts, parlaient en Américains, tandis qu'ils écrivaient à Londres pour prêcher la rigueur et la violence. Voilà pourquoi il envoya ces lettres à Thomas Cushing, en le priant de les communiquer seulement aux membres du comité et à deux ou trois amis. On n'en devait pas prendre copie et on devait taire le nom de la personne qui les avait reçues à Boston.

Franklin croyait-il sérieusement que ce secret serait gardé? C'eût été beaucoup d'innocence chez un homme dont la naïveté n'est pas le défaut principal. Et on ne voit pas qu'en ce qui le concerne, Franklin ait jamais demandé le secret. Ce qu'il voulait, c'était dérouter quelque temps les recherches et empêcher qu'on ne connût la façon dont les lettres étaient tombées entre ses mains. Suivant toute apparence, elles avaient été trouvées dans la succession de M. Whately; mais qui les avait communiquées à Franklin? on l'ignore même aujourd'hui[1].

Franklin avait-il le droit d'agir de la sorte? C'est demander si un ambassadeur a le droit d'user des dépêches de l'ennemi. Ce qui est interdit, c'est d'user de moyens frauduleux pour se procurer une correspondance étrangère; mais quand une bonne fortune vous met entre les mains des pièces qui vous concernent et qui touchent de très-près les intérêts du pays que vous représentez, il semble que c'est non-seulement un droit, mais un devoir de ne pas la laisser échapper. C'est ainsi qu'en jugea Franklin; je crois qu'il eut raison.

A Boston, les lettres furent bientôt vues par un assez grand nombre de personnes, et on finit par les lire à l'Assemblée, dont les séances n'étaient pas publiques. Mais il ne suffisait pas de les lire, il en fallait une copie pour que l'Assemblée pût agir. On produisit bientôt des copies venues, disait-on, d'Angleterre par le dernier paquebot. Le 15 juin 1773, sur le vu de ces copies, l'Assemblée vota à la majorité de 101 voix

---

1. Jared Sparks, Franklin's Works. T. IV, p. 441 et suiv.

contre 5 que le dessein de ces lettres était de renverser la Constitution et d'introduire aux colonies le pouvoir arbitraire, et, en même temps, elle décida qu'une pétition serait adressée au roi pour lui demander le rappel d'Hutchinson et d'Olivier qui, par leur conduite, avaient compromis la paix et l'harmonie du gouvernement, et avaient été les instruments principaux de l'entrée d'une flotte et d'une armée dans la colonie [1].

Tandis qu'on prenait ces résolutions en Amérique, l'affaire s'ébruitait à Londres. Les fameuses lettres avaient été imprimées à Boston, on en avait envoyé des exemplaires à la métropole. L'opinion publique s'émut; on reprocha à M. Thomas Whately, frère et héritier de William Whately, d'avoir laissé prendre ces lettres dans les papiers de son frère. M. Whately soupçonna de cette fraude M. Temple, un ami de Franklin, à qui il avait communiqué les papiers de son frère pour y faire quelques recherches. M. Temple repoussa ce soupçon comme une injure, et, à la suite d'une explication vive, il y eut un duel où M. Whately fut blessé.

Cette affaire, qui eut lieu le 11 décembre 1773, fit grand bruit à Londres. Franklin, absent au moment du duel, s'empressa, à son retour en ville, d'adresser une note au *Public Advertiser*, dans laquelle il déclarait que M. Thomas Whately et M. Temple s'étaient battus pour une affaire à laquelle ils étaient étrangers l'un et l'autre. C'était lui seul, Franklin, qui avait reçu et envoyé les lettres en question. M. Wha-

---

1. Parton, I, 572.

tely n'avait pu les communiquer à personne, puisqu'il ne les avait jamais eues en sa possession, et, par la même raison, M. Temple n'avait jamais pu les prendre à M. Whately. « Ces lettres, ajoutait Franklin, n'étaient point des communications privées entre amis. C'étaient des lettres écrites par des personnes publiques à des personnes publiques. Elles traitaient d'affaires publiques et avaient pour objet de produire des mesures publiques. » Il s'était cru le droit de les communiquer aux colonies. Franklin s'est expliqué de la même façon dans la lettre suivante adressée à Thomas Cushing.

A THOMAS CUSHING.

Pétition contre les gouverneurs présentée à lord Dartmouth. Duel de M. Temple et de M. Whately.

Londres, 5 janvier 1774.

Monsieur,

J'ai reçu la lettre que vous m'avez fait l'honneur de m'écrire le 28 octobre, avec les procès-verbaux de la Chambre, et le sermon prononcé par M. Turner à l'occasion des élections.

Je me suis rendu chez lord Dartmouth à son retour en ville, j'ai appris qu'il a présenté à Sa Majesté notre pétition pour le rappel des gouverneurs. On n'y a pas donné suite, mais Sa Seigneurie a dit que le Roi en renverrait probablement l'examen à un comité du Conseil, et que j'en serais prévenu afin qu'on pût m'entendre à l'appui de la pétition.

D'après le tour de sa conversation, quoiqu'il n'ait rien dit d'explicite, je crains que la *pétition* ne soit pas accueillie : c'est ce que nous verrons. Sa Seigneurie s'est montrée comme à son ordinaire fort affligée de nos discussions et fort désireuse qu'elles puissent s'arranger ; des souhaits, c'est peut-être là que se borne tout son pouvoir.

Les fameuses lettres ayant malheureusement provoqué entre M. Temple et M. Whately un duel qui a été interrompu, mais qui se serait probablement renouvelé, j'ai cru de mon devoir de prévenir, autant qu'il était en moi, tout nouveau malheur, en déclarant publiquement la part que j'avais dans l'affaire de ces lettres ; j'ai voulu en même temps, laver l'honneur de M. Temple d'une imputation imméritée et sans fondement ; il n'est pas vrai qu'il ait pris ces lettres à M. Whately, et par abus de confiance.

J'ai fait cette démarche avec d'autant plus de plaisir, que je regarde M. Temple comme un ami sincère de notre pays. On me dit qu'il est fort imprudent à moi d'avoir avoué que j'avais obtenu et envoyé ces lettres, parce que le Gouvernement en aura du ressentiment. Je ne le crains guère ; mais si cela arrive, c'est à moi d'en supporter les conséquences. J'espère seulement que cela n'occasionnera de désagréments à aucun ami de votre côté de l'Océan, car je n'ai jamais dit *à qui* j'ai envoyé ces lettres.

Une de celles que je vous ai écrites (et qui a été imprimée dans une Gazette de Boston), vient d'être réimprimée ici, « pour prouver, dit l'éditeur, que je suis *un des plus cruels ennemis du bien-être et de la prospérité de l'Angleterre.* » Dans l'opinion de certaines gens, un homme qui désire le bonheur de *tout l'empire* peut être cependant un ennemi *de la Grande-Bretagne*, s'il ne désire pas son bonheur à l'*exclusion* de celui de *toutes les Provinces*, et s'il ne veut pas que sa prospérité soit fondée sur leur servitude. Je suis certainement un de ces ennemis-là. Mais il me semble qu'on a tort d'imprimer à Boston des lettres de moi, qui donnent lieu à de semblables réflexions.

Je continuerai à faire, cet hiver, tout ce que je pourrai pour arranger nos différends, mais j'ai peu d'espoir. La

Providence aveugle d'abord la puissance qu'elle veut perdre.

J'ai l'honneur d'être, avec une haute estime, monsieur, votre très-humble et très-obéissant serviteur.

B. F.

Cette déclaration de Franklin souleva contre lui une clameur universelle. Les amis de M. Whately se plaignirent que le coupable n'eût pas parlé plus tôt et prévenu le duel ; mais cette rencontre, Franklin l'ignorait. Le ministère ne fut pas moins irrité ; Franklin s'y attendait. « A mesure que je vieillis, écrivait-il à son fils, je deviens moins sensible au blâme, quand je crois avoir fait mon devoir. » D'ailleurs il avait pris la résolution de renoncer à la vie publique, même en Amérique, et il préparait son prochain retour pour vieillir paisiblement auprès de son foyer. Qu'on n'oublie pas qu'il avait soixante-huit ans.

Mais le parti de la cour qui, depuis longtemps, détestait et craignait Franklin, et qui ne lui pardonnait ni ses pamphlets ni ses sarcasmes, crut l'occasion favorable pour frapper un ennemi politique et le perdre dans l'opinion. Le samedi 8 janvier, quinze jours après la note publiée dans le *Public Advertiser*, Franklin reçut l'avis officiel que les lords du comité pour les plantations se réuniraient le mardi suivant à midi, pour prendre en considération la pétition de l'assemblée du Massachusetts, qui demandait le rappel du gouverneur Hutchinson et du lieutenant gouverneur Olivier. Le même avis requérait la présence de l'agent de l'assemblée coloniale. Franklin soupçonna un piège. L'accueil fait à la pétition était trop prompt, le délai trop court et la sommation trop péremptoire, pour ne pas éveiller de soupçon. Néanmoins, Franklin n'était pas de ces hommes qu'on prend au dépourvu, il se présenta résolûment devant le comité, fort de sa conscience et de son devoir accompli.

Que se passa-t-il devant le comité? Je laisse la parole à Franklin.

A THOMAS CUSHING.

Procédure devant le conseil privé sur la pétition du Massachusetts. — Destitution de Franklin.

Londres, 15 février 1774.

Monsieur,

Je vous ai écrit quelques mots par le dernier paquebot, juste pour vous dire qu'on a discuté notre pétition. Je vous conterai maintenant toute cette histoire, aussi succinctement que je pourrai.

Nous avions pensé que le Roi examinerait la pétition, dans son cabinet, comme il avait fait pour la précédente, et qu'il y répondrait, sans qu'il y eût discussion publique, puisque nous ne demandions ni châtiments ni flétrissures pour les gouverneurs. Mais le samedi 8 janvier, dans l'après-midi, le greffier du Conseil privé me notifia que les lords du comité des plantations se réuniraient au Cockpit, le lundi suivant à midi, pour prendre en considération la pétition que Sa Majesté leur avait renvoyée, et que ma présence était requise.

.... Le lundi nous allâmes au Cockpit, M. Bollan et moi; lecture faite de la pétition, on me demanda ce que j'avais à dire à l'appui....

Je dis qu'avec la pétition de la Chambre des représentants, j'avais reçu les résolutions qui la précédaient, et copie des lettres qui avaient donné lieu à ces résolutions;

et que, à l'appui de la pétition, je remettrais toutes ces pièces à leurs Seigneuries.

On lut les résolutions; mais quand on en vint aux lettres, M. Wedderburn, solliciteur général, que les gouverneurs avaient pris pour avocat, commença à faire des objections, et à demander comment elles étaient certifiées authentiques; quelques lords firent la même question. Je répondis que les certificats étaient annexés aux lettres.

.... Le lord *chief-Justice* De Grey, demanda à qui les lettres étaient adressées, et les prenant dans sa main, il remarqua qu'elles ne portaient point d'adresse. Je répondis que si l'on ne voyait pas à qui les lettres étaient adressées, on pouvait voir qui les avait écrites, puisqu'elles étaient signées; qu'enfin les certificats annexés prouvaient que les copies étaient authentiques.

Ce ne fut pas sans peine que j'obtins la permission de faire lire les certificats. Le solliciteur général continuant à faire des observations, comme avocat des gouverneurs, je dis à Leurs Seigneuries que j'étais quelque peu surpris de voir employer un avocat pour combattre une pétition. Je n'avais été prévenu de cette intention que la veille et je n'avais jamais songé à importuner leurs Seigneuries par une plaidoirie d'avocat, car je ne concevais pas que d'une pétition pût sortir un point de droit, une question légale qui requît la discussion d'un homme de loi. L'affaire soumise à Leurs Seigneuries était une question de prudence politique. Si les gouverneurs ont perdu la confiance du peuple, et sont devenus universellement odieux, est-il de l'intérêt de Sa Majesté de les maintenir à la tête de la province? voilà quelle était la question. Leurs Seigneuries en étaient d'excellents juges, et n'avaient nul besoin des arguments d'un avocat. Mais enfin si les gouverneurs se faisaient assister, je demandais à prendre un avocat qui parlât pour l'assemblée, et je priais Leurs Seigneuries de remettre l'audition de la pétition à un jour

ultérieur, afin que je pusse me munir d'un conseil....
Cette permission me fut enfin accordée.

Le solliciteur général voyant que ses chicanes contre l'admission des lettres, ne supportaient pas la discussion, dit à la fin que, pour épargner le temps de leurs Seigneuries, il admettrait que les copies étaient des transcriptions exactes des originaux, mais qu'il se réservait le droit de faire, en temps opportun, certaines questions, par exemple : Comment l'assemblée était-elle venue en possession de ces lettres, par quelles mains, et par quels moyens les avait-on obtenues ? — « Certainement, répondit avec sévérité le lord *Chief-Justice* De Grey, et aussi à qui elles sont adressées ? car la parfaite intelligence du texte dépend de ces circonstances et autres semblables. Nous ne pouvons pas recevoir une accusation, fondée sur des lettres qui ne portent l'adresse de personne, et qui peut-être n'ont été reçues par personne. Les lois de ce pays n'admettent point de pareils usages. » — Le lord président, près de qui je m'occupais à reprendre mes papiers, me demanda si j'entendais répondre à ces questions. Je dis qu'en ce point je prendrais conseil. On fixa jour au 29 janvier.

.... Le bruit courut dans la ville que devant le conseil, j'avais été grossièrement insulté par le solliciteur général. C'était un bruit prématuré. Il n'en avait eu que l'intention, et cette intention, il l'avait déclarée. On me répéta aussi de tous côtés que le ministère et tous les courtisans étaient enragés contre moi pour avoir transmis ces lettres en Amérique. Je fus qualifié d'incendiaire, les journaux étaient remplis d'invectives contre moi. A en croire quelques demi-mots, on aurait eu la pensée de m'arrêter, de saisir mes papiers, et de m'envoyer à Newgate. Enfin on a résolu de m'ôter ma place, mais on a pensé qu'il valait mieux retarder la destitution jusqu'à ce que l'affaire de la pétition fût terminée ; la raison en est, je suppose, qu'on me noircira de telle façon que personne ne taxera d'injustice ma destitution. Du reste, plusieurs personnes savaient à l'avance comment la pétition serait reçue ; on m'avait dit, dès avant la première audience, qu'elle serait rejetée avec certaines épithètes, que l'Assemblée serait blâmée et qu'on donnerait quelques louanges aux gouverneurs. Comment cela peut-il être connu, on ne peut le dire, ce n'est peut-être qu'une conjecture.

.... Nos conclusions ayant été préparées, nous eûmes une consultation chez notre avocat M. Dunning, en son cabinet à Lincoln's Inn. Je présentai M. Arthur Lee comme mon ami, et comme mon successeur dans l'agence. Les conclusions, vous le verrez par la copie que je vous envoie, citaient les passages des lettres que nous pouvions alléguer à l'appui des imputations contenues dans les résolutions et la pétition. Mais M. Dunning fit observer que nous manquions de preuves pour démontrer que ces imputations étaient fausses ; l'avocat de la partie adverse ne manquerait pas de dire qu'elles représentaient la véritable situation du pays. Et quant aux réflexions politiques des auteurs, et à leurs idées de gouvernement, sans doute il résulterait clairement de leurs lettres que leur intention était d'étendre et de fortifier le pouvoir du Parlement, et de diminuer les priviléges de leurs concitoyens, mais en Angleterre considérerait-on cela comme un délit, ou comme un mérite et une vertu ? — Notre conseil pensait donc qu'il ne servirait de rien d'insister sur ces détails, et qu'il valait mieux établir en fait que le peuple était mécontent, que les gouverneurs avaient perdu tout crédit, qu'ils étaient devenus odieux, etc. Ces faits, la pétition seule suffisait pour les attester, puisqu'elle n'avait pas d'autre raison d'être. Après cela il fallait montrer que dans une situation semblable, le service de Sa Majesté et la paix de la province exigeaient la révocation des gouverneurs. Cette opinion rendit inutile une grande partie de nos conclusions.

Malgré les avis que j'avais reçus, je ne pouvais pas croire qu'on permît au solliciteur général de s'écarter de la question, pour introduire une affaire nouvelle, et accuser devant Leurs Seigneuries une personne qui n'étant pas leur justiciable ne pouvait pas s'attendre à l'accusation et par conséquent n'avait pu préparer sa défense. Et cependant tout cela est arrivé, et suivant toute apparence, tout cela était concerté; car tous les courtisans avaient été invités comme à une fête, et il n'y eut jamais pareil concours de conseillers privés, il n'y en avait pas moins de trente-cinq, sans parler d'une immense foule d'auditeurs.

L'audience commença par la lecture de la lettre que j'avais écrite à lord Dartmouth, en lui envoyant la pétition; puis on lut la pétition, les résolutions, et enfin les lettres, sans que le solliciteur général fît aucune des objections, ni aucune des questions dont il avait parlé à la première séance. Nos conseils exposèrent alors l'affaire, suivant leur plan général, et s'en acquittèrent fort bien; seulement M. Dunning, qui était enroué, parla d'une voix extrêmement faible et ne fut pas aussi bien entendu qu'on l'aurait désiré.

Le solliciteur général fit alors ce qu'il appela l'Histoire de la province depuis dix ans, il lui prodigua des injures, auxquelles il mêla l'éloge des gouverneurs. Mais la partie favorite de son discours fut dirigée contre votre agent, qui fut là pendant une heure en butte à ses grossières invectives[1], sans qu'un seul lord fît remarquer ce qu'il y avait d'inconvenance et d'indécence à traiter de cette façon ignominieuse un agent public, qui n'était là que pour remettre votre pétition, et dont, *à ce titre*, la conduite ne pouvait être en question. S'il a eu tort de se procurer ces lettres et

1. Entre autres aménités, M. Wedderburn dit que désormais Franklin regarderait comme une insulte le nom d'*homme de lettres, homo trium litterarum?* C'était une allusion délicate à la marque romaine : *fur*, en latin, *voleur*. (Franklin W. T. IV, p. 450.)

de les envoyer, ce n'était pas devant ce tribunal qu'on pouvait l'accuser et le juger. La cause était déjà devant le chancelier. Aucun des lords n'arrêta l'orateur, ni ne le rappela à la question; mais au contraire, sauf un petit nombre, tous semblaient jouir de cette fête, et souvent même ils éclatèrent en bruyants applaudissements. Cette partie du discours a paru si bonne, qu'ils l'ont imprimée pour me diffamer partout, et détruire s'il se peut ma réputation de l'autre côté de l'eau, mais ils ont retranché les plus grosses injures, les jugeant sans doute trop sales pour être publiées. Comparé à ce qui a été dit, le discours imprimé est d'une décence parfaite. Je vous en envoie une copie. Mes amis me conseillent d'y répondre, c'est ce que je vais faire immédiatement.

La réplique de M. Dunning termina les plaidoiries. Il était très-souffrant et très-fatigué d'être resté si longtemps debout; aussi sa voix était si faible qu'à peine pouvait-on l'entendre. Le peu qui parvint jusqu'à moi était fort bien dit, mais faisait peu d'effet.

Le rapport de Leurs Seigneuries, que je vous envoie, est daté du même jour. Il contient un blâme sévère de la pétition et des pétitionnaires, et tire de mon silence la conclusion fort injuste, que l'accusation d'avoir obtenu subrepticement les lettres est fondée. Cependant, comme on le voit dans le discours imprimé, le solliciteur général lui-même avait dit à Leurs Seigneuries que l'affaire était devant le chancelier, et mon avocat avait établi que je ne devais pas répondre devant Elles à des accusations pendantes devant une autre cour. En vérité, j'ai eu ces lettres honorablement, et mon intention, en les envoyant, était vertueuse, si l'on peut donner ce nom à une tentative faite pour diminuer l'abîme ouvert entre deux nations, en montrant que les injustices dont l'une se plaint ne sont pas du fait de l'autre, mais bien des traîtres qu'elle nourrit dans son sein.

On pourrait supposer que je suis fort irrité en cette occasion, aussi n'ajouterai-je aucune réflexion sur le traitement que l'assemblée et son agent ont reçu, afin qu'on n'y voie pas l'effet du ressentiment ni le désir d'exaspérer. Ce que je sens pour moi se perd à moitié dans ce que je sens pour mon pays. Quand je vois que toute pétition et toute plainte sont tellement odieuses au gouvernement qu'on s'en prend au canal même qui les apporte, je me demande comment on maintiendra, comment on rétablira la paix et l'union entre les différentes parties de cet empire? Comment redresser des griefs quand on ne les connaît pas? Comment les connaître autrement que par des pétitions et des plaintes? Si on y voit des affronts, si l'on punit le messager comme un coupable, qui donc à l'avenir enverra des pétitions? Et qui les remettra? En tout État, on a pensé que c'était chose dangereuse que d'étouffer les plaintes. Voilà pourquoi les gouvernements sages reçoivent les pétitions avec indulgence, même lorsqu'elles sont peu fondées. Il suffit quelquefois d'une réponse sage et prudente pour convaincre de leur erreur ceux qui se croient maltraités par leur gouvernement. Mais quand la plainte est un crime, l'espérance se change en désespoir.

Le jour suivant, je reçus une note écrite par le secrétaire général de la poste; on m'annonçait que le maître général des postes de Sa Majesté avait *trouvé nécessaire* de me destituer de ma place de maître général des postes délégué dans l'Amérique du Nord. L'expression était bien choisie, car en vérité à la poste ils étaient *dans la nécessité* d'agir ainsi. Ce n'était pas leur désir, ils n'avaient point de faute à me reprocher, ils connaissaient mes services, et savaient que si aujourd'hui cette place rapporte quelque chose, on le doit surtout à mes soins et à ma bonne administration. Quand on me l'a donnée, elle ne valait rien; elle ne suffisait pas même à payer le traitement qu'on m'allouait, et ce traitement je ne devais le toucher que lorsque la place le produirait. Aujourd'hui, la poste d'Amérique rapporte net au trésor anglais trois mille livres sterling par an. En outre, à la poste, ils avaient pour moi de l'estime personnelle. Mais comme, avec l'accroissement des correspondances, les bureaux de poste dans toutes les principales villes deviennent de plus en plus importants, les employés ayant une *commission*, au lieu d'un *traitement fixe*, le ministère, en me destituant, veut faire un exemple et apprendre à tous les maîtres de poste d'Amérique qu'on ne les laissera en place que s'ils sont dévoués corps et âme à l'administration, alors même qu'elle agit contre les intérêts et les droits des colonies. C'est le premier pas pour étendre de ce côté l'influence du gouvernement. Et comme depuis quelque temps, le maître général des postes d'Amérique, qui avait la disposition de toutes les places de son administration, a reçu l'ordre de ne pas remplir les places vacantes de quelque importance, avant d'avoir donné avis de ces vacances et reçu les instructions du gouvernement, il est évident que cette influence fait partie du système, et qu'à l'avenir ces vacances seront remplies par des agents envoyés d'Angleterre. La correspondance que vos comités d'assemblée entretiennent par tout le continent, sera-t-elle en sûreté en de pareilles mains? C'est une question qui mérite examen, quand on pense que la loi postale permet au maître de poste d'ouvrir les lettres, s'il en a reçu l'ordre d'un secrétaire d'État, et que chaque secrétaire de province peut-être considéré comme un secrétaire d'État dans sa province.

On ne sait pas encore quelle marche suivra le gouvernement à l'égard des colonies, ou de notre province en particulier. Mais comme on interroge tous ceux qui arrivent de là-bas au sujet de la dernière émeute et des *meetings* qui l'ont précédée, comme on veut connaître ceux qui les ont réunis ou qui y ont parlé, je soupçonne qu'on a l'intention de saisir certaines personnes et peut-être même de les envoyer ici. Mais sur ce point je n'ai pas de certitude. Dans la Chambre des communes, on n'a fait encore aucune motion sur nos affaires, celle qu'on a faite dans la Chambre des lords a été ajournée. Il n'est pas probable cependant que la session se passe sans qu'on s'occupe de nous, quoique peut-être on n'ait pas encore arrêté ce qu'on fera. Avec mes meilleurs vœux pour la prospérité de la province, j'ai l'honneur d'être, monsieur, etc. B. F.

Le docteur Priestley, qui était présent à l'audience, nous a laissé de cette affaire un récit curieux dont j'extrais ce qui regarde Franklin.

« Dès que l'affaire commença, le discours de M. Wedderburn, avocat du gouverneur, montra jusqu'à l'évidence que l'objet réel de cette procédure était d'insulter le docteur Franklin. Pour lui, durant toute cette plaidoirie, il resta debout dans un coin de la chambre, et non loin de moi, sans trahir la moindre émotion.

« .... M. Wedderburn eut un triomphe complet. A ses saillies, à ses sarcasmes, tous les membres du conseil riaient à gorge déployée, sans excepter le président (lord Gower). Aucun d'eux ne sut conserver la gravité convenable, hormis lord North, qui, venu un peu tard, était assis en face de moi.

« Quand l'affaire fut terminée, le docteur Franklin, en sortant, me prit la main d'une façon qui indiquait quelque émotion. Je le suivis, car, dans l'antichambre, je vis M. Wedderburn entouré d'un cercle d'amis et d'admirateurs. Il fit quelques pas comme pour me parler, mais je me détournai et me hâtai de sortir.

« Le lendemain, je déjeunai avec le docteur; il me

dit qu'il n'avait jamais mieux senti la force d'une bonne conscience. S'il n'avait pas considéré ce qu'il avait fait comme une des meilleures actions de sa vie, une action que certainement il recommencerait dans les mêmes circonstances, il n'aurait pas pu supporter tant d'outrages.... »

« Malgré son calme apparent, le docteur Franklin avait été fort ému de toute cette affaire du conseil privé ; la preuve en est dans le fait suivant. Quand il parut dans le conseil, il portait un habit complet de velours de Manchester, et Silas Deane m'a raconté que lorsqu'il se trouva à Paris pour signer le traité entre la France et l'Amérique, Franklin fit exprès de mettre ce même habit[1]. »

La même histoire a été racontée par le docteur Bancroft, qui fut, durant longues années, un des amis intimes de Franklin, et qui assistait aussi à la séance du conseil privé. La vengeance eût été singulière et trop personnelle pour un homme qui fit toujours bon marché de son orgueil et de sa vanité ; il faut supposer que les amis de Franklin lui ont prêté une intention qu'il n'a pas eue, c'est du moins l'opinion générale aujourd'hui.

Au sujet de ce scandaleux procès, Horace Walpole fit une épigramme qu'on peut traduire ainsi :

« Un sarcastique avocat, gonflé de fiel et d'épigrammes, verse les flots de sa haine vénale sur Franklin silencieux ; le calme philosophe se retire sans répondre, et donne à son pays la liberté[2]. »

1. Franklin's Works, t. IV, p. 452.
2. Parton, I, 598.

CHAPITRE VIII.

Franklin reste en Angleterre pour attendre l'issue du congrès continental. — Mort de mistriss Franklin. — Rapports de Franklin avec lord Chatham et lord Howe. — Motion de lord Chatham au parlement, elle est rejetée. — Départ de Franklin pour l'Amérique.

1774-1775.

Après l'affaire du conseil privé, Franklin renonça à son rôle d'agent de l'Amérique, et fit des préparatifs pour retourner dans sa patrie. Mais bientôt arriva la nouvelle que les colonies s'étaient réunies en congrès continental, et, sur l'avis de ses amis, Franklin se décida à attendre l'issue de cet événement considérable. Le congrès ne voulait pas rompre avec la métropole, et il était important d'avoir à Londres un homme tel que Franklin, qui pût au besoin servir d'intermédiaire entre les deux pays. Néanmoins, la position du docteur n'était rien moins qu'agréable, comme il l'écrit à son ami Galloway, à la date du 12 octobre 1774.

« Beaucoup de gens pensent que mon séjour ici n'est

pas sans péril, car si, par accident, les troupes anglaises et le peuple de Boston en viennent aux mains, il est probable qu'on s'en prendra à moi. Le parti ministériel affecte de me représenter partout comme la cause des mésintelligences; aussi m'a-t-on souvent averti de mettre mes papiers en sûreté, et on m'a même conseillé de partir. Mais, suivant un désir qui n'est pas le mien, et puisqu'on croit que je puis être utile, je me hasarde à rester jusqu'à ce qu'on connaisse le résultat du congrès. Je me confie dans mon innocence; le pis qui puisse m'arriver sera d'être emprisonné comme suspect : chose que, du reste, je désire beaucoup éviter, car ce sera coûteux, vexatoire et dangereux pour ma santé. »

Au milieu de ces inquiétudes, et quand, pour se consoler, il songeait au bonheur de retrouver son foyer après dix ans d'absence, pour y achever en paix, au milieu des siens, le peu qui lui restait à vivre, il apprit la mort de sa femme. Elle avait été prise d'une attaque de paralysie et emportée en cinq jours[1]. Ils avaient été mariés quarante-quatre ans, et on voit par la correspondance de Franklin combien il aimait sa femme, et quel plaisir il se faisait de lui envoyer des cadeaux. C'est à elle qu'il confiait aveuglément le soin de ses affaires privées. Il est vrai que Deborah avait la première de toutes les qualités aux yeux de Franklin : l'économie. Plusieurs années après la mort de sa femme, Franklin écrivait à une jeune dame : « L'économie est une vertu qui enrichit, une vertu que je n'ai jamais pu acquérir par moi-même, mais je fus assez heureux

---

1. Elle mourut le 19 décembre 1774, âgée de près de 70 ans.

pour la trouver chez ma femme; aussi a-t-elle été une fortune pour moi. »

Nous n'avons aucune lettre de Franklin pour nous apprendre de quelle façon il ressentit cette perte douloureuse; mais quand on lit ses lettres, quand on voit la tendresse qu'il eut toujours pour les siens, il n'est pas douteux qu'il fut fortement frappé de ce coup inattendu.

Que fit-il à Londres jusqu'au moment de son départ en mars 1775? Il fit tout ce qu'il put pour retarder une rupture qui devenait chaque jour plus imminente. Lui-même nous a raconté ses efforts dans un journal adressé à son fils, journal qu'il écrivit sur le vaisseau qui le ramenait en Amérique. C'est un fragment de mémoires que le lecteur lira avec plaisir; il y retrouvera la voix aimée et la fine sagesse du vieux Franklin.

A WILLIAM FRANKLIN.

A bord du paquebot la Pensylvanie en charge pour Philadelphie, capitaine Osborne, 22 mars 1775.

« Cher fils,

« Ayant en ce moment un peu de loisir pour écrire, je vais tâcher, comme je vous l'ai promis, de rappeler le détail des négociations où j'ai été mêlé relativement *à la mésintelligence entre la Grande-Bretagne et l'Amérique.*

« Après la session où le parlement avait passé des lois sévères contre la province de Massachusetts, la minorité, qui sentait que sa faiblesse lui venait du manque d'union, songea sérieusement à former une coalition. A persister dans les mesures violentes prises contre l'Amérique, il était visible qu'on courait le risque de démembrer, d'affaiblir, et peut-être de ruiner l'empire britannique. Cette perspective décida quelques-uns des membres de la minorité à proposer aux autres une union qui, à la prochaine session, rendrait l'opposition plus respectable et plus imposante, et permettrait d'en tirer aisément un nouveau ministère, si le mauvais succès des dernières mesures et la fermeté des colonies faisaient juger au roi ce changement nécessaire.

« Je pris quelques soins pour favoriser ces dispositions, dans les entretiens que j'eus avec les principaux membres de la minorité des deux Chambres. Je les suppliai et les conjurai de ne pas souffrir que, par suite de leurs petites mésintelligences, l'étourderie du ministère fît écrouler l'édifice glorieux de l'empire britannique. Pour les encourager, je les assurai, autant que je pouvais le faire, de la *fermeté* et de l'*unanimité* de l'Amérique. Ils doutaient souvent de notre persévérance; c'était là leur crainte et leur inquiétude.

« Depuis l'affront qui m'avait été fait au bureau du conseil, en janvier 1774, je ne m'étais jamais présenté au lever d'aucun ministre. Je ne cherchai pas à me justifier des accusations portées contre moi; je ne rendis pas à mes ennemis injure pour injure; je gardai obstinément un froid silence, me réservant pour une occasion future. J'avais, pour adopter cette conduite, des raisons qu'il est inutile de spécifier ici. De temps en temps, j'entendais dire que les membres raisonnables de l'administration rougissaient du traitement qu'ils m'avaient fait subir. Je soupçonnais quelques-uns de ceux qui me parlaient ainsi, de vouloir tirer de moi mes sentiments et peut-être mes projets; mais je ne dis rien ou presque rien sur ce sujet. Cependant, les mesures prises par les ministres à l'égard de la Nouvelle-Angleterre, ne produisant pas l'effet qu'ils en attendaient, ils se trouvèrent de plus en plus embarrassés, et, à ce qu'il paraît, pensèrent à se servir de moi pour se tirer d'affaire. Mais il aurait été trop humiliant de s'adresser à moi ouvertement et directement; c'est donc à des tiers qu'ils eurent recours pour connaître mon sentiment.

Toutes les nouvelles reçues d'Amérique depuis la prorogation du parlement, prouvaient que les mesures de l'administration n'y avaient ni divisé ni intimidé le peuple; au contraire, il était plus uni et plus déterminé que jamais, et il fallait s'attendre à une résolution de non-importation. En gênant les villes de commerce et de manufactures, cette mesure pouvait influencer les votes contre la cour, dans les élections qui devaient avoir lieu l'année suivante. Dans cette crainte, le ministère fit prononcer tout à coup, et sans qu'on s'y attendît, la dissolution du parlement, et ordonna qu'on procédât à de nouvelles élections dans le plus court délai, avant qu'on pût sentir les suites de la résolution américaine ou qu'elle pût produire cet effet.

Quand j'allai en Angleterre, en 1757, vous pouvez vous rappeler que j'essayai plusieurs fois de me faire présenter à lord Chatham, alors premier ministre, pour lui parler des affaires de Pensylvanie, mais que je ne pus y réussir. C'était alors un homme trop important ou trop occupé d'affaires plus graves. Je fus donc obligé de me contenter d'une sorte de communication secrète et non avouée avec MM. Potter et Wood, ses secrétaires. Ces messieurs furent très-polis, cultivèrent ma connaissance, et tirèrent de moi tous les renseignements que je pouvais donner sur la guerre qui avait alors lieu en Amérique, et, à l'occasion, me demandèrent mon opinion sur les mesures que d'autres proposaient ou conseillaient, ce qui me permit de faire sentir l'utilité de conquérir le Canada. Je regardai, depuis ce temps, M. Pitt comme *inabordable*. Je l'admirai de loin et n'essayai pas davantage de le voir de plus près. J'eus une ou deux fois seulement le plaisir d'apprendre de lord Shelburne, et je crois aussi de lord Stanhope, qu'il me fit quelquefois l'honneur de parler de moi, comme d'un homme d'un caractère respectable.

Mais vers la fin d'août dernier, comme je revenais de Brigthelmstone, j'allai faire une visite à mon ami M. Sargent, à sa terre d'Halsted, dans le comté de Kent, suivant la promesse que je lui en avais faite. Il m'apprit qu'il avait promis de me conduire à Chevening chez lord Stanhope, qui désirait que j'allasse le voir quand je viendrais dans son voisinage. Nous nous rendîmes le soir même chez lord Stanhope; il me dit que lord Chatham souhaitait me voir, et que la demeure de M. Sargent, où je devais loger, se trouvant sur le chemin, il viendrait me prendre le lendemain matin et me conduirait à Hayes. C'est ce qui fut fait. Ce véritable grand homme me reçut avec force politesses; il m'interrogea en détail sur la situation des affaires en Amérique, parla avec sensibilité de la sévérité des dernières lois rendues contre le Massachusetts, me donna un aperçu du discours qu'il avait prononcé pour s'y opposer, et témoigna beaucoup d'estime et d'intérêt pour le peuple de ce pays ; il espérait, me disait-il, que les Américains continueraient à demeurer fermes et unis pour défendre leurs droits constitutionnels par toutes les voies pacifiques et légales. Je l'assurai que je ne doutais pas qu'ils ne le fissent. Il me répondit qu'il était charmé de m'entendre parler ainsi, parce qu'il savait que je devais bien connaître leurs sentiments.

Je saisis cette occasion pour lui faire remarquer que la ruine des grands empires avait toujours commencé aux extrémités et par la même cause. Le contrées éloignées des yeux et du siége du gouvernement, et, par conséquent, mal connues, n'étaient jamais bien administrés ; elles étaient opprimées par d'injustes gouverneurs, trop convaincus que des plaintes partant de si loin ne pourraient ni se faire entendre, ni être soutenues. Voilà ce qui encourageait ces derniers à continuer, jusqu'à ce que l'oppression devint intolérable. Mais l'empire de la Grande-Bretagne avait heureusement trouvé et longtemps pratiqué un système qui assurait une bonne administration à chaque province ; c'était de confier à la province même une grande partie de son gouvernement. De là tant de satisfaction chez les sujets, tant d'encouragement à former de nouveaux établissements, que, sans la fausse politique suivie depuis peu (politique qui veut un parlement omnipotent, quoique, pour *pouvoir* tout, il faille aussi tout *savoir*), nous aurions ajouté province à province et étendu nos colonies jusqu'à la mer du Sud.

J'ajoutai que je regrettais la ruine qui semblait menacer un si beau plan, si bien imaginé pour rendre heureux tous les sujets du plus grand empire ; mais j'espérais que si Sa Seigneurie et quelques autres grands et sages personnages de l'Angleterre voulaient unir leurs efforts, il était encore temps d'arracher ce pays aux mains d'un ministère incapable, et de rétablir, entre la Grande-Bretagne et ses colonies, l'union et l'harmonie si nécessaires pour leur avantage réciproque.

Il me répondit avec beaucoup de politesse, que j'avais des idées saines sur la manière d'étendre ainsi notre empire ; qu'elles étaient dignes d'une âme grande, bienveillante et éclairée. Il souhaitait comme moi que les différentes nuances de l'opposition pussent s'entendre et rétablir l'accord qui régnait naguère entre les deux pays, ce qu'il désirait ardemment, mais il parla de cette réunion des partis comme d'une chose difficile, et qu'il fallait plutôt souhaiter qu'espérer. Il me dit que l'opinion dominante en Angleterre était que le but de l'Amérique était de s'ériger en *État indépendant*, ou du moins de se débarrasser de l'*acte de navigation*. Je l'assurai qu'ayant traversé plusieurs fois toutes les colonies américaines d'un bout du continent à l'autre, et y ayant vu des gens de toute espèce, buvant, mangeant, causant avec tout le monde, je n'avais jamais entendu personne, ivre ou dans son bon sens, qui exprimât le moindre désir d'une séparation d'avec la mère-patrie, ou qui fît entendre qu'une telle séparation pût être utile à l'Amérique. Quant à l'*acte de navigation*, la disposition essentielle, fondamentale, qui nous enjoignait de faire notre commerce sur des bâtiments anglais ou coloniaux, d'exclure de nos ports les navires étrangers, de composer l'équipage de nos vaisseaux de trois quarts de marins anglais, nous était aussi agréable qu'elle pouvait l'être à l'Angleterre. Nous ne refusions même pas de nous soumettre aux règles générales que le parlement ferait pour le commerce, pourvu que *de bonne foi* elles eussent en vue l'utilité de l'*empire tout entier*, et non le modique avantage d'une partie, au grand détriment de l'autre. Telle était, par exemple, l'obligation imposée à nos vaisseaux de toucher en Angleterre, en venant du Portugal et de l'Espagne, avec leurs vins et leurs fruits, les restrictions imposées à nos manufactures de laine et de chapellerie, la prohibition d'établir des forges et des aciéries, etc. Il convint qu'on pourrait adoucir ces lois, mais il ajouta que ce qui concernait les forges et l'acier avait été accepté par nos agents comme un compromis, alors qu'on refusait ici une diminution de droits.

Enfin, il me témoigna beaucoup de satisfaction de m'avoir vu, et parut surtout heureux de l'assurance que je lui donnais que l'Amérique n'aspirait pas à l'*indépendance*; il ajouta qu'il serait charmé de me revoir le plus souvent possible. Je répondis que je ne manquerais pas de profiter de la permission qu'il voulait bien m'accorder, sentant vivement l'honneur que me faisait Sa Seigneurie et tous les avantages que je retirerais de sa conversation instructive; ce n'était certainement pas un pur compliment.

Le nouveau parlement devait s'ouvrir le 29 novembre 1774. Vers le commencement de ce mois, étant à la Société royale, M. Raper, un de nos membres, me dit qu'il connaissait une dame qui avait envie de jouer avec moi aux échecs, espérant pouvoir me battre, et qu'elle l'avait prié de me conduire chez elle. C'était, me dit-il, une dame dont je serais charmé de faire la connaissance, une sœur de lord Howe, et il espérait que je ne refuserais pas le défi. Je lui dis que j'avais perdu depuis longtemps l'habitude des échecs, mais que je me rendrais chez cette dame quand il le jugerait à propos. Il me dit où elle demeurait, et m'engagea à y passer le plus tôt possible et sans introduction. Je lui promis de le faire, mais comme la chose me parut un peu gauche, je remis ma visite de jour en jour. Le 30 du même mois, m'étant retrouvé avec lui le jour d'élection de la Société, qui était le lendemain de l'ouverture du parlement, il me rappela ma promesse, me reprocha de ne pas l'avoir tenue, et me somma de lui donner un jour où il viendrait me prendre et me conduire chez mistriss Howe. Je fixai le vendredi suivant. Il vint me chercher ; je jouai quelques parties avec cette dame, et lui trouvant une conversation sensée et des manières agréables, j'acceptai volontiers une nouvelle invitation. J'étais loin de penser que cette nouvelle connaissance pût avoir le moindre rapport avec les affaires politiques.

Le jeudi qui précédait le jour fixé pour notre partie d'échecs, M. David Barclay vint me voir pour causer avec moi du meeting des marchands qui voulaient présenter une pétition au parlement. Quand il eut fini, il me parla de la situation périlleuse des affaires d'Amérique, du danger que les mesures actuelles n'amenassent une guerre civile, et du grand service que rendrait l'homme qui imaginerait quelque moyen de prévenir une si terrible calamité et d'amener une réconciliation. Il voulut bien ajouter qu'il était convaincu que d'après la connaissance que j'avais des deux pays, la réputation et l'influence dont je jouissais dans l'un d'eux, et mes talents en affaires, personne n'y pouvait mieux réussir que moi. Naturellement, je répondis que je m'estimerais fort heureux de contribuer le moins du monde à une si bonne œuvre, mais que je n'y voyais aucun jour; que, sans doute, les Américains étaient prêts à accepter toutes conditions raisonnables, mais qu'un arrangement n'était praticable qu'autant que les deux parties le désiraient; que la conduite du ministère me faisait croire qu'il n'avait pas la moindre disposition à la conciliation; qu'il désirait plutôt pousser les Américains à une rébellion ouverte qui justifierait une exécution militaire, et satisferait l'animosité qui existait en Angleterre contre les whigs et les dissidents. M. Barclay dit que je jugeais trop sévèrement les ministres; il était persuadé que tous ne partageaient pas ces sentiments, et qu'au contraire ils seraient charmés de sortir d'embarras à quelques conditions que ce fût, en sauvant seulement l'honneur et la dignité du gouvernement. Il m'engagea à y réfléchir, et me dit qu'il reviendrait en causer avec moi. Je lui dis que j'y penserais, comme il le désirait, mais sans grand espoir. Sur cela nous nous séparâmes. Deux jours après, je reçus de lui une lettre enfermée dans un billet du docteur Fothergill. Voici ce que contenaient ces deux missives :

Youngsbury, près Ware, 3° jour du 12° mois 1774.

« Estimable ami,

« Après t'avoir quitté jeudi dernier, je rencontrai par hasard, en retournant chez moi, notre ami commun, le docteur Fothergill : je lui fis part du sujet de notre conversation. Depuis, il m'a invité à une nouvelle conférence sur cette importante affaire. Je me rendrai donc en ville demain, et je serai chez lui entre quatre et cinq heures; nous nous réunissons pour te demander ta présence. Nous sentons parfaitement tous deux que cette affaire est de telle *grandeur*, qu'elle peut effrayer des particuliers et les empêcher de s'en mêler, mais nous en désirons tellement le succès, que nous ne devons rien négliger de ce qui est en notre pouvoir, quoique nos efforts puissent être infructueux. Je suis ton ami respectueux,

« DAVID BARCLAY. »

AU DOCTEUR FRANKLIN,
Craven-Street.

« Le docteur Fothergill présente ses respects au docteur Franklin; il espère qu'il lui accordera le plaisir de sa compagnie dans Harpur-street, demain soir, pour conférer avec leur ami commun, David Barclay, sur les affaires d'Amérique. A cinq heures précises, s'il est possible.

Harpur-Street, 3 décembre.

Ce rendez-vous tombait le soir du jour où je devais faire ma seconde partie d'échecs avec l'aimable mistriss Howe. J'allai chez elle. Après avoir joué aussi longtemps que nous le désirâmes, nous nous mîmes à causer, d'abord d'un problème de mathématiques, et ensuite du nouveau parlement qui venait de s'assembler, quand tout à coup elle me dit : « Mais qu'y a-t-il donc à faire dans cette querelle entre la Grande-Bretagne et l'Amérique? J'espère que nous n'aurons pas une guerre civile. » — « Elles devraient s'embrasser et s'aimer, lui dis-je ; que peuvent-elles faire de mieux? Les querelles ne peuvent profiter ni à l'une ni à l'autre ; c'est la ruine de toutes deux. » — « J'ai souvent dit, répliqua-t-elle, que je voudrais que le gouvernement vous employât pour terminer cette querelle ; je suis sûre que personne ne pourrait mieux y réussir. Ne croyez-vous pas que la chose soit possible? » — « Sans aucun doute, madame, répondis-je, si les parties sont disposées à une réconciliation, car vraiment elles n'ont pas d'intérêts qui les divisent. C'est une querelle de point d'honneur que deux ou trois hommes de bon sens arrangeraient en une demi-heure. Je vous remercie de la bonne opinion qu'il vous plaît d'exprimer sur mon compte, mais les ministres ne penseront jamais à m'employer à cette bonne œuvre ; ils ont mieux aimé m'outrager. » — « Oui, me dit-elle, ils se sont conduits à votre égard d'une manière honteuse ; quelques-uns d'entre eux en rougissent. » Je regardai ces paroles comme un accident de conversation, je n'y songeai plus, et, le soir, je me rendis chez le docteur Fothergill, où je trouvai M. Barclay.

Le docteur s'étendit avec beaucoup de sensibilité sur les malheurs qui pouvaient sortir de la querelle présente, sur la nécessité d'un arrangement, sur l'honneur qu'il y aurait à servir d'instrument pour cette œuvre excellente. Il finit par me faire des compliments: personne n'entendait la question mieux que moi et n'avait une meilleure tête pour les affaires de ce genre; c'était donc un devoir pour moi de faire tout ce que je pourrais pour amener une réconciliation. Il ajouta qu'il avait appris avec plaisir de David Barclay, que j'avais promis d'y réfléchir; il espérait donc que j'avais mis la main à la plume et apporté avec moi quelque plan à examiner. Je répondis que je n'avais formé aucun plan, que plus je pensais aux procédés dont on avait usé envers les colonies, plus j'étais convaincu qu'il n'existait pas dans le ministère la moindre disposition à un arrangement, et que, par conséquent, tous les plans seraient inutiles. Il me dit que je pouvais me tromper, que, quelle que fût la violence de quelques membres de l'administration, il avait des raisons, *de bonnes raisons*, pour croire que les autres étaient mieux disposés, que si je voulais dresser un projet, et que nous l'approuvassions tous trois, ce projet pourrait être utile et amener un bon résultat, attendu qu'il croyait que David Barclay, ou lui, pourraient le communiquer à quelques-uns des ministres les plus modérés, qui l'examineraient avec attention, et que puisque, sur nous trois, deux étaient Anglais, ce que nous trouverions raisonnable pourrait le paraître aussi aux ministres.

Tous deux me pressèrent vivement. Je leur représentai qu'il était peu convenable que je m'occupasse de rien de semblable au moment où nous attendions des nouvelles du congrès qui, sans aucun doute, expliquerait les moyens à prendre pour rétablir la bonne intelligence. Cette réponse ne les satisfit point; ils alléguèrent qu'on ne savait pas quand on recevrait ces nouvelles ni ce qu'elles seraient, que le moindre retard pouvait être dangereux, qu'on pensait déjà à de nouveaux châtiments pour la Nouvelle-Angleterre, qu'un accident pouvait élargir la brèche et la rendre irréparable, qu'on ne pouvait donc trop tôt chercher et appliquer le moyen de prévenir ces maux. Je me laissai persuader; je promis de faire ce qu'ils désiraient, et de leur apporter le mardi suivant, dans la soirée, un projet que nous discuterions.

Je me trouvai au rendez-vous convenu, et j'apportai la note suivante :

Plan d'une conversation sur les conditions qui peuvent produire une union durable entre la Grande-Bretagne et les colonies.

I. Le thé qui a été détruit sera payé [1].
II. L'acte qui établit un droit sur le thé sera rapporté et le montant des droits qui ont été payés sera réintégré dans les caisses des diverses provinces où ils ont été perçus.
III. Les actes de navigation seront de nouveau promulgués dans les colonies.
IV. Un officier de marine, nommé par la couronne, résidera dans chaque colonie pour veiller à l'exécution de ces actes.
V. Tous les actes qui empêchent l'établissement de manufactures dans les colonies, seront rapportés.
VI. Tous les droits résultant des actes pour régler le commerce avec les colonies, seront affectés au service public de chaque colonie, et seront versés dans la caisse coloniale. Les collecteurs et les officiers des douanes seront

---

1. A Boston on avait jeté dans la mer des cargaisons entières de thé.

nommés par les gouverneurs, et ne seront pas envoyés d'Angleterre.

VII. En considération de ce que les Américains maintiennent leur gouvernement en temps de paix, et de ce que l'Angleterre aura la monopole du commerce avec eux, il ne leur sera fait aucune réquisition en temps de paix.

VIII. Aucun corps militaire n'entrera et ne séjournera dans une colonie, sans le consentement de sa législature.

IX. En temps de guerre, sur la réquisition faite par le roi, avec le consentement du parlement, chaque colonie lèvera un subside dans la proportion suivante. Si l'Angleterre, à cause de la guerre, ajoute trois shillings par livre à l'impôt foncier, les colonies ajouteront un quart en sus à leur dernière taxe de paix, et moitié en sus, quand la taxe additionnelle s'élèvera en Angleterre à quatre shillings par livre. Le produit de cette taxe additionnelle sera accordé à Sa Majesté, et sera employé à lever des hommes pour le service de terre et de mer, à les salarier, à acheter des provisions, solder des transports ou à tel autre usage que le roi requerra, et ordonnera. Aucune colonie ne pourra payer moins ; mais chacune pourra ajouter tel don gratuit qu'elle voudra.

X. Le château William sera rendu à la province de Massachusetts, et la couronne ne pourra faire construire de forteresse dans aucune province sans le consentement de la législature.

XI. Les derniers actes de Masachusetts et de Québec seront rapportés, et l'on accordera un gouvernement libre au Canada.

XII. Les juges resteront en place tant qu'ils se conduiront bien, et recevront un traitement fixe, qui leur sera payé sur le revenu de la province par ordre des assemblées. Si les juges sont nommés tant que durera le bon plaisir de la couronne, leur traitement leur sera payé tant que durera le bon plaisir des assemblées, comme ci-devant.

XIII. Les gouverneurs seront payés par les assemblées de chaque province.

XIV. Si la Grande-Bretagne renonce au monopole du commerce américain, le subside mentionné art. IX lui sera payé en temps de paix comme en temps de guerre.

XV. L'extension aux colonies de l'acte de Henri VIII sur les trahisons sera formellement désavouée par le parlement.

XVI. Les cours d'amirauté d'Amérique n'y auront que les pouvoirs qui leur sont attribués en Angleterre, et les actes qui les établissent seront de nouveau promulgués en Amérique.

XVII. Le parlement renoncera à tout pouvoir de législation intérieure sur les colonies.

En relisant cet écrit, je donnerai mes raisons à l'appui de chaque article.

Sur le *premier*, je fis observer que lorsque le thé avait été détruit, l'Angleterre avait droit à une *réparation*, et qu'elle l'aurait certainement obtenue si elle l'avait demandée, comme cela avait eu lieu dans une occasion semblable, quand l'émeute avait détruit le papier timbré; qu'elle pouvait aussi avoir le droit de rendre le mal pour le mal, si elle le préférait, mais qu'elle ne pouvait avoir le *double* droit d'obtenir une *réparation* et de faire un *mal semblable* et encore bien moins de faire dix ou vingt fois plus de mal comme elle l'avait fait en fermant le port de Boston. A mon avis, tout ce surplus de mal devait être réparé par l'Angleterre. Par conséquent, si je consentais au payement du thé, ce n'était que par désir de la paix, par complaisance pour l'opinion qu'ils avaient exprimée à notre première entrevue : que c'était là une condition *sine quâ non*, que la dignité de la Grande-Bretagne l'exigeait, et que, si nous y consentions, tout le reste marcherait de soi. On convint que mon raisonnement était juste; mais, néanmoins, on jugea nécessaire de maintenir l'article.

Sur le *second*, je dis que l'acte du thé devait être rapporté comme n'ayant jamais produit rien de bon, comme la cause des malheurs actuels, et comme inexécutable. Les Américains considéraient cet acte comme inconstitutionnel, comme excédant les pouvoirs du parlement et regardaient les sommes qui avaient été *extorquées* à ce titre comme une exaction. Il y avait donc lieu à restitution, et d'autant plus que cette restitution fournirait un fonds pour payer le thé détruit. Mes deux amis pensèrent que le rapport de l'acte pourrait s'obtenir, mais non la restitution. Ils furent d'avis d'effacer cette clause, mais comme je la trouvais juste et équitable, j'insistai pour qu'on la maintînt.

Sur les *troisième* et *quatrième* articles, je fis remarquer qu'on nous avait souvent accusés d'avoir en vue l'abolition de l'acte de navigation. Pourtant la vérité était que les dispositions les plus favorables à la Grande-Bretagne nous étaient aussi agréables qu'aux Anglais, attendu que nous désirions employer nos propres vaisseaux de préférence à ceux des étrangers, et que nous n'avions aucune envie de voir entrer dans nos ports des bâtiments étrangers. A la vérité, l'obligation de décharger en Angleterre certaines marchandises avant de pouvoir les porter sur les marchés étrangers, et la défense de tirer directement des pays étrangers certaines marchandises, nous paraissait une rigueur qu'il fallait abolir parce qu'il y avait là plus de perte pour nous que de profit pour l'Angleterre, mais, comme l'Angleterre avait fait de cette condition l'équivalent de la protection qu'elle nous accordait, nous n'avions jamais demandé de changement à cet égard. Si ces lois devaient continuer d'exister, le mieux à faire (puisque l'on contestait le droit du parlement), c'était de les publier de nouveau dans les colonies, ce qui prouverait leur consentement à cette mesure. Si, comme le proposait l'article VI, tous les droits étaient perçus par des officiers nommés et salariés par le gouvernement de chaque province, pour le produit en être versé dans la caisse coloniale, j'étais sûr que les lois seraient mieux et plus fidèlement exécutées, à moins de frais, en même temps qu'on éviterait une grande source de mésintelligence entre les deux pays, c'est-à-dire les calomnies des petits employés venus d'Angleterre, gens qui ne manquent jamais de faire à l'administration de faux rapports contre les habitants des colonies, pour grossir leur zèle et obtenir de l'avancement. Par ce moyen, l'extension de la juridiction de l'amirauté, sujet de tant de plaintes, ne serait plus nécessaire, l'intérêt des colonies serait d'exécuter ces lois, ce qui en serait la meilleure garantie, et le gouvernement serait assuré de leur exécution par les rapports des officiers de marine dont il était parlé en l'article IV. Ces raisons parurent satisfaisantes, et les articles III et IV furent adoptés.

Mes deux amis prévirent que le *cinquième* éprouverait des difficultés. Ils dirent que la restriction des manufactures aux colonies était une idée favorite en Angleterre, et ils demandèrent la suppression de cet article, dont la proposition seule jetterait l'alarme et empêcherait qu'on n'en accordât d'autres plus importants. Mais, au nom de l'équité, j'insistai pour qu'il fût permis à tous les sujets du même empire de mettre partout à profit leurs avantages naturels, et alors on désira que je substituasse au mot *rapportés*, ceux : *pris en nouvelle considération*, et j'y consentis.

Ils objectèrent à l'article *septième* que tout ce qui occupait le gouvernement devait contribuer à son entretien. Je répondis que tout ce qu'on pouvait raisonnablement exiger, c'était que chaque province du domaine royal maintînt en temps de paix son propre gouvernement, que toutes les anciennes[1] colonies l'avaient fait depuis leur origine, que les taxes qu'elles supportaient à cet effet étaient considérables, que les pays nouveaux avaient beaucoup de dépenses publiques dont les anciens étaient exempts, puisque là les travaux nécessaires avaient été faits depuis longtemps par les mains des ancêtres, notamment les routes, les ponts, les églises, les tribunaux, les forts, les quais, les écoles, les hôpitaux, les hospices, etc., qu'aux colonies, les taxes et les souscriptions volontaires excédaient de beaucoup ce qui était payé en Angleterre pour le même objet, enfin que la Grande-Bretagne avait deux motifs pour n'exiger de nous aucune contribution à ses dépenses publiques en temps de paix : le premier, parce que tout ce qui serait payé par nous sous la forme de taxe, son commerce le perdrait, puisque toutes nos économies allaient en Angleterre

---

[1]. Anciennes colonies par opposition au Canada et aux autres colonies récemment enlevées à la France.

par cette voie ; le second, parce que le produit de cette taxe tombant entre les mains de ministres accoutumés à prodiguer l'argent du public, ces fonds seraient follement dissipés, sans profit pour la chose publique. J'ajoutai que si nous devions contribuer au maintien du gouvernement en Angleterre, comme le faisait l'Écosse depuis l'Union, on devait nous accorder les mêmes priviléges commerciaux que l'Écosse avait obtenus. S'il nous fallait contribuer au fonds d'amortissement ou à la dette publique, on devait en demander autant à l'Irlande, et en ce cas l'Irlande et l'Amérique devaient avoir quelques moyens de surveiller si l'emploi de leurs fonds était conforme aux conditions de leur vote. Mais les ministres anglais n'aimeraient peut-être pas que nous nous mêlassions de semblables affaires, et il en pourrait naître de nouvelles causes de mésintelligence. Tout bien considéré, je croyais qu'il était de l'intérêt des deux parties qu'on n'exigeât ou qu'on n'attendît de nous aucun subside en temps de paix ; en temps de guerre, les colonies n'en seraient que plus disposées à donner un large concours et à faire les plus vigoureux efforts pour en finir promptement. Je dis enfin qu'il n'y avait pas d'argent monnayé aux colonies pour envoyer en Angleterre des subsides en espèces, mais que les colonies pouvaient faire la guerre avec leur papier-monnaie et payer de cette façon des troupes, des vivres, des munitions, des habillements, etc. L'article VII fut adopté sans plus d'objections.

Quant à l'article *huitième*, mes amis assurèrent que jamais on ne l'accorderait, car tout le monde serait d'avis de reconnaître au roi, chargé de défendre toutes les parties de son empire, le droit de placer ses troupes dans l'endroit le plus convenable. Je soutins l'article en m'appuyant sur des principes qui, à mon avis, n'étaient pas moins importants pour l'Angleterre que pour les colonies. Si, sans le consentement de l'assemblée locale, le roi pouvait faire entrer dans une partie de ses domaines, des troupes levées dans une autre, il pourrait donc faire débarquer en Angleterre des armées levées en Amérique, et cela sans demander le consentement du Parlement, qui probablement ne verrait pas cette mesure de meilleur œil qu'il n'avait vu, quelques années auparavant, l'arrivée des Hessois et des Hanovriens, quoique leur introduction fût justifiée par la supposition d'un danger menaçant. Que, s'il y avait jamais nécessité d'envoyer des troupes anglaises en Amérique, il n'y avait nul doute qu'on obtiendrait le consentement des assemblées. J'étais si loin de vouloir renoncer à cet article, que j'en désirais plutôt ajouter un autre, c'est qu'on retirât toutes les troupes envoyées aux colonies avant que l'Amérique consentît à aucune proposition d'arrangement; sans cela, tout ce qu'elle pourrait accorder en ce moment paraîtrait l'effet de la contrainte, et c'était ce dont il fallait éviter même l'apparence; car, lorsqu'on paraît agir librement, on accorde souvent des choses, raisonnables en elles-mêmes, qu'on refuserait aux menaces et à la force. Il était donc nécessaire de retirer les troupes d'Amérique pour faire avec les Américains un traité qui les liât, puisque toute contrainte invaliderait le consentement. Et on ne pouvait s'étonner de nous voir insister sur ce point, que la couronne n'avait pas le droit d'introduire chez nous une armée en temps de paix, puisque nous avions sous les yeux un exemple frappant de l'abus qu'on en pouvait faire. N'était-ce pas pour forcer les sujets du roi à se soumettre au pouvoir arbitraire, qu'on avait envoyé une armée et une flotte à Boston. Me trouvant inébranlable à cet égard, ils consentirent à ce que l'article restât, mais sans l'approuver. Ils auraient voulu, dirent-ils, que mon plan ne contînt que des choses que tout homme réfléchi et impartial dût approuver, et qu'il leur fût permis d'appuyer comme Anglais; ils ne pensaient pas que ce fût le cas de cet article.

L'article *neuvième* avait été rédigé sur une réflexion que le docteur Fothergill avait faite lors de notre première entrevue. Le gouvernement ne se contenterait probablement pas de la promesse que les assemblées lui accorderaient des subsides en temps de guerre, si le chiffre de ces subsides n'était pas fixé. Il serait donc préférable d'en arrêter un qui fût proportionnel aux contributions levées en Angleterre, mais il ne savait comment régler cette proportion, et m'engagea à y réfléchir. On avait dit aussi que le Parlement était devenu jaloux du droit que la couronne prétendait avoir, et qu'elle avait exercé jusqu'alors, de lever de l'argent dans les colonies sans son consentement, et que, puisque nous ne voulions pas payer de taxes imposées par le Parlement, les réquisitions de subsides ne devaient se faire à l'avenir qu'avec son approbation et non autrement. Je m'étonnai que la couronne consentît à renoncer à ce privilége, mais je n'avais pas d'objection à ce qu'elle limitât elle-même son autorité, si cela lui faisait plaisir; c'est pourquoi je rédigeai l'article en ce sens, et j'imaginai de proportionner le subside à la taxe de paix de l'année précédente. J'aurais préféré que la couronne convoquât un congrès de toutes les provinces pour répondre à ses réquisitions et fixer la proportion des subsides à accorder; mais comme on m'assura que jamais on n'y consentirait, je réservai aux assemblées de chaque colonie le droit d'ajouter un don gratuit à la quotité déterminée. C'était donner à la couronne un motif pour les convoquer et entretenir leur affection, en même temps que c'était ménager aux colonies la satisfaction de prouver leur loyauté et leur zèle pour la cause commune, et l'occasion de manifester leur désapprobation d'une guerre qu'elles ne croiraient pas juste. Mes amis ne firent donc aucune objection à cet article; j'avais encore une autre raison d'y tenir, c'était que la vue de ce que nous aurions à payer en temps de guerre, nous rendrait plus économes en temps de paix.

A l'article *dixième*, je représentai l'injustice qu'on avait commise en s'emparant d'une forteresse qui avait été élevée à grands frais, par la province, pour défendre le port contre l'ennemi national, et cela pour en faire une citadelle destinée à terrifier la ville, à gêner son commerce, à bloquer son port, et aussi à la dépouiller de ses priviléges. On avait beaucoup parlé de l'injustice dont Boston s'était rendu coupable en détruisant le thé, mais il s'agissait ici d'une bien plus grande injustice, puisque l'érection de ce fort avait coûté à la province 300 000 livres sterling. Se servir contre les habitants d'une forteresse qu'ils avaient construite eux-mêmes, c'était décourager toutes les colonies d'en jamais élever aucune autre, et les laisser d'autant plus exposées aux insultes de l'ennemi, mais c'était aussi une bonne raison pour que les colons demandassent que la couronne n'en pût jamais élever sur leur territoire, sans le consentement de leur législature. On n'eut guère d'objections à faire à cet article, mais on crut qu'il passerait difficilement.

On pensa que l'article *onzième* soulèverait de grandes objections. On dirait que les anciens colons n'avaient rien à voir dans les affaires du Canada et que leur intervention officieuse n'était faite qu'en vue de troubler le gouvernement. Et d'ailleurs l'administration regardait les lois rendues récemment sur la province de Massachusetts comme une amélioration du gouvernement de cette colonie, notamment les lois relatives à la nomination des conseillers, au choix des jurés, à la prohibition des réunions publiques. Je répondis que nous avions aidé à conquérir le Canada, avec grand sacrifice de notre sang et de notre argent, et que, par conséquent, nous avions quelque droit à ce qu'on songeât à nous dans l'établissement de cette colonie. L'institution d'un gouvernement arbitraire dans notre voisinage pouvait être un danger pour nous tous; aimant la liberté, nous désirions que ses bienfaits s'étendissent sur tous les hommes, et qu'il n'y eût pas en Amérique un point d'appui pour une servitude future. Quant aux changements introduits dans le gouvernement du Massachusetts, il serait facile de démontrer qu'ils étaient funestes, mais la question n'était pas là; des chartes sont des contrats entre deux parties, le roi et le peuple, personne n'y peut rien changer que d'un commun accord, le changement fût-il pour le mieux. J'ajoutai que toutes nos constitutions étaient devenues incertaines et flottantes, depuis que le Parlement s'attribuait le droit d'altérer des contrats qui avaient toujours été regardés comme inviolables, si ce n'est en cas de forfaiture, et de modifier des lois faites en conséquence de ces chartes, et qui revêtues de la sanction royale, ne pouvaient dès lors être changées que par les mêmes pouvoirs qui les avaient faites. En réclamant le droit de nous taxer *ad libitum*, on nous prenait notre propriété; en s'arrogeant le droit de changer à volonté nos lois et nos chartes, on nous dépouillait de tous nos priviléges et de tous nos' droits; nous ne tenions plus rien que du bon plaisir. C'était une situation où il nous était impossible de demeurer ; il valait mieux risquer sa vie et tout au monde, plutôt que de s'y soumettre. L'article resta donc.

J'expliquai le *douzième* article en apprenant à ces messieurs quelle était naguère la situation des juges dans la plupart des colonies. Ils étaient nommés par la couronne et payés par les assemblées. Révocables suivant le bon plaisir du roi, ils ne recevaient de traitement que tant que durait le bon plaisir de l'assemblée. Quand on représentait aux assemblées que rendre le juge dépendant de leur volonté pour son salaire, c'était exercer une influence illégitime sur les cours de justice, elles répondaient que rendre le juge dépendant de la couronne pour la continuation de ses fonctions, c'était aussi garder sur ces cours une influence illégitime, que ces deux influences peu légitimes se balançaient mutuellement, mais qu'aussitôt que la couronne consentirait à des lois qui maintiendraient le juge en place, *tant qu'il se conduirait bien* [1], les assemblées lui accorderaient un traitement fixe. La couronne s'y est constamment

---

1. *During good behaviour*, c'est l'équivalent de notre inamovibilité. Le juge ne peut être destitué que pour forfaiture.

refusée. C'était la même proposition qu'on représentait encore, les colonies ne pouvant concevoir pourquoi leurs juges ne seraient pas aussi indépendants que ceux d'Angleterre. Tout au contraire la couronne prétendait aujourd'hui faire dépendre les juges coloniaux de son bon plaisir, pour la durée de leurs traitements aussi bien que de leurs fonctions. C'était mettre tous les poids dans une des balances de la justice, cela n'était point équitable, et les colonies devaient s'y opposer. Si la couronne persistait à nommer le juge à son bon plaisir, il fallait laisser le traitement au bon plaisir des assemblées. On convint que cet article était raisonnable.

L'objection qu'on fit à l'article *treizième*, c'est qu'en Angleterre, rien ne paraissait plus raisonnable que de voir le roi payer son gouverneur, afin de le rendre indépendant du peuple; autrement, le peuple pourrait exercer sur lui une influence contraire à son devoir, en lui retirant son traitement. Je répondis que la plupart des gouverneurs envoyés dans les colonies étaient des hommes sans fortune et sans principes, qui n'y venaient que pour s'enrichir, et qui n'avaient aucune affection naturelle pour le pays qu'ils avaient à gouverner. Les rendre indépendants du peuple, c'était les rendre insouciants de leur conduite, qu'elle fût bonne ou mauvaise pour les colonies; c'était lâcher la bride à leur cupidité et à leur tyrannie. L'influence à laquelle on supposait qu'ils seraient soumis ne pouvait rien produire de préjudiciable au service du roi ou aux intérêts de la Grande-Bretagne, puisque le gouverneur était lié par des instructions particulières qu'il avait donné caution d'observer, et que toutes les lois qu'il sanctionnait pouvaient être abrogées par la couronne, si elle le jugeait à propos. Le payement de leur traitement par le peuple était plus avantageux même pour les gouverneurs, puisqu'il devait avoir pour conséquence d'amener une bonne intelligence, et de bons offices réciproques entre le gouverneur et les gouvernés; aussi, le plus sage, à mon avis, était-il de renoncer à l'innovation qu'on venait de tenter à Boston et à New-York. On laissa donc l'article subsister.

Mais le *quatorzième* fut jugé absolument inadmissible. Jamais on n'abandonnerait le monopole du commerce américain; une pareille proposition blesserait l'opinion sans pouvoir être d'aucune utilité. On me força donc à le rayer entièrement.

L'article *quinzième* fut de suite accepté.

Quant au *seizième*, on pensa qu'il aurait peu d'importance, si le montant des droits se versait dans les caisses des colonies.

Enfin, on crut qu'il serait difficile de faire passer le *dix-septième*, mais qu'on pouvait l'essayer.

La discussion terminée, on m'engagea à remettre au docteur Fothergill une copie de mon projet. Le docteur m'informa alors qu'ayant journellement occasion de voir lord Dartmouth, des bonnes dispositions duquel il avait la plus haute opinion, il lui communiquerait cette pièce comme contenant le sentiment de personnes impartiales qui avaient en vue l'avantage des deux pays.

« Si je la montrais à lord Hyde, me dit M. Barclay, « y trouveriez-vous quelque inconvénient? C'est un « homme instruit, et quoiqu'il ne soit pas dans le « ministère, à proprement parler, il y est fort considéré. Je le connais un peu, nous causons librement

« ensemble ; si je lui faisais lire ces articles, et lui
« communiquais notre conversation, peut-être en ré-
« sulterait-il quelque bien. » Le docteur Fothergill
déclara qu'il n'avait point d'objection à faire ; je dis que
de mon côté je n'en pouvais avoir aucune. Je connaissais un peu lord Hyde, et j'avais de l'estime pour lui.
J'avais fait ce projet à la requête de mes amis, c'était à
eux à en faire l'usage qu'ils jugeraient convenable.
M. Barclay proposa alors que je lui envoyasse la mise
au net ; il me la renverrait après en avoir fait prendre
une copie pour le docteur Fothergill et une autre pour
lui-même.

Vint alors une autre question. Trouverais-je mauvais qu'on dît que j'avais été consulté sur cette affaire ?
Pour ce qui me concerne personnellement, répondis-
je, je ne fais aucune objection ; mais si vous désirez
qu'on fasse quelque attention à ces propositions, il vaut
mieux ne pas prononcer mon nom, car les ministres
ont des préventions contre moi, et contre tout ce qui
vient de moi. Sur cette réflexion, ils jugèrent qu'il
était préférable de ne pas me nommer, et la chose fut
ainsi arrêtée. Quant à moi, je gardai un profond silence, mais je ne tardai pas à découvrir que de manière ou d'autre, le secret était éventé.

Ayant été fort dérangé le lendemain, je ne pus copier ni envoyer le projet. Le jour suivant, je reçus un
billet de M. Barclay, qui me pressait de lui faire passer ce papier avant midi. Je le lui envoyai, et trois jours
après je reçus de lui le billet suivant :

« David Barclay présente ses compliments au docteur
Franklin et l'informe qu'ayant appris qu'un libelle, inti-

tulé *Adresse amicale*, vient d'être mis en circulation, au *préjudice* de l'Amérique principalement par les soins du doyen de Norwich, il désire que le docteur Franklin lise l'écrit ci-joint qui vient d'arriver d'Amérique; s'il l'approuve il serait bon de le faire réimprimer, car le docteur Barclay désirait le répandre à Norwich. David Barclay a rencontré aujourd'hui une personne qu'il avait vue hier, avant de passer chez le docteur Franklin, il a eu le plaisir de l'accompagner jusqu'à la maison d'un autre noble personnage, pour un rendez-vous relatif à *l'affaire*, et cette personne lui a dit *qu'elle y voyait quelque jour.* »

Cheapside, 11 décembre.

Je compris que la personne que M. Barclay avait ainsi rencontrée et accompagnée était lord Hyde qui se rendait chez lord Dartmouth ou chez lord North, je ne sais lequel.

La semaine suivante, arrivèrent les nouvelles du Congrès, nouvelles longtemps et impatiemment attendues par les amis et par les ennemis de l'Amérique.

La pétition du Congrès au roi était sous enveloppe à mon adresse; elle était accompagnée de la lettre suivante adressée par le Président à tous les agents américains à Londres :

A PAUL WENTWORTH, esq., AU DOCTEUR B. FRANKLIN, A WILLIAM BOLLAN, esq., AU DOCTEUR ARTHUR LEE, A THOMAS LIFE, esq., A EDMOND BURKE, esq., A CHARLES GARTH, esq.

Philadelphie, 26 octobre 1774.

Messieurs,

En remettant à vos soins les papiers ci-inclus, nous vous donnons la plus forte preuve de notre confiance en votre zèle pour le bonheur de l'Amérique, en votre attachement à la cause de la liberté.

Nous désirons que vous remettiez la pétition entre les mains de Sa Majesté ; et après qu'elle lui aura été présentée nous désirons que vous la rendiez publique en l'imprimant avec la liste de nos griefs. Comme nous espérons un grand secours de l'énergie, de la vertu, de la justice du peuple anglais, c'est notre très-grand désir que le plus tôt possible vous preniez soin de répandre notre adresse au peuple de la Grande-Bretagne, dans toutes les villes commerçantes et manufacturières du Royaume-Uni.

Nous ne doutons pas que votre bon sens et votre discernement vous fassent rechercher tout l'appui qu'on peut recevoir des avis et de l'amitié de tous les grands esprits, de tous les hommes de bien qui sont disposés à servir la cause de la liberté et de l'humanité.

Il a été proposé de tenir le 10 mai prochain un autre congrès à Philadelphie, mais en attendant nous vous prions, messieurs, de transmettre le plus tôt possible aux présidents des différentes assemblées toutes les nouvelles authentiques que vous pourrez recueillir sur la conduite et les desseins du ministère ou du Parlement, en ce qui touche l'Amérique.

Par ordre du Congrès.

Henry Middleton, président.

La première impression que la conduite du Congrès américain produisit sur le peuple fut grandement en notre faveur. L'administration semblait ébranlée, elle était impatiente de savoir si la *Pétition* m'était parvenue, et elle prit une route détournée pour s'en assurer, en engageant un marchand, affidé du ministère, ami connu du solliciteur général, à m'écrire une lettre, où il me disait qu'ayant appris que j'avais reçu une pétition à présenter, en compagnie des marchands, il me priait de lui faire connaître le jour de la réunion, afin qu'il ne manquât pas de se joindre à moi dans une occasion si importante, pour rendre témoignage à une si bonne œuvre. Mais, dès avant qu'on reçût les nouvelles du Congrès, on avait annoncé qu'on ne recevrait pas la pétition, attendu qu'elle venait d'un corps illégalement assemblé. Cependant le secrétaire d'État, après l'avoir gardée un jour entier (pendant lequel on tint un conseil), nous dit que la pétition était décente et convenable, et qu'il se chargeait volontiers de la présenter à Sa Majesté. Il nous assura plus tard que le roi avait daigné la recevoir gracieusement, et qu'on la mettrait sous les yeux de ses deux chambres du Parlement, aussitôt leur réunion. Nous eûmes alors quelque raison de croire qu'on voulait se servir de cette pétition pour changer de mesures; mais s'il y eut un tel projet, il fut de courte durée.

Vers ce temps, je reçus de M. Barclay, qui était alors à Norwich, une lettre datée du 18 décembre. Il me disait que, suivant lui, pour assembler les marchands et leur faire présenter une pétition, il valait mieux attendre jusqu'après les fêtes de Noël, afin de laisser aux actes du Congrès le temps d'agir sur l'opinion. Il ajoutait : « Je pense aussi que ce délai donnera à nos maîtres le temps de la réflexion; peut-être apercevront-ils l'utilité du PLAN qu'ils ont entre les mains. Lord Hyde m'a écrit quelques lignes pour me dire qu'il souhaite du fond du cœur qu'il puisse résulter de ce plan tout ce qui pourra être utile et avantageux à la mère patrie et aux colonies. »

Le 22, M. Barclay était de retour à Londres. Je dînai

avec lui, j'appris que lord Hyde trouvait nos propositions trop dures.

Le 24, je reçus le billet suivant d'un des premiers marchands de la cité :

« M. William Neate présente ses compliments respec-
« tueux au docteur Franklin. Comme le bruit s'est répandu
« hier soir que, grâce à son crédit sur lord North, et à ses
« efforts, tous les différends existant entre la Grande-Bre-
« tagne et les colonies américaines, étaient arrangés à
« l'amiable, conformément aux désirs et aux vœux du con-
« grès, William Neate prie le docteur Franklin d'avoir la
« bonté de lui écrire un mot par le porteur, pour lui dire
« si on peut ajouter foi à cette nouvelle. »

Saint-Mary-Hill, 24 décembre 1774.

Je répondis que je serais fort heureux de pouvoir lui dire que ce bruit avait quelque fondement, mais que je pouvais seulement l'assurer que je n'avais aucune connaissance de l'affaire. Cela n'empêcha pas que ces bruits ne fussent reçus avec confiance et ne fissent hausser les fonds qui étaient tombés de trois ou quatre pour cent.

Le soir de Noël, je fis visite à mistriss Howe. Dès qu'elle m'aperçut, elle me dit que lord Howe, son frère, désirait faire ma connaissance, que c'était un excellent homme, et qu'elle était sûre que nous nous conviendrions. Je lui répondis que j'avais toujours entendu parler avec éloges de lord Howe, et que je serais fier d'avoir l'honneur d'être connu de lui. « Il est à deux pas d'ici, me dit-elle. Me permettrez-vous de l'envoyer chercher? — Bien volontiers, madame, si vous le trouvez à propos. » Elle sonna un domestique, écrivit un billet, et lord Howe arriva au bout de quelques minutes.

Après quelques phrases d'exquise politesse sur les motifs généraux qui lui faisaient désirer de me connaître, il me dit qu'il en avait un tout particulier en ce moment, c'était la situation alarmante de nos affaires avec l'Amérique. Il ajouta qu'il était convaincu que personne ne connaissait la question mieux que moi ; que plusieurs de ses amis pensaient que j'étais l'homme le plus en état de réconcilier les deux pays, si je voulais m'en charger ; qu'il savait que j'avais été fort mal traité par le ministère, mais qu'il espérait que dans l'état actuel des choses je n'y ferais aucune attention ; que pour lui, quoiqu'il ne fût pas dans l'opposition, il avait fort désapprouvé la conduite des ministres envers moi ; qu'il était certain que quelques-uns d'entre eux en rougissaient, et regrettaient ce qui s'était passé ; qu'il supposait que cela suffisait pour éteindre tout ressentiment dans une âme noble et généreuse ; que s'il était membre de l'administration, il serait disposé à me faire une ample réparation, et qu'il était persuadé que je l'obtiendrais tôt ou tard ; qu'il n'avait d'autres rapports avec les ministres que quelques liaisons d'amitié personnelle, mais qu'il était ami du gouvernement, qu'il désirait ardemment le bien général de l'empire, et qu'il avait une affection particulière pour la Nouvelle-Angleterre, où l'on avait témoigné tant d'égards à sa famille[1] ; qu'il n'était qu'un membre indépendant du parlement, souhaitant faire tout le bien qui lui était possible, en se conformant aux devoirs de sa place ;

---

1. Dans la guerre du Canada.

qu'il avait donc désiré l'occasion de connaître mes sentiments sur les moyens d'apaiser des querelles qui devaient produire les plus fâcheuses conséquences, si l'on ne les accommodait promptement. Il dit encore qu'il espérait que son zèle pour le bien public excuserait à mes yeux l'impatience d'un étranger qui, autrement, n'aurait aucune raison ni aucun droit de me prier de lui ouvrir mon âme, mais qu'il se flattait que si je voulais lui donner mon opinion sur les moyens à prendre pour amener une réconciliation, il pourrait en résulter quelque utilité; que peut-être j'avais quelque répugnance à avoir des communications *directes* avec les ministres, et que peut-être même je ne me souciais pas qu'on sût que j'en avais eu d'*indirectes*, jusqu'à ce que je fusse certain de leurs bonnes dispositions; que n'étant pas en mauvais termes avec eux, et pouvant leur faire connaître mes idées, et me rapporter les leurs, il ne croyait pas impossible pour lui de contribuer au rétablissement de la concorde, sans compromettre personne, si la négociation ne réussissait pas; qu'enfin je pouvais être sûr qu'il garderait un silence inviolable sur tout ce que je jugerais à propos de tenir secret.

Ici mistriss Howe offrit de se retirer. Je ne sais si ce fut de son propre mouvement, ou sur quelque signe de son frère. Je la priai de rester, en lui disant que, dans une affaire de cette nature, je n'avais pas de secret que je ne pusse confier à sa prudence. C'était la vérité, car jamais je n'ai conçu une plus haute opinion de la discrétion et de l'excellent esprit d'aucune femme, après une aussi courte connaissance. J'ajoutai que, sans avoir jamais eu l'honneur de me trouver avec lord

Howe, son ton et ses manières avaient déjà gagné ma confiance, et me mettaient à l'aise pour m'ouvrir à lui en toute liberté.

Je le priai d'abord de croire que j'avais le désir sincère de combler l'abîme qui séparait les deux pays, que pour y réussir je ferais avec zèle et joie tout ce qui serait en mon faible pouvoir, mais que le discours du roi[1], les mesures dont on parlait aussi bien que celles qui avaient déjà été prises, me faisaient craindre qu'il n'existât dans le ministère aucunes intentions, aucunes dispositions favorables, et que par conséquent on ne pouvait compter sur un accommodement tant qu'un changement n'aurait pas lieu. Quant aux *injures personnelles* dont Sa Seigneurie avait parlé, les injures faites à ma patrie étaient tellement plus considérables, qu'en vérité ce n'était point la peine de songer aux autres; d'ailleurs c'était chez moi une règle arrêtée de ne pas mêler mes affaires avec celles du public; je me joindrais à un ennemi personnel pour servir le public, ou si le bien public l'exigeait, je me joindrais au public pour servir cet ennemi. Avec de pareils sentiments, lord Howe pouvait être sûr qu'aucune considération particulière ne m'empêcherait, dans l'occasion présente, de me rendre aussi utile que mes faibles moyens me le permettraient.

Cette déclaration parut lui faire plaisir; il me dit qu'il se croyait sûr que plusieurs des ministres étaient tout à fait disposés à entrer en arrangement avec les colonies, à des conditions raisonnables, pourvu qu'ils pussent sauver la dignité du gouvernement. Il me

---

1. A l'ouverture du Parlement.

pria de mettre par écrit quelques propositions contenant les conditions moyennant lesquelles je croyais qu'on pourrait rétablir une bonne intelligence entre les deux pays, et d'y joindre la conduite à adopter pour y réussir. Il me proposa de nous réunir soit chez moi, soit chez lui, soit ailleurs si je l'aimais mieux, pour discuter ces propositions dès qu'elles seraient rédigées; mais comme en nous voyant entrer lui chez moi, ou moi chez lui, il était à craindre qu'on ne parlât, il fut décidé que le mieux était de nous rencontrer chez sa sœur, qui aussitôt nous offrit sa maison. Nos parties d'échecs étaient un excellent prétexte, ni ses parents ni ses amis ne pouvaient être surpris de me voir souvent chez elle. Je promis de dresser un projet, et nous nous séparâmes en convenant de nous réunir au même endroit, le mercredi suivant.

Vers ce temps, je fus invité à dîner chez le gouverneur Pownall. Il était en famille, nous restâmes *tête à tête* après le dîner. Il avait été de l'opposition, mais il faisait alors sa paix avec les ministres, afin d'arriver au parlement par leur influence, ce que j'ignorais. Il me répéta ce que j'avais déjà entendu dire à plusieurs amis de lord North, que ce ministre n'avait ni conçu ni approuvé les mesures américaines, et qu'il était au contraire disposé à seconder toute réconciliation qui ménagerait l'honneur du gouvernement. Il ajouta qu'on m'avait regardé comme le grand fauteur de l'opposition en Amérique, et l'ennemi déclaré de tout arrangement, mais que lui, Pownall, avait rendu à lord North un compte de moi tout différent, et dit à Sa Seigneurie qu'on s'était singulièrement mépris à mon endroit. De tout ce que me dit le gouverneur, je conclus qu'il désirait être envoyé en Amérique comme commissaire ou négociateur pour arranger nos différends, et qu'il voulait m'avoir avec lui; mais comme je voyais peu d'apparence à ce que le gouvernement nous employât ni l'un ni l'autre, je ne fis pas grande attention à cette partie de son discours.

J'aurais dû mentionner plus tôt (mais on ne peut se rappeler chaque chose par ordre) que j'avais d'abord refusé de rédiger les propositions d'arrangement que désirait lord Howe, je lui dis que la chose était inutile, puisque le congrès, dans sa pétition au roi qu'on venait de recevoir et de présenter par l'entremise de lord Dartmouth, avait énoncé ses griefs et indiqué clairement les moyens de rétablir l'ancienne harmonie. Je lus quelques passages de la pétition, afin de montrer les bonnes dispositions du congrès; les expressions pathétiques qui s'y trouvaient parurent faire impression sur le frère et sur la sœur. Lord Howe insista néanmoins pour que j'indiquasse la marche à suivre, dans le cas où quelques-unes des demandes du Congrès ne paraîtraient pas admissibles. Et, comme je l'ai déjà dit, j'entrepris de faire ce qu'on me demandait.

J'avais promis à lord Chatham de lui faire part des premières nouvelles importantes que je recevrais d'Amérique. Je lui envoyai donc les actes du Congrès, aussitôt qu'ils m'arrivèrent; mais pour la pétition, il se passa toute une semaine avant que je pusse la lui porter moi-même, comme je le désirais, afin d'avoir ses sentiments sur *toute* l'affaire. Tout mon temps fut employé à conférer avec les autres agents sur la manière de présenter la pétition, à me rendre avec eux, trois jours de suite, chez lord Dartmouth, à rédiger ensemble et à écrire des lettres aux présidents des différentes assemblées, et à m'occuper d'autres affaires qui ne me laissèrent pas un jour pour aller à Hayes.

Enfin, le lundi 26 je partis, et j'y arrivai vers une heure. Lord Chatham me reçut avec une espèce de respect affectueux, qui, de la part d'un si grand homme, était extrêmement flatteur, mais l'opinion qu'il exprima du Congrès le fut encore davantage. Le Congrès avait agi, me dit-il, avec tant de calme, de modération et de sagesse, qu'il le considérait comme la plus respectable assemblée d'hommes d'État que le monde ait vue depuis les plus beaux siècles des Grecs et des Romains. Dans tout ce qui avait été dit et fait, il n'avait trouvé qu'une ou deux choses qu'il aurait voulu changer, peut-être une seule, c'est l'assertion que, en temps de paix, le maintien d'une armée permanente dans les colonies, sans le consentement de leurs législatures, était illégal. Il croyait que cette assertion n'était pas fondée, et que la loi alléguée ne s'étendait pas aux colonies. Il admirait et honorait tout le reste. Il trouvait la pétition décente, virile, et faite en bons termes. Il s'enquit en détail de l'état de l'Amérique. Les colons persisteraient-ils dans leurs résolutions? quelles difficultés rencontreraient-ils dans cette voie? Quelles ressources auraient-ils pour suppléer au manque de commerce? Sur toutes ces questions, je lui donnai des réponses qui parurent le satisfaire. Il témoigna une grande estime et une vive affection pour notre pays, fit des vœux pour sa prospérité, et aussi pour que le gouvernement anglais reconnût bientôt ses erreurs et les réparât. Il me dit que, si sa santé le lui permettait, il pourrait bien présenter à ce sujet quelques propositions au Parlement, à la rentrée de Noël, mais non pas sans connaître d'abord mon opinion.

Je lui parlai de l'état critique où nous étions par suite du séjour de l'armée à Boston. Quelque disposés que pussent être les habitants à ne pas donner aux troupes de justes sujets d'offense et quelque intention qu'eût de son côté le général de maintenir le bon ordre parmi les soldats, il suffirait d'une querelle entre un portefaix et un soldat pris de vin, pour amener un tumulte, une émeute, une effusion de sang, et ouvrir un abîme que rien ne pourrait combler. L'armée, ajoutai-je, ne pouvait faire aucun bien *là-bas* et pouvait y faire beaucoup de mal; il n'était possible ni de proposer ni de faire accepter aucunes conditions d'arrangement aux Américains, tant qu'ils auraient la baïonnette sur la poitrine. Pour conclure un accord durable, il fallait rappeler la force armée. Sa Seigneurie parut trouver cette opinion raisonnable.

De Hayes, j'allai à Halsted dîner chez M. Sargent. J'avais dessein d'aller ensuite faire une visite à lord Stanhope à Chevening, mais apprenant que Sa Seigneurie était à Londres avec toute sa famille, je passai la nuit à Halsted, et le lendemain matin je m'arrêtai à Chislehurst qui était sur mon chemin en retournant à Londres, et j'allai chez lord Camden. Je trouvai Sa Seigneurie avec sa famille dans deux voitures qui sortaient à l'instant même. On allait faire une visite de félicitation à lord et à lady Chatham, sur le mariage de leur fille avec lord Mahon, fils de lord Stanhope. Lord Camden revenait dîner, il me fit promettre de l'attendre, de dîner et de passer avec lui la soirée, et de ne retourner à Londres que le lendemain matin. Dans l'après-midi et dans la soirée nous eûmes une longue conversation sur les affaires d'Amérique; il me fit force questions, j'y répondis de mon mieux. Je fus charmé des sentiments nobles et généreux qu'il montra, et j'eus le grand plaisir de l'entendre donner une approbation sans réserve aux actes du Congrès, à la pétition, etc., dont il me demanda une copie que je lui envoyai ensuite. Il parut désirer vivement que les Américains continuassent à agir avec le même sang-froid, la même modération et la même sagesse qu'ils l'avaient fait jusqu'alors dans leurs diverses assemblées publiques, et me dit qu'en ce cas il ne doutait pas qu'ils ne réussissent à établir leurs droits, et à obtenir un arrangement solide et durable avec la mère patrie. Il parut pénétré au plus haut degré de la nécessité et de l'importance de cet arrangement.

Je retournai à Londres le lendemain matin, assez à temps pour me trouver à l'heure marquée par lord Howe. Je lui fis mes excuses de ne point apporter la note que je lui avais promise, en lui disant que j'avais été retenu à la campagne plus longtemps que je ne le pensais. Nous eûmes cependant une assez longue conversation. Sa Seigneurie me dit que maintenant elle pouvait m'assurer que lord North et lord Dartmouth étaient sincèrement disposés à rétablir l'accord avec l'Amérique, et à écouter favorablement toute proposition qui pourrait amener cet heureux résultat. Il me demanda ce que je pensais de l'envoi en Amérique d'un ou de plusieurs commissaires chargés de recevoir sur place les plaintes des colons, de conférer avec les chefs de l'opinion, et de s'entendre avec eux sur le moyen d'accommoder nos différends. Je lui répondis qu'une personne de haut rang, qui aurait une réputation de franchise, d'intégrité et de sagesse, pourrait rendre de grands services en se chargeant de cette mission.

Il parut être du même avis, et ajouta que quiconque en serait chargé devrait y porter le désir d'amener entre les deux pays une réconciliation sincère sur le pied d'un commun intérêt et d'une commune affection, en même temps que s'efforcer de détruire non-seulement les préjugés des colons contre le gouvernement, mais aussi les préjugés du gouvernement contre les colons, afin de créer une parfaite intelligence. Mistriss Howe dit : « Je souhaite, mon frère, qu'on vous envoye là-bas pour cette négociation, j'aimerais bien mieux cela que l'envoi du général Howe allant prendre le commandement de l'armée. — Je pense, Madame, lui dis-je, qu'on cherchera pour le général quelque emploi plus honorable. » Lord Howe tirant alors un papier de sa poche, me le présenta et me dit en souriant : « Si ce n'est pas une indiscrétion, puis-je vous demander si vous connaissez cet écrit? » En l'examinant je reconnus la main de David Barclay, et je vis que c'était la copie du plan que j'ai donné plus haut. Je dis à lord Howe que j'avais déjà vu cet écrit, mais je ne tardai pas à ajouter que Sa Seigneurie étant au courant d'une affaire qu'on m'avait dit devoir rester secrète, je ne ferais pas difficulté de convenir que j'avais été consulté à ce sujet, et que c'était moi qui avais rédigé cet écrit. Il me répondit qu'il était fâché de voir que c'étaient là mes sentiments, parce qu'il en avait moins d'espoir de parvenir par mon concours à la réconciliation désirée. Il avait des raisons de croire que ces propositions n'avaient aucune chance d'être admises. Il espérait que je voudrais bien examiner une seconde fois la question, et former quelque plan qui pût être approuvé en Angleterre. Il s'étendit sur le service infini que je rendrais à la nation, sur l'honneur de servir d'instrument à une si bonne œuvre, et il ajouta qu'il était loin de penser à m'influencer par quelque motif d'intérêt personnel, mais que certainement j'aurais droit de m'attendre à toute récompense qu'il serait au pouvoir du gouvernement d'accorder.

C'était pour moi ce qu'on appelle vulgairement en France, *cracher dans la soupe*. Cependant je lui promis une nouvelle note, quoique je doutasse beaucoup que le nouveau plan parût préférable à celui qu'il avait déjà en mains. Il persista à l'espérer, et ajouta qu'attendu ma situation, comme j'avais à ménager mes amis d'Angleterre et mes commettants en Amérique, et qu'il pouvait se trouver dans mon projet des choses qu'il ne serait pas convenable de voir écrites de ma main, le mieux serait d'envoyer mes observations à mistriss Howe qui en ferait une copie, l'enverrait à son frère pour être communiquée au ministère, et me remettrait l'original. J'y consentis, quoique je n'eusse aucune crainte de l'inconvénient qu'il prévoyait. En général, ses manières me plaisaient beaucoup, et je me sentais disposé à lui accorder une grande confiance, mais ici le mystère qu'il me proposait me parut de fort peu d'importance.

Un ou deux jours après, j'envoyai l'écrit suivant sous enveloppe à l'honorable mistriss Howe:

« On suppose que le désir commun des deux parties n'est pas uniquement de prévenir les malheurs qui menacent en ce moment les deux pays, mais de cimenter une *union cordiale*, et d'éloigner non-seulement tout grief réel, mais tout germe de jalousie et de méfiance.

« Dans cette vue, la première chose est de connaître ce que les deux parties regardent comme essentiellement nécessaire pour établir cette union.

« Dans sa pétition au roi, le Congrès américain s'est expliqué nettement à cet égard, en déclarant que si l'on rapportait les lois oppressives dont il se plaint, *l'harmonie entre la Grande-Bretagne et les colonies, si nécessaire à leur bonheur commun, si ardemment désirée par toutes deux, sera à l'instant rétablie, ainsi que leur commerce ordinaire.*

« En Angleterre, avant de faire quelque changement aux mesures adoptées, on a trouvé raisonnable d'attendre que les colonies eussent fait quelque déclaration concernant leur conduite future : elles l'ont fait en ajoutant que *quand les causes de leurs craintes n'existeront plus, leur conduite future prouvera qu'elles ne sont pas indignes des égards auxquels elles ont été accoutumées en de meilleurs jours.*

« Pour la sincérité de ces déclarations, elles prennent solennellement à témoin celui qui lit dans les cœurs.

« Si la Grande-Bretagne a confiance en ces déclarations (et celles qu'on arracherait de force en mériteraient moins que celles-ci qui sont faites librement), elle peut, sans courir aucun risque pour elle-même, essayer de l'expédient proposé. S'il ne réussit pas, elle sera toujours maîtresse d'en revenir à ses premières mesures.

« On propose donc :

« Que la Grande-Bretagne montre quelque confiance

en ces déclarations, en rapportant toutes les lois ou parties de lois dont le rappel est demandé dans la pétition du Congrès au roi;

« Que des ordres soient donnés en même temps pour retirer la flotte de Boston, et pour envoyer les troupes dans le Canada ou dans les Florides, afin que les colonies soient laissées en parfaite liberté pour les stipulations qu'elles auront à faire ;

« Que, pour l'honneur de la Grande-Bretagne, ces ordres ne paraissent pas donnés par crainte des mesures recommandées aux colons par le Congrès, mais par suite de sa bonne volonté, de son retour à des dispositions favorables pour les colonies, et d'un désir sincère de réconciliation. Qu'elle fasse droit en même temps à quelques-unes des plaintes que la pétition a laissées à la magnanimité et à la justice du roi et du Parlement, comme celles qui sont relatives au payement des gouverneurs, au salaire des juges, aux instructions données pour dissoudre les assemblées, etc., aux déclarations concernant le statut de Henri VIII;

« Que pour donner aux colonies une occasion immédiate de prouver la sincérité de leurs déclarations, le prochain congrès qu'elles se proposent de tenir, soit autorisé par le gouvernement (comme celui qui a été tenu à Albany en 1754), et qu'un homme de poids, et d'un caractère respecté, soit choisi pour le présider au nom de la couronne;

« Que le gouvernement fasse à ce Congrès les réquisitions qu'il désire obtenir pour sa sécurité à venir, pour les subsides, pour l'avantage du commerce général, pour les indemnités à accorder à la compagnie des Indes, etc.

« En plaçant dans les colonies une généreuse confiance, on donnera là-bas aux amis du gouvernement les moyens de faire consentir l'Amérique à toutes les concessions raisonnables, à tous les subsides qu'on peut équitablement désirer. »

Le samedi soir, je vis mistriss Howe; elle m'apprit qu'elle avait transcrit ma note et l'avait envoyée à lord Howe à sa campagne, et elle me rendit l'original. Le mardi suivant, 3 janvier, je reçus d'elle le billet suivant, dans lequel je trouvai une lettre qu'elle avait reçue la veille de lord Howe :

« Mistriss Howe fait ses compliments au docteur Franklin. Elle lui envoie une lettre qu'elle a reçue hier soir, et le remercie beaucoup de son aimable présent[1], qui lui a déjà fait passer d'agréables moments. Si le docteur a quelque temps de reste pour une partie d'échecs, mistriss Howe sera charmée de le voir un des matins de cette semaine, et toutes les fois que cela lui pourra être agréable. Elle se trouve heureuse d'avoir un si bon prétexte pour lui demander l'honneur de sa compagnie. »

Mardi.

A L'HONORABLE MISTRISS HOWE, GRAFTON STREET.

Porter's lodge, 2 janvier 1775.

J'ai reçu votre paquet. Des opinions qui ont autant d'autorité que celles de notre digne ami, me font craindre à mon grand regret que l'accommodement désiré ne rencon-

1. Ses écrits scientifiques.

tre des difficultés beaucoup plus grandes que je ne croyais devoir m'y attendre durant nos conversations.

« Je communiquerai les propositions comme il a été convenu. Je ne veux pas abuser plus longtemps de la complaisance de notre ami. Mais j'ai conçu pour lui des sentiments d'estime que la manière franche et obligeante dont il a répondu à mes importunes questions, rendront toujours présents au souvenir de votre affectionné, etc. »

« HOWE. »

Je vous dois aussi toutes mes excuses.

Dans sa dernière conversation avec moi, Sa Seigneurie s'était dit en communication avec le ministère auquel il désirait faire connaître mes sentiments. Par cette lettre, écrite de la campagne, il accuse réception de ma note, et parle de son intention de la communiquer (aux ministres, je suppose), mais il craint que ces propositions ne produisent aucun effet.

Quelque temps après, peut-être une semaine, je reçus un billet de mistriss Howe, qui désirait me voir. Je me rendis sur-le-champ chez elle. Elle me montra une lettre de son frère. Comme je n'en ai pas de copie, je ne puis en donner la substance qu'au mieux de mes souvenirs. Lord Howe désirait qu'elle demandât à leur ami (c'était moi) si dans le cas où cet ami s'engagerait à ce qu'on payât le thé détruit, comme préliminaire de l'accommodement, et en se fiant aux promesses de faire droit aux plaintes contenues dans les pétitions à venir des assemblées, on ratifierait là-bas cet engagement; enfin si cet ami tenait toujours à la proposition relative aux subsides, qui se trouvait dans le premier projet (le PLAN). Mistriss Howe se proposant d'envoyer chez son frère dans la soirée, j'écrivis sur-le-champ la note suivante qu'elle transcrivit et qu'elle lui fit passer :

« L'auteur tient toujours à la proposition relative aux subsides, et, suivant lui, elle est comprise dans le dernier article de la présente note.

« Le peuple d'Amérique pense que le Parlement n'a pas le droit de le taxer, et que par conséquent toutes les sommes qui lui ont été prises par suite des lois de douane, et avec l'assistance d'une force armée, avant la destruction du thé, sont une extorsion violente qui, dans l'ordre des temps, doit être d'abord réparée, *avant* qu'on puisse lui réclamer justement le prix du thé dont il s'agit. Il n'est donc pas vraisemblable que les Américains approuvent la mesure proposée et qu'ils payent, *d'abord*, la valeur de ce thé, surtout après qu'on leur a fait un tort vingt fois plus grand par le blocus de leur port, et après que leur château fort, saisi par la couronne, ne leur a pas été rendu, ni aucune satisfaction offerte à cet égard. »

A la rentrée du Parlement après les fêtes, le 19 janvier 1775, lord Howe revint à Londres. Nous eûmes une nouvelle entrevue dans laquelle il se plaignit que mes propositions ne fussent pas de nature à être acceptées, il ajouta qu'on pensait que j'avais des pouvoirs ou des instructions du Congrès pour faire quelques concessions plus favorables. Je repoussai bien loin l'idée que j'avais de tels pouvoirs; je n'étais chargé que de présenter la pétition. Nous causâmes de tous les autres articles de ma note, que j'appuyai de raisonnements. Enfin, je lui dis que si ce que j'avais proposé ne pouvait réussir, je serais bien aise de savoir ce qui pouvait réussir et que je désirais voir quelques propositions des ministres eux-mêmes. Sa Seigneurie me dit qu'elle ne connaissait pas encore parfaitement leurs intentions, mais qu'elle en saurait davantage dans quelques jours. Il se passa pourtant quelques semaines avant que j'entendisse parler d'elle.

En attendant, je voyais fréquemment M. Barclay. Nous étions occupés à préparer la pétition des marchands, et cette affaire l'occupait tellement qu'il n'avait guère le temps de voir lord Hyde; aussi ne pouvait-il me donner aucune information relativement au PLAN. J'étais surpris de ne pas en avoir de nouvelles par le docteur Fothergill. Enfin le docteur vint chez moi, je ne me rappelle plus quel jour. Il me dit qu'il avait communiqué le PLAN à lord Dartmouth, et lui avait répété verbalement les raisons sur lesquelles je m'étais fondé. Après y avoir réfléchi, lord Dartmouth lui avait dit qu'il trouvait quelques-unes de ces propositions raisonnables, mais que les autres étaient inadmissibles ou impraticables. Il ajouta qu'ayant souvent occasion de voir le président de la chambre des communes [1], il lui avait communiqué ma note, parce qu'il l'avait trouvé fort disposé à une réconciliation, mais que le président lui avait dit qu'il serait humiliant pour la Grande-Bretagne de se soumettre à de telles conditions. Le docteur répondit à lord Dartmouth que, puisqu'elle avait été injuste, elle devait en supporter les conséquences et changer de conduite; que la pilule pouvait être amère, mais qu'elle serait salutaire, et qu'il fallait l'avaler; que telle était l'opinion d'hommes impartiaux, après mûres réflexions et pleine

---

[1]. Sir Fletcher Norton.

connaissance des faits ; enfin, que tôt ou tard il faudrait adopter ces mesures, ou d'autres semblables, si l'on ne voulait pas que l'empire fût divisé et ruiné. Au total, le docteur pensait qu'il résulterait quelque bien de nos efforts.

Le 19 janvier, je reçus de lord Stanhope un billet par lequel il m'annonçait que lord Chatham ferait le lendemain à la chambre des lords une motion relative aux affaires d'Amérique, et qu'il désirait fort que je pusse assister à la séance, où lui, lord Stanhope, tâcherait de me faire entrer. Un des règlements de la chambre était alors qu'aucun de ses membres ne pourrait y introduire plus d'un ami. Le lendemain lord Stanhope me fit savoir par un nouveau billet que si je voulais me trouver à deux heures dans la salle d'attente de la chambre des lords, lord Chatham y serait, et se chargerait lui-même de m'introduire. Je m'y rendis, et le rencontrai. Comme je lui disais ce que lord Stanhope m'avait écrit : « Certainement, me dit-il, et je le ferai avec
« d'autant plus de plaisir que je suis sûr que votre pré-
« sence aux débats d'aujourd'hui sera plus utile à
« l'Amérique que la mienne. » Et me prenant par le bras, il me conduisit vers la porte d'entrée voisine du trône, mais un des huissiers le suivit et lui dit que les fils aînés et les frères des pairs pouvaient seuls être admis par cette entrée. Il revint donc avec moi, toujours boitant, et me conduisit à la porte qui est près de la barre, où beaucoup de personnes attendaient les pairs qui devaient les introduire, et où quelques pairs attendaient les amis qu'ils devaient faire entrer. Au milieu de tout ce monde, il me remit aux huissiers en disant à haute voix : « Voici le docteur Franklin que

« je désire faire entrer dans la chambre, » et à l'instant la porte m'en fut ouverte.

Comme le public ignorait qu'il eût existé quelque relation entre Sa Seigneurie et moi, je vis que ces paroles causaient quelque sensation. Son entrée dans la chambre amena une sorte d'agitation parmi les huissiers, force messagers furent dépêchés, sans doute pour aller chercher les amis du ministère, car on s'attend toujours à quelque chose d'important quand ce grand homme paraît, ses infirmités ne lui permettant que rarement d'assister aux séances. J'eus beaucoup de plaisir à entendre sa motion et le débat qui la suivit. Je n'entreprendrai pas d'en rendre ici un compte que vous trouverez beaucoup mieux fait dans les journaux du temps. Sa motion avait pour objet de retirer les troupes de Boston, comme premier pas vers un arrangement.

Le jour suivant, lord Stanhope m'écrivit un billet où il me disait que, suivant le désir de lord Chatham, il m'envoyait la motion de la veille. Sa Seigneurie m'adressait l'original même qu'elle avait lu à la chambre, pour que j'eusse ce document sous sa forme la plus authentique. J'envoyai en Amérique des copies de cette motion qui me fit d'autant plus de plaisir, que je pensai qu'elle avait été faite, en partie, d'après les idées que j'avais données à lord Chatham, en conversant avec lui. La voici textuellement :

Motion de lord Chatham.

20 janvier 1775.

« Qu'une humble adresse soit présentée à Sa Majesté afin de l'aviser et de la prier très-humblement, d'ouvrir les voies à une heureuse pacification des dangereux troubles d'Amérique en commençant par y modérer la fermentation et y adoucir les animosités, et par-dessus tout de prévenir quelque soudaine et fatale catastrophe à Boston, aujourd'hui en proie à l'irritation journalière que cause aux habitants une armée postée dans leur ville. Qu'à cette fin il plaise gracieusement à Sa Majesté de faire dépêcher au général Gage l'ordre de retirer de la ville de Boston les forces de Sa Majesté aussitôt que la rigueur de la saison, la sécurité et le bien-être des susdites troupes le permettront. »

Je fus charmé du discours que lord Chatham prononça à l'appui de sa motion. Il me laissa l'idée d'un grand et habile politique. Lord Camden, autre excellent orateur, et logicien serré, opina dans le même sens, ainsi que plusieurs autres pairs, qui parlèrent fort bien; mais tout cela ne servit pas plus que le souffle des vents. La motion fut rejetée. Seize pairs écossais, et vingt-quatre évêques, avec tous les lords qui tiennent ou qui attendent des places, forment, quand ils sont d'accord (et ils le sont toujours pour soutenir le ministère), une majorité toute faite, qui rend les débats ridicules en eux-mêmes, puisqu'ils ne peuvent servir à rien. Plein de la haute estime dont j'étais pénétré pour lord Chatham, j'écrivis à lord Stanhope le billet suivant :

« Le docteur Franklin présente ses respects à lord Stanhope, et remercie beaucoup Sa Seigneurie ainsi que lord Chatham de lui avoir envoyé un exemplaire si authentique de la motion d'hier. Le docteur Franklin est plein d'admiration pour ce véritable grand homme. Dans le cours de sa vie, il a vu quelquefois l'éloquence sans sagesse et souvent la sagesse sans éloquence, aujourd'hui il les voit toutes deux réunies, et toutes deux, à ce qu'il pense, au plus haut degré possible. »

Craven-Street, 23 janvier 1775.

Dans le cours des débats, quelques lords qui faisaient partie de l'administration, ayant dit qu'il était ordinaire et facile de critiquer les mesures du gouvernement, mais que ceux qui les censuraient ne proposaient rien de mieux, lord Chatham répondit qu'il ne serait pas du nombre de ces censeurs frivoles, qu'il avait longtemps et sérieusement réfléchi sur le sujet, et qu'il se proposait de mettre bientôt le résultat de ses méditations sous les yeux de Leurs Seigneuries, en leur présentant un plan pour apaiser nos différends, et rendre la paix à l'empire. Sa présente motion n'était qu'un préliminaire. Je désirais beaucoup savoir en quoi ce plan consistait, et j'avais dessein de passer le lendemain chez Sa Seigneurie pour voir s'il voudrait me le communiquer, mais, dès le matin, il était parti pour Hayes, et j'avais en ce moment tant d'affaires et tant de visites, qu'il ne m'était guère possible de faire ce voyage. Quelques jours après, lord Mahon vint chez moi, et me dit que lord Chatham désirait fort me voir; je lui promis de me rendre chez lui le vendredi suivant, divers engagements m'empêchant d'y aller plus tôt.

Le vendredi 27, je pris une chaise de poste vers neuf heures du matin, et j'arrivai à Hayes vers onze; mais comme j'étais absorbé dans la lecture d'un pamphlet nouveau, le postillon me conduisit un mille ou deux trop loin. Lord Chatham qui était sorti dans sa voiture pour prendre l'air, m'avait rencontré sans que je le visse, un peu avant que j'arrivasse à Hayes. Il avait fait retourner la voiture, et m'avait suivi. Ne me trouvant pas chez lui, et m'ayant vu lire, il conclut que j'avais passé la porte par mégarde, et fit courir un domestique après moi. Il témoigna beaucoup de plaisir de me voir, et, dans une longue conversation, m'exposa son plan, et m'en lut même une partie. Il me dit qu'il ne l'avait montré qu'à lord Camden, dans les avis duquel il avait grande confiance, surtout pour les questions de droit, et qu'aussitôt que ce plan serait mis au net, il me le communiquerait pour avoir mon opinion et mon avis, mais qu'il ne le ferait voir à personne autre, avant de l'avoir présenté à la chambre. Il me pria de n'en point parler, de crainte que certaines parties mal comprises n'échouassent d'avance, et que les ministres ne s'en appropriassent certaines autres pour les présenter de leur chef. Je lui promis le secret le plus étroit, et je tins parole, car je ne dis même à personne que je l'eusse vu. Je dînai avec lui en famille, et rentrai en ville dans la soirée.

Le dimanche suivant, 29 janvier, lord Chatham vint à Londres et se rendit chez moi dans Craven-street. Il apportait son plan, rédigé en forme d'acte du Parlement. Il me le remit en me demandant de le lire avec attention, et de lui faire part des réflexions que cette lecture pourrait me suggérer. Sa raison, pour me prier de prendre cette peine, était, comme il eut la bonté de me le dire, qu'il ne connaissait personne qui fût plus au fait des affaires d'Amérique, ni plus capable de donner un avis en ce point. Il croyait que les fautes commises par les ministres tenaient souvent à ce qu'ils n'avaient pas reçu les meilleurs renseignements. Pour lui, quoiqu'il eût examiné l'affaire à fond, dans tous ses détails, il n'avait pas dans son jugement autant de confiance, et il désirait le contrôler par le mien, comme on règle une montre sur un régulateur. Il n'avait pas encore décidé le jour où il présenterait son plan à la chambre, mais dans le cours de notre conversation, réfléchissant à l'état précaire de sa santé, craignant que s'il tardait trop longtemps, il n'arrivât quelque nouvelle qui fît paraître son projet hors de saison, ou moins convenable dans toutes ses parties, ou que les ministres n'eussent pris d'autres mesures, et ne pussent lui dire : « Si vous aviez présenté votre plan plus tôt, peut-être l'aurions-nous suivi, » il résolut de le proposer le mercredi suivant. Il me dit donc qu'il désirait me voir le mardi, et qu'il reviendrait chez moi, à moins qu'il ne me convînt d'aller à Hayes. Je choisis ce second parti, autant par respect pour Sa Seigneurie que parce qu'il était plus probable que nous n'y serions pas interrompus. Je lui promis d'arriver de bonne heure, afin que nous pussions avoir plus de temps à nous. Il resta avec moi près de deux heures, son équipage attendant à ma porte. Comme il y était quand on sortit de l'église, on le remarqua et on en parla beaucoup, ainsi qu'on faisait alors, sur tout ce qui pouvait toucher aux affaires d'Amérique. La visite d'un si grand homme, et pour un objet si important, ne flatta pas médiocrement ma vanité, et cet honneur me fit d'autant plus de plaisir qu'il m'arriva, jour pour jour, un an après que le ministère s'était donné tant de peine pour me déshonorer devant le Conseil privé.

Je me mis à lire et à étudier ce plan. A l'époque où il a été publié, je vous en ai envoyé une copie; il n'est donc point nécessaire de l'insérer ici. Tout en lisant, je jetai sur le papier quelques notes pour ma future conversation avec lord Chatham; je les mets ici pour que vous puissiez les comparer au projet de Sa Seigneurie, si cela vous fait plaisir. Vous en verrez ainsi le dessein et le précis, qu'autrement il serait fort long de vous expliquer.

Notes pour une conversation avec lord Chatham sur son plan.

Mardi, 31 janvier 1775.

On ne peut pas demander en même temps et au même peuple des dons gratuits et des taxes forcées.

L'idée d'un revenu permanent ne sera pas facilement accueillie. Ne vaudrait-il pas mieux une concession temporaire, pour cent ans par exemple?

Les droits proclamés dans le *Bill des droits* [1] ne regardent-ils que la seule Angleterre?

La loi de naturalisation américaine donne aux étrangers résidant depuis sept ans tous les droits des citoyens de naissance. Peut-on supposer que les natifs n'ont pas ces droits?

Si le roi levait des armées en Amérique, la Grande-Bretagne aimerait-elle qu'on les amenât chez elle? Le roi cependant pourrait les y amener quand il voudrait.

Un acte du Parlement oblige les colonies à fournir certaines provisions et certains articles aux troupes qu'on met en quartier chez elles, ceci peut devenir une très-lourde charge pour les colonies qui ne sont pas en faveur.

Si on établit aux colonies un revenu permanent, pourquoi n'auraient-elles pas les mêmes priviléges commerciaux que l'Écosse?

---

1. Charte des libertés anglaises, reconnue par Guillaume III, en 1689.

Les terres conquises en commun par la Grande-Bretagne et les colonies ne devraient-elles pas être données aux colonies (sauf un cens) afin d'en tirer des fonds qui leur permettraient de payer?

Retirer les instructions concernant les agents.

Vote de subsides pour trois ans, au bout desquels un nouveau Congrès, et ainsi de trois ans en trois ans.

Donner au Congrès la défense générale des frontières, le droit de faire et de régler les nouveaux établissements.

Protection mutuelle.

Nous prenons part à toutes vos guerres.

Nos établissements ne vous coûtent rien.

Adoptez le plan d'union.

Défense, extension, prospérité des colonies. Le dernier *Acte du Canada* prévient l'extension et peut empêcher leur prospérité des colonies.

Les lois doivent être assurées aussi bien que les chartes.

Si le pouvoir législatif du Parlement était reconnu aux Colonies, peut-être feraient-elles une loi pour défendre toute réunion d'un Congrès, etc.

Le mardi, de bonne heure, je me rendis à Hayes, comme je l'avais promis, et nous entrâmes dans l'examen du plan. Je restai à Hayes près de quatre heures, mais lord Chatham, semblable en cela, je crois, à tous les grands orateurs, défendait si longuement chaque point sur lequel j'élevais des doutes, que je n'eus pas le temps de faire usage de la moitié de mes notes. Il ne se laisse pas facilement interrompre, et j'avais tant de plaisir à l'entendre, que je pensais peu à le faire. Je réfléchis que nous ne pouvions espérer ni l'un ni l'autre que le plan fût adopté tel qu'il était, que lors de la discussion, si la chambre se décidait à l'examiner, on pourrait y faire les changements convenables, qu'avant qu'il fût adopté, l'Amérique aurait le temps d'y faire des objections, et d'y proposer des amendements, que pour que la chambre se décidât à l'examiner, il était bon de paraître céder à quelques-uns des préjugés du Parlement, que s'il n'était pas aussi parfait qu'on l'aurait désiré, il pouvait du moins servir de base pour un traité, et en attendant prévenir bien des malheurs, enfin que Sa Seigneurie ayant résolu de le présenter le lendemain, il ne restait pas assez de temps pour y faire des changements et en dresser une nouvelle mise au net. Je cessai donc mes questions, et quoique, plus tard, bien des gens m'aient fait l'honneur de supposer que j'y avais eu une grande part, je puis vous assurer qu'il n'y eut qu'un seul mot d'ajouté à ma requête, le mot *constitutions* après le mot *chartes*. Il est vrai qu'à la demande de Sa Seigneurie, je remplis un blanc qui devait contenir le titre des lois dont le rappel était demandé, et que je pris dans les actes du Congrès, mais c'est ce que pouvait faire le premier copiste venu.

Le mercredi, sur la demande de lord Chatham, lord Stanhope vint me prendre et me conduisit à la chambre des lords, qui fut bientôt remplie. Dans un excellent discours, lord Chatham proposa, développa et défendit son projet. Lorsqu'il se fut assis, lord Dartmouth se leva et dit fort convenablement que l'affaire dont il s'agissait était de tel poids et de telle grandeur qu'elle exigeait de mûres réflexions. Il espérait donc que le noble comte ne demanderait pas que la chambre allât aux voix sur-le-champ, mais qu'il se contenterait qu'elle ordonnât le dépôt de la motion sur le bureau, pour être prise en considération. Lord Chatham répondit aussitôt qu'il ne désirait rien de plus.

Mais lord Sandwich se leva, et dans un discours pétulant et violent, il s'opposa à ce que la motion fût reçue, et dit qu'elle devait être *rejetée* sur-le-champ, avec le mépris qu'elle méritait. Il ne croirait jamais que cette motion fût l'œuvre d'un pair de la Grande-Bretagne. Elle lui semblait plutôt l'œuvre de quelque Américain. Et se tournant vers moi, qui étais appuyé sur la barre, il ajouta qu'il s'imaginait avoir devant les yeux la personne qui l'avait rédigée, un des ennemis les plus cruels et les plus malfaisants que ce pays ait jamais connus. Cette sortie fixa sur moi les regards d'un grand nombre de lords, mais comme je n'avais aucun désir de la prendre pour moi, je ne changeai pas plus de contenance que si ma figure eût été de bois. Plusieurs autres lords de l'administration proposèrent également de rejeter la motion, et *le sage* lord Hillsborough soutint vigoureusement cet avis. Mais les ducs de Richmond et de Manchester, lord Shelburne, lord Camden, lord Temple, lord Lyttleton, appuyèrent la prise en considération, les uns parce qu'ils approuvaient la motion, les autres au nom de la dignité de la chambre. Un lord ayant parlé avec éloges de la proposition faite par un des ministres, lord Dartmouth, celui-ci se leva de nouveau et déclara qu'après avoir entendu tant de lords se prononcer contre la prise en considération, il avait changé d'opinion; qu'il ne pouvait donc accepter les éloges qu'on lui adressait pour une simplicité dont il rougissait maintenant, et qu'il voterait pour le rejet immédiat de la motion.

J'appuye d'autant plus sur ce détail, que c'est un

trait de caractère. La place qu'occupait ce noble lord l'a fait considérer comme ayant eu une très-grande part aux affaires d'Amérique, mais, en réalité, il n'avait ni volonté ni jugement à lui, et, quoiqu'il fût naturellement porté aux meilleures mesures, il se laissait facilement entraîner par ceux qui voulaient les plus mauvaises.

Dans sa réplique à lord Sandwich, lord Chatham releva l'insinuation mesquine de son adversaire, qui s'était permis de dire que le plan soumis à la chambre n'appartenait point à celui qui le proposait. Il déclara que lui seul était l'auteur de ce plan, déclaration, dit-il, qu'il se croyait d'autant plus obligé de faire, que plusieurs de Leurs Seigneuries paraissaient en avoir une plus pauvre opinion. Si c'était chose si faible, ou si mauvaise, il était de son devoir de ne pas souffrir que personne partageât injustement un blâme mérité. Jusqu'alors on lui avait reproché d'être peu disposé à prendre conseil, mais il n'hésitait pas à déclarer que s'il était premier ministre en ce pays, et qu'il fût chargé de régler cette grande affaire, il ne rougirait pas d'appeler publiquement à son aide un homme qui connaissait la question d'Amérique aussi parfaitement que la personne à qui on avait fait une allusion si injurieuse, un homme, ajouta-t-il encore, dont toute l'Europe estimait la science et la sagesse, qu'elle plaçait sur le même rang que nos Boyle et nos Newton, et qui faisait honneur non-seulement à la nation anglaise, mais à la nature humaine! Je trouvai plus difficile de résister à ces compliments extravagants qu'aux injures non moins extravagantes dont on venait de m'accabler, mais je fis de mon mieux pour garder un air imperturbable, comme si je n'eusse pas compris qu'il fût question de moi.

Entendre un si grand nombre de ces législateurs *héréditaires* déclamer avec tant de véhémence pour empêcher non-seulement qu'on adoptât, mais même qu'on prît en *considération* une proposition aussi importante, faite par un personnage aussi considérable, un des premiers hommes d'État du siècle, un politique qui avait pris son pays au bord de l'abîme et l'avait conduit à la victoire et à la gloire, dans une guerre soutenue contre deux des plus puissants royaumes de l'Europe ; les entendre critiquer son plan, non-seulement parce qu'ils ne comprenaient pas ce qui s'y trouvait, mais parce qu'ils s'imaginaient y voir ce qui n'y était pas, et cela sans se donner le temps de rectifier leurs idées par une seconde lecture ; constater chez les uns une ignorance totale, chez les autres des préjugés et des passions, chez les ministres la volonté perverse de corrompre et de cacher la vérité ; voir enfin ce plan ignominieusement rejeté par une si grande majorité, avec tant de précipitation, contre toute décence, sans égard pour l'honneur et la dignité d'une assemblée qui forme une des trois branches du Parlement : c'en était assez pour me donner de ce corps la plus misérable idée, et pour me faire regarder comme la plus grande des absurdités sa prétention de souveraineté sur trois millions d'Américains vertueux et sensibles. A peine semblaient-ils avoir assez de bon sens pour gouverner un troupeau de porcs. *Des législateurs héréditaires!* pensais-je, mieux vaudrait, parce qu'il y aurait moins de danger, avoir des *professeurs héréditaires de mathématiques*, comme dans certaine université d'Allemagne. Mais cette réflexion n'était qu'une boutade, car la chambre des communes, *élue par le peuple*, ne vaut pas mieux, et ne vaudra jamais mieux, tant que les électeurs recevront de l'argent pour leurs votes et que les taxes qu'ils paieront, serviront aux ministres pour corrompre leurs représentants une fois qu'ils les auront choisis.

Après cette séance, je m'attendais à ne plus entendre parler de négociations pour arranger nos différends à l'amiable; cependant, un ou deux jours après, je reçus un billet de M. Barclay qui me priait de me trouver chez le docteur Fothergill, le 4 février dans la soirée. Je m'y rendis, et je fus étonné d'apprendre que l'administration était dans les meilleures dispositions, qu'on avait pris en considération notre PLAN, que plusieurs de nos propositions avaient été jugées raisonnables et que les autres pouvaient être admises avec de légers amendements. Le bon docteur, avec sa philanthropie habituelle, s'étendit sur les misères de la guerre, et nous prouva que la guerre la plus heureuse ne valait pas une mauvaise paix; il ajouta que chaque jour l'Amérique grandissait en forces, et que, quelles que fussent les conditions auxquelles elle serait obligée de se soumettre en ce moment, elle serait en état, dans quelques années, d'en imposer à son tour.

M. Barclay me fit entendre qu'il dépendait de moi d'amener un arrangement, qu'il serait honorable pour moi de le faire, qu'en ce cas je pouvais m'attendre, non-seulement à être réintégré dans mon ancienne place [1], mais à obtenir tel autre poste que je pourrais

---

1. La place de maître-général des postes.

désirer, etc. Je n'ai pas besoin de vous dire, à vous qui me connaissez si bien, combien ce langage inconvenant excitait en moi de dégoût. Le discours du docteur était plus convenable. Je lui répondis que nous ne souhaitions point la guerre et que nous ne désirions que des choses raisonnables et nécessaires pour notre sécurité et notre bien-être. Je répliquai à M. Barclay que j'étais sûr qu'une place dans la charrette qui mène à Tyburn[1] était celle que le ministère anglais me donnerait de préférence à toute autre. Enfin je leur dis à tous deux que je désirais sincèrement me rendre utile, que tout ce que je demandais, c'était qu'on m'indiquât de quelle manière je pouvais l'être, mais que je voyais clairement qu'ils me croyaient beaucoup plus de pouvoir que je n'en avais réellement. On me répéta alors qu'on avait discuté mon PLAN dans une conférence, et on me lut les observations qui avaient été faites sur chacune de mes propositions, ainsi qu'il suit :

Art. I*er*. Approuvé.

Art. II. Approuvé en ce qui concerne le rappel de l'acte du thé. Refusé quant à la restitution des droits perçus.

Art. III. Refusé comme supposant que le Parlement n'a pas le droit de rendre les lois en question.

Art. IV. Approuvé.

Art. V. Approuvé sous la réserve qu'aucun changement préjudiciable à la Grande-Bretagne n'aura lieu.

Art. VI. Approuvé quant à l'application du produit

---

1. Lieu de l'exécution des criminels.

des droits, mais la nomination et le salaire des fonctionnaires restant comme par le passé.

Art. VII. Concernant les subsides en temps de paix : Approuvé.

Art. VIII. Concernant les troupes : Inadmissible.

Art. IX. Approuvé, avec cette différence qu'on n'établirait pas de proportion avec les taxes précédentes, et que chaque colonie donnerait selon son bon plaisir.

Art. X. Approuvé quant à la restitution du château William, mais refusé quant à l'interdiction à la couronne de construire des forts.

Art. XI. Refusé absolument, si ce n'est que le bill du port de Boston serait rapporté et que l'acte de Québec pourrait être amendé de manière à réduire le Canada à ses anciennes limites. Les autres actes concernant le Massachusetts étant de véritables amendements à sa constitution, devaient subsister pour cette raison, comme aussi pour être un témoignage perpétuel de la puissance du Parlement.

Art. XII. Approuvé. Les juges seront nommés *during good behaviour*[1] pourvu que les assemblées leur assurent un salaire permanent qui sera approuvé par la couronne.

Art. XIII. Approuvé sous les mêmes réserves que l'article précédent [2].

Art. XV. Approuvé.

Art. XVI. Approuvé, en supposant le versement des droits dans les caisses coloniales.

Art. XVII. Inadmissible.

---

1. C'est-à-dire *inamovibles*.
2. L'article XIV avait été supprimé par Franklin et ses amis.

Nous n'eûmes pas une longue conversation sur ces différents points, parce que j'y coupai court en faisant observer que tant que le Parlement réclamerait et exercerait le droit de changer à volonté nos constitutions, il ne pouvait pas y avoir d'arrangement; tous nos droits étaient menacés, et nous n'étions sûrs de rien. On me fit sentir combien un arrangement était nécessaire à l'Amérique, puisque rien n'était plus facile à l'Angleterre que d'incendier tous nos ports. Je m'échauffai alors, et je dis que la majeure partie de ma chétive fortune consistait en maisons dans ces ports, que les Anglais pouvaient en faire des feux de joie si bon leur semblait, mais que cette crainte ne changerait jamais ma résolution de résister jusqu'au bout à cette prétention du Parlement, qu'au surplus l'Angleterre ferait bien de prendre garde au tort qu'elle nous ferait éprouver, parce que, tôt ou tard, elle serait certainement forcée de nous payer dommages et intérêts! Le docteur sourit, et, je crois, en approuvant mes paroles, quelque vives qu'elles fussent; il me dit que certainement il les rapporterait le lendemain à lord Dartmouth.

Pendant que nous causions du PLAN, M. Barclay conta qu'étant allé un jour chez lord Hyde, il y trouva lord Howe, et que lord Hyde lui avait dit : « Vous pouvez tout dire devant lord Howe, c'est un ami en qui je me fie; » sur quoi il lui avait parlé avec autant de liberté qu'à l'ordinaire. J'appris ainsi comment lord Howe avait eu la copie du PLAN qu'il m'avait montrée. M. Barclay ajouta qu'il était question d'envoyer sur les lieux un commissaire avec des pouvoirs suffisants pour prendre connaissance des sujets de plaintes et y faire droit, à certaines conditions, mais qu'il était difficile de trouver un homme propre à cette mission. — « Pourquoi n'en pas charger lord Hyde ? lui dis-je. C'est un homme prudent et sage, une personne de haut rang qui s'acquitterait fort bien de cet emploi, ou, s'il ne voulait pas s'en charger, lord Howe, dont vous venez de parler, y conviendrait, à mon avis, parfaitement. » Tout cela n'était qu'une conversation, et nous nous séparâmes.

Lord Chatham ayant fait imprimer, pour le soumettre au jugement du public, le plan que les lords avaient rejeté, j'en reçus six exemplaires de lord Mahon, son gendre, et je les envoyai à différentes personnes, en Amérique.

Il se passa plus d'une semaine sans que j'entendisse parler de négociation, et tout mon temps était employé à voir les membres du Parlement, quand je reçus un billet de M. Barclay. Il me mandait qu'il était indisposé, et qu'ayant besoin de me voir, il me priait de passer chez lui. Je m'y rendis le lendemain matin ; il me dit qu'il avait vu lord Hyde, qu'il avait eu un nouvel entretien avec lui sur les ARTICLES, qu'il savait maintenant à fond ce qu'il fallait pour faire marcher l'affaire, qu'il désirait donc que nous prissions un nouveau rendez-vous avec le docteur Fothergill, et qu'il tâcherait de nous apporter un plan rédigé d'après ce qui avait été proposé et accordé des deux côtés, en y joignant quelques propositions de son cru. J'y consentis volontiers, l'entrevue fut fixée au jeudi soir, 16 février.

Lorsque nous fûmes réunis, M. Barclay nous lut ce qui suit :

Plan d'où résulterait, on le croit, une union permanente entre la Grande-Bretagne et ses colonies.

I. On payera le thé détruit, et, pour éviter toute perte de temps et commencer de suite l'œuvre désirable de la réconciliation, on propose que l'agent ou les agents de la province prennent, dans une pétition au roi, l'engagement que ce payement aura lieu, et qu'en conséquence de cet engagement, un commissaire soit autorisé, par une clause d'un acte du Parlement, à ouvrir le port de Boston (en suspendant le bill du port de Boston) aussitôt après ce payement.

II. L'acte du thé sera rapporté, autant pour l'avantage de la Grande-Bretagne que pour celui des colonies.

III. Le château William sera restitué à la province de Massachusetts en l'état où il se trouvait, avant que le gouverneur Hutchinson l'eût livré.

IV. Comme il est à croire que le *commencement* des mesures conciliatrices calmera considérablement les esprits en Amérique, on propose que les habitants de la province de Massachusetts adressent une pétition au roi, et y établissent leurs objections contre ledit acte[1]. Il est *entendu* que ledit acte sera rapporté. *En attendant*, le commissaire aura le droit d'en suspendre l'exécution, afin de mettre les habitants en état de faire la pétition.

V. Les diverses provinces qui se croient lésées par le bill de Québec, présenteront des pétitions par leurs assemblées, et il est *entendu* que cet acte sera rapporté en ce qu'il étend le territoire du Canada au delà de ses anciennes limites.

VI. Le statut d'Henri VIII sera formellement désavoué par le Parlement

---

1. L'acte qui ordonnait le blocus du port de Boston.

VII. *En temps de paix*, les Américains lèveront dans leurs provinces respectives, en vertu des votes de leurs assemblées, les sommes qui *seront jugées* nécessaires pour un établissement de paix, payement des gouverneurs, des juges, etc. (*Voyez* les lois de la Jamaïque.)

VIII. *En temps de guerre*, sur réquisition faite par le roi du consentement du Parlement, chaque colonie lèvera les sommes que son assemblée jugera proportionnées à ses moyens et aux besoins publics, pour être employées à lever et à payer des hommes pour le service de terre et de mer, à fournir des provisions, des transports ou à tel autre objet que le roi requièrera et indiquera.

IX. Les actes de navigation seront réexaminés, afin de voir si l'on ne peut y faire quelques changements à l'avantage de la Grande-Bretagne et au soulagement des colonies.

X. Un officier de marine, nommé par la couronne, résidera dans chaque colonie, pour veiller à l'exécution de ces actes.

N. B. Dans quelques colonies, ils *ne sont pas* nommés par la couronne.

XI. Toutes les taxes perçues en vertu des actes qui règlent le commerce avec les colonies, seront affectées au service public de chaque colonie et versées dans sa caisse. Un officier de la couronne sera chargé d'y veiller.

XII. Les cours d'amirauté n'auront plus d'autres pouvoirs que celles d'Angleterre.

XIII. Dans toutes les colonies gouvernées directement par le roi, les juges seront nommés *during good behaviour*, et ils seront payés par la province, ainsi qu'il est dit en l'article VII.

N. B. Si le roi juge convenable d'ajouter à leur salaire, ce supplément sera envoyé d'Angleterre.

XIV. Les gouverneurs seront payés de la même manière.

Notre conversation porta principalement sur le *premier* article. Tout ce que désire le ministère, disait-on, c'est qu'on lui donne une ouverture, un point de départ qui lui permette de commencer la réconciliation ; une pétition contenant l'engagement dont il est parlé en cet article, répondrait parfaitement à cette intention. On fait des préparatifs pour envoyer de nouvelles troupes et de nouveaux vaisseaux en Amérique ; cette pétition pourrait empêcher leur départ, surtout si l'on y demandait la nomination d'un commissaire. On me pressa donc d'engager les agents des colonies à se joindre à moi pour faire cette pétition. Je répondis que l'affaire du thé ne pouvait concerner que les agents de la province de Massachusetts, qui étaient M. Bollan pour le Conseil, moi pour l'assemblée et M. Lee nommé pour me remplacer quand je quitterais l'Angleterre ; que ce dernier par conséquent pouvait à peine, en ce moment, être regardé comme un des agents de la colonie, et que le premier était un homme craintif et ponctuel qu'il ne serait pas facile de déterminer à faire une démarche d'une telle importance sans avoir reçu d'instructions ni de mandat ; que par conséquent, si l'on se décidait, il fallait que je prisse sur moi cette démarche ; que sans doute, s'il y avait une aussi grande chance de réussir qu'ils le supposaient, je n'hésiterais pas à me risquer ; mais que je croyais que la nomination d'un commissaire avec le droit de suspendre le bill du port de Boston, serait une mesure trop dilatoire, qu'une simple suspension ne serait pas satisfaisante, et que si les agents prenaient un pareil engagement, il fallait que tous les actes relatifs à la province de Massachusetts fussent rapportés immédiatement.

Ils profitèrent aussitôt de la disposition que j'avais

montrée à présenter une pétition, dans le cas où elle aurait des chances de produire quelque bien ; ils applaudirent à cette résolution et m'engagèrent à dresser la pétition sur-le-champ. Je dis que l'affaire était grave, que, s'ils le trouvaient bon, j'emporterais le projet de M. Barclay, que j'examinerais ces propositions sous leur nouvelle forme et que, le lendemain soir, je leur en donnerais mon avis. Cela fut convenu, et nous nous séparâmes.

En songeant à la situation dangereuse des affaires en Amérique, et au risque journalier d'agrandir un abîme que rien ne pourrait plus combler, j'adoptai l'idée d'envoyer là-bas un commissaire. Ce pouvait être un moyen de suspendre les opérations militaires et d'amener un traité. On préviendrait ainsi tout nouveau malheur, et l'accord se formerait et s'établirait par degrés. Je me décidai donc à prendre l'engagement qu'on m'avait demandé, et je fis en ce sens un projet de mémoire à lord Dartmouth, me proposant de le signer seul. Quant à l'envoi d'un commissaire, mesure qu'on me demandait aussi de proposer, en exprimant mon opinion sur son utilité, je craignis que mes collègues de l'agence ne fussent mécontents, et avec raison, si je faisais une démarche aussi importante sans les consulter. Je préparai donc une pétition en nom collectif, pour qu'ils la signassent avec moi s'ils le jugeaient convenable, mais, craignant quelques difficultés, je préparai une lettre à lord Dartmouth, qui contenait la même proposition avec motifs à l'appui, et que j'enverrais seul. Enfin, je jetai sur le papier quelques remarques sur les propositions de M. Barclay, et je fis aussi, sur un autre papier, des notes dont je devais faire usage dans la conférence du 17 au soir. Voici la copie de toutes ces pièces. Il y manque la première que je ne trouve point dans mes bagages de bord.

A SA TRÈS-EXCELLENTE MAJESTÉ LE ROI.

Pétition et Mémoire de W Bollan, B. Franklin et Arthur Lee.

Vos pétitionnaires, agents de diverses colonies, profondément affectés de la crainte des malheurs qui menacent en ce moment les sujets de Votre Majesté en Amérique, demandent la permission d'approcher de votre trône et de vous soumettre en toute humilité leur opinion formée sur de mûres réflexions. S'il plaisait à Votre Majesté de permettre et d'autoriser une réunion de délégués des différentes provinces, et de nommer une ou plusieurs personnes de ce pays, distinguées par leur rang et leur sagesse, pour présider cette assemblée, conférer avec lesdits délégués, prendre une connaissance exacte des véritables griefs des colonies, et adopter les moyens d'apaiser toutes dissensions, moyens qui seraient ensuite ratifiés par Votre Majesté, si elle les trouvait justes et convenables, vos pétitionnaires sont convaincus, d'après la profonde connaissance qu'ils ont du pays et du peuple, qu'une telle mesure serait suivie des plus salutaires effets, préviendrait de grands malheurs, et rétablirait l'harmonie qui a si longtemps existé, et qui est si nécessaire au bonheur et à la prospérité de tous les sujets de Votre Majesté dans toute l'étendue de ses domaines. Puisse le ciel les conserver intacts à Votre Majesté et à ses descendants! C'est la prière sincère des fidèles sujets et respectueux serviteurs de Votre Majesté[1].

---

1. Viennent ensuite :
1° La *lettre à lord Dartmouth* qui n'est qu'une répétition de l'adresse au roi, débarrassée de ses formes solennelles.
2° Les remarques sur les propositions de M. Barclay, qui re-

Dans l'après-midi, je reçus le billet suivant de mistriss Howe : « Mistriss Howe fait ses compliments au docteur Franklin. Elle vient de recevoir la note ci-incluse de lord Howe ; elle espère que le docteur pourra venir la voir, ou demain, ou dimanche ; toute heure lui sera bonne, pourvu qu'il ait la bonté de l'indiquer. »

Grafton-street, vendredi 17 février 1775.

Note incluse dans la lettre précédente.

A L'HONORABLE MISTRISS HOWE.

Je vous prie de me fournir l'occasion de voir le docteur Franklin, chez vous, demain ou dimanche matin, pour affaire essentielle.

Grafton-street, vendredi, 4 heures.

Je n'avais pas entendu parler de Sa Seigneurie de-

produisent les précédentes réflexions de Franklin et qui n'ont d'intéressant que la conclusion :

La colonie de Massachusetts doit s'exposer à tous les hasards et à tous les malheurs de la guerre, plutôt que de souffrir que le Parlement puisse changer ses chartes et ses lois. « Ceux qui peuvent renoncer à la liberté pour obtenir un moment de sécurité ne méritent ni liberté ni sécurité. »

3° Notes.

« Si on veut une réconciliation cordiale, il faut agir franchement et sans détour.

« La plupart des assemblées sont dissoutes : il faudra du temps pour faire de nouvelles élections, ensuite pour se réunir et pour choisir des délégués, si toutefois on peut se réunir partout. L'assemblée du Massachusetts ne peut agir sous l'empire de sa nouvelle constitution sans reconnaître au parlement le pouvoir de changer sa charte, ce qu'elle ne fera jamais. La proposition qu'on lui fait est celle-ci : *Essayez d'abord vos fers ; s'ils ne vous conviennent pas, faites une pétition, et nous y réfléchirons.* »

Canada. — Nous ne pouvons souffrir l'action du despotisme sur aucun de nos concitoyens. Tous libres ou personne.

puis quelque temps; je répondis aussitôt que j'aurais l'honneur de l'attendre chez mistriss Howe le lendemain à onze heures.

M. Barclay et moi, nous nous retrouvâmes chez le docteur, comme nous en étions convenus. Je remis à ces messieurs mes *remarques*, et nous en causâmes quelque temps. Je leur lus aussi les projets de pétition et de mémoire. Mais comme ils pensaient que par mon engagement de faire payer le thé je ne pourrais obtenir que la levée du blocus du port de Boston, et non le rapport des autres actes concernant le Massachusetts, et que j'insistais pour que *tous ces actes* fussent rapportés, refusant de rien faire sans cela, la démarche fut ajournée et je remis en poche toutes mes pièces. Ils résolurent pourtant de faire part de mes sentiments aux ministres et de voir si l'on n'en pourrait pas obtenir quelque nouvelle concession. Ils observèrent aussi que j'avais signé mes *remarques;* sur quoi je dis que sachant, et par eux-mêmes et par d'autres voies, que les ministres n'ignoraient pas que j'avais été consulté sur cette affaire, un plus long mystère devenait inutile, et que, puisque toutes ces demandes et toutes ces réponses, obtenues de seconde main, faisaient perdre du temps et pouvaient donner lieu à des malentendus, je ne voyais pas pourquoi on ne se réunirait point pour discuter une bonne fois tous les points en litige; que, si donc on le jugeait convenable, j'étais tout prêt à les accompagner à leur conférence ministérielle. Ils parurent approuver la proposition et dirent qu'ils en parleraient.

Le lendemain matin, je me trouvai au rendez-vous avec lord Howe. A son air de satisfaction, je supposai qu'il tenait de lord Hyde, à qui M. Barclay avait pu le dire le 16 au soir, que j'avais consenti à présenter une pétition et à répondre du payement du thé, ce qui faisait espérer que les conditions d'arrangement offertes par le ministère pourraient être acceptées. Lord Howe m'informa qu'il était question de le nommer commissaire pour apaiser les différends en Amérique ; il ajouta, par un excès de politesse, que, connaissant son insuffisance aussi bien que mon expérience et mes talents, il ne penserait pas à se charger de cette affaire sans moi, mais qu'avec moi il le ferait volontiers, parce qu'il fonderait ses espérances de succès sur mon concours. Il avait donc désiré cet entretien pour savoir si je consentirais à l'accompagner, sous un titre ou sous un autre, comme ami, comme second, comme secrétaire ; il sentait fort bien que, s'il était assez heureux pour faire quelque chose d'utile, il le devrait entièrement à mes avis et à mon concours, et il n'hésiterait pas à m'en laisser tout l'honneur en toute occasion. Il avait déclaré aux ministres l'opinion qu'il avait conçue de mes bonnes dispositions en faveur de la paix, et ce qu'il désirait maintenant, c'était que je l'autorisasse à dire que je consentais à l'accompagner et que je travaillerais avec lui au grand œuvre de la réconciliation. On savait que j'avais la plus grande influence sur l'esprit des Américains, et si quelqu'un au monde pouvait les décider à accepter des propositions raisonnables, c'était moi.

Je répondis que j'étais fort obligé à Sa Seigneurie de la bonne opinion qu'elle avait de moi et de l'honneur qu'elle me faisait en me demandant mon concours. Je désirais savoir quelles propositions on comptait faire à l'Amérique; si elles étaient raisonnables en elles-mêmes, il était possible que je fusse en état de les faire considérer comme telles par mes concitoyens; mais, dans le cas contraire, je doutais qu'il fût possible à personne d'en venir à bout, et certainement je ne l'entreprendrais pas. Lord Howe dit alors qu'il ne comptait pas obtenir mon *concours* sans de *bonnes raisons*. L'affaire était d'une grande importance et, s'il s'en chargeait, il insisterait pour qu'on lui donnât les moyens de traiter *généreusement* et *amplement* ceux qu'il prendrait avec lui, et moi tout particulièrement, sans parler de la certitude de *récompenses subséquentes*. « Et, ajouta-t-il, pour donner au ministère une occasion de montrer ses bonnes dispositions à votre égard, me permettrez-vous, monsieur Franklin, de vous en procurer d'avance quelque marque, par exemple, le payement des arrérages de votre traitement comme agent de la Nouvelle-Angleterre, qui, à ce que j'ai appris, a été arrêté depuis quelque temps? — Milord, répondis-je, je regarderai comme un grand honneur de coopérer avec Votre Seigneurie à une si bonne œuvre, en quelque qualité que ce soit, mais si vous croyez que l'influence qu'on me suppose puisse vous servir, écartez toute idée d'obtenir pour moi quelques faveurs des ministres; car, les accepter, ce serait détruire l'influence même que vous voulez employer. On les considérerait comme des moyens de corruption employés pour m'engager à trahir les intérêts de mon pays; contentez-vous de me montrer les *propositions*; si je les approuve, je n'hésiterai pas un instant, et je serai prêt à accompagner Votre Seigneurie à l'heure même. » Il dit alors qu'il désirait que je causasse de l'affaire avec lord Hyde et me demanda si j'aurais quelque répugnance à voir Sa Seigneurie. Je lui répondis que je n'en avais aucune, que j'avais beaucoup d'estime pour lord Hyde et que je me rendrais chez lui toutes les fois qu'il voudrait bien me le permettre. Lord Howe me dit qu'il lui en parlerait et qu'il me ferait avertir.

Le lundi suivant, je reçus de lord Howe la lettre suivante. Pour la bien comprendre, il faut faire attention que, dans l'intervalle, M. Barclay avait pu communiquer à lord Hyde les *remarques* que j'avais faites sur son plan, et que leur lecture avait probablement changé le dessein qu'on avait de se servir de moi en cette occasion.

Grafton-street, 20 février 1775.

N'ayant eu que ce matin l'occasion de causer avec lord Hyde de l'affaire dont nous nous sommes entretenus, mon digne ami, la dernière fois que j'ai eu le plaisir de vous voir, je me hâte de vous dire ce que Sa Seigneurie pense de ma proposition.

Il m'a déclaré que rien ne l'empêche de vous voir, qu'il a toujours aimé la conversation des gens instruits, et que par conséquent la vôtre ne peut que lui faire plaisir. Mais, en ce qui touche la querelle américaine, il craint que vos principes et les siens, ou pour mieux dire ceux du Parlement, ne soient tellement opposés, qu'une réunion qui n'aurait d'autre objet que de discuter sur ce point ne vous dérangeât inutilement. Si vous pensiez autrement, ou si quelque circonstance favorable pouvait rapprocher des opinions si différentes, lord Hyde serait heureux de servir de canal pour porter à ceux qui sont au pouvoir les sentiments d'un homme de votre autorité. Et d'après la connaissance que j'ai de l'opinion de Sa Seigneurie sur les hommes et les choses, j'ose assurer que rien ne se perdra au passage.

Je suis, avec une parfaite estime, votre très-obéissant serviteur. HOWE.

AU DOCTEUR FRANKLIN.

Je fus un peu piqué de ce que lord Hyde refusait de me voir, mais comme je n'avais nulle envie de m'imposer, je trouvai mieux de montrer une indifférence convenable, ce que j'essayai de faire dans la réponse suivante à lord Howe.

Craven-street, 20 février 1775.

N'ayant rien à ajouter sur les affaires d'Amérique à ce que lord Hyde sait déjà par les pièces qui lui ont passé sous les yeux, il me semble plus respectueux de ne pas donner à Sa Seigneurie l'ennui d'une visite, puisqu'il lui paraît que la discussion ne pourrait être d'aucune utilité. Je n'en suis pas moins obligé à Sa Seigneurie de la permission qu'elle me donne de me présenter chez elle; j'en profiterai s'il survient quelque chose qui puisse donner à cette entrevue une chance d'utilité.

J'ai l'honneur d'être, avec estime et respect, mylord, votre très-humble et très-obéissant serviteur. B. F.

A LORD HOWE.

Le matin du même jour, 20 février, on eut soin de répandre dans toute la ville le bruit que lord North ferait ce jour-là, à la chambre des communes, une motion pacifique pour guérir tous les différends entre l'Angleterre et l'Amérique. Aussi la chambre fut-elle pleine, et chacun y était dans l'attente. Le parti Bedford, ennemi de l'Amérique et qui avait poussé aux mesures de sévérité, était alarmé et commençait à jeter les hauts cris contre la timidité du ministre et contre la fluctuation de sa *politique*. Ce parti commençait à compter les voix, pour voir si l'on ne pourrait, en rejetant la motion de lord North, le désarçonner et le jeter hors du ministère. Les amis de ce dernier craignaient donc pour lui, et de tous côtés on cabalait et on chuchotait dans la salle. Enfin il fit la motion annoncée, mais je doute que ce fût celle qu'il avait d'abord dessein de faire. Elle était si mal rédigée, elle répondait si peu à l'intention qu'on lui avait prêtée que je soupçonne fort qu'à l'origine elle se rapprochait plus du plan de M. Barclay, mais qu'à l'instant de la proposer, lord North la mutila, d'après les avis qu'il reçut. Mon ancienne proposition d'abandonner aux colonies le produit des droits commerciaux s'y retrouvait, et bien des gens qui ignoraient ce qui s'était passé disaient que c'était ce qu'il y avait de mieux dans la motion.

MOTION DE LORD NORTH, 20 FÉVRIER 1775.

C'est l'opinion du comité que, lorsque le gouverneur, le conseil et l'assemblée, ou la cour générale des provinces et colonies de Sa Majesté, proposeront de prendre les mesures nécessaires pour contribuer à la défense commune, suivant un chiffre déterminé par la cour générale ou l'assemblée desdites colonies, et dont le Parlement aura la disposition, et lorsqu'en outre la susdite cour générale s'engagera à faire les fonds nécessaires au gouvernement civil et à l'administration de la justice dans lesdites colonies, il conviendra, si cette proposition obtient l'approbation de Sa Majesté en Parlement, et tant que dureront ces mesures, de s'abstenir de lever ou d'imposer à l'avenir sur lesdites colonies aucuns droits, aucunes taxes et contributions, si ce n'est les droits qu'il sera à propos d'établir pour le règlement du commerce, droits dont le produit net sera porté au compte exclusif desdites provinces et colonies.

Après un débat long et confus, où cette motion fut appuyée sur des motifs divers et peu d'accord entre eux, par les amis du ministère, et se trouva même combattue par quelques ministériels, ce qui annonçait un défaut de concert dû sans doute à des changements subits dans la proposition, elle fut enfin votée, suivant l'usage, à une grande majorité.

La semaine suivante, la seule chose que j'appris de MM. Barclay et Fothergill, fut que lorsque lord Hyde avait su que j'étais disposé à répondre du payement du thé, il avait dit que cela lui donnait *une nouvelle vie*. N'ayant reçu aucune nouvelle de lord Howe, j'en parlai à sa sœur, et je lui dis que je présumais que le silence de Sa Seigneurie venait de ce qu'il avait vu que ses propositions ne pouvaient avoir de suite. Je la priai de lui dire que si cela était, il eût la bonté de m'en informer par un mot, afin que je fusse libre de prendre d'autres mesures. Elle le fit dès qu'il fut de retour de la campagne, où il avait été passer un jour ou deux, et m'envoya le billet suivant :

Mistriss Howe fait ses compliments au docteur Franklin. Lord Howe ne comprenant pas très-bien le message qu'il a reçu de sa sœur, serait charmé de voir le docteur chez elle, ce matin entre midi et une heure (le seul moment qu'il ait de libre aujourd'hui), ou demain à l'heure qui lui conviendra le mieux.

Grafton-street, mardi.

Je me trouvai au rendez-vous à l'heure fixée; lord Howe me dit que s'il ne m'avait pas vu depuis quelque temps, c'est qu'il espérait de jour en jour avoir quelque chose à me communiquer. Il espérait que j'aurais vu lord Hyde, comme j'avais promis de le faire lorsque je croirais que cette visite pourrait être utile, et il regrettait que je ne l'eusse pas fait. Il y avait dans mes paroles, telles que les avait rapportées mistriss Howe, quelque chose que peut-être elle n'avait pas bien saisi. Qu'était-ce que mon projet de *prendre d'autres mesures?* Je répondis que, depuis que je l'avais vu, ayant appris la mort de ma femme à qui j'avais laissé à Philadelphie le soin de mes affaires, il était nécessaire que je retournasse là-bas le plus tôt possible, que Sa Seigneurie m'avait proposé de l'accompagner en Amérique, et que si cette proposition avait une suite, je retarderais mon voyage pour me prêter à ses convenances, mais qu'autrement je partirais par le premier bâtiment qui mettrait à la voile, que l'absence de nouvelles de Sa Seigneurie et la motion de lord North me faisaient supposer qu'on avait renoncé à toute idée de ce genre, et que c'était là seulement ce que je désirais savoir de lui.

Il me répondit que, dans mes remarques sur le projet de M. Barclay, j'avais fait d'une indemnité à accorder à Boston pour le blocus de son port, la condition de l'engagement que je souscrirais pour le payement du thé, qu'il était impossible d'accepter cette condition, et qu'elle avait fait abandonner toute idée d'aller plus loin. J'avais en poche la copie de ces remarques, je montrai à Sa Seigneurie que je n'avais pas mis cette condition à mon engagement, et que je n'avais demandé que le rappel de tous les actes concernant le Massachusetts. Quant à l'indemnité, j'avais exprimé mon opinion personnelle en disant qu'il serait juste de l'accorder, mais je n'en avais point fait une condition. Lord Howe me dit que les mesures à prendre n'étaient pas encore définitivement arrêtées, et que d'après l'explication que je venais de lui donner, il paraissait qu'on m'avait très-mal compris. Il me pria vivement de voir lord Hyde, et me demanda si je voulais lui donner un rendez-vous chez mistriss Howe ou chez moi. Je dis qu'à aucun prix je ne voudrais donner cet ennui à lord Hyde ; que, puisque lord Howe pensait que cette conférence pourrait être utile, et désirait qu'elle eût lieu, je me présenterais sans retard chez lord Hyde ; je savais qu'il était matinal, et je serais chez lui le lendemain à huit heures du matin, ce dont lord Howe se chargea de le prévenir. Mais j'ajoutai que d'après ce que je savais des dispositions du ministère, je craignais que ma visite n'eût aucun résultat. Lord Howe était d'une opinion différente, je cédai.

Le lendemain matin 1ᵉʳ mars, je me rendis de bonne heure chez lord Hyde qui me reçut avec sa politesse ordinaire. Nous parlâmes de la plupart des points qui divisaient les deux pays. Je le trouvai muni de tous les raisonnements des journaux et des pamphlets. Il fit valoir la dépense de l'établissement de nos colonies, la protection qu'on leur avait accordée, la lourde dette qui pesait sur la Grande-Bretagne, la justice de prendre à notre compte une partie du fardeau ; il me répéta qu'en Angleterre il y avait une foule de citoyens qui n'étaient pas plus représentés que nous, et qui cependant étaient taxés et gouvernés par le Parlement, etc., etc. Je répondis à tout, mais sans grand effet. Sa Seigneurie paraissait m'écouter avec politesse, mais j'avais quelque raison de croire qu'il était moins occupé de ce que je lui disais que de ce qu'il allait me dire.

Il avait espéré, me dit-il, que la motion de lord North aurait paru satisfaisante ; il demandait ce qu'on y pouvait opposer. Je répondis qu'on nous demandait d'accorder des subsides jusqu'à ce que le Parlement eût dit : assez, sans nous laisser le moindre droit de juger la mesure à l'exécution de laquelle il nous fallait contribuer, sans nous permettre de consulter nos moyens; en outre, nous devions voter ces subsides sous la menace du droit prétendu de nous taxer à volonté, et de nous contraindre à main armée à payer ces taxes, si nous ne donnions pas jusqu'à ce qu'on pensât que nous eussions assez donné. C'était là une manière tout à fait nouvelle d'obtenir des subsides; on ne pouvait y comparer que celle du voleur de grand chemin qui, à la portière d'une voiture, présente son pistolet d'une main et son chapeau de l'autre; il ne demande pas une somme fixe; si vous lui donnez tout votre argent ou ce dont il voudra bien se contenter, il sera assez poli pour ne pas mettre la main dans vos poches, sinon, son pistolet est là. La façon dont on lève des contributions en pays ennemi est plus loyale, car là on demande une somme fixe , et ceux qui payent savent ce qu'ils ont à payer et quand ce sera fini. Jamais peuple libre n'accordera de subsides à de telles conditions. Enfin on venait d'entamer un nouveau sujet de querelle; le Parlement s'attribuant le droit de changer nos chartes et nos lois, cette prétention était pour nous plus menaçante que celle de nous taxer, puisqu'elle nous jetait à la dérive et ne nous laissait pas un privilége sur lequel nous pussions compter autrement que sous le bon plaisir du Parlement. C'était une situation qui n'était pas tenable. Quand même la motion de lord North nous eût permis de nous entendre sur la question d'impôts, comme elle ne contenait rien sur ces nouvelles prétentions du Parlement, nous étions encore loin d'une réconciliation.

Lord Hyde pensant que je n'avais pas bien compris la motion, je la pris et la lus. Il glissa sur ce point et me dit qu'il serait charmé de savoir quelles mesures pourraient amener un accord. Je dis que Sa Seigneurie avait probablement vu plusieurs propositions rédigées par moi à cet effet. Il me répondit qu'il les avait lues, mais qu'il y avait quelques-uns de mes articles qu'on n'accepterait jamais. On croyait que j'avais des instructions et des pouvoirs pour offrir des conditions plus raisonnables, mais que j'étais très-réservé, peut-être par le désir, qu'il ne blâmait pas, de procurer de plus grands avantages à mes constituants; il ajouta que ces espérances pouvaient me tromper, et que je devais être assuré que je n'obtiendrais jamais de conditions plus favorables que celles qui venaient d'être offertes par lord North. L'administration désirait sincèrement le rétablissement de l'harmonie avec l'Amérique, et on pensait que la chose serait facile, si je voulais y coopérer. Il espérait que je n'étais pas homme à conserver du ressentiment pour une chose qui n'était maintenant approuvée de personne, et pour laquelle il pourrait m'être donné satisfaction; il savait que j'étais fort estimé en Amérique, et si je voulais amener une réconciliation à des conditions convenables à la dignité du gouvernement, j'acquerrais en Angleterre l'estime générale et j'y obtiendrais des honneurs et des *récompenses, au delà peut-être de ce que je pouvais espérer.*

Je répliquai que je croyais avoir donné une preuve convaincante de mon sincère désir de rétablir la paix, lorsque ayant appris que tout ce qu'on désirait pour l'honneur du gouvernement était d'obtenir le payement du thé, j'avais offert, sans y être autorisé, sans être assuré que je serais remboursé ou qu'on approuverait ma conduite, de souscrire un engagement pour ce payement, si l'on rapportait les actes concernant le Massachusetts, engagement par lequel je risquais toute ma fortune, et que peu de gens auraient pris. Des ressentiments particuliers n'étaient rien pour moi, quand il s'agissait des affaires publiques, mais je n'étais point l'homme réservé qu'on supposait, car je n'avais aucune instruction secrète pour régler ma conduite. J'étais certainement très-disposé à faire tout ce qu'on pouvait raisonnablement attendre de moi, mais si l'on me supposait en état de faire passer aux yeux de mes concitoyens le noir pour blanc et le tort pour droit, on ne nous connaissait ni eux ni moi; ils étaient aussi incapables de se laisser tromper que je l'étais de vouloir leur en imposer.

Lord Hyde me demanda alors mon avis sur le projet d'envoyer un commissaire. Ma réponse fut celle que j'ai donnée plus haut. Je crois, soit dit en passant, qu'un des principaux motifs de lord Howe, pour désirer que je visse lord Hyde, était de me fournir l'occasion de causer avec lui sur ce point. Lord Hyde ne me fit pas connaître son opinion à ce sujet. Ainsi finit cet entretien.

Trois ou quatre jours après, je reçus de mistriss Howe le billet suivant :

Mistriss Howe fait ses compliments au docteur Franklin. Lord Howe désire le voir encore une fois avant son départ. Lord Howe n'est pas en ville, mais il y revient lundi. Que le docteur veuille bien désigner le jour et l'heure, lord Howe sera charmé de le rencontrer.

Grafton-street, samedi 4 mars.

Je répondis que j'aurais l'honneur de me rendre chez elle, le mardi suivant à onze heures. J'y trouvai lord Howe ; il me dit que j'avais été meilleur prophète que lui en prédisant que mon entrevue avec lord Hyde ne servirait pas à grand chose ; il espérait que je lui pardonnerais cet ennui, car il avait agi dans les meilleures intentions pour le public et pour moi. Il voyait avec peine que les choses ne marchaient pas, quant à présent, comme il l'aurait désiré, mais il était encore possible qu'elles prissent une tournure plus favorable. Puisque je retournais en Amérique, il espérait qu'il pourrait encore compter sur mon concours, s'il arrivait qu'il y fût envoyé pour cette affaire importante. Je l'assurai qu'il me trouverait toujours disposé à coopérer avec lui à une si bonne œuvre. Et c'est ainsi qu'en prenant congé de lui, et en recevant ses adieux, se termina ma négociation avec lord Howe. Je n'entendis plus parler de celle qui avait été entamée avec MM. Fothergill et Barclay. Tout ce que je pus conclure de quelques mots qui leur échappèrent dans la conversation, c'est que ni l'un ni l'autre n'était content de la conduite des ministres en cette occasion. Quelques jours avant de quitter Londres, ils me prièrent de venir chez le docteur, et là ils me chargèrent d'assurer leurs amis d'Amérique, de leur part, que leur opinion, maintenant bien fixée, était que rien ne pouvait sauver les libertés de l'Amérique qu'une ferme et sage adhésion aux conditions de l'association établies par le congrès, et que le salut de la liberté en Angleterre dépendait maintenant de la constance et de la vertu de l'Amérique.

Pendant tout ce temps, j'étais occupé à recevoir des amis qui venaient à chaque instant me demander des nouvelles d'Amérique, des membres des deux chambres du Parlement qui venaient m'informer de ce qui s'y passait, et causer avec moi des motions qu'on y faisait ou qu'on y devait faire, des marchands qui arrivaient de Londres, des villes de fabrique ou des ports de mer, pour m'apporter leurs pétitions, des quakers qui venaient me consulter sur les leurs, etc.; aussi n'avais-je le loisir de prendre aucune note. C'est donc à peu près de souvenir que je viens de vous faire ce récit, et il est certain que, faute de mémoire, bien des choses m'auront échappé, mais je crois exact tout ce que je vous écris, sinon qu'ayant conféré en même temps avec tant de personnes sur un même sujet, il n'est pas impossible que j'aie attribué à l'une ce qui aurait été dit par l'autre.

Peu de temps avant de quitter Londres, j'assistai, à la chambre des lords, à un débat où lord Camden devait parler, et où, de fait, il parla admirablement sur les affaires d'Amérique; ce jour-là, j'entendis, avec un dégoût extrême, le parti ministériel faire les réflexions les plus outrageantes sur le courage, la religion, l'intelligence, etc., des Américains. On nous traita avec le plus profond mépris, comme les derniers des hommes, comme étant en quelque sorte une espèce différente des Anglais de la Grande-Bretagne. Quelques lords attaquèrent surtout l'honneur américain ; ils dirent que nous étions tous des misérables, que nous n'avions cherché cette querelle que pour nous dispenser de payer nos dettes, que, si nous avions quelque sentiment d'équité ou de justice, nous offririons de payer le thé, etc. Je rentrai chez moi, un peu irrité et échauffé ; et voulant rétorquer contre l'Angleterre ce reproche d'*injustice*, je rédigeai un Mémoire que j'avais dessein de présenter à lord Dartmouth avant mon départ. Je le montrai à mon ami Thomas Walpole, membre de la chambre des communes. Plusieurs fois en le lisant, il regarda alternativement le papier et moi, comme s'il craignait que je n'eusse perdu le sens. Comme j'étais dans toute la presse des paquets, je priai M. Walpole d'avoir la bonté de montrer ce Mémoire à son voisin lord Camden, et de lui demander son avis. Il le fit, et me renvoya le Mémoire avec la note que vous trouverez ci-après. Voici le Mémoire :

A L'HONORABLE COMTE DE DARTMOUTH, UN DES PRINCIPAUX
SECRÉTAIRES D'ÉTAT DE SA MAJESTÉ.

*Un mémoire de B. Franklin, agent de la province
de Massachusetts.*

Attendu qu'une injure ne peut donner à la partie injuriée que le droit d'en obtenir pleine réparation, ou, en cas de refus, le droit de rendre une injure semblable ; et attendu que le blocus du port de Boston, qui dure depuis neuf mois, a causé chaque semaine à cette ville un dommage égal à celui qu'a souffert la Compagnie des Indes par la destruction du thé : il en résulte que l'*excédant* de ce dommage est une *injure* faite par le gouvernement britannique, et dont il est dû réparation. Et attendu que la réparation des injures (d'après l'usage de toutes les nations sauvages ou civilisées), doit toujours être faite avant qu'on se fasse à soi même justice en causant un dommage aux agresseurs, ce que la Grande-Bretagne n'a pas fait dans le cas dont il s'agit : je soussigné, comme agent colonial, au nom de mon pays et de la ville de Boston, proteste contre la continuation dudit blocus, et, par ces présentes, je demande solennellement satisfaction pour l'injustice multipliée qu'on leur a faite au delà du dommage qu'a souffert la Compagnie des Indes par la destruction de ses thés.

Et attendu que la conquête du golfe de Saint-Laurent, des côtes de Labrador, de la Nouvelle-Écosse, et des pêcheries que les Français possédaient, tant dans ces divers établissements qu'à Terre-Neuve, a été faite par les *forces réunies* de la Grande-Bretagne et des colonies, et que ces dernières ont mis sur pied pour ce service un nombre d'hommes presque égal à celui qu'à envoyé l'Angleterre : d'où il suit que les colonies ont le droit incontestable de participer aux avantages de ces pêcheries : en conséquence, au nom de la colonie de Massachusetts, je proteste contre l'acte soumis en ce moment à la considération du Parlement, pour priver du droit de pêche cette province, ainsi que les autres, (sous prétexte qu'elles refusent d'acheter des marchandises anglaises), déclarant cet acte souverainement injuste et injurieux. Et j'avertis que satisfaction sera probablement demandée un jour pour tout le dommage qui pourra être fait et souffert par suite dudit acte, et que l'injustice de ce procédé donnera un tel ombrage à *toutes les colonies*, que, dans toute guerre future où l'on pourrait méditer d'autres conquêtes, on n'en obtiendra ni un homme ni un shilling pour y contribuer, jusqu'à ce qu'entière satisfaction soit donnée, comme il est dit ci-dessus. B. F.

Fait à Londres, le 16 mars 1775.

AU DOCTEUR FRANKLIN.

Cher monsieur,

Je vous renvoie votre Mémoire. On pense qu'il pourrait avoir des suites dangereuses pour votre personne, et qu'il contribuerait à exaspérer la nation.

Je vous souhaite de tout mon cœur un heureux voyage, une longue santé, et suis avec une sincère estime, votre très-fidèle et très-obéissant serviteur,

THOMAS WALPOLE.

Lincoln's Inn fields, 16 mars 1775.

M. Walpole vint chez moi le lendemain, et apprenant que j'étais allé à la chambre des lords, il alla m'y trouver et me répéta plus au long ce qu'il m'avait écrit la veille; il ajouta que comme je n'avais pas d'instructions qui me chargeassent de remettre une telle protestation, mon Mémoire paraîtrait injustifiable, et qu'on le regarderait comme un affront fait à la nation. Je n'avais nulle envie d'empirer les choses et j'avais eu le temps de retrouver mon sang-froid; je profitai donc de l'avis qu'on avait la bonté de me donner.

Le soir qui précéda mon départ de Londres, je reçus un billet du docteur Fothergill avec des lettres pour ses amis de Philadelphie. « Rassemblez ces amis, avec deux ou trois autres personnes, me disait-il dans ce billet, et informez-les que quelques spécieuses propositions qu'on vous fasse, elles sont creuses; tout ce qu'on veut est de se procurer un champ plus large, afin d'y engraisser un troupeau d'indignes parasites. Il serait peut-être à propos de les instruire des efforts que nous avons faits avec David Barclay, et de l'effet qu'ils ont produit. C'est le moyen de frapper, sinon de convaincre, nos dignes amis, de l'idée qu'on n'a en vue rien de bien favorable pour eux, si l'on ne peut obtenir des conditions plus défavorables. » Dans le cours des visites journalières qu'il faisait chez les grands, pour l'exercice de sa profession, le docteur ne manquait pas d'occasions pour connaître leurs sentiments, la conversation roulant partout sur les affaires d'Amérique.

Franklin était parti d'Angleterre le 21 mars 1775; il arriva à Philadelphie le 5 mai suivant. Comme nous venons de le voir, il avait employé le temps de la traversée à consigner par écrit les efforts qu'il avait faits pour conserver la paix entre les deux pays. Ce récit ne fut publié qu'après sa mort.

Cet écrit ne fut pas la seule occupation de ses loisirs. Toujours observateur, toujours attentif aux phénomènes naturels pour en chercher la loi, il fit des expériences avec un thermomètre pour connaître la température de l'Océan à diverses profondeurs. Ce fut ainsi qu'il reconnut l'existence du *Gulf stream* ou grand courant d'eau chaude, qui part du golfe du Mexique et vient se perdre en partie sur les côtes de l'Europe. C'est ce qu'il appelle avec raison *une découverte scientifique qui avait quelque valeur*. La science, en effet, a profité de cette découverte de Franklin, aussi bien que de ses vues ingénieuses sur l'électricité.

Toutefois, ces études naturelles, si chères qu'elles lui fussent, ne devaient pas lui être permises longtemps : la patrie allait le réclamer tout entier.

FIN DU PREMIER VOLUME DE LA CORRESPONDANCE.

TABLE DES MATIÈRES.

PRÉFACE.................................... Pages. I

CORRESPONDANCE DE BENJAMIN FRANKLIN.

CHAPITRE I.

Arrivée à Londres.— Ses amis, Collinson, Strahan, Shirley, Musschenbrock, miss Stevenson.— Maladie de Franklin. — Lettres à sa femme (1757-1759).................... 1

 1757. A mistriss Deborah Franklin............... 4
 1758. A la même............................... 8
 — A la même............................... 12
 — Au président de l'assemblée de Pensylvanie... 17

CHAPITRE II.

Franklin conseille la conquête du Canada.— Voyage en Écosse.— Lord Kames, Robertson, Hume.— Sa mission se termine heureusement.— Son fils est nommé gouverneur de New-Jersey.— Retour en Amérique (1759-1762). 21

 1760. A lord Kames........................... 26
 — A miss Mary Stevenson................... 29

1760. A lord Kames...............................	31
— A miss Mary Stevenson.....................	34
— A mistriss Deborah Franklin................	35
— A David Hume.............................	38
— A John Baskerville........................	41
— A l'imprimeur du *London Chronicle*........	43
1761. A Hugh Roberts............................	49
— A miss Mary Stevenson.....................	50
— A lord Kames...............................	51
1762. A miss Mary Stevenson.....................	53
— A mistriss Deborah Franklin................	54
— A David Hume.............................	56
— A miss Mary Stevenson.....................	57
— A la même.................................	58
— A lord Kames...............................	59

CHAPITRE III.

Retour de Franklin en Amérique. — Voyage dans les colonies du centre et de l'est. — Massacre des Indiens dans le comté de Lancastre. — Brochure de Franklin. — Nouvelles disputes entre le gouverneur et l'assemblée. — Franklin choisi comme agent de la Pensylvanie auprès de la cour d'Angleterre. — Il retourne à Londres (1763-1765)....... 61

1763. A miss Mary Stevenson.....................	62
— A George Whitefield.......................	69
— A Sarah Franklin..........................	79
— A mistriss Deborah Franklin................	81
— A lord Kames. — Journal de sa vie..........	83
1765. A mistriss Deborah Franklin................	87

CHAPITRE IV.

Jalousie du commerce anglais. — Origine de l'acte du *timbre*. — Opposition de Franklin. — Effet de l'acte du timbre en Amérique. — Examen de Franklin devant le parlement d'Angleterre. — Rappel de l'acte du timbre. — Voyage en Allemagne et en France (1765-1767).................. 90

1765. A l'éditeur d'un journal sur les nouvelles que donnent les journaux.....................	91

TABLE DES MATIÈRES.

	Pages.
1765. A M. William Alexander	96
— A M. Charles Thomson	100
1766. Examen du docteur Benjamin Franklin devant la Chambre des communes sur le rappel de l'acte du timbre	105
— A Hugues Roberts	143
— A mistriss Deborah Franklin	144
— A Hugues Roberts	145
— A mistriss Deborah Franklin	146
— A Cadwallader Evans	148
— A mistriss Deborah Franklin	149
1767. A lord Kames	150
— A Cadwallader Evans	156
— A Joseph Galloway	158
— A miss Mary Stevenson	163
— A mistriss Deborah Franklin	164
— A Joseph Galloway	167
— A William Franklin, gouverneur de New-Jersey	171
— A miss Mary Stevenson	173

CHAPITRE V.

Agitation à Boston. — Changement du ministère anglais. — Lord Hillsborough. — Élections anglaises. — Franklin fait réimprimer à Londres les *Lettres d'un fermier*. — Il est nommé président de la société philosophique américaine. — Réponse aux questions de M. Strahan. — Rappel de quelques clauses de l'acte de revenu. — Ses rapports avec lord Hillsborough. — Voyage en Irlande. — L'évêque de Saint-Asaph (1767-1772) 180

1767. A William Franklin	182
— Thomas Pownall au docteur Franklin	183
1768. A William Franklin	185
— A Joseph Galloway	187
— A Thomas Wharton	191
— A William Franklin	192
— A Joseph Galloway	197
— A William Franklin	198
— A John Ross	200

		Pages.
1768.	A Joseph Galloway.	209
—	A William Franklin.	204
—	A Joseph Galloway.	209
—	A miss Mary Stevenson.	211
—	A un ami.	214
1769.	A lord Kames.	215
—	Au même.	218
—	A Jane Mecom.	220
—	A Samuel Cooper.	221
—	A John Bartram.	224
—	Miss Mary Stevenson à B. Franklin.	225
—	A miss Mary Stevenson.	227
—	A Cadwallader Evans.	229
—	A Samuel Cooper.	232
1770.	A un ami en Amérique.	332
—	A miss Mary Stevenson.	235
—	A Samuel Cooper.	237
—	A Samuel Franklin.	242
—	A mistriss Mary Hewson.	243
—	A M. Dubourg.	245
—	A mistriss Deborah Franklin.	246
—	A mistriss Jane Mecom.	247
1771.	A Thomas Cushing.	251
—	A Samuel Cooper.	256
—	Minutes de la conférence avec lord Hillsborough.	257
—	Au comité de correspondance du Massachussets.	262
—	A Jonathan Shipley, évêque de Saint-Asaph.	265
—	A John Bartram.	266
—	A mistriss Deborah Franklin.	267
—	A mistriss Mary Hewson.	268
1772.	A mistriss Jane Mecom.	270
—	A Samuel Cooper.	272
—	A Joshua Babrock.	273
—	A Samuel Franklin.	274
—	A mistriss Deborah Franklin.	275
—	A mistriss Sarah Bache.	277
—	A William Franklin.	278

CHAPITRE VI.

                                                                  Pages.

La concession Walpole. — Lord Hillsborough remplacé par lord Dartmouth. — Règles pour faire d'un grand empire un petit. — Édit du roi de Prusse (1772-1773).......... 283

1772. A William Franklin........,............... 285
— Au même............................... 287
— Au même.............................. 288
— A Anthony Benezet................... 291
— A Joseph Priestley.................... 292
1773. A Thomas Cushing................... 294
— A mistriss Deborah Franklin.......... 297
— A William Franklin.................. 298
— A Thomas Cushing.................... 299
— Au même............................. 303
— Au même............................. 305
— Au même............................. 308
— A Samuel Mather.................... 314
— A William Franklin.................. 317
— A Samuel Danforth.................. 320
— A M. Winthrop...................... 321
— A Thomas Cushing................... 322
— A William Franklin.................. 324
— Au même............................ 327
— Règles pour faire d'un grand empire un petit. 331
— Édit du roi de Prusse, etc............ 341
— A un graveur........................ 346

CHAPITRE VII.

Lettres d'Hutchinson. — Pétition de l'assemblée. — Duel entre Temple et Whately. — Déclaration de Franklin. — Procédure du conseil privé sur la pétition. — Insultes de Wedderburn. — La pétition est rejetée. — Franklin perd sa place de maître général des postes (1773-1774)...... 349

1774. A Thomas Cushing..................... 353
— Au même............................ 356

CHAPITRE VIII.

Pages.

Franklin reste en Angleterre pour attendre l'issue du congrès continental. — Mort de mistriss Franklin. — Rapports de Franklin avec lord Chatham et lord Howe. — Motion de lord Chatham au parlement. — Elle est rejetée. — Départ de Franklin pour l'Amérique (1774-1775) 366
1775. A William Franklin....................... 368

FIN DE LA TABLE DES MATIÈRES DU PREMIER VOLUME.

8708. — IMPRIMERIE GÉNÉRALE DE CH. LAHURE
Rue de Fleurus, 9, à Paris

www.ingramcontent.com/pod-product-compliance
Lightning Source LLC
Chambersburg PA
CBHW070200240426
43671CB00007B/500